Social Capital : Theory and Research

ネットワークとしての ソーシャル・キャピタル

理論と調査

ナン・リン／カレン・クック／ロナルド・S・バート［編著］

渡辺　深［訳］

ミネルヴァ書房

Social Capital: Theory and Research
edited by Nan Lin, Karen Cook and Ronald S. Burt
Copyright © 2001 by Taylor & Francis
All Rights Reserved.
Authorised translation from the English language edition published by
Routledge, a member of the Taylor & Francis Group LLC,
through Japan UNI Agency, Inc., Tokyo.

ネットワークとしてのソーシャル・キャピタル
──理論と調査──

目　次

序　文 ……………………………………………………………… i

第Ⅰ部　ソーシャル・キャピタル——ネットワークと埋め込まれた資源

第1章　ソーシャル・キャピタルのネットワーク理論を構築する
　　　 ……………………………………………………… ナン・リン … 10

第2章　ソーシャル・キャピタルとしての構造的空隙
　　　　対 ネットワーク閉鎖 ………………… ロナルド・S・バート … 41

第3章　地位想起法 ……… ナン・リン／ヤン-チ・フ／レイ-メイ・スン … 72
　　　　——ソーシャル・キャピタル調査のための測定方法——

第Ⅱ部　労働市場におけるソーシャル・キャピタル

第4章　そのネットワークはどれくらいの価値があるのか？
　　　　従業員の紹介ネットワークにおけるソーシャル・
　　　　キャピタル
　　　　……ロベルト・M・フェルナンデス／エミリオ・J・カスティラ … 102

第5章　対人的紐帯，ソーシャル・キャピタル，そして，
　　　　雇用主の人員採用方法 ……… ピーター・V・マースデン … 125

第6章　良いネットワークと良い仕事 …… ボニー・H・エリクソン … 149
　　　　——雇用主と従業員にとってのソーシャル・キャピタルの価値——

第7章　開始する …………… ヘンク・フラップ／エド・ボックスマン … 187
　　　　——職業キャリアの開始へのソーシャル・キャピタルの影響——

目　次

第Ⅲ部　組織, コミュニティ, そして, 制度的環境におけるソーシャル・キャピタル

第8章　社会的メカニズムと集合財としてのソーシャル・キャピタル
………エマニュエル・ラゼガ／フィリパ・E・パティソン…214
——同僚間の地位オークション——

第9章　非常に厳しい環境におけるソーシャル・ネットワークとソーシャル・キャピタル
ジーン・S・ハルバート／ジョン・J・ベッグズ／ヴァレリー・A・ヘインズ
……………………………………………………………………244

第10章　複数レベルの世界におけるネットワーク・キャピタル
………………バリー・ウェルマン／ケネス・フランク…272
——パーソナル・コミュニティから支援を得る——

第11章　中国都市におけるグアンシ（*Guanxi*）・キャピタルと社交上の食事
………………………………ヤンジェ・ビアン…325
——理論的モデルと経験的分析——

第12章　社会的ネットワーク資源の変化と安定性
………ロベルト・アンジェラス／ロベルト・タルドス…350
——転換期ハンガリーの事例——

訳者あとがき……379
人名・事項索引……382

序　文

　ソーシャル・キャピタルは，概念と理論の両方において，過去20年間に多くの知的関心を集め，多くの調査が行われてきた。その観念が人々を引き付ける力は，おそらく，部分的には，社会的要素として，その観念が多くの社会学の概念（例えば，ソーシャル・サポート，社会的統合，社会的凝集，そして，さらに規範と価値）の本質を捉え，容易に理解され，多くの学問分野を横断することを可能にする包括的な用語として役立つという共通の理解によるものであろう。また，それは，資本として，利得や効用に焦点が置かれるので，その観念が他の形態の資本（とりわけ人的資本）と共通性を有するという認識によるものでもあろう。その観念は，知的な関心事として，そして，人的資本と対比する理論として，学者，特に，個人よりもむしろ社会構造やネットワークに埋め込まれた要素や資源を捉える際に他の役立つ概念を探索してきた社会学者に活力を与える。その観念が人的資本の功利主義的側面（資本）を共有するので，特定の功利主義的結果のために，これらの学者は，その観念が，社会にもとづく，そして，個人にもとづく資源の資本化について分析するための共通言語の必要な基盤を提供するものとして理解するのである。さらに他の人々，特に政策分析や意思決定に従事する人々は，ソーシャル・キャピタルに潜在的な政策上の影響力を見出し，人的資本が個人や社会の利益のために操作できるのなら，多分ソーシャル・キャピタルも操作できるだろうと考えている。
　これらの関心は，また，結果として，多数の視点（ソーシャル・キャピタルは集合財か，個人財か？），定義（それは，コミュニティ参加か，ソーシャル・ネットワークか，信頼か？），理論的命題（閉鎖型ネットワーク，開放型ネットワークのどちらが優っているのか？），そして，強調点（ソーシャル・キャピタルは，経済活動と組織において効果があるか？　それは，異なる社会的，制度的コンテクストにおいて役に立つか？）をもたらした。実際のところ，ソーシャル・キャピタルの理解，応用，解釈の自由な流れのなかで，その用語が手元の目的に都合のよいやり方で使われるようになると，じきに，理論および調査の妥当性と信頼性に関する厳

密な要求に応えなければならない科学的概念として無意味なものになるかもしれない。共有された視点，体系的な操作化，計画された研究なしには，ソーシャル・キャピタルは，科学や社会科学において，現れては消える多くの流行の1つとなり，究極的には，その際立った特徴と科学的知識への貢献が不十分であるために放棄されてしまう危険にさらされている。

　これらの問題のいくつかを扱い，研究情報を交換するために，1998年10月から11月にわたってデューク大学においてソーシャル・キャピタルに関する国際会議を開催した。ソーシャル・キャピタルに関して有意義な研究を行っていると判断されるスピーカーを招待し，150人を超える学者と専門家が3日間のイベントに参加した。その1年半後に，多数の講演者に彼らの講演内容を改訂するように依頼した。本書は，この集合的な努力の結果である。

　本書は，ソーシャル・キャピタルについて，ソーシャル・ネットワークの視点から研究し，数人の社会学者によって始められた，現在進行中の研究計画のための場を提供するものである。これらの学者と研究計画は，ソーシャル・キャピタルの分析において，特定の理解とアプローチを共有している。第一に，ソーシャル・ネットワークがソーシャル・キャピタルの基礎であると論じられる。ソーシャル・ネットワークは，個人と社会構造を同時に捉えるので，行為と構造的拘束，ミクロレベルとマクロレベル，そして関係的と集合的動的過程の間を概念的につなげる働きをすると論じられる。第二に，ソーシャル・ネットワークの「構造的」特徴，および，ネットワークに埋め込まれている「資源」がソーシャル・キャピタルを定義する要素として，二重の重要性を持つことが認識されている。これらの要素をソーシャル・キャピタルの概念化や操作化に反映させようと試みる際には，社会学者の研究は，決して同一ではないが，ソーシャル・キャピタルに関する知識を構築するための共通の基盤を形成する。第三に，彼らはソーシャル・キャピタルに先行するもの，およびその結果を分析する。ソーシャル・キャピタルの研究者にとっては，ソーシャル・キャピタルは，特定の結果に至る外部の力というだけでなく，さらに重要なのは，それ自体が他の外部の動的な力の結果だということである。特にこれらの研究者は，ソーシャル・キャピタルの形成や分布を説明する，政治経済，社会，コミュニティ，そして組織における構造的な特徴に焦点を絞るのである。第四に，これらの研究者は，ソーシャル・キャピタルの調査が，多数の方法，多次元，多く

序　文

の場所で行う活動でなければならないというコミットメントを共有する。(事例から多次元の分析に及ぶ) 使用される多様な方法，そして，(アメリカ合衆国，カナダ，オランダ，ハンガリー，中国，そして台湾において行われた研究などの) 調査活動のグローバルな性質は，仮説を検証するための多くの調査アプローチに共有された関心，および，調査結果の随伴する性質への感受性を目立たせる。

　本書は，3つの部分に分かれている。第Ⅰ部は，概念としてのソーシャル・キャピタルを明らかにし，その理論的，そして操作的な基盤を探索する。リンは，最初の論文において，ソーシャル・キャピタルの発展を資本理論家たちの脈絡から簡潔に説明し，先行研究におけるソーシャル・キャピタルに関する非常に重要であるが，論争を引き起こす視点や言明を特定する。彼の論文は，ネットワーク視点を支持する論説である。すなわち，そのような視点がなぜ，どのようにして，論争を明確にすることができ，全ての範囲の手段的ならびに表出的な結果に関する私たちの理解を前進させることができるのかについて論じている。

　バートは，ソーシャル・キャピタルとしてのネットワークに関する2つの異なる概念枠組みの間の主要な論争に取り組む。概念枠組みの1つは，開放ネットワークであり，社会集団の外部にある紐帯とのつながり (リンケージ) に研究の焦点を置いたものである。もう1つは，内部の凝集性を強調する閉鎖ネットワークである。バートは，それらを競合する枠組みと見るよりもむしろ，それらは実際には相補的であると論じる。開放ネットワークの議論は，構造の空隙の分析において例示されるように，集団外部への紐帯が集団あるいはそのメンバーに付加価値を与える場合の概念枠組みである。一方，ネットワーク閉鎖の議論は，集団内部の資源が十分にあり，その資源が集団，あるいは個人のメンバーの利得のために動員される時に役立つように思われる。従って，その章は，その2つのモデルをより一般的なものに統合することを提案するものである。より一般的なモデルでは，空隙と閉鎖性は，資本の価値の計算において随伴する要因である。

　リン，フ，そしてスンは，次章において，ソーシャル・キャピタルの適切な測定を企画するという方法論上の問題を扱う。社会的コネクションに埋め込まれた資源がソーシャル・キャピタルを特徴づけていると想定し，台湾のサーベイ・データによって，地位想起法の効用を明示する。この方法は，優れた精神

3

測定学の特性および地位達成モデルにおける信憑性の高い妥当性を示している。その測定は，また，感知力が高いので，異なる雇用状況（例えば，自営業か，雇用されているかなど）の男性と女性に対するにソーシャル・キャピタルの異なる利益を例示することができる。

第II部は，労働市場におけるソーシャル・キャピタルの効用の評価に関する現在の努力，そして，ソーシャル・キャピタルが雇い主と労働者の両者の視点からどのように作用するのかについて報告する。労働市場は，相当な数のソーシャル・キャピタル研究が行われてきた調査領域である。ジョブサーチ研究は，求職者にとってのソーシャル・キャピタルの効用を明らかにしてきた。しかしながら，最近になって，雇用主の視点からのソーシャル・キャピタルの効用に関心が向けられるようになった。

主要な議論は，ネットワークが雇用主と被雇用者の両方に利益をもたらすということである。雇用主にとっては，ネットワークが応募の量を拡大し，応募者に関する付加的あるいは新しい情報を提供し，被雇用者がその企業へ定着するように促す社会的環境を提供する非常に重要な手段を示す。さらに重要なのは，ネットワークが特定の仕事の要件と応募者を雇用主が合致させる助けになることである。仕事が外部のコンタクト（接触相手）あるいは人脈を構築する技術を必要とする場合には，社会的コネクションが適切な資質を持った応募者を見つけることを促進し，特に，資源が豊富なネットワークを持つ人，あるいは，特定の仕事へのソーシャル・スキルを持つ人を割り出すだろう。従って，ソーシャル・キャピタルが雇用主と被雇用者の両方に利益をもたらし，相互に有益な方法で労働力の需要と供給を一致させるのである。

フェルナンデスは，被雇用者の紹介に焦点を絞り，対人的コネクションの使用が雇い主および被雇用者の両方にもたらす利益を計算している。彼と共同研究者のカスティラは，顧客サービス担当者という仕事に新しい社員を紹介する被雇用者にとっての利益を調べた。彼らが明らかに示すように，ボーナス報奨金が被雇用者をそのような行為に従事させる主要な誘引である。さらに，構造的に有利な位置にいる人々（自分自身が紹介された，あるいは，顧客サービス担当者として勤務した人々）は，そのような行為を行う傾向がある。従って，彼らは，（対人的紐帯を喚起する）ソーシャル・キャピタルが報奨金を利用できる位置にいる人々にとって目的的な投資であり，結果として，金銭的な報酬をもたらす

ことを明らかにする。

　マースデンは，雇用主の視点からソーシャル・キャピタルの効用について調べている。彼は，外部からの新しい社員の採用，また，現在の社員の昇進や転勤のためのネットワークの使用は，異なる状況におけるその使用に付随するコスト，利益，そして制約に依存すると論じる。ソーシャル・キャピタルは，単純な民間セクターの組織，付加的な訓練が必要であるポジション，そして，未熟練・半熟練の職業よりもむしろ管理職，専門・技術職，あるいは販売・サービス職の仕事に対して利益をもたらす傾向がある。

　エリクソンもソーシャル・キャピタルの需要と供給に焦点を絞り，雇用主は，仕事を人的資本（教育と経験）およびソーシャル・キャピタル（外部のコンタクトが豊富なネットワーク）の要件によって定義し，これらの要件に適合する被雇用者を採用すると論じる。また，ソーシャル・キャピタルを必要とする仕事には，そのようなネットワーク資源を持つ社員に高い地位と人的資本の貢献を越える給料によってさらに良い報酬が与えられる。

　フラップとボックスマンは，就職志望者のパネル研究および雇用主のサンプルを用いて，なぜ非公式なサーチが職を探す人々にとって仕事上のよい結果を常に生み出すというわけではないのかという疑問について調査する。これらのデータを組み合わせて，彼らは以下の点を明らかにする。(1)マッチング過程において社会的コネクションが使われるかどうかを決める際に雇用主と志望者の両者の特性を考慮することが重要である。(2)実際には，雇用主の要件（例えば，損害やリスクを最小限に抑えること，その企業でキャリアを発達させるというコミットメント）がより重要であるだろう。そして，(3)この双方向の過程の結果として，非公式なジョブサーチ過程を使う志望者が自動的にうまくいく（例えばより良い仕事と収入を得る）ことは期待できない。

　第Ⅲ部は，ソーシャル・キャピタルが組織，コミュニティ，そして制度的環境においてどのように作用するのかについて考察する。ソーシャル・キャピタルについてネットワーク・アプローチを用いて調べることは，より広範な社会的脈絡を無視することを提案することではない。その代わり，それは，実際に，個人の行為と社会の拘束および機会がよりよく分析され理解される基盤を提供する。従って，ソーシャル・キャピタル研究は，常により大きな社会的脈絡に関心を持つことが望まれる。この節での論文は，そのような企画と分析が成果

をもたらすのかについて明らかにする。ラゼガとパティソンは，事例アプローチを用いて，臨時の特別組織が地位の競売と競争のための機会を提供する法律事務所について研究する。下位構造レベルにおける資源（アドバイス，友情，そして仕事仲間）交換の多重性（multiplexity）を研究する P^* モデルの使用によって，アドバイス紐帯が仕事仲間紐帯を促進することを明らかにしている。故に，資源交換の多重性は，地位の競争を促進したり，弱めたりするソーシャル・キャピタルとみなすことができるだろう。アドバイス紐帯と仕事仲間紐帯は有意な多重性と交換の効果も示している。従って，友情が直接的および間接的にアドバイス紐帯における地位の差を弱めていると著者は提案する。

ウェルマンとフランクは，ソーシャル・サポートによって具体化されるソーシャル・キャピタルが紐帯の特性，およびミクロレベルとメゾレベルの変数によって促進され，ソーシャル・サポートと紐帯の特性の両方が同時により大きなソーシャル・ネットワークの機能であることを明らかにするために，多層の方法を用いて，問題に取り組んでいる。従って，ネットワークにおける親と子供の割合が大きいことは，親と子供に対するより大きなサポート行動を生み出す。この戦略は，個人の行為と二者関係，およびネットワーク特性がソーシャル・キャピタルの効用にとって同時に重要であることを示している。

より大きな社会的脈絡を調べることによって，また，最初に特定の社会的，文化的環境において定式化された，ソーシャル・キャピタルの効用に関する通常の期待の境界と随伴性について検証することができる。より良い資源に接近するのには，弱い紐帯，あるいは強い紐帯のどちらがいいのか？ より良い資源に接近するのには，ジェンダー同質性，あるいは，異質性のどちらが役に立つのか？ ハルバート，ベッグズ，そしてヘインズは，これらの問題のいくつかを研究している。彼らの研究計画は，災害（例えば，ハリケーン）の結果として生じる，あるいは，被災したコミュニティの生活などのいわゆる「非常に厳しい環境」におけるソーシャル・ネットワークの使用と埋め込まれた資源を調べている。彼らの調査結果は，既成の期待に対して挑戦するものであり，ある社会的脈絡で役に立つソーシャル・キャピタルが別の脈絡では役に立たないかもしれないということを示唆する。従って，異なる社会集団（ジェンダーあるいは貧富），異なる目的（公式，あるいは非公式のサポート）によって，特定のネットワーク特性（規模，密度，そして同類性）が利益をもたらす場合もあれば，も

たらさない場合もあるだろう。

　ソーシャル・キャピタルは他の文化ではどのように作用するのか？　ビアンは，中国人の間で社会的コネクションを意味するためによく使われる用語，「グアンシ（*guanxi*）」という観念の分析を試みる。ビアンは，実際には，おそらく，グアンシには3つの理解，あるいは理論があり，それぞれが社会的コネクションの特定の性質を強調している。すなわち，(1)それは，拡大家族を意味し，強固にする，(2)それは，コネクションの手段的使用を喚起する，あるいは，(3)それは，自分のコネクションの多様性を拡大するために，非対称的な交換を行うことを意味する。宴会の開催と出席を文化的に重要な社会的機会として用いて，彼は，これらの選択肢となる理論を検証するために，仮説を設定する。ビアンは，中国都市のパネル・データによって，ネットワーク多様性の手段としてのグアンシの重要性を確認する。

　社会によって経験された政治および経済制度の動的転換は，ソーシャル・キャピタルの力学にとっての社会的脈絡を考察するもう1つの領域を提供する。アンジェラスとタルドスは，共産政権の崩壊の前後（1987年と1997年）のハンガリーにおけるパネル調査を行うことができた。彼らが設定した問いは，ソーシャル・キャピタル（ソーシャル・ネットワークに埋め込まれた資源）に影響を与える要因がこの転換期に変化したかどうかであり，もし変化したのならどんな特定の方法で変化したのかである。ソーシャル・キャピタルを測定するための4つの異なる方法（名前想起法，地位想起法，クリスマスカードと新年の挨拶状，そして，ボランティア会のメンバーシップ）を使って，彼らは，政権の崩壊後，富がソーシャル・キャピタルと有意に関係していたことを明らかにした。驚くことには，その2つの時期を通じて政治的関与は重要性において存続し，教育はこの時期に十分な増加を示さなかった。著者は，転換はいまだ進行中であるので，ハンガリーにおけるソーシャル・キャピタルの分布に影響を与える社会動学をよく理解するためには，さらなる観察が必要であろうと思っている。

　この論文集は，現在世界中で行われているソーシャル・キャピタルに関する全ての有意義な研究を代表するものでは決してない。また，全ての論争や議論を解決するのが私たちの目的でもない。紙面の制約上，クオリティ・オブ・ライフ，健康と精神的健康，そして，集合行動と行為のような他の多くの重大な問題と結果を考察するための，ソーシャル・キャピタル・ネットワークの視点

を用いる重要な研究プログラムを私たちは含むことができない。また，本書で扱わなかったものは，サイバー空間の領域があり，そこでは，体系的な調査と結果の表示が動的なサイバーネットワークにおけるソーシャル・キャピタルの創造的構築と再構築について明らかにするだろう。しかしながら，私たちは，本書が，体系的な調査を導く理論的概念としてソーシャル・キャピタルがどのように研究されてきたのかを明示する焦点となる準拠枠として役立つことを望んでいる。これらの理論的かつ調査における洞察力は，肯定的であろうと否定的であろうと，他のトピックと領域が関わる時，知的な対話と研究の発展のための基盤を形成する助けになるのである。

ナン・リン
カレン・クック
ロナルド・S・バート

第 I 部

ソーシャル・キャピタル──ネットワークと埋め込まれた資源

第1章
ソーシャル・キャピタルのネットワーク理論を構築する

ナン・リン

　過去20年で様々な形態と文脈のソーシャル・キャピタルが社会科学における最も際立った概念として出現した。それによって多くの興奮が生じたが，異なる見解，視点，期待が深刻な問題も引き起こした。それは流行なのか，それとも，それは，新しい知的な活動の到来を告げる永続的な性質を持つものなのか？　本章の目的は，先行研究で論じられているソーシャル・キャピタルをレビューし，論争や議論を明らかにし，重要な問題を考察し，理論を構築するための概念的および調査の戦略を提案することである。

資本とは何か？

　ソーシャル・キャピタルを理解するためには，資本理論の系譜について考察し，それらの歴史的および概念的な発展を辿る必要がある。資本とソーシャル・キャピタルの概念に関する詳説は拙著（Lin, 2001）において得られる。ここではそれらの歴史的発展の要約を示すにとどめておこう。資本という観念は，マルクス（Marx, 1933/1849, 1995/1867, 1885, 1894；Brewer, 1984）まで辿ることができる。彼の概念化において，資本は資本家，あるいは，ブルジョワジーによって獲得された剰余価値であり，彼らは，生産と消費の過程の間の商品と貨幣の流れにおいて生産手段を統制している。そのような流れにおいて，労働者は彼らの労働（商品）に対して生命を維持するために彼らが商品（食料，住居，衣服のようなもの）を購入する賃金（交換価値）が支払われる。しかし，資本家によって製造され加工された商品は，より高価な価格（使用価値）で消費市場に流通され販売される。資本主義社会に関するこの図式では，資本は，2つの，関係しているが異なる要素を示している。一方では，それは，資本家（そして，彼らの「節約家」，おそらく商人と販売者）によって生み出され，手に入れられる

第 1 章　ソーシャル・キャピタルのネットワーク理論を構築する

表 1-1　資本理論[a]

	説　明	資　本	分析レベル
古典的理論 　（マルクス）	社会関係 資本家（ブルジョワジー）による労働者からの搾取	A. （消費市場における）使用価値と（生産—労働市場における）商品の交換価値 B. 商品の生産と流通への投資	構造的 （階級）
新資本理論 　人的資本 　　（シュルツ，ベッカー） 　文化資本 　　（ブルデュー） 　ソーシャル・キャピタル 　　（リン，バート，マースデン，フラップ，コールマン） 　　（ブルデュー，コールマン，パットナム）	労働者による剰余価値の蓄積 支配的な象徴と意味（価値）の再生産 社会関係 ソーシャル・ネットワークに埋め込まれた資源への接近と使用 集団の連帯と再生産	技術的熟練と知識への投資 支配的価値の内部化，あるいは，誤認 ソーシャル・ネットワークへの投資 相互の認識と承認への投資	個人 個人／階級 個人 集団／個人

注：[a] Lin（2001：1 章と 2 章）からの考察の要約。

剰余価値の一部である。他方では，資本家にとっては，それは，市場における期待利益を伴う（商品の生産と流通への）投資である。資本は，剰余価値の一部として，過程によって生み出される製品である。また，資本は，剰余価値が生み出され，獲得される投資過程でもある。それは，また，その投資とそれによって生み出された剰余価値は，投資過程の利益，および，さらなる余剰価値の再生産である。投資を行い，剰余価値を獲得するのは支配階級である。従って，それは，2つの階級間の社会関係の搾取的性質にもとづく理論である。私は，資本に関するマルクスの理論を古典的資本理論と呼んだ（Lin, 2001：1 章）。

表 1-1 に示されるように，それに続く理論の修正と精緻化は，古典的理論において，資本の基本的要素を保持してきた。基本的には，資本は剰余価値のままであり，期待利益を伴う投資である。例えば，人的資本論（Johnson, 1960；Schultz, 1961；Becker, 1964/1993）も，特定の期待利益（賃金）を伴う（教育への）投資としての資本を考案している。労働者個人は，技術的熟練と知識に投資し，生産過程（企業や彼らのエージェント）を統制する人々と彼らの労働技術の賃金について交渉する。この賃金は，生活用品の購入に必要なもの以上の価値を有

し、従って、一部は余暇とライフスタイルの必要性のために使われ、資本に変化できる剰余価値を含むのである。同様に、文化資本は、ブルデュー（Bourdieu, 1990；Bourdieu & Passeron, 1977）によって記述されるように、一連の象徴と意味を再生産する際に支配階級が行う投資を示すものであり、それらの象徴と意味は、被支配階級によって自分自身のものとして誤認され内面化されるのである。この理論における投資は、教育のような再生産過程での教育的行為に対してなされるものであり、その目的は、これらの象徴と意味の価値を大衆に教え込み、それらを内面化させることである。文化資本理論は、また、たとえ大衆（被支配階級）がこれらの象徴と意味を自分たちのものであると誤認したとしても、それらに投資し、それらを獲得すると認識している。推論として、文化資本は世代間の伝播を通じて、大部分は支配階級によって獲得されるが、大衆（あるいは、少なくとも彼らのある部分）がそのような投資と獲得によって利益を生み出すだろうと考えられる。

　しかしながら、これらの理論は、古典的理論からかなり変化している。すなわち、労働者、あるいは大衆が自分自身の特定の資本に投資し、それを獲得することが今や可能であるので、彼ら（あるいは彼らの一部）が、生産と消費市場において自分の労働あるいは仕事を販売することによって剰余価値を生み出すことが今や可能である。階級（資本家と非資本家）間の社会関係は曖昧になる。社会構造のイメージは、二分化され敵対する闘争から重構造あるいは階層化された交渉の対話へ修正されている。私は、これらを新資本理論（Lin, 2001：1章）と呼んだ。これらの理論の際立った特徴は、労働者あるいは大衆による潜在的な投資と剰余価値の獲得に存在する。ソーシャル・キャピタルは、もう1つの形態の新資本理論であると私は論じる。

なぜソーシャル・キャピタルは作用するのか？[2]

　ソーシャル・キャピタルという観念の背後にある前提は、むしろ単純でわかり易いものである。すなわち、その観念の定義は、期待利益を伴う社会関係への投資である（Lin, 2001：2章）。この一般的な定義は、その考察に貢献した研究者による様々な翻訳とも一致するものである（Bourdieu, 1980, 1983/1986；Burt, 1992；Coleman, 1988, 1990；Erickson, 1995, 1996；Flap, 1991, 1994；Lin, 1982,

1995；Portes, 1998；Putnam, 1993, 1995a）。諸個人は，利益を生み出すために相互作用とネットワーキングに従事する。一般的に，なぜソーシャル・ネットワークにおいて埋め込まれた資源が行為の結果を向上させるのかについては，4つの説明が可能である（Lin, 2001：2章）。第一には，それは情報の流れを促進する。通常の不完全市場の状況では，特定の戦略的な位置，および／あるいは，ハイアラキー（階層構造）の上位（従って，市場のニーズや需要についての情報がよく得られる位置）に存在する社会的紐帯は，個人に対して，そうでなければ入手できない機会と選択肢について役に立つ情報を提供できる。同様に，これらの紐帯（あるいは，彼らの紐帯）は，組織（それが製品市場あるいは消費市場に存在しようと）とその代理者（エージェント），あるいはコミュニティに対して，そうでなければ認識されない個人の入手可能性と利害関心について情報を伝えるかもしれない。そのような情報は，組織が（それが熟練であろうと，技術的，あるいは文化的知識であろう）「より良い」個人を採用するための，あるいは，個人が（自分の資本を使用し，適切な報酬を提供できる）「より良い」組織を見つけるための取引コストを低減させるだろう。第二には，これらの社会的紐帯は，行為者に関わる意思決定（例えば，採用や昇進）に際して非常に重要な役割を果たす代理人（例えば，組織のリクルーターや管理者）に影響を与える。また，社会的紐帯には，それらの戦略的位置（例えば，構造的空隙）と地位（権威あるいは管理的能力）によって，さらに価値ある資源をもたらし，組織の代理人の意思決定において，（例えば これらの代理人間にみられる依存度の大きな非対称性によって）より大きな権力を行使するものもある。従って，「口添えすること」は，個人に関する意思決定過程において特定の影響力を持つ。第三には，社会的紐帯資源，そして，特定の個人との認知された関係は，組織あるいはその代理人によって，その個人の社会的信用証明として考えられるかもしれないし，そのうちのいくつかは，ソーシャル・ネットワークと社会関係——彼／彼女のソーシャル・キャピタル——を通じて資源へのその個人の接近可能性を反映するものである。これらの紐帯によってその個人を「後押しをすること」は，組織（そしてその代理人）にその個人が彼／彼女の個人的資本を越えて「付加された」資源を提供することが可能であることを保障し，そのうちのいくつかが組織に役立つかもしれない。最後に，社会関係は，アイデンティティと承認を強化する。個人として，そして，同様な利害と資源を共有する社会集団のメンバーとして，そ

の価値を保証されることは，情緒的サポートだけでなく，特定の資源に対する自分の主張についての公的な承認を提供する。これらの強化は，メンタルヘルスの維持と資源を受け取る資格にとって不可欠である。これらの4つの要素——情報，影響，社会的信用証明，そして強化——は，なぜソーシャル・キャピタルが，経済資本あるいは人的資本のような個人的資本の形式によっては説明できない手段的および表出的行為において機能するのかについて説明するだろう。[3]

ソーシャル・キャピタルの視点と論争

　一般的には，ソーシャル・キャピタルの基本的な定義は合意されているが，利益が概念化されるレベル——利益が集団，あるいは個人に蓄積されるのか——に関して2つの視点が確認される。1つの視点では，焦点が個人によるソーシャル・キャピタルの使用——諸個人は，手段的行為（例えば，良い仕事をみつけること）において利益を得る，あるいは，表出的行為において利益を蓄えるために，ソーシャル・ネットワークに埋め込まれた資源にどのように接近し使用するのか——に置かれている。従って，この関係レベルでは，ソーシャル・キャピタルは，個人への期待利益を伴うそのような投資が個人によってなされると想定されるという点で，人的資本に類似するようにみえる。個人の利益の集合は集合体に利益をもたらす。それにもかかわらず，この視点における分析の焦点は，(1)諸個人がどのようにして社会関係に投資するのか，そして，(2)諸個人が利益を生み出すために，どのようにして関係における埋め込まれた資源を得るのかである。代表的な論文（Lin, 1999のレビューを参照）は，コールマン（Coleman, 1990）とブルデュー（Bourdieu, 1983/1986），ならびにリン（Lin & Bian, 1991；Lin & Dumin, 1986；Lin, Ensel & Vaughn, 1981），バート（Burt, 1992, 1997, 1998），マースデン（Marsden & Hurlbert, 1988；Campbell, Marsden, & Hurlbert, 1986），フラップ（Boxman, De Graaf, & Flap, 1991；De Graaf & Flap, 1988；Flap & De Graaf, 1988；Flap, 1991；Sprengers, Tazelaar, & Flap, 1988；Volker & Flap, 1996），そしてポルテス（Portes & Sensenbrenner, 1993）を参照のこと。

　もう1つの視点は，集団レベルのソーシャル・キャピタルに焦点が置かれ，(1)特定の集団がどのようにして集合財としてのソーシャル・キャピタルを発達

させ維持するのか，(2)そのような集合財がどのようにして集団メンバーの生活機会を向上させるのかについて詳しく論じる。ブルデュー（Bourdieu, 1983/1986, 1980）とコールマン（Coleman, 1988, 1990）はこの視点について広範囲に考察し，パットナムの経験的研究（Putnam, 1993, 1995a, 2000）が典型的なものである。ソーシャル・キャピタルの利得を得るために，個人が相互作用し，関係を取り結ぶ必要性について認めてはいるが，この視点の中心的関心は，集合財の生産と維持を探索することである。例えば，密度の高い，あるいは閉鎖的なネットワークは，集合的資本が維持され，集団の再生産が達成される手段とみなされる。もう1つの主要な関心は，集団の他の特性（例えば，サンクションと権威）と同様に，規範と信頼が集合財の生産と維持においてどのように不可欠なものであるのかである。

　ソーシャル・キャピタルが社会—集団レベルであろうと，関係レベルであろうと，全ての研究者は，社会財を可能にするのは相互作用するメンバーであるという見解を保持している。この合意的見解は，ソーシャル・キャピタルを新資本理論の陣営にしっかりと所属させるものである。[4]

　しかしながら，ソーシャル・キャピタルを異なるレベルで分析する際の相違がいくつかの理論的および測定上の混乱を生み出した（Lin, 2001：2章）。異なるレベル間を自由に行き来する議論もあるという事実からさらなる混乱が生じている。例えば，ブルデューは，ソーシャル・キャピタルの主要な説明として，支配階級と貴族階級の再生産を指摘し，それは，(1)集団あるいはネットワークの規模，そして(2)メンバーによって所有される資本の量によって示されるという構造的見解を提供している（Bourdieu, 1983/1986：248）。この説明は，全てのメンバーが強く互酬的関係（完全に密度が高い，あるいは，制度化されたネットワーク）を維持し，関係の強さが計算式に算入しないという想定がなされる時だけ，意味を成すのである。それにもかかわらず，ブルデューは，また，諸個人がどのようにして相互作用し，ネットワークあるいは集団のメンバーとして，相互の認識と承認を強化するのかについて記述するのである。コールマン（Coleman, 1990：12章）は，一方では，諸個人が彼ら（個人）の行為における良い結果を得るために，どのように社会構造的資源を使用することができるのかを強調するが，他方では，ソーシャル・キャピタルの集合的性質に多くの考察を行い，ソーシャル・キャピタルの一部あるいは諸形態として信頼，サンクシ

表 1-2　ソーシャル・キャピタルにおける論争[a]

論　点	争　点	問　題
集合財あるいは個人財 (コールマン，パットナム)	ソーシャル・キャピタルあるいは集合財	規範，信頼との混同
閉鎖型あるいは開放型ネットワーク (ブルデュー，コールマン，パットナム)	集団は閉鎖されている，あるいは，密度が高い	階級的社会観と移動性の欠如
機能的（コールマン）	ソーシャル・キャピタルは特定の行為に対する結果によって示される	同語反復（原因が結果によって決定される）
測定（コールマン）	数量化できない	発見的（ヒューリスティック），検証不可能

注：[a]出典はリン（Lin, 2001：2章，表2.1）である。

ョン，権威，そして，閉鎖について強調している。私たちがソーシャル・キャピタルの論理一貫した理論の構築を進める前に，これらの混乱を確認し，分類することが重要である。これらの論点のいくつかについて表 1-2 に示した。

　マクロレベルと関係レベルの視点の対比から生じた 1 つの主要な論争は，ソーシャル・キャピタルが集合財か個人財かというものである（ポルテスの批判を参照：Portes, 1998）。多数の研究者は，それが集合財と個人財の両方であることを認めている。すなわち，埋め込まれた資源を伴う制度化された社会関係は，集合体と集合体における諸個人に利益をもたらすと期待されている。集団レベルでは，ソーシャル・キャピタルは，1 つのネットワークあるいは複数のネットワークとして相互作用しているメンバーの価値ある資源（例えば，経済的，政治的，文化的，あるいは社会的コネクションのような社会的な資源）の集合体を示す。問題は，ソーシャル・キャピタルが，信頼，規範，そして他の「集合的」あるいは公共財とともに，集合財，あるいは，さらに公共財として論じられる場合である。研究において結果として起こったことは，その用語が代替的，あるいは代用可能な用語，あるいは，測定になったことである。その根源が個人の相互作用とネットワーキングから分離され，ソーシャル・キャピタルは，社会的統合と連帯を高める，あるいは，構築する広範な脈絡において使用し配置する，単に別の最新流行の用語になってしまったのである。以下では，関係財としてのソーシャル・キャピタルは，文化，規範，信頼，その他のような集合財と区

別されねばならない。(例えば,信頼のような集合財は諸関係や諸ネットワークを促進し,埋め込まれた資源の効用を高める,あるいは,その逆のような)因果命題が定式化されるだろうが,それらが全て代替的形式のソーシャル・キャピタルである,あるいは,(例えば,信頼は資本であるように)相互に定義されると想定することはできない。

ソーシャル・キャピタルの集合財としての側面に焦点を置くことに関して,もう1つの論争があり,それは,社会関係とソーシャル・ネットワークにおいて閉鎖,あるいは密度が存在するという想定される,あるいは期待される要件についてである (Bourdieu, 1983/1986;Coleman, 1990;Putnam, 1993, 1995a, 1995b, 2000)。ブルデューは,彼の階級視点から,ソーシャル・キャピタルを(集団あるいはネットワークとしての)支配階級におけるメンバーの投資とみなし,そして,支配階級は,集団の連帯を維持し,再生産し,集団の支配的な位置を持続するために,相互の認識と承認に携わると考える。集団のメンバーシップは,外部者を除外する(例えば,貴族の生まれ,称号,家族などの)明確な境界にもとづいている。集団の閉鎖と集団内の密度が必要とされる。コールマンは,もちろん,社会をそのような階級の視点からみていない。しかしながら,彼もネットワーク閉鎖をソーシャル・キャピタルの際立った優位性とみなしている。その理由は,信頼,規範,権威,サンクションなどを維持し高めるのは閉鎖であるからである。これらの結束する力は,諸個人がネットワーク資源を動員できるようにする。

私は,ネットワーク密度あるいは閉鎖とソーシャル・キャピタルの効用との間のつながりは狭すぎるし部分的であると思う。ソーシャル・ネットワークにおける調査は,情報と影響の流れを促進する,ネットワークにおけるブリッジの重要性を強調してきた (Granovetter, 1973;Burt, 1992)。閉鎖あるいは密度がソーシャル・キャピタルの要件であると論じることは,ブリッジ,構造的空隙,あるいは弱い紐帯の重要性を否定することである。密度の高い,あるいは,閉鎖されたネットワークを選好する根源は,むしろ,特定の結果への関心にある (Lin, 1992, 1986, 1990)。資源を保存,あるいは,維持する(例えば,表出的行為の)ために,密度の高いネットワークは,相対的な優位性を持つだろう。従って,特権階級にとっては,資源を保存し再生産できるように閉鎖型ネットワークを持つほうがいいだろう(例えば,Bourdieu, 1983/1986)。あるいは,自分の

子供の安全と安心を確保するために，母親が凝集性の高いコミュニティに引っ越すことも同様の事例である（Coleman, 1990）。一方，仕事を探したり，転職したりするように（Lin, 1999 ; Marsden & Hurlbert, 1988 ; De Graaf & Flap, 1988 ; Burt, 1992），資源を探して確保する（すなわち，手段的行為）ためには，ネットワークにおけるブリッジに接近し，それを拡大することが役立つだろう。閉鎖型あるいは開放型ネットワークが必要とされると主張するよりも，むしろ，(1)どんな結果でどんな条件の下で，密度の高いネットワーク，あるいは密度の低いネットワークがより良い利益を生み出すかについて概念化すること，そして，(2)経験的な調査のために，演繹された仮説（例えば，密度の高いネットワークは資源の共有を促進し，今度は，それが集団あるいは個人の資源を維持するだろう，または，開放型のネットワークは優位な位置や資源に接近し，今度は，それが付加的な資源を獲得する機会を高めるだろうという仮説）を設定することが理論的に実行可能なやり方であろう。

　明確化が必要である第三の論争は，ソーシャル・キャピタルが特定の行為において個人とっての利益を生み出す「社会構造的資源」であるというコールマンの言明である。彼は，「ソーシャル・キャピタルはその機能によって定義される」，そして，「それは単一の実体ではなく，2つの特性を有する多様な異なる実体である。それらは，すべて，社会構造のいくつかの側面から構成され，そして，構造の内部にいる諸個人の特定の行為を促進する」（Coleman, 1990 : 302）と述べる。この「機能的」見解は同語反復であろう。すなわち，ソーシャル・キャピタルはそれが作用する時に確認されるのである。ソーシャル・キャピタルに関する潜在的で因果的な説明は，その結果によってのみ捉えることができる。あるいは，それが投資であるかどうかは，特定の行為における特定の個人にとっての利益に依存するのである。従って，原因となる要因は，その結果によって定義されている。明らかに，原因となる要因と結果となる要因が単一の関数に混入した理論を構築することは不可能であろう。これは，（例えば，ソーシャル・ネットワークにおける埋め込まれた資源がより良い仕事を獲得することを強化するという）機能的関係が仮定されることを否定するわけではない。しかしながら，その2つの概念は，独立した測定を伴う別個の実体（例えば，ソーシャル・キャピタルは社会関係への投資であり，より良い仕事は職業上の地位あるいは監督者の地位によって表される）として扱われなければならない。結果変数に

原因変数の特定化を決定させるのは間違っている（例えば，Xは親族の紐帯によって良い仕事を見つけたので，行為者Xにとって親族の紐帯はソーシャル・キャピタルであり，Yは親族の紐帯によって良い仕事を見つけられなかったので，行為者Yにとって親族の紐帯はソーシャル・キャピタルではない）。仮説にされた因果関係は，他の要因（例えば，家族の特性が人的資本とソーシャル・キャピタルを構築するための異なる機会に影響を与える）によって条件付けられるかもしれないし，それらの要因はより精緻な理論において特定化される必要がある。条件を含む要因が基本概念の定義の部分になれば，理論は簡潔さをすぐに失うことになる。実際のところ，理論が個々の事例と個々の状況の全てについて正確な予測をする必要があるのなら，それが理論として存在できるのかどうか疑問である。

　おそらく，ソーシャル・キャピタルをその結果と区別ができないものとみなす見解に関係して――おそらく，ソーシャル・キャピタルが，集合財として，信頼，規範，サンクション，権威などのような多くの異なる形態においてもみられるという見解から考えて――，コールマンは，「ソーシャル・キャピタルが金融資本，物的資本，そして人的資本の概念ほど社会科学において役に立つ定量的概念になるかどうか」について疑問に思う。それは，「その現在の価値が，主に，社会システムの定性的分析および定性的指標を用いた定量的分析にとっての有用性に存在する」（Coleman, 1990：304-305）からである。この場合も，ソーシャル・キャピタルの観念を社会関係とソーシャル・ネットワークにおけるその理論的根源を越えて拡大すること，そして，予測が個々の事例全てに成立するという達成不可能な理論的立場から混乱が生じるのである。いったんこれらの問題が解決されれば，ソーシャル・キャピタルは測定可能であるべきであり，また，測定できなければならない。

ソーシャル・キャピタルを概念化し測定する

　これらの論争と明確化は，ソーシャル・キャピタルが概念としてソーシャル・ネットワークと社会関係に根ざしており，その根源に関係して測定されなければならないという提案に至る。従って，ソーシャル・キャピタルは，社会構造に埋め込まれた資源であり，それらの資源は，目的を意図した行為において，接近される，そして／あるいは，動員されると定義できる（Lin, 2001：3

章)。この定義によって，ソーシャル・キャピタルの観念には3つの構成要素が含まれる。すなわち，社会構造に埋め込まれた資源，そのような資源への諸個人による接近可能性，そして，諸個人による目的を意図した行為におけるそのような資源の使用あるいは動員である。このように概念化され，ソーシャル・キャピタルは，構造と行為を交差させる3つの要素を含んでいる。すなわち，構造的（埋め込み），機会（接近可能性），そして行為に志向した（使用）という3つの側面である。

　これらの要素は，ソーシャル・キャピタルを研究する多くの学者によって述べられてきた。社会的資源理論（Lin, 1982）は，社会的資源（ソーシャル・ネットワークに埋め込まれた資源）への接近とその使用によってより良い社会経済的地位に至ることができると特に提案してきた。さらに，その理論は，社会的資源への接近とその使用がハイアラキー構造における位置（位置の強さの命題），そして，弱い紐帯の使用（紐帯の強さの命題）によって決定されると提示している。ブルデューは，ソーシャル・キャピタルの量を，関係を取り結ぶ諸個人が所有するネットワークの規模と（経済，文化，そして象徴的）資本の量の関数として定義する。バート（Burt, 1992）は，特定のネットワークの位置（構造的空隙と構造的拘束）が組織におけるより良い地位あるいは報酬を得る個人に影響を与えることを主張する。フラップ（Flap, 1994）は，ソーシャル・キャピタルをネットワーク規模，関係の強さ，そしてそのネットワークにおける人々の所有する資源の組み合わせとして定義する。ポルテス（Portes, 1998）もソーシャル・キャピタルの分析において社会関係とネットワークに焦点を絞ることを提唱する。

埋め込まれた資源とネットワークにおける位置

　ソーシャル・キャピタルにおける資源と関係の重要性を考えると，学問的研究がその2つの要素の1つに異なる焦点を当ててきたことは驚くべきことではない。ソーシャル・キャピタルの主要な要因として，ネットワークにおける個人の位置に焦点を絞る研究者がいる。バートの研究（Burt, 1992）はこのアプローチの典型である。個人の点（node）の位置を確認することによって，その点が（例えば，その位置の占有者がより多くの，多様な，そして価値ある情報に接近できる競争的に優位性を持つブリッジのような）戦略的位置にどれくらい近いのか，あ

るいはどれくらい遠いのかを評価することが可能である。紐帯の強さ (Granovetter, 1973, 1974) も，ブリッジの有用性に関するネットワークにおける位置による測度として，有名であり，概念的に論じられるものである。他の位置による測度は，密度，規模，接近性，媒介性，そして固有ベクトルなど（ボーガティ，ジョーンズ，そしてエヴァレット (Borgatti, Jones, and Everett, 1988) による位置による測度のレビューを参照）のようにその研究領域においてすぐに入手できる。このアプローチにおける暗黙の了解は，ネットワークにおける位置がソーシャル・キャピタルを確認するための主要な要素であるという議論である。

　もう1つのアプローチは，埋め込まれた資源に焦点を当てる。社会的資源理論では，ほとんどの国において価値が置かれている資源は，富，権力，そして地位によって代表されている (Lin, 1982)。従って，ソーシャル・キャピタルは，一人の個人が直接的，あるいは間接的紐帯を持つ他の人々におけるそのような特性の量あるいは多様性によって分析される。社会的資源の測定は，ネットワーク資源とコンタクト資源としてさらに特定することができる。ネットワーク資源とは，個人の自己を中心としたネットワークに埋め込まれた資源を指すのに対して，コンタクト資源は，職探しのような手段的行為において援助者として用いられるコンタクト（接触相手）に埋め込まれた資源を指す。それ故に，ネットワーク資源は接近可能な資源を示し，コンタクト資源は手段的行為において動員される資源を示す。コンタクト資源では，測定は簡単であり，コンタクトの富，権力，そして／あるいは，典型的には，コンタクトの職業，権威の位置，産業セクター，あるいは収入に反映される地位特性である。

　埋め込まれた資源がソーシャル・キャピタルの妥当な測度であることに対する論争はほとんどない。ネットワークにおける位置がソーシャル・キャピタルあるいはソーシャル・キャピタルに先行するものの測度であるかどうかに関して議論が存在する。私の見解では，ソーシャル・キャピタルが社会関係において価値が置かれた資源を捉えることを試みると想定するのであれば，ネットワークにおける位置は，埋め込まれたより良い資源への接近を促進するが，必ずしも接近を決定するわけではない。ネットワークにおける位置のどんなタイプが利益を生じる資源をもたらすのかは，期待される利益のタイプに依存する。以下のモデル化セクションでは，私は，ソーシャル・キャピタルの利益として，2つのタイプの結果が可能であると論じる。前者では，利益は，付加された資

源，すなわち，自分が所有しない資源を獲得することである。後者では，利益は，所有された資源を維持することである。例えば，ブリッジが異なる情報に至ると想定すれば，その情報の効用は，個人が価値を置くがまだ獲得していない資源に関する情報であるかどうかに依存する。そのような資源に関する情報でなければ，ブリッジは効用には役立たない。もしそのような情報であれば，ブリッジは大変に役立つ。すなわち，全てのブリッジ（あるいは，ネットワークにおける位置）が良い情報，影響，社会的資格あるいは報酬に至るわけではない。会社での仕事を探している個人にとって，その個人を大企業において影響力のある位置を占める人々に結びつけるブリッジは，健康クラブのメンバーの人々につなげるブリッジよりもずっと大きな効用があるだろう。一方，子供を持つ若い母親は，住民が流動的であり，外部の世界に自由に接近できるコミュニティよりも，むしろ，密度が高く，凝集性の高いコミュニティに住むことを好むだろう。同様に，離婚のような個人的なストレスに直面する人は，幸せに結婚している人よりも，むしろ，同様のストレスを経験し，その心理的効果を理解する他者への接近と相互作用から利益を得るだろう。これらは，表出的行為であり，密度の高いネットワークと同質的なパートナーの利益が期待される。

　このような考察は，ネットワークにおける位置がソーシャル・キャピタル自体の内生変数というよりも，むしろ外生変数として扱われていることを示唆する。この話題は，モデル化セクションで再び検討する。ここでは，ソーシャル・キャピタルは単なる社会関係とネットワーク以上のものであると結論づければ十分であろう。すなわち，ソーシャル・キャピタルは，埋め込まれ，接近される資源を喚起するのである。しかしながら，そのような埋め込まれた資源は，ネットワーク特性と関係を特定せずにとうてい捉えることはできない。ネットワークにおける位置は埋め込まれた資源の必要条件である。特定の研究においては，ネットワークにおける位置と埋め込まれた資源の両方の測定を組み込むことが賢明である。

ソーシャル・キャピタルをネットワークにおける財として測定する

　ソーシャル・キャピタルのこれらの2つの概念的要素に対応するのは，表1－3に示されるように，ソーシャル・キャピタルをソーシャル・ネットワーク

第1章 ソーシャル・キャピタルのネットワーク理論を構築する

表1-3 ネットワーク財としてのソーシャル・キャピタル

焦 点	測 定	指 標
埋め込まれた資源	ネットワーク資源 コンタクトの地位	資源の範囲，最良の資源，資源の多様性，構成（平均的な資源）；コンタクト資源 コンタクトの職業，権威，セクター
ネットワークにおける位置	ブリッジ，あるいはブリッジへの接近 紐帯の強さ	構造的空隙，構造的拘束 ネットワーク・ブリッジ，あるいは，親密性，強度，相互作用，そして互酬性

における個人によって捉えられる財として測定する際の2つの主要なアプローチである。最初のアプローチは，埋め込まれた資源を測定することである。ここでは，ソーシャル・ネットワークに埋め込まれた資源はソーシャル・キャピタルの中核的要素とみなされる。従って，測定は，自分のネットワークと紐帯において，個人によって接近された他の人々が有する価値が置かれた資源（例えば，富，権力，そして地位）に焦点が絞られる。そのような測定は，2つの枠組みに関して行われる。すなわち，(1)ネットワーク資源と(2)コンタクト資源である。前者は，個人が接近できるネットワークにおいて示される資源を測定する。典型的には，それらは，(1)紐帯間の資源の範囲（あるいは，最高の価値が置かれた資源と最低の価値が置かれた資源の間の「距離」），(2)ネットワーク，あるいは紐帯間における最良の資源（あるいは，資源のハイアラキーにおける上位の「到達可能度」），(3)ネットワークにおける資源の多様性，あるいは異質性，そして(4)資源の構成（平均的な資源あるいは典型的な資源）である。調査によれば，これらの測度は高度に相関し，1つの因子を形成する傾向があり，通常は，範囲あるいは上位到達可能度の測度において最大の因子負荷量が観察される。コンタクト資源は，特定の行為におけるコンタクトあるいは援助者によって示される価値の置かれた資源を示す。これらの測度，すなわち，コンタクトの価値の置かれた資源（富，権力，そして地位）は，職探しのような特定の行為という文脈において適用される。ネットワークとコンタクト資源の両方が職探しと昇進のような手段的行為の結果に良い影響を与えるという一貫した強い証拠が存在する (Lin, 1999)。

　もう1つの広く行われている測定戦略は，ソーシャル・キャピタルの測定として，ネットワークにおける位置に焦点を当てる。主要な視点は，ブリッジ，

あるいはブリッジへの接近が行為における報酬を促進するという議論である。弱い紐帯の強さ（Granovetter, 1973）において示されているグラノヴェターのブリッジの観念は，この議論の予告となるものであり，バートの構造的空隙と拘束という観念（Burt, 1992）において精緻化され形式化されている。ブリッジの他の測定（例えば，媒介性）も，ソーシャル・キャピタルの脈絡ではそれほど使われていないが，ソーシャル・キャピタルの測度の候補であるだろう。

　ソーシャル・キャピタルの測度の候補として，ソーシャル・ネットワークの規模，密度，凝集性，そして親密性などの他の多くの測度が存在する（Burt & Minor, 1982；Burt, 1984；Borgatti, Jones, & Everett, 1998）。しかしながら，ソーシャル・キャピタル理論におけるそれらの実行可能性に関して，調査で判明した証拠がはっきりしたものではない。社会的資源とネットワークにおける位置の両方の測度がそうであったように，特定の測度の使用について明確な理論的議論が提示されるのでなければ，ソーシャル・キャピタルの指標としてネットワークの測度をどれでも使用するのは賢明ではないだろう。

サンプリング技術

　表 1-4 から分かるように，ソーシャル・キャピタルの測定を構成するために，3 つのサンプリング技術が用いられてきた。定義できるソーシャル・ネットワークの地図を描くことが可能である時には，飽和（saturation）サンプリング技術が役に立つ。そのようなネットワークにおいては，全ての点からのデータが収集され，それらの関係が特定され，ネットワークにおける位置の測度が開発される。この技術の有利な点は，各々の点における埋め込まれた資源だけでなく，ネットワークにおけるあらゆる位置に関する詳細で完全な分析が可能になることである。ネットワークが定義された操作可能な境界を持つという要件のために，それは，組織内部あるいは組織間の小さなネットワークにおけるソーシャル・キャピタルの研究に非常に役立つ技術である。

　大きく，それほど限定できないネットワークには，自己を中心としたネットワーク・サンプリング技術が使われる。典型的には，名前想起法（name-generator）（Laumann, 1966；Wellman, 1979；McCallister & Fischer, 1978；Burt, 1984；Marsden, 1987）技術が用いられる。この測定技術は，自己からの紐帯のリストを引き出し，紐帯と紐帯だけでなく，複数の紐帯間の関係が特定される。これらのデー

第1章 ソーシャル・キャピタルのネットワーク理論を構築する

表1-4 測定技術

技　術	長　所	短　所
飽和サーベイ	ネットワークの完全なマッピング	小さなネットワークに限定
名前想起法	特別仕様の内容領域 自己を中心としたネットワーク・マッピング	サンプリング台帳の欠如 強い紐帯への偏り
地位想起法	内容に制限されない 階層的な地位のサンプリング 多数の「資源」のマッピング 直接的，そして間接的接近	関係の特異性の欠如

タから，自己の位置だけでなく，これらの紐帯相互の位置が計算できる。ネットワーク資源の情報も名前想起法によって獲得できる。構成（典型的な資源の特性），異質性（資源の多様性），そして上位の到達可能度（最良の資源）のような測定が計算できる。このアプローチの長所は，(1)名前を想起する項目として，調査中の行為に関連する特定の内容領域の確認，そして，(2)自己を中心としたネットワークにおける位置と特性だけでなく，また，そのようなネットワークに埋め込まれた社会的資源に関するマッピング（地図を作ること）を含んでいる。しかしながら，この技術には重大な欠点がいくつかある。

　第一に，研究される内容領域が抽出される母集団を特定する理論的あるいは経験的な枠組みが存在しない。特定の手段的そして表出的次元が関わっている（Lin, 1986）という一般的な理解は存在するかもしれないが，そのような次元のどんな特定の内容領域がサンプリングのための内容母集団における一連の要素を構成するのかについて合意にもとづく知識が得られない。結果として，異なる内容領域と言い回しが用いられるので，比較分析と検証が不可能である。

　第二に，名前想起法は弱い紐帯よりも，むしろ強い紐帯を引き出す傾向がある。認知的に，最初に想起される名前は，自分がより親密で，関係が集中し，頻繁に相互作用し，あるいは，交換において互酬的な，社会的紐帯である傾向が存在する。この偏りは，利益ないし結果が，表出的，あるいは，生活の質，健康もしくは精神的健康のような心理的結果に関係するなら有益でさえある。それは，これらの利益は強い紐帯のサポートあるいは社会的統合によって影響されることが期待されるからである（Lin, 1986）。しかし，利益がより良い仕事や収入を探すような手段的な結果に関係する場合には，理論が弱い紐帯の強さ，もしくはブリッジを主張してきたので（Granovetter, 1974；Lin, 1982；Burt, 1992），

第Ⅰ部　ソーシャル・キャピタル——ネットワークと埋め込まれた資源

表 1-5　接近されたソーシャル・キャピタルを測定するための地位想起法：例

職業	1. この職業に就いている人を誰か知っていますか[a]（知らない場合は7.へ進む）	2. この人をどのくらいの期間知っていますか（年数）	3. この人とはどんな関係ですか	4. この人とはどのくらい親密ですか	5. その人の性別	6. その人の職業	7. そのような人をあなたが知っている誰かを通じて知っていますか（M氏）	8. 2番から6番までのM氏について繰り返す
職業A								
職業B								
職業C								
その他								

注：[a]あなたが一人以上の人を知っているならば，あなたが最も長く知っている（あるいは，最初に思い出した）一人について考えてください。

その測定がより重要な社会的紐帯を見逃す可能性がある。

名前想起法の第三の欠点は，その方法が社会的位置ではなくむしろ個々の行為者を特定することである。多くの構造的理論におけるように，研究の関心が社会的位置に重点を置く（White, Boorman, & Breiger, 1976；White, 1992；Cook, 1982；Burt, 1992）ので，名前想起法は適切ではないだろう。

これらの欠点は知られてきたが，最近になって代替となる方法が出現した。地位想起法（position-generator）技術は，集合体において価値が置かれている資源（例えば，職業上の地位もしくは威信，権威ある地位，セクターなど）を代表する特定のハイアラキー（階層構造）における地位を抽出する。この技術では，特定された価値の置かれた資源（職業上の地位，権威ある地位，産業セクターなど）を有する地位のサンプルが用いられ，回答者はその職あるいは地位を有する誰かを知っているかどうかを示すように尋ねられる。これらの回答から，外延性（extensity）（接近された地位の数），範囲あるいは異質性（接近された「最高」と「最低」の地位の間の「距離」），そして，上位の到達可能度（接近される「最高」の地位）のようなネットワーク資源の指標を作成することが可能になる。

地位想起法はいくつかの利点がある。それは，(1)特定の社会にとって意味のある地位の代表的なサンプルにもとづくことができる，(2)そのような資源の位置へのリンケージ（つながり）を直接的，もしくは間接的に特定できる，そして，(3)多数の資源の基準（例えば，職業，権威，そして産業）にもとづくことが

できる。北米（Erickson, 1996）だけでなく，欧州の研究において，ソーシャル・キャピタルと手段的行為に関して，この理論的に導き出された方法の実用性が証明されてきた。それは，価値が置かれた資源がソーシャル・キャピタルの中核的要素であると考えられる場合に，特に役に立つようにみえる。地位想起法の測度のサンプルが表1-5に示されている。本書の第3章（リン／フ／スン）は，台湾のデータを用いてこの方法の実用性を例示する。

ソーシャル・キャピタルをモデル化する

　重要な要素を明確に操作化するために，私たちはソーシャル・キャピタルの定義をはっきりさせて「個人による社会関係への投資であり，社会関係を通じて，埋め込まれた資源に接近し，手段的，あるいは表出的行為の期待される利益を高める」とした。これから，3つの過程がモデル化のために確認される。すなわち，それらは，(1)ソーシャル・キャピタルへの投資，(2)ソーシャル・キャピタルへの接近と動員，(3)ソーシャル・キャピタルの利益である。上記の考察がソーシャル・キャピタルの定義，要素，そして，測定について明確にするが，期待される利益として考えられる結果のタイプについて簡単に論じる必要がある。私は，2つの主要なタイプの結果を提案する。それらは，(1)手段的行為への利益，そして，(2)表出的行為への利益である（Lin, 1992, 1986, 1990）。手段的行為は行為者が保有しない資源を獲得するために行われ，表出的行為は行為者がすでに保有する資源を維持するために行われる。

　手段的行為には，経済的，政治的，そして，社会的利益という3つの可能な利益を確認できるだろう。各々は加算される資本である。経済的利益は単純明快なものである。政治的利益も同様に分かりやすいものであり，集合体における階層的位置によって表される。社会的利益は，明確にする必要がある。私は，評判が社会的利益を指示するものである論じてきた（Lin, 2001：9章）。評判は，ソーシャル・ネットワークにおける個人についての好意的／非好意的な意見として定義できる。ソーシャル・キャピタルが取引される時の社会的交換における重大な問題は，その取引が非対称であるということである。つまり，他者によって自己に好意が与えられるということである。自己の行為が支援されるが，好意を与えてくれる他者への好意は何だろうか。短期間あるいは長期間で，互

酬的で対称的な取引が期待される経済交換とは異なり，社会的交換はそのような期待を伴わないかもしれない。期待されることは，自己と他者が双方とも，貸しを獲得した後者に，前者の社会的な借りを生み出す非対称な取引を認識することである。自己が他者との関係を維持するためには，社会的な借りが公にされねばならない。ネットワークにおける一般的な認知は，他者の評判を拡散する。借りが大きく，ネットワークの規模が大きく，そして，自己と他者が関係を維持する必要性が強く，ネットワークにおいて評判を広める傾向が大きく，結果として，それだけ他者が獲得する評判が大きくなる。この過程で，他者はその評判に満足し，(富のような)物質的資源と(権力のような)階層的位置とともに，その評判が手段的行為において基本的な3つの利益の1つを構成する。この点に関して私は他で論じている(Lin, 1998, 2001)。

　表出的行為には，ソーシャル・キャピタルは，資源を集約し，起こり得る資源の損失に対して備える手段である(Lin, 1986, 1990)。原則は，利害および類似する資源の統制を共有する他者に接近し，彼らを動員して，既存の資源を維持し，保護するために，埋め込まれた資源を共同で貯めておくことである。この過程において，他者は進んで彼らの資源を自己と共有する。それは，自己とその資源の維持が類似する資源に対する他者の主張の正当性を高め，強化するからである。3つのタイプの利益が特定できるだろう。それらは，身体的健康，精神的健康，そして，生活上の満足である。身体的健康は，身体的機能能力維持と病気や怪我からの自由に関わる。精神的健康は，ストレスに対抗する能力と認知的および情緒的バランスの維持を反映する。生活上の満足は，楽観主義および家族，結婚，仕事，そしてコミュニティと近隣の環境という様々な生活領域への満足を示す。

　多くの場合，手段的行為と表出的行為の利益は，相互に強化する。身体的健康は，仕事量に耐える能力を提供し，経済的，政治的，そして社会的地位を達成する原因となるだろう。同様に，経済的，政治的，そして社会的地位は，しばしば身体的健康を維持するための資源(エクササイズ，食事療法，そして健康維持)を提供する。精神的健康と生活満足は，同様に，経済的，政治的，そして社会的地位に互酬的な効果を持つことが期待される。しかしながら，手段的利益と表出的利益に導く要因は，異なるパターンを示すことが期待される。前述のように，開放型ネットワークと開放的関係は，自分の社会圏で不足している

第 1 章　ソーシャル・キャピタルのネットワーク理論を構築する

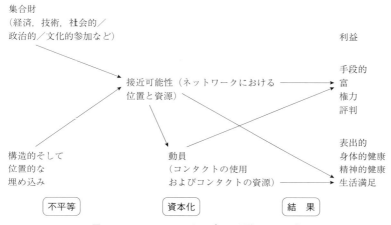

図1-1　ソーシャル・キャピタル理論のモデル化
出所：Lin（2000）の図13。

資源に届くために，ブリッジへの接近とその活用を可能にし，資源を獲得する（手段的行為）機会を高めることを可能にする傾向がある。一方，メンバー間の親密で互酬的な関係を有する密度の高いネットワークは，既存の資源を維持し保護する（表出的行為）ために，共有された利害や資源を持つ他の人々を動員する傾向がある。さらに，コミュニティと制度的取り決め，そして，規範的インセンティブ対競争的インセンティブなどの外生的要因は，ネットワークの密度や開放性，そして，手段的行為もしくは表出的行為に対して，および，手段的行為あるいは表出的行為の成功に対して，異なる貢献をするだろう。

　ソーシャル・キャピタルの中核的要因を考察し，測定とサンプリング問題のいくつかを明確にし，利益のタイプを特定し，因果的効果の異なるパターンを簡単に仮定したので，ソーシャル・キャピタルの理論化の初期段階としてのモデルを提案したい。図1-1に見られるように，そのモデルは，因果関係において3つのブロックを含んでいる。第一のブロックは，ソーシャル・キャピタルの前提条件と先行条件を示し，社会構造における諸要因と社会構造における各個人の位置である。それらは，ソーシャル・キャピタルの投資を促進したり，拘束したりする。第二のブロックは，ソーシャル・キャピタルの諸要素であり，第三のブロックは，ソーシャル・キャピタルの可能な利益を表している。

　最初のブロックから第二のブロックに導く過程は，どんな構造的ならびに位

置的な要素がソーシャル・キャピタルの構築し維持する機会に影響を与えるのか，すなわち，ソーシャル・キャピタルの不平等の形成について記述する。それは，埋め込まれ，接近され，あるいは，動員される社会的資源の分化された分布パターンを描くことである。さらに，そのような分化された分布を決定する社会的力が存在することが説明されねばならない。従って，ソーシャル・キャピタルの2つの構成要素，あるいは，接近可能な社会的資源と動員される社会的資源（Lin, 2000, 2001：7章）としてのソーシャル・キャピタルの不平等のパターンと決定要因について説明するのはソーシャル・キャピタル理論の義務である。構造的な多様性，および，位置的な多様性という，2つのタイプの因果関係の力について，ソーシャル・キャピタルの不平等の分析を行う研究者は特別な関心を持っている。構造は，経済，技術，そして社会的，文化的，政治的領域への参加のような多くの多様性によって特徴づけられるだろう。構造の内部には，諸個人が社会的，文化的，政治的，経済的階層における異なる地位を占めていると特徴づけられる。これらの多様性は，様々な社会的な構成要素の豊富さ，あるいは貧困さに影響を与えると仮定できるだろう。

　第二のブロックの内部には，ソーシャル・キャピタルの2つの要素を連結する過程が存在する。それは，ソーシャル・キャピタルへの接近とソーシャル・キャピタルの使用である。その2つの要素を連結する過程はソーシャル・キャピタルの動員を表している。すなわち，ソーシャル・キャピタルの不平等な分布を仮定すると，個人はどのようにして特定の行為のためにそのようなキャピタルを動員することが可能であったりなかったりするのだろうか。これは，そのモデルが，一方で，不平等過程に捉えられるようなソーシャル・キャピタルに対する構造的な貢献を認識しながら，他方で，動員における，可能な選択行為も強調している点にある。

　第三に，3つの構成要素が相互に連結していることを理論が説明する必要がある。従って，理論は，埋め込まれ資源が個人の選択と行為を拘束し，可能にするという因果関係を説明する必要がある。一般的な期待は，接近可能な埋め込まれた資源がより良いものであれば，個人の目的的行為において，より多くの埋め込まれた資源が動員できるだろうということである。より興味ある質問は，同じレベルの接近可能な埋め込まれた資源があると仮定して，より良い資源を動員するのになぜ人によって差があるのかということである。1つの随伴

条件はネットワークにおける位置であろう。ブリッジである，もしくは，ブリッジに近いことが差を生み出すと仮定できるだろう。また，より良く埋め込まれた資源を使うことには構造的な利点があるという認識が違いを生み出すだろう。

　最後に，第二のブロック（ソーシャル・キャピタル）と第三のブロック（結果）を連結する過程は，ソーシャル・キャピタルが結果を生み出す過程を表している。ここでは，理論は，ソーシャル・キャピタルが資本であること，あるいは，それがどのように利益を生み出すのか，について説明しなければならない，すなわち，ソーシャル・キャピタルの要素の1つ以上がどのように直接的に，あるいは間接的に個人の経済的資本，政治的資本，そして，ソーシャル・キャピタル（資源），もしくは，個人の身体的，精神的，そして人生の幸福に影響を与えるのかについて説明しなければならない。

　これらの概念化は，個々の構成要素と過程として，新しいものではない。しかしながら，このモデルは，この研究領域において入手できるかなり多様なアプローチや研究を統合するために用いることができるだろう。社会的資源理論（Lin, 1999）にもとづく調査は，社会的資源，もしくはソーシャル・キャピタルが職業上の地位，権威，そして，特定の産業への就職のような個人が達成した地位を高めるという命題を実証してきた。これらの達成された地位を通して，ソーシャル・キャピタルは経済的稼得も高めている。このような関係は，家族背景と教育を考慮した後でも，維持されている。バート（Burt, 1997, 1998）と他の研究者（例えば，Podolny & Baron, 1997）は，非公式のネットワークにおいて戦略的な位置にいる個人には，昇進と経済的報酬が組織において高められることを示した。構造的空隙，あるいは，ブリッジに近い人々，そして，構造的拘束が少ない状況にある人々は，より良い報酬を獲得するように思われる。それは，おそらく，そのような位置がこれらの人々に組織における特定の資本に接近するより良い機会を与えるからである。組織が個人を採用し定着させるためにソーシャル・キャピタルを用いるかについての調査が現在進行中である。フェルナンデスと共同研究者は，紹介が応募を増加させ，より資格のある候補者を採用し，スクリーニング過程のコストを減少させることを示した（Fernandez & Weinberg, 1997）。

　集合財に焦点を絞る研究もある。パットナム（Putnam, 1993, 1995a, 1995b）の

研究では，これは市民団体（例えば，協会，PTA，赤十字）と社会集団（ボーリング仲間）への参加によって示される。コールマン（Coleman, 1990）は，急進的な韓国の学生（資本としてのネットワーク），自分の子供が遊び場や学校に安全に行けるようにデトロイトからエルサレムに引っ越した母親（資本としての規範），そして，非公式の紐帯と非公式の協定を通じて商売をするニューヨークの宝石商（資本としてのネットワークと信頼）について，情報の普及と社会圏を通じての動員の例を提供する。また，ポルテス（Portes, 1998）も，ソーシャル・キャピタルの「自己充足的」そして手段的な結果を特定した（移民集団のソーシャル・キャピタルの自己充足的結果——連帯と互酬的なサポート——については，ポルテスとセンセンブレナー（Portes & Sensenbrenner, 1993）を参照）。それらへの第一の焦点は，集合財の発達，維持，あるいは衰退であるが，全てのメンバーがそのような財に接近する等しい機会を持つわけではないことに留意する必要がある。従って，これらの階層における個人の位置と併せて，これらの集合財が，どのようにして，ソーシャル・キャピタルへの接近，あるいは，動員の過程に対して，外生的な先行要因を構成するのかが特定され説明される必要がある。

　メゾネットワークのレベルでは，その焦点は，共同体に埋め込まれている資源に対して個人がどのように異なる接近をするのかという問いへ変化する。投げかけられる質問は，特定の共同体において，特定の個人が他の人々よりも埋め込まれた資源により良く接近するのはなぜだろうかである。ソーシャル・ネットワークと社会的紐帯の性質が分析の焦点になる。グラノヴェター（Granovetter, 1973, 1974, 1982, 1985, 1995）は，ブリッジは，通常は弱い紐帯に反映され，情報へのより良い接近を提供すると提案してきた。バート（Burt, 1992, 1997, 1998）は，ネットワークにおける戦略的な位置，構造的空隙，あるいは，構造的な拘束が情報，影響，もしくは統制へのより良いかより悪い接近を意味すると理解する。リン（Lin, 1982, 1990, 1994, 1995, 1999）は，ハイアラキーの位置だけでなく，ネットワークにおける位置も埋め込まれた資源への接近を促進あるいは妨げることを示唆してきた。埋め込まれた資源は，社会的紐帯の富，地位，そして，権力によって示される。

　ミクロ行為のレベルでは，ソーシャル・キャピタルは，手段的行為における埋め込まれた資源の使用の間の実際の連結に反映される。例えば，非公式な情報筋とそれらの資源（コンタクト資源）が職探し，および達成された社会経済的

地位への効果においてどのように動員されるのかについてのかなりの研究が存在する (Lin, Ensel, & Vaughn, 1981; De Graaf & Flap, 1988; Marsden & Hurlbert, 1988)。

表出的行為の報酬の領域における研究も多数行われている。精神的健康と生活満足に対するネットワークの間接的な効果について多くが知られている (Lin, 1986; House et al., 1988; Berkman & Syme, 1979; Berkman, 1984; Hall & Wellman, 1985; Wellman 1981; Kadushin, 1983)。言いかえると、ネットワークにおける位置がソーシャル・サポートに接近する可能性を高め、今度は、ソーシャル・サポートが身体的あるいは精神的な幸福を高めるのである。

結びの言葉

ソーシャル・ネットワークの研究には、ソーシャル・キャピタルの発達と未来について語るべき多くのことがある。その概念をソーシャル・ネットワークと埋め込まれた資源に固定しなければ、おそらくは、ソーシャル・キャピタルは、かつてない大規模で混乱させる定義のための知的活動、そして、その実際の適用に関するほとんど現実不可能な期待として、だんだん消失するだろう。かつてないほど明確な定義と測定によって、ソーシャル・ネットワークの研究は、知的活動としてのソーシャル・キャピタルの持続可能な発展に果たす役割が大きいだろう。

注

本章の一部に、1999年2月18日~21日にチャールストン、南カロライナにおいて開催された19回国際サンベルト・ソーシャル・ネットワーク大会の基調講演として報告され、*Connections* (1999年22-1：28-51) に掲載されたものである。初期の原稿を読んでコメントしてくれたロナルド・バートにお礼を申し上げる。しかしながら、ここでの議論は全て私の責任である。

(1) 文化資本は構造理論、あるいは、選択を許す理論としてみなされるべきかについて、ブルデューの著作には不明瞭な点がある (Lin, 2001：1章)。彼 (Bourdieu, 1990; Bourcieu & Passeron, 1977) は、文化をシンボリズムと意味のシステムと定義している。社会の支配階級が、教育的行為（例えば、教育）に従事することによって、その文化を無理に押し付け、次の世代に支配的なシンボルと意味を内面化

させ，結果として，支配的な文化の特徴を再生産するのである。その結果が文化の再生産における内面化された永続的な訓練，ハビトゥス（*habitus*）である。大衆は，その押しつけに気づかずに，押しつけられた文化を自分たちのものであると認識——誤認——する。資本に関するこの翻訳は，マルクスに由来するものである。マルクスによって記述される社会関係も想定される。すなわち，階級，生産手段を統制する資本家，教育的行為，あるいは（家庭，学校などにおける）教育制度の過程が存在する。生産（学校教育）過程では，労働者（学生あるいは子供）は教育過程に投資し，支配階級の文化を内面化する。この文化の獲得は，労働者に労働市場に参加し，生計を立てることを許可あるいは認可する。資本家，あるいは，支配階級は，彼らの経済資本を補完する文化資本を得て，商品（教育された大衆）の循環と生産手段（教育制度）の支配において，両方のタイプの資本を蓄積する。しかしながら，マルクスから分離する点があり，それは重要である。ブルデューは，経済資本と文化資本の蓄積の間の完全な一致を想定しない。文化資本を持たない経済資本家もいるし，経済資本が与えられていない文化的資本家も存在する。完全よりも少ないこの一致が文化的ハビトゥスを用いて支配階級に足場を築く労働者たちに可能な道を切り開くように思われる。彼らは教育制度の一部になり，彼らの文化資本のおかげで労働市場において利益を得ることは有り得る。ブルデューはここまで分析していないが，社会移動過程と行為の可能性を残している。

(2) このセクションは，リン（Lin, 2001：2章）からかなりの抜粋がされている。

(3) もう1つの要素，統制についても，ソーシャル・キャピタルの有用性のために述べられてきた。私は，ネットワークにおける位置とハイアラキーにおける位置の両方を反映する統制は，ソーシャル・キャピタルの定義自体の中心であると思う。従って，情報，影響，社会的資格，そして強化はソーシャル・キャピタルが機能し統制する理由の全てである。

(4) 2つの主要な，そして，異なる理論的立場が集合財陣営における研究者を区別する。ブルデューにとって，ソーシャル・キャピタルは，相互の認知と承認によって，支配階級の諸個人が様々な資本（経済，文化，そして象徴的資本）を保有する特権集団を強化し，再生産する過程を表している。貴族階級と肩書きがそのような集団とそのメンバーを特徴づける。故に，ソーシャル・キャピタルは，支配階級を維持し再生産するもう1つの方法である。私は，この理論的立場がソーシャル・キャピタルを階級（威信）財とみなすものとして特徴づける。集合財としてのソーシャル・キャピタルに関する他の立場は，コールマンとパットナムの研究によって代表される。コールマンは，ソーシャル・キャピタルが特定の行為に対して個人に役立つ社会構造的な特徴，あるいは資源から構成されると定義するが，公共財としてのソーシャル・キャピタルを強調する。これらの集合財と特徴は，社会集団，あるいは共同体であろうと，どのメンバーが実際にそのような資源を促進し，維持し，も

しくは，貢献しようとも，集団の全てのメンバーに入手できるものである。ソーシャル・キャピタルが公共財なので，それは，そのような努力をし，ただ乗りをしないという個人メンバーの善意に依存するのである。従って，規範，信頼，サンクション，権威，そして，その他の構造的「特徴」がソーシャル・キャピタルを維持する際に重要になる。これらの2つの説明図式の理論的系譜を辿らねばならないのならば，特権化の見解は，主に，マルクスの資本論における社会関係に関する拡張と精緻化であり，公共財の見解は，主に，社会関係に関する統合的，もしくはデュルケーム派の拡張と精緻化であると論じることができるだろう。

参考文献

Angelusz, Robert, and Robert Tardos. 1991. "The Strength and Weakness of "Weak Ties." Pp. 7-23 in *Values, Networks and Cultural Reproduction in Hungary*, edited by P. Somlai. Budapest: The Coordinating Council of Programs.

Becker, Gray S. 1964/1993. *Human Capital*. Chicago, IL: University of Chicago Press.（1976年，ゲーリー・S・ベッカー著，佐野陽子訳，『人的資本』東洋経済新報社）

Berkman, Lisa. 1984. "Assessing the Physical Health Effects of Social Networks and Social Support." *Annual Review of Public Health*. 5: 413-432.

Berkman, Lisa. F., and S. Leonard Syme. 1979. "Social Networks, Host Resistance, and Mortality: A Nine-Year Follow-Up Study of Alameda County Residents." *American Journal of Epidemiology* 109: 186-284.

Borgatti, Stephen P., Candace Jones, and Martin G. Everett. 1998. "Network Measures of Social Capital." *Connections* 21(2): 27-36, 2.

Bourdieu, Pierre. 1980. "Le Capital Social: Notes Provisoires." *Actes de la Recherche en Sociences Sociales* 3: 2-3.

Bourdieu, Pierre. 1983/1986. "The Forms of Capital." Pp. 241-258 in *Handbook of Theory and Research for the Sociology of Education*, edited by John G. Richardson. Westport, CT: Greenwood Press.

Bourdieu, Pierre. 1990. *The Logic of Practice*. Cambridge, MA: Polity.

Bourdieu, Pierre, and Jean-Claude Passeron. 1977. *Reproduction in Education, Society, Culture*. Beverly Hills, CA: Sage.

Boxman, E. A. W., P. M. De Graaf, and Henk D. Flap. 1991. "The Impact of Social and Human Capital on the Income Attainment of Dutch Managers." *Social Networks* 13: 51-73.

Breiger, Ronald L. 1981. "The Social Class Structure of Occupational Mobility." *American Journal of Sociology* 87(3): 578-611.

Brewer, Anthony. 1984. *A Guide to Marx's Capital.* Cambridge, MA: Cambridge University Press.

Burt, Ronald S. 1984. "Network Items and the General Social Survey." *Social Networks* 6: 293-339.

Burt, Ronald S. 1992. *Structural Holes: The Social Structure of Competition.* Cambridge, MA: Harvard University Press.（2006年，ロナルド・S・バート著，安田雪訳，『競争の社会的構造──構造的空隙の理論』新曜社）

Burt, Ronald S. 1997. "The Contingent Value of Social Capital." *Administrative Science Quarterly* 42: 339-365.

Burt, Ronald S. 1998. "The Gender of Social Capital." *Rationality and Society* 10(1): 5-46, 1.

Burt, Ronald S., and M. J. Minor, eds. 1982. *Applied Network Analysis.* Beverly Hills, CA: Sage.

Campbell, Karen E., Peter V. Marsden, and Jeanne S. Hurlbert. 1986. "Social Resources and Socioeconomic Status." *Social Networks* 8(1), 1.

Coleman, James S. 1988. "Social Capital in the Creation of Human Capital." *American Journal of Sociology* 94: S95-S121.（2006年，ジェームズ・S・コールマン著，金光淳訳，「人的資本の形成における社会関係資本」，野沢慎司編・監訳『リーディングス・ネットワーク論』勁草書房）

Coleman, James S. 1990. *Foundations of Social Theory.* Cambridge, MA: Harvard University Press.（2004年〜2006年，ジェームズ・S・コールマン著，久慈利武監訳，『社会理論の基礎』青木書店）

Cook, Karen S. 1982. "Network Structure from an Exchange Perspective." Pp. 177-199 in *Social Structure and Network Analysis,* edited by P. V. Marsden and N. Lin. Beverly Hills, CA: Sage

De Graaf, Nan Dirk, and Hendrik Derk Flap. 1988. "With a Little Help from My Friends." *Social Forces* 67(2): 452-472, 2.

Erickson, Bonnie H. 1995. "Networks, Success, and Class Structure: A Total View." Sunbelt Social Networks Conference. Charleston, SC, February.

Erickson, Bonnie H. 1996. "Culture, Class, and Connections." *American Journal of Sociology* 102(1): 217-251, 1.

Fernandez, Roberto M., and Nancy Weinberg. 1997. "Sifting and Sorting: Personal Contacts and Hiring in a Retail Bank." *American Sociological Review* 62: 883-902.

Flap, Henk D. 1991. "Social Capital in the Reproduction of Inequality." *Comparative Sociology of Family, Health and Education* 20: 6179-6202.

Flap, Henk D. 1994. "No Man Is An Island: The Research Program of a Social Capital Theory." World Congress of Sociology. Bielefeld, Germany, July.

Flap, Hendrik Derk, and Nan Dirk De Graaf. 1988. "Social Capital and Attained Occupational Status." *Netherlands Journal of Sociology*.

Granovetter, Mark. 1973. "The Strength of Weak Ties." *American Journal of Sociology* 78: 1360-80.（2006年，マーク・グラノヴェター著，大岡栄美訳，「弱い紐帯の強さ」，野沢慎司編・監訳『リーディングス・ネットワーク論』勁草書房）

Granovetter, Mark. 1974. *Getting a Job*. Cambridge, MA: Harvard University Press.

Granovetter, Mark. 1982. "The Strength of Weak Ties: A Network Theory Revisited." Pp. 105-130 in *Social Structure and Network Analysis*, edited by Peter V. Marsden and Nan Lin. Beverly Hills, CA: Sage.

Granovetter, Mark. 1985. "Economic Action and Social Structure: The Problem of Embeddedness." *American Journal of Sociology* 91: 481-510.（1998年，マーク・グラノヴェター著，渡辺深訳，「経済行為と社会構造——埋め込みの問題」，『転職——ネットワークとキャリアの研究』第二版，ミネルヴァ書房）

Granovetter, Mark. 1995. *Getting a Job（Revised Edition）*. Chicago, IL: University of Chicago Press.（1998年，マーク・グラノヴェター著，渡辺深訳，『転職——ネットワークとキャリアの研究』第二版，ミネルヴァ書房）

Hall, Alan, and Barry Wellman. 1985. "Social Networks and Social Support." Pp. 23-42 in *Social Support and Health*, edited by S. Cohen and S. L. Syme. Orlando, FL: Academic Press.

House, James, Debra Umberson, and K. R. Landis. 1988. "Structures and Processes of Social Support." *Annual Review of Sociology* 14: 293-318.

Johnson, Harry G. 1960. "The Political Economy of Opulence." *Canadian Journal of Ecomonics and Political Science* 26: 552-564.

Kadushin, Charles. 1983. "Mental Health and the Interpersonal Environment: A Re-Examination of Some Effects of Social Structure on Mental Health." *American Sociological Review* 48: 188-198.

Laumann, Edward O. 1966. *Prestige and Association in an Urban Community*. Indianapolis, IN: Bobbs-Merrill.

Lin, Nan. 1982. "Social Resources and Instrumental Action." Pp. 131-145 in *Social Structure and Network Analysis*, edited by Peter V. Marsden and Nan Lin. Beverly Hills, CA: Sage.

Lin, Nan. 1986. "Conceptualizing Social Support." Pp. 17-30 in *Social Support, Life Events, and Depression*, edited by Nan Lin, Alfred Dean and Walter Ensel. Orlando, FL Academic Press.

Lin, Nan. 1990. "Social Resources and Social Mobility: A Structural Theory and Status Attainment." Pp. 247-261 in *Social Mobility and Social Structure*, edited by Ronald L. Breiger. New York: Cambridge University Press.

Lin, Nan. 1992. "Social Resources Theory." Pp. 1936-42 in *Encyclopecia of Sociology, Volume 4*, edited by Edgar F. Borgatta and Marie L. Borgatta. New York: Macmillan.

Lin, Nan. 1994. "Action, Social Resources, and the Emergence of Social Structure: A Rational Choice Theory." *Advances in Group Processes* 11: 67-85.

Lin, Nan. 1995. "Les RessourcesSociales: UneTheorie Du Capital Social." *Revue Francaise de Sociologie* XXXVI(4): 685-704, 4.

Lin, Nan. 1998. "Social Exchange: Its Rational Basis." World Congress of Sociology. Montreal, August.

Lin, Nan. 1999. "Social Networks and Status Attainment." *Annual Review of Sociology* 23.

Lin, Nan. 2000. "Inequality in Social Capital." *Contemporary Sociology* 29-6 (November): 785-795.

Lin, Nan. 2001. *Social Capital: A Theory of Social Structure and Action*. New York: Cambridge University Press.（2008年，ナン・リン著，筒井淳也ほか訳，『ソーシャル・キャピタル──社会構造と行為の理論』ミネルヴァ書房）

Lin, Nan, and Yanjie Bian. 1991. "Getting Ahead in Urban China." *American Journal of Sociology* 97(3): 657-688, 3.

Lin, Nan, and Mary Dumin. 1986. "Access to Occupations Through Social Ties." *Social Neworks* 8: 365-385.

Lin, Nan, Walter M. Ensel, and John C. Vaughn. 1981. "Social Resources and Strength of Ties: Structural Factors in Occupational Status Attainment." *Americal Sociological Review* 46(4): 393-405, 4.

Lin, Nan, Yang-chih Fu, and Ray-may Hsung. 1998. "Position Generator: A Measurement for Social Capital." Social Networks and Social Capical. Duke Universiy, November.

Marsden, Peter V. 1987. "Core Discussion Networks of Americans." *American Sociological Review* 52: 122-131.

Marsden, Peter V., and Jeanne S. Hurlbert. 1988. "Social Resources and Mobility Outcomes: A Replication and Extension." *Social Forces* 66(4): 1038-59, 4.

Marx, Karl (David McLellan, editor). 1995 (1867, 1885, 1894). *Capital: A New Abridgement*. Oxford: Oxford University Press.（1982年，カール・マルクス著，マルクス＝エンゲルス全集刊行委員会訳，『資本論』青木書店）

Marx, Karl. 1933 (1849). *Wage-Labour and Capital*. New York: International Publishers Co. (1999年, カール・マルクス著, 服部文男訳, 『賃労働と資本』新日本出版社)

McCallister, L., and Claude S. Fischer. 1978. "A Procedure for Surveying Personal Networks." *Sociological Methods and Research* 7: 131-148.

Podolny, Joel M., and James N. Baron. 1997. "Social Networks and Mobility." *American Sociological Review* 7: 131-148.

Portes, Alejandro, and Julia Sensenbrenner. 1993. "Embeddedness and Immigration: Notes on the Social Determinants of Economic Action." *American Journal of Sociology* 98(6): 320-350, 6.

Portes, Alex. 1998. "Social Capital: Its Origins and Applications in Modern Sociology." *Annual Review of Sociology* 22: 1-24.

Putnam, Robert D. 1993. *Making Democracy Work: Civic Traditions in Modern Italy*. Princeton, NJ: Princeton University Press. (2001年, ロバート・D・パットナム著, 河田潤一訳, 『哲学する民主主義——伝統と改革の市民的構造』NTT出版)

Putnam, Robert D. 1995a. "Bowling Alone, Revisited." *The Responsive Community*, Spring, 18-33.

Putnam, Robert D. 1995b. "Tuning In, Tuning Out: The Strange Disappearance of Social Capital in America." The 1995 Itheiel de Sola Pool Lecture. American Political Science Association. September.

Putnam, Robert D. 2000. *Bowling Alone: The Collapse and Revival of American Community*. New York: Simon & Schuster. (2006年, ロバート・D・パットナム著, 柴内康文訳, 『孤独なボウリング——米国コミュニティの崩壊と再生』柏書房)

Schultz, Theodore W. 1961. "Investment in Human Capital." *The American Economic Review* LI(1): 1-17, 1.

Sprengers, Maarten, Fritz Tazelaar, and Hendrik Derk Flap. 1998. "Social Resources, Situational Constraints, and Reemployment." *Netherlands Journal of Socilogy* 24.

Tardos, Robert. 1996. "Some Remarks on the Interpretation and Possible Uses of the "Social Capital" Concept with Special Regard to the Hungarian Case." *Bulletin de Methodologie Sociologique* 53: 52-62, 53.

Volker, Beate, and Henk Flap. 1996. "Getting Ahead in the GDR: Human Capital and Social Capital in Status Attainment Process Under Communism." Universiteit Utrecht, The Netherlands.

Wellman, Barry. 1979. "The Community Question: The Intimate Networks of East Yorkers." *American Journal of Sociology* 84: 1201-31.

Wellman, Barry. 1981. "Applying Network Analysis to the Study of Social Support." Pp. 171-200 in *Social Networks and Social Support,* edited by B. H. Gottlieb. Beverly Hills, CA: Sage.

White, Harrison C. 1992. *Identity and Control. A Structural Theory of Social Action.* Princeton: Princeton University Press.

White, Harrison C., S. A. Boorman, and Ronald L. Breiger. 1976. "Social Structure from Multiple Networks: I. Blockmodels of Roles and Position." *American Journal of Sociology* 81: 730-780.

第2章
ソーシャル・キャピタルとしての構造的空隙 対 ネットワーク閉鎖

ロナルド・S・バート

　本章は，ソーシャル・キャピタルを創造すると論じられてきた2つのネットワーク構造に関するものである。閉鎖（closure）論は，ソーシャル・キャピタルが強く相互に連結した要素のネットワークによって創造されると論じる。構造的空隙（structural hole）論は，ソーシャル・キャピタルが，そうでなければ分断された部分の間を人々が仲介できるネットワークによって創造されると論じる。私は，本章における2つの点を支持するために，他からの包括的なレビュー（Burt, 2000）を利用する。構造的空隙のソーシャル・キャピタルに関する反復された経験的証拠が存在し，ネットワーク閉鎖と構造的空隙の矛盾は，ソーシャル・キャピタルについてのより一般的なモデルにおいて解決できるものである。構造的空隙の仲介は，付加価値の源泉であるが，閉鎖は構造的空隙に埋められた価値を実現するのに決定的に重要である。

隠喩としてのソーシャル・キャピタル

　上記の2つの議論は，同じ隠喩（メタファー）としてのソーシャル・キャピタルにもとづいているので，準拠枠としての隠喩から始めるのが役立つ。様々なタイプの議論（例えば，Coleman, 1990；Bourdieu & Wacquant, 1992；Burt, 1992；Putnam, 1993）によって形作られているが，ソーシャル・キャピタルは優位性についての隠喩である。社会は，自分たちの利害を追求して，人々が様々な財と考えを交換する市場とみなすことができる。特定の人々，あるいは特定の集団は，自分たちの努力への高い利益を受け取るという意味で，良い結果を得る。すぐに著名になる者もいるし，より重要なプロジェクトを指揮する者もいる。ある者の利益は他の者よりも達成される。不平等に関する人的資本の説明は，良い結果を得る人々はより能力がある人である，すなわち，彼らは，より知的

で，より魅力的で，より明確に表現し，より熟練しているというものである。

ソーシャル・キャピタルは，人的資本を文脈として補うものである。隠喩としてのソーシャル・キャピタルは，いい結果を得る人々は，なんらかの形で人脈に恵まれているということである。特定の人々，あるいは特定の集団は，特定の他者に関係し，特定の他者を信頼し，特定の他者をサポートする義務があり，特定の他者との交換に依存する。これらの交換の構造において特定の位置を有することは，それ自体，資産である。その資産は，ソーシャル・キャピタルであり，本質的には，分化された市場における位置の効果という概念である。例えば，ブルデューは，ソーシャル・キャピタルを社会構造に起因する資源として定義することにおいて頻繁に引用される（Bourdieu, 1980からさらに展開され，Bourdieu & Wacquant, 1992：119）。すなわち，「ソーシャル・キャピタルは，実際の，あるいは仮想の資源の総和であり，それは，共通の知り合いと相互承認による多少制度化された関係からなる永続的なネットワークを所有することによって，個人，もしくは集団に生じるものである」。コールマンは，もう一人の頻繁に引用される人であるが，ソーシャル・キャピタルについて優位性を生み出す社会構造の機能と定義する（Coleman, 1988：S98からColeman, 1990：302）。すなわち，「ソーシャル・キャピタルは，その機能によって定義される。それは，単一の実体ではなく，様々な異なる実体であり，2つの特性を共有する。それらは，すべて社会構造のある側面から構成され，その構造内部の諸個人の特定の行為を促進する。他の形態の資本のように，ソーシャル・キャピタルは，生産的であり，それが無ければ達成できない特定の目的を成し遂げることを可能にする」。パットナム（Putnam, 1993：167）は，彼の影響力の大きい研究をコールマンの隠喩に基礎を置き，社会構造によって促進される行為への焦点を維持している。「ここでは，ソーシャル・キャピタルは，信頼，規範，そしてネットワークのような社会組織の特徴に言及し，調整された行為を促進することによって，社会の効率性を向上させることができるのである」。私は，構造的空隙の競争的優位性についての私の議論を始めるために，隠喩としてのソーシャル・キャピタルとして上記のことを伝える。

従って，ソーシャル・キャピタルについての考察を始めるための一般的合意が存在する。ソーシャル・キャピタルに関して引用した視点は，起源および付随する証拠はそれぞれ異なるが，それらは，社会構造が一種の資本であり，特

定の個人あるいは集団にとって彼らの目的を追求する際に競争的優位性を創造するという，隠喩としてのソーシャル・キャピタルにおいて一致するのである。人脈に恵まれている人々は高い報酬を享受できる。

２つのネットワーク・メカニズム

　人脈に「恵まれている」ことが意味するものを示すネットワーク・モデルによって，隠喩としてのソーシャル・キャピタルが具体的にされる時に，意見の不一致が始まる。関係は，市場の歴史にもとづいている。ある人々は頻繁に会ってきた。ある人々は，お互いに探し出した。ある人々は相互の交換を完結したところである。図２-１に例示されているように，過去の接触，交換，そして付随する感情の関数として，諸個人が相互に様々に関係を取り結ぶネットワークがいつ何どきも存在する。図２-１は，ネットワークの一般的なソシオグラムと密度表による記述である。関係は線である。人々は点である。実線（点線）は，強い（弱い）関係を持つ２人の人々を結びつける。

　理論上，昨日からのネットワークの残留は，明日の市場行動とは無関係である。私は，最も魅力的な申し出を持つ売り手から買う。その売り手は，市場で私が頻繁に会う売り手かもしれないし，私が昨日買った売り手かもしれない。そのように見ると，図２-１のネットワークは，買い手と売り手がこれまでのように一緒になる場合に限り，明日も繰り返されるだろう。ネットワークの反復は，原因となる要因としての過去のネットワークとはなんの関係もない。継続は，需要と供給の関数として，相互を探し出す買い手と売り手の副産物である。

　しかしながら，最良の交換を選択するには，私が入手可能な財，売り手，買い手，そして価格に関する情報を持つことが必要となる。情報は，市場の人々に散在すると期待されるが，それが集団間を循環する前に集団内部を循環するだろう。社会学と社会心理学における一般的な調査結果は，情報は，集団間よりも集団内部を循環する，すなわち，作業集団間よりも作業集団内部，部門間よりも部門内部，産業間よりも産業内部で循環することを示している。例えば，図２-１のソシオグラムと図２-１の下の密度表は，３つの集団（A, B, C）を示し，内集団の関係が集団間の関係より強いという一般的なパターン（密度表の

第Ⅰ部 ソーシャル・キャピタル——ネットワークと埋め込まれた資源

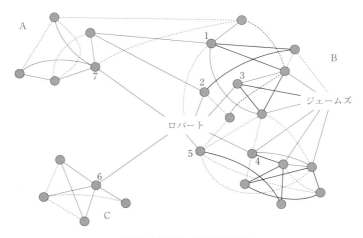

図2-1 ロバートとジェームズのネットワーク

対角線上の要素は非対角上のそれよりも高い値であり，密度表の各セルは列と行の個人間の関係の平均）を示している。その結果は，人々は全ての集団における機会について同時に知っているわけではないということを示している。たとえ情報の質が高く，最終的には全ての人に到達するとしても，普及は一定の時間間隔をかけて生起するという事実は，初期あるいは広範囲に渡って知らされた個人が有利であることを意味する。

ソーシャル・キャピタルとしての構造的空隙

情報の普及への参加と統制が構造的空隙のソーシャル・キャピタルの基礎になっている（Burt, 1992）。その議論は，ソーシャル・キャピタルを仲介機会（brokerage opportunities）の関数として記述し，1970年代の社会学において現れたネットワーク概念，特に，弱い紐帯の強さに関するグラノヴェター（Granovetter, 1973），媒介中心性（betweenness centrality）に関するフリーマン（Freeman, 1977），交換相手を排他的に限定することから得られる利益に関するクックとエマーソン（Cook & Emerson, 1978），そして，複雑なネットワークに

よって創造される構造的自律性（structural autonomy）に関するバート（Burt, 1980）を利用している。より一般的には，競争的優位性のネットワーク・モデルを生み出すために，矛盾する所属によって創造される自律性に関するジンメル（Simmel, 1955 [1922]）とマートン（Merton, 1968 [1957]）によって精緻化された社会学の考えが独占力と寡占という伝統的な経済学の考えと混合されている。

図2-1における集団間の弱いつながりは，市場の社会構造における空隙である。社会構造におけるこれらの空隙——あるいは，もっと分かりやすく，構造的空隙——は，空隙を渡る関係を持つ個人にとって競争的優位性を創造する。2つの集団の間の構造的空隙は，集団の人々が相互に気づいていないということを意味するわけではない。それは，人々は自分自身の活動に集中しているので，他の集団の人々の活動に注意を払っていないことを意味するだけである。空隙は，電気回路における絶縁体のような緩衝である。構造的空隙のどちら側の人々も異なる流れで情報を循環している。従って，構造的空隙は，人々の間の情報の流れを仲介し，空隙の反対側からの人々を一緒にするプロジェクトを統制する機会である。

構造的空隙は　重複しない（nonredundant）源泉の情報，すなわち，重複するよりも付加する源泉の情報を分離する。重複には2つの指標があり，凝集性（cohesion）と同値性（equivalence）である。凝集性の高い（相互に強く関係している）コンタクト（接触相手）は，類似する情報を持ち，従って，重複する情報の利益を提供する傾向がある。構造的に同値であるコンタクト（マネージャーを同一の第三者につなげるコンタクト）は，同じ情報源を持ち，結果として，重複する情報の利益を提供する。

図2-1のロバートとジェームズは，6つの強い紐帯と1つの弱い紐帯という同じ数の関係を持っているが，ロバートはそれ以上の何かを持っている。ジェームズは集団B内部の人々と関係し，彼らを通じて，集団B内部の全ての友達の友達と関係している。従って，ジェームズは，クラスターBの活動について十分に情報を得ている。ロバートも友達の友達を通じて，集団B内部の全ての人々と関係しているが，それに加えて，コンタクト「7」との強い紐帯は集団Aに関する情報のパイプであり，コンタクト「6」との強い紐帯は集団Cに関する情報のパイプである。コンタクト7との彼の関係は，それが集団Aとの唯一の直接の関係であるので，ロバートにとってネットワーク・

ブリッジである。コンタクト6との関係は，ネットワーク・ブリッジというグラフ理論の定義に該当する。その関係を遮断すると，集団Bと集団Cの間の関係がなくなる。より一般的には，ロバートはネットワークにおける仲介者（broker）である。ネットワーク拘束（network constraint）は，個人のコンタクトが重複する程度を測定する指標である（Burt, 1992）。ジェームズは，ロバートの2倍の拘束得点（30.9 対 14.8）を持ち，ロバートは，図2-1の人々の中で最も拘束されていない人である（-1.4Z得点）。フリーマン（Freeman, 1977）によって提案されたネットワーク媒介性は，個人がネットワークの他の人すべての間の間接的な関係を仲介する程度を測定する指標である。47.0というロバートの媒介性得点は，間接的な関係のほぼ半数が彼を通じて存在することを示している。彼の得点は，図2-1において最高得点であり，平均をゆうに上回り（47.0は4.0Z得点である），ジェームズの5.2得点（平均以下である）よりもずっと高い。

　他の集団へのロバートのブリッジ・コネクションは，情報への接近において彼に優位性を与える。彼は，間接的により多くの人々に到達できるので，より大量の情報に届くことができる。さらに，3つの別々の集団を超えるコンタクトの多様性は，彼の大量の情報には重複する情報がほとんど含まれていないことを意味する。さらにまた，ロバートは，社会組織の交差点に位置するので，その3つの集団における活動について早めに知ることができる。彼は，初期の普及学において新しい考えや行動の広がりに貢献する個人として提唱された「オピニオン・リーダー」に相当する（Burt, 1999a, 1999b）。なおその上に，ロバートの多様なコンタクトは，彼が新しい機会の受け入れで論じられた候補者である可能性があることを意味する。そのような利益を生み出すネットワークを持つことにより，ロバートが他の人々にとってさらに魅力的なものになるという事実にもとづいて，これらの利益はその度合いが増加する。

　また，統制の優位性が存在する。ロバートは，そうでなければ分断されているコンタクトを接合する位置にあり，それは，コンタクトが一緒になった時に，誰の利益になるようにするかについて，彼に比較にならないほど大きな発言権を与える。さらに，彼のコンタクトの間の空隙は，彼がコミュニケーションを仲介し，各コンタクトに対して，異なる信念やアイデンティティを見せることを意味する（「断固たる行為」に関するPadgett & Ansell, 1993, 構造的空隙との関連

についてBrieger, 1995を参照)。ジンメルとマートンは，構造的空隙から統制利益を得る人々の社会学を紹介した。理念型は，漁夫の利（*tertius gaudens*）（文字通り，「利益を得る第三者」）であり，他の人々の関係を仲介することから利益を得る人である（レビューはBurt, 1992：30-32を参照)。図2-1のロバートは，言葉の文字通りの意味において，起業家——他者の間の関係を仲介することによって付加価値を加える人——である（Burt, 1992：34-36，またAldrich, 1999：4章；Thornton, 1999を参照)。ここには緊張が存在するが，戦闘員の敵意ではない。それは，単に不確実性である。ソーシャル・ネットワークに特徴である選好が飛び交い混ざり合う状況では，いかなる要求も絶対的な権威を持たず，第三者（tertius）が有利な条件のために交渉する。構造的空隙は，第三者の戦略のための場所であり，情報が実体である。正確な，曖昧な，あるいは，歪められた情報が第三者によってコンタクトの間を戦略的に行き来する。いつ何時も情報利益と統制利益が相互に強化し，共に集積する。

　構造的空隙において豊富なコンタクト・ネットワークを持つ諸個人は，より報酬を与える機会について知り，その機会に参加し，そして，その機会を統制する人々である。彼らがその機会を発展させる行動は，数多く，様々であるが，その機会自体は常に社会構造における空隙によって定義されている。論点としては，構造的空隙の起業活動の機会が豊富なネットワークは，起業家ネットワークであり，起業家は，構造的空隙に架かる対人的な橋を構築することに熟練している人々である。彼らは，官僚制的統制よりも効率的に情報を監視する。彼らは，覚書よりも，情報を早く，そして，多くの人々に伝える。彼らは，官僚制よりも反応が早く，ある解決から別の解決へ容易にネットワークの時間とエネルギーを転換させる（麻薬取引のネットワークに鮮やかに例示されている：Williams, 1998；Morselli, 2000；あるいは，健康保険詐欺について：Tillman & Indergaard, 1999)。さらに，彼らの状況の統制において，図2-1のロバートのような仲介者は，調整されている特定の諸個人の目的に解決を合わせ，公式の官僚制の鋳型にはまった解決に取って代わる。より早く，より良い解決というこれらの利益に，さらに，コスト削減が加わる。起業家的なマネージャーは，官僚制的な選択肢と比べて，安価な調整を提供する。平衡への過程を加速し，構造的空隙において豊富なネットワークを持つ個人は，企業の権威の力と市場の機敏さの間のどこかで活動し，そうすることに価値があれば，市場の分離された部分の間に橋

を架けるのである。

　要するに，空隙の予測は，図2-1のジェームズとロバートのように，そうでなければ類似する人々の間の比較において，よりソーシャル・キャピタルを持つのはロバートであることを示す。構造的空隙を横断する彼のネットワークは，彼に対して，情報に対する広範で早期の接近，および起業家的な統制を与える。

ソーシャル・キャピタルとしてのネットワーク閉鎖

　ソーシャル・キャピタルに関するコールマン（Coleman, 1988, 1990）の見解は，仲介者であることに付随するリスクに焦点を絞るものである。私はコールマンの見解を閉鎖議論と呼ぶ。重要なのは，閉鎖を有するネットワーク，すなわち，他者の目に留まらないことがないほど誰もが関係しているネットワーク，操作的用語では，通常，密度の高いネットワークがソーシャル・キャピタルの源泉であるという考えである。

　ネットワーク閉鎖は，閉鎖されたネットワークにおける人々に2つのことをする。第一に，それは，情報への接近に影響を与える（Coleman, 1990：310；1988：S104を参照）。「重要な形態のソーシャル・キャピタルは，社会関係に内在する情報の可能性である……時事問題に余り興味はないが，重要な出来事について知らされることには関心がある人は，もし彼が欲しい情報をそのような事柄に注意を払っている友人から得られれば，新聞を読むのに必要な時間を節約できる」。例えば，仲介者の連鎖において次から次へと移動するにつれて，情報の質が低下するということに留意して，ベーカー（Baker, 1984；Baker & Iyer, 1992）は，直接の関係が多いネットワークを持つ市場は，製造者の間のコミュニケーションを向上させ，それが価格を安定させると論じる。これは，ベーカー（Baker, 1984）の証券取引に関する分析における主要な知見である。

　第二に，そして，これは，コールマンによって強調された利益であるが，ネットワーク閉鎖が制裁を促進し，それによって，ネットワークにおける人々が互いに信頼することをリスクの少ないものにすることである。信頼の利点を交替制信用組合（rotating-credit associations）によって例示して，コールマン（Coleman, 1988：103；1990：306-307；そのような組合がどのように活動するのかについての詳細な記述は，Biggart, 2000を参照）は，「しかし，その集団のメンバーの

第2章 ソーシャル・キャピタルとしての構造的空隙 対 ネットワーク閉鎖

間に高度な信頼性がなければ，その制度は存在できないだろう。それは，一連の集会の早期において，支払いを受け取る人が姿をくらまして，他の人々に損害を与える可能性もある。例えば，交替制信用組合がかなりの社会的解体を特徴とする——あるいは，言いかえれば，ソーシャル・キャピタルが欠如した——都市部で上手く活動することが想像できないだろう」と指摘する。規範と効果的な制裁に関しては，コールマン (Coleman, 1990：310-311；1988：104 を参照) は，「効果的な規範が実際に存在する時，それは，強力ではあるが，時折，脆弱な形態のソーシャル・キャピタルを構成する……学校における高い達成のための効果的な報酬を支持し提供するコミュニティの規範は，学校の課題を大いに促進する」と述べている。コールマン (Coleman, 1988：107-108) は，「この閉鎖の結果は，ダイヤモンド卸売市場の事例，あるいは，他の類似するコミュニティのように，行動を監視し，導くことを可能にする効果的な制裁のセットである。開放的な構造においては，評判は生じないし，信頼性を確保する効果的な制裁は適用できない」と要約する。彼 (Coleman, 1990：318) は，さらに「閉鎖の効果は，両親と子供を含むシステムを考えることによって，特によく理解できる。大人を結びつける広範囲の期待と義務のセットが存在するコミュニティでは，各々の大人は，自分の子供たちを監督し統制するために，他の大人たちと共に自分の引出金勘定 (drawing account) を使う，すなわち，彼らの相互の義務を用いて援助することができる」と続ける。

　コールマンの閉鎖論は，ソーシャル・キャピタルに関して著名なものであるが，密度の高いネットワークが効果的な制裁を容易にすることによって信頼と規範を促進すると予測するのはそれだけではない。社会学では，グラノヴェター (Granovetter, 1985, 1992：44) が，制裁の脅しが共通の友人を持つ人々（共通の友人が「構造的埋め込み」の条件である）の間の信頼を起こりやすくすると論じる。「長い付き合いの友人をだますことの苦しさは，たとえ発見されないとしても，相当なものである。その友人がそれに気が付けば，その苦しみは増すだろう。しかし，共通の友人がその嘘を発見し，友人同士でそれを教えれば，さらに耐え難いものになるだろう」。経済学において，類似する議論が存在する（制裁の脅しが「評判」効果を作り出す：例えば，Tullock, 1985；Greif, 1989）。(a) 2 人の人を観察する共通の知り合いは，その 2 人の間の行動を公表する。(b) それは，将来共通の知り合いとの関係に入るための評判の重要性を増加させる。(c) そし

て，それは，その2人に自分たちが表示する協同的なイメージに注意を払うようにさせる。(d)それは，その2人の各々が相手の協力を信頼できる自信を増加させる。本章は，ソーシャル・キャピタルに関するものなので，私は，ネットワーク閉鎖はソーシャル・キャピタルを創造するというコールマンの予測に焦点を絞る。私は，他のところで，信頼を促進するネットワーク構造について論じ，閉鎖と不信，誹謗中傷の連関が閉鎖と信頼の連関と同じくらい強いことを示した（Burt, 1999a, 2001）。

　閉鎖論は，要するに，図2-1のジェームズとロバートのように，そうでなければ類似する人々を比較し，ソーシャル・キャピタルを多く持つのはジェームズであることを予測する。ジェームズのコンタクトの間の強い関係は，彼に信頼できるコミュニケーション経路を与え，彼を搾取から守ってくれる。それは，彼と彼のコンタクトが行動規範に違反することに対して一致して行動することができるからである。

ネットワークの証拠

　図2-2は，管理職の5つの調査対象母集団について記述するグラフを表している。私は，これらの管理職について詳細で比較可能なネットワーク・データを持っているので，これらの管理職に焦点を絞ることにする。図2-2における4つの母集団の管理職は，ネットワークに関する調査票に記入した。彼らは，以下の人々の名前を挙げるように尋ねられた。(a)彼らが重要で個人的なことについて最も頻繁に相談する人々，(b)彼らが最も頻繁に自由時間を過ごす人々，(c)彼らが会社で報告する人々，(d)彼らの最も前途有望な部下，(e)会社で最も大切なコンタクト，(f)支援の不可欠な源泉，(g)会社において彼らの継続的な成功にとって最も重要なコンタクト，(h)彼らの最も扱いが難しいコンタクト，そして(i)別の会社の新しい仕事に転職することを相談する人々。回答者は，コンタクトの名前を挙げた後に，彼らと各コンタクトとの関係，コンタクト同士の間の関係の強さについて尋ねられた（項目の語法と尺度については Burt, 1992: 121-125；Burt, Hogarth, & Michaud, 2000 を参照）。

　図2-2の各グラフの横軸は，ネットワーク拘束の指標であり，ソーシャル・キャピタルを測定するものである。ネットワーク拘束は，ネットワークが

第2章 ソーシャル・キャピタルとしての構造的空隙 対 ネットワーク閉鎖

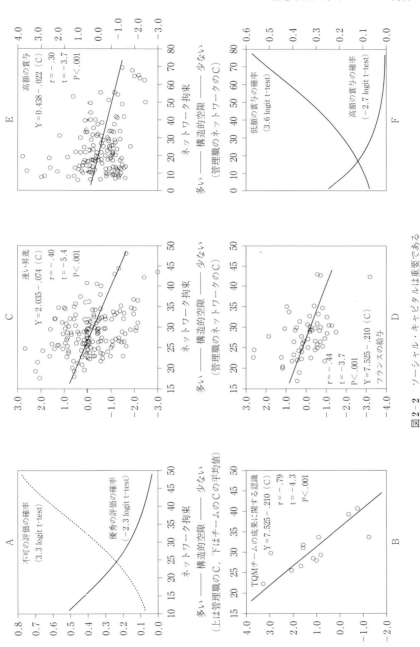

図2-2 ソーシャル・キャピタルは重要である

直接的，あるいは間接的に，一人のコンタクトに集中する程度である。拘束（constraint）は，ネットワークの3つの次元によって変化する。それらは，規模（size），密度（density），そして，階層構造（hierarchy）である（Burt, 1992：50頁以下を参照，1995, 1998, 2000）。拘束は，コンタクト同士が分断された大きい規模のネットワークでは低い。拘束は，コンタクトが，お互いに親密である（密度），あるいは，一人の中心的なコンタクトに強く結びついている（階層構造），小さい規模のネットワークでは高い。その指標は，管理職iのネットワークがコンタクトjとの関係に直接的あるいは間接的に投資されている程度の測度から始まり，$C_{ij} = (P_{ij} + \sum_q P_{iq}P_{qj})^2$で表され，$q \neq i, j$また，$P_{ij}$はコンタクト$j$に投資された$i$の関係の割合である。括弧内の合計は，コンタクト$j$との関係に直接的あるいは間接的に投資された$i$の関係の割合である。割合の二乗の合計$_jC_{ij}$は，ネットワーク拘束の指数Cである。私は得点に100を掛け合わせている。

準拠枠として，ネットワーク拘束は，図2-2の841事例において平均27.9，標準偏差10.5である。図2-1のロバートのネットワークの拘束（C=15）は平均より少ない。ロバートは，図2-2の各グラフでは左端に現れるだろう。ジェームズのネットワークの拘束（C=31）は平均よりも若干多い。

成果とネットワーク拘束との連関は，ソーシャル・キャピタルを提供すると論じられる2つの主要なネットワーク・メカニズムにとって極めて重要なテストである。拘束されたネットワークは，構造的空隙の懸け橋となることが少なく，それは，空隙論によれば，ソーシャル・キャピタルが少ないことを意味する。構造的空隙の懸け橋となるネットワークは，ソーシャル・キャピタルの源泉であるならば，成果はネットワーク拘束と負の連関を持つはずである。拘束が多いことは，ネットワーク閉鎖が多く，閉鎖論によれば，ソーシャル・キャピタルが多いことを意味する。ネットワーク閉鎖がソーシャル・キャピタルの源泉であるならば，成果は拘束と正の連関を持つはずである。

図2-2の縦軸は成果を測定している（各調査対象母集団については以下に説明される）。図2-2の各グラフは，強い負の連関を示し，構造的空隙がソーシャル・キャピタルの源泉であるという議論を支持している。

第2章 ソーシャル・キャピタルとしての構造的空隙 対 ネットワーク閉鎖

成果評価

　グラフAとBは，ネットワーク拘束と成果評価の負の連関を示している。図2-2Aは，1996年の規模の大きい金融機関における複数の部門のスタッフ幹部職の代表サンプルにもとづくものである（Burt, Jannotta, & Mahoney, 1998）。従属変数は，職務成果評価であり，会社の人事記録から収集された。従業員は各年の終わりに評価され，「優秀」から「不可」までA, B, Cの尺度によって，各カテゴリー内での高い成果と低い成果を識別するためにプラスとマイナスを用いて評価される。その評価は，長い期間従業員と共に存在し，将来の報酬や昇進に影響を与える。女性は，スタッフ機能の数百人の従業員の大部分（その機能内部のすべての幹部職の76％）である。ネットワーク質問票に回答した160人の幹部職のうち，大部分が女性である（69％）。図2-2の諸結果は，女性についてのものである（男性については，Burt, 2000：表2を参照）。図2-2のグラフAは，「優秀」と「不可」という評価の確率がネットワーク拘束とともにどのように変化するかを示している。グラフは，ロジット回帰にもとづき，中間のカテゴリーを準拠点として，評価の2つの両極を予測するものである。上級役員が「優秀」と評価される傾向があるので，評価は，企業によって定義された4つの管理職の職務等級に対して調整されている（Burt, Jannotta, & Mahoney, 1998：84）。ロバートのように，拘束されないネットワークを持つ役員は，優秀な評価を受ける確率が有意に高い（−2.3 t-test）。さらに強い効果は，拘束されたネットワークの内輪の世界で生活する役員は「不可」の評価を受ける傾向である（−3.3 t-test）。

　図2-2Bは，チームのソーシャル・キャピタルに関するローゼンタール（Rosenthal, 1996）の博士論文の調査から引用したものである。総合品質管理（TQM）がうまくいったりいかなかったりすることに悩まされ，および，アンコンナとカルドウェル（Ancona & Caldwell, 1992a, 1992b）によるチームを越えたネットワークがチームの成果に関連するという実証結果に触発されて，ローゼンタールは，TQMチームのための外部関係の構造が空隙論によって予測される効果を持つかどうかを調査したいと思った。彼女は，1994年に複数の工場における全ての機能（総計で165チーム）において品質を改善するために，TQMを採用する過程にある中西部の製造会社に接近した。彼女は，2つの工場の作業を観察し，各工場の品質に対して責任を負う上級管理職に自分の工場の各

TQMチームの成果を評価するように依頼した。評価は工場内部で標準化され，工場間を比較し，チームの成果が大きく異なる機能を特定した。調査対象母集団は，いくつかの工場では高い成功を収めたが，他の工場では成功しなかった機能に割り当てられたチームである。ローゼンタールは，調査のために2つの機能を選択し，選択されたチームの各従業員にネットワーク調査票を送付した。調査票によるデータがチーム内部およびチーム外部の各個人のネットワークの拘束を計算するために用いられた。

図2-2Bの縦軸は標準化されたチーム評価であり，横軸はチームの人々の拘束の平均値である。連関は空隙論が予測するとおりであり，非常に顕著なものである（−.79相関係数）。チームを越えて会社の構造的空隙を渡るネットワークを持つ人々から構成されるチームは，成功していると認識される可能性が有意に高い。

昇 進

図2-2Cは，昇進とネットワーク拘束の負の連関を示すものである。データは，1989年に大規模な電子製造会社の上級管理職の確率サンプルから収集されたものである。これらの管理職の成果とネットワークに関するデータは詳細に他で論じられている（Burt, 1992, 1995, 1997a, 1997b, 1998）。調査票によるデータが上記に記述されている質問を用いて多様な関係について得られた。各管理職の成果と背景に関するデータは，会社の人事記録から収集された。会社の人事記録は，各管理職の職位（企業によって定義された4つのレベル），現在の職位に昇進した日付，会社に入社した日付，（販売，サービス，製造，情報システム，エンジニアリング，マーケティング，財務，人的資源などの企業によって定義された）責任の機能領域，そして，ジェンダー，家族，収入，などの通常の人事ファイル変数を提供する。

調査対象母集団の収入が職務等級と密接に関係しすぎているので，管理職個人の相対的成功を測定することはできなかった。職位までの時間は，成果を示す良い変数であった（Burt, 1992：196-197）。内部で昇進しようと外部から雇用されようと，大企業の上級職位に昇進する人々は，彼らの昇進に先行する数年の経験を有している。人々が上級職位へ昇進する状態になる前に，特定の期間が経過することを期待されている（社会的に期待された継続についてはMerton,

1984を参照)。どのくらいの時間かは経験的問題であり，その答えは個々の管理職によって異なる。早く昇進する管理職もいる。早い昇進は，管理職が現在の職位に昇進した時と，類似する管理職が同じ職務の同じ職位に昇進する年齢を予測する人的資本の基準値モデルとの差，すなわち，E（年齢）－年齢である。昇進する年齢の期待値E（年齢）は，特定の個人的背景（教育，人種，ジェンダー，そして年功）を有する管理職が特定の機能内の特定の職位（職位，機能，そして工場所在地）に昇進した平均の年齢である。昇進の期待年齢は，昇進年齢における母分散の12%であり，残余は期待された昇進年齢を中心に釣鐘曲線に分布している（Burt, 1922：126-131；1995）。図2-2Cの基準変数は，平均0，分散1に標準化された早い昇進変数である。

図2-2Cは，調査に回答した170の上級者を記載している（女性の上級者についてはBurt, 1998：14を参照）。早い昇進と拘束との間の負の連関は，統計的に有意である（-5.4 t-test）。現在の上位の職位に早く昇進した男性は，拘束の低いネットワークを持つ（グラフの左側）傾向があり，遅く昇進した人々は，拘束の高いネットワークを持つ（グラフの右側）傾向がある。

給　与

グラフD，E，そしてFは，給与とネットワーク拘束の負の連関を示している。図2-2Dは，1977年のフランスの規模の大きい化学医薬品の会社の1部門の様々な機能の上位管理職の代表的サンプルである60人を記載している（Burt, Hogarth, & Michaud, 2000）。再び，調査票によるネットワークに関するデータが上記に記述されている質問を用いて多様な関係について得られた。調査対象母集団の各管理職の成果と背景に関するデータは，会社の人事記録から収集された。調査対象母集団における年収の分散の72%は，管理職の職位と年齢から予測できた（給与が年功よりも年齢に若干連関している）。給与の分散の残余の28%は，図2-2Dの成果変数を定義している。相対的給与は，特定の管理職の給与と，職位と年齢が同じである誰かに期待される給与——E（給与）——との間の差である。すなわち，それは，給与－E（給与）である。職位と年齢を一定にすると，他の背景となる要因との連関は無視できるほどのものである（Burt, Hogarth, & Michaud, 2000）。相対的給与は，調査対象母集団における全ての85人の管理職について平均0，分散1に標準化されている（例えば，

得点1.5は，管理職の給与は，職位と年齢が同じ人々に典型的に支払われる給与よりも1.5標準偏差高いということを意味する）。相対的給与とネットワーク拘束との間の負の連関は，統計的に有意である（−3.7 t-test）。自分と同じ職位と年齢の管理職から期待されるよりも高い給与を享受する管理職は，会社の構造的空隙を渡すネットワークを有する傾向がある。

図2-2Eは，1993年の金融組織の投資責任者を記載している（Burt, 1997a）。調査対象母集団は，顧客関係に責任を負う銀行役員を含み，賞与基金に参加している多数の事務サポートも含んでいる。調査対象母集団に関する成果，背景，そしてネットワークについてのデータは，会社の記録から収集した。0から何百万ドルまで様々な年間の賞与給与における分散の73％は，職位（組織によって定義された職位を識別するダミー変数）と企業への年功（企業の在職年数と現職の年数）から予測できる。給与は，同じ変数（給与の分散の95％）からほぼ完全に予測可能である。職位と年功を一定にすると，企業がデータを有する，役員のジェンダー，人種，あるいは，他の背景となる要因による賞与における有意な差はみられない。賞与の分散の残余27％は，図2-2Eの成果変数を定義している。相対的賞与は，役員に支払われる賞与と，職位，年齢，企業への在職年数が同じ誰かに典型的な賞与——E（賞与）——との差にもとづくものである。私は，調査対象母集団の全ての役員の相対的賞与を平均0，分散1に標準化した（例えば，得点1.5は，役員の賞与は，職位，年齢，在職年数が同じ人々に典型的に支払われる賞与よりも1.5標準偏差高いということを意味する）。図2-2Eは，ソーシャル・キャピタルのために分析された無作為サンプルの147人を記載している（女性の銀行役員の結果はBurt, 2000：表2を参照）。

この母集団の作業は，同僚間の柔軟な協同を必要とする。彼らの対人行動の多くは，彼らの直接の監督者には知られないので，彼らの協同を官僚制の命令系統によって監視することは不可能である。その企業は，従業員の協同を監視するために同僚による評価を用いる産業に特有なものである。毎年，役員は，その年に，彼らと，かなりの，あるいは，頻繁な商取引がある人々を特定し，各人と一緒に仕事をすることがどれくらい生産的であるのかを示すように依頼される。その企業は，これらの同僚による評価の平均を賞与と昇進の審議に用いている。その企業は，評価の平均を超えて考察することはない。しかしながら，評価においてネットワーク構造が存在し，それは，ソーシャル・キャピタ

ル理論によれば，役員の成果に影響を与え，今度は，それが賞与に影響を与えるのである（Eccles & Crane, 1988：8章を参照）。その企業の他の部門の投資役員と同僚による同僚の評価から，私は，各役員によって生産的なコンタクトとして挙げられている人々を特定し，各コンタクトによる評価をみて，コンタクトがお互いをどのように評価したのかを観察した。そして，私は，各役員のネットワークからネットワーク拘束を計算した。

その調査対象母集団を分析的に価値あるものにするのは，ネットワークと成果のデータの間の時間的順序である。ソーシャル・キャピタル理論は，社会構造に因果的役割を与えている。その議論と合致して，私は，理論的および発見的な目的のために，社会構造の最重要性を想定する。私は，ここでは，社会構造の最重要性を想定することに限定する。それは，他の図2-2の調査対象母集団におけるデータ収集は，横断的（一時点での観察：cross-sectional）であるので，因果関係の証拠を提供しないからである（考察はBurt, 1992：173-180を参照）。調査票によるネットワークデータを収集する，すなわち，管理職の相対的成功が時間とともに現れるのを待ち，そして，成果データを収集するのは難しい。投資役員のネットワークデータは，5ヶ月後に賞与報酬に影響を与える，同僚による評価を集める通常の手順で入手された。

図2-2Eには，賞与報酬とネットワーク拘束の間の負の連関が存在する（-3.7 t-test）。同じ職位と年功の管理職から期待されるよりも高い賞与を受け取った管理職は，企業の構造的空隙を渡るネットワークを持つ傾向がある。図2-2Fのロジット回帰分析の結果は，その連関が図2-2Eの結果によって意味されるよりもさらに強いことを示している。図2-2Eのデータには，三角パターンが存在する。グラフの右側では，最も拘束されたネットワークを持つ管理職が少ない額の賞与を受け取っている。左側では，同僚よりも多い額の賞与を受け取っている管理職は，拘束が低いネットワークを持つ傾向があるが，同程度に拘束が低いネットワークを持つ管理職の多くが少ない額の賞与を受け取っている。私は，これを年データによるものと考える。構造的空隙を渡る低い拘束のネットワークが報酬を与える機会へのより良い接近を提供するが，それは，毎年の並外れた利益を保証するものではない。今年の賞与と前年の賞与との偏相関（職位と年功を一定にした後）は，.47である。最も生産的な管理職でさえ，利益をもたらす年の後は，通常のビジネスの年を迎える場合もあるので

ある。従って，図2-2Fのロジット回帰分析の結果は，投資役員へのソーシャル・キャピタル効果について正確な記述をしている。私は，管理職を3つの賞与カテゴリー，すなわち，多い（同じ職位と年功から期待されるより1標準偏差以上多い賞与），中位，少ない（同じ職位と年功から期待されるより1標準偏差以上少ない賞与）に分類した。今年のネットワーク拘束は，次年の多い賞与の確率を有意に減少させる（-2.7 t-test）が，さらに強い効果は，次年に低い賞与を受け取る確率の増加である（3.6 t-test）。

他の証拠

図2-2の5つの調査対象母集団に渡って，ソーシャル・キャピタルは，構造的空隙を渡す仲介から生じ，ネットワーク閉鎖からは生じない。他に，私は，それほど詳細ではないネットワークデータにもとづく研究ではあるが，さらに多様な調査対象母集団について広範で多様で実質的な問題に関する研究をレビューしている（Burt, 2000）。そのレビューの結論は，ここでのものと同様である。すなわち，閉鎖されたネットワーク——具体的に言えば，密接に相互に関係するコンタクトのネットワーク——は，体系的に標準以下の成果と連関している。個人および集団にとって，構造的空隙を渡すネットワークが創造性と革新，肯定的な評価，早い昇進，高い給与と利益に連関している。

コールマンの証拠の再検討

ソーシャル・キャピタルの一形態としての閉鎖に関するコールマンの議論において最も信頼すべき証拠は，高校生に関する彼の研究によってもたらされる。彼は，なぜ特定の学生が高校を中退する傾向があるのかについて閉鎖が説明すると論じている。閉鎖論は，子供の生活において大人たちが相互にもっと連結していれば，信頼，規範，そして効果的な制裁が大人たちの間で生じやすいと予測し，それは，子供に教育を修了させる際に，大人たちが自分たちの利害を効果的に執行できることを意味する。

コールマン（Coleman, 1988, 1990：590-597）は，3つの証拠を提供し，大人の閉鎖されたネットワークの内部で生活する子供は，高校を中退する可能性が低いことを示している。第一に，両親と少数の子供から成る家族における子供は，

高校を中退する可能性が低い（同居する両親は，別居する両親よりも，子供の監督において効果的に協力できる）。第二に，生まれてずっと近所に住んでいる子供は，高校を中退する可能性が低い（両親，先生，そして近所の他の人々は，新しく近隣住民になった両親よりも，近所で相互に知り合いであり，子供の監督において協力する傾向がある）。第三に，カトリックそして他の宗教の私立高の子供は，中退する可能性が低い（親，先生，そして，私立校の子供の友人の親は，公立校の同じ役割の大人に比べて，相互に知り合いで，子供の監督において協力する傾向がある）。

　2つの問題がある。第一に，「中退しないこと」は，ソーシャル・キャピタル効果を評価する肯定的な成果基準であるのか。「中退」に関する成果の変動は，多分，成果連続体の反対側，すなわち，連続体の「学校にとどまり，勉強ができる」側の要因とは異なるものによって決定されているだろう。例えば，898の高校の9,241人の学生を調査したNational Education Longitudinal Studyからの数学の達成度に関するデータを分析し，モーガンとソレンセンは，ネットワーク閉鎖の価値に関して疑問を投げかけている。「（コールマンの）基本的仮説とは対照的に，私たちの知見によって，裾野を広げる学校の典型的なネットワークの構造によって与えられる利益が規範を執行する学校のネットワークの利益を上回ると私たちは結論することになる」（Morgan & Sørensen, 1999a, 1999b : 674）。モーガンとソレンセンは，彼らの前のコールマンのように，彼らの分析のために限定されたネットワークデータしか持っていないが，彼らの2つのネットワーク変数は，同じ種類の閉鎖を実際に測定しているので，数学の得点と「親たちが親たちを知っている」との間の負の連関は，閉鎖論に傾倒している研究者に対して疑問を提議している。

　第二に，ソーシャル・キャピタルとしての仲介に関する蓄積される証拠は，コールマンの証拠において仲介が果たしている役割についての推論を誘う。友人，先生，そして親が相互に強く結びついている拘束されたネットワークを子供が持つと，子供がそれらの人々を相互に争うように仕向ける機会が取り除かれるために，学校を中退する可能性が低いと仮に認めよう。親と先生からの拘束が子供に対して正の長期の結果を持ち，子供に自分の教育を重視するようにさせる。しかしながら，これは，子供のソーシャル・キャピタルであるのか，あるいはその子供の親のソーシャル・キャピタルであるのか。本章でレビューした証拠は，ネットワークの中心に位置する人のソーシャル・キャピタルにつ

いてである。大人による高い成果に連関するソーシャル・キャピタルは，分離したコンタクトのネットワークから生じている。大人になりつつあるどこかの時点で，環境によって形成される子供は，環境を形成する責任を持ち，環境に自分が付加した価値に比例して報酬を得るようになる。拘束は，子供には正の効果があるが，大人，特に企業のトップの管理職の仕事をする大人には悪影響を及ぼす。さらに，子供の周りの親のネットワークは，教育達成へのソーシャル・キャピタル効果の一部だけしか定義していない。全体を表す話は，効果的な大人の監督（閉鎖論）に，子供をサポートするために社会から資源を手に入れる親の能力（空隙論）が組み合わされたものである。子供への統制を大人に提供する閉鎖の効果がどれくらいのものであろうと，図2-2に例示されるように，親が早い昇進と高い給与を家庭にもたらすような，職場の構造的空隙を渡る親のネットワークの効果は，どれくらい大きいものなのだろうか。

統 合 点

閉鎖には重要な役割が残っている。それは，構造的空隙に埋め込まれている価値を実現することに絶対不可欠である。

外部と内部の拘束

図2-3の表から始めよう。行は集団をその外部ネットワークによって区別する。集団は，多くの基準によって区別される。私は，2つのネットワーク基準を想定し，それらは，情報の重複（直接結合と構造同値）を定義するが，家族，チーム，近隣，あるいは産業のような広範なコミュニティのような通常の集団も想定している。表の上部にある3人のソシオグラムによって例示されるように，特定の集団を越えて多くの重複しないコンタクトを持つ個人から成る集団もある。2つの集団のそれぞれに属する人々は，その集団を越えて合計6人の重複しないコンタクトを持っている。ネットワーク測定の点からは，重複しないコンタクトは集団への外部の拘束の欠如を意味する。例えば，図2-2Bの横軸は，TQMチームの諸個人への平均のネットワーク拘束を測定している。グラフの左側にある拘束の低いチームは，そのチームを越えて多くの重複しないコンタクトを持つ従業員からできていた。そのチームの構造的空隙を渡り，

第2章　ソーシャル・キャピタルとしての構造的空隙 対 ネットワーク閉鎖

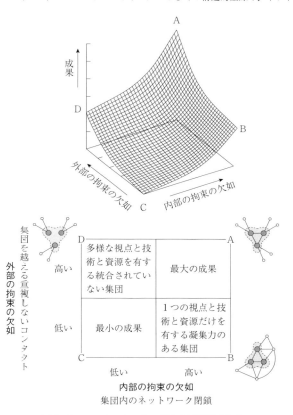

図2-3　ソーシャル・キャピタルは重要である

彼らのネットワークは，多様なセットの視点，技術，あるいは資源に到達した。彼らは，高成果チームであった。その一方で，図2-2Bの右側にある低成果チームは，そのチームを越えて重複するコンタクトを持つ諸個人からできていた。図2-3の下のソシオグラムがその説明図である。そのチームを越える4人のコンタクトは相互に連結しているので，直接結合によって重複している。そのようなチームは，図2-2Bに例示されるように，TQMに関する彼らの低い成果によって，1つのセットの視点，技術，あるいは資源に接近し，新しい解決策に出会う，あるいは，新しい解決策を首尾よく実行できないことが期待されている。

　図2-3の列にネットワーク閉鎖によって集団を区別する。集団内の人々あ

61

るいは組織間の構造的空隙は，集団内のコミュニケーションと調整を弱め，それがその集団を越えた仲介を利用する集団能力を弱めるのである。閉鎖は，チーム内部の構造的空隙を取り除き，チーム内部のコミュニケーションと調整を強化する。図2-3の表の左側にあるソシオグラムは，内部の要素が非連結である集団を示している。表の右側にある2つのソシオグラムは，3つの要素が全て連結している集団を示している。密度あるいは階層構造がネットワーク閉鎖を提供し，階層構造は，より強力な形態の閉鎖であるように思われる（Burt, 2000）。チームの全てのメンバーと強い関係を持つリーダーは，チーム内部の空隙によって分離された連合あるいは派閥にもかかわらず，コミュニケーションと調整を高める。

成果曲面

図2-3の上のグラフは，表のセルにおける集団成果を示している。ここでは，成果は，革新，肯定的評価，早い昇進，給与，そして利益の定義されない混合である。図2-3の角にある点A，B，C，Dは，グラフの点に対応している。

成果は，グラフの後部（A象限）において最も高く，そこでは，集団内部の閉鎖が高く（集団に一人の明確なリーダー，あるいは，人々の間に密度の高いネットワーク），そして，その集団を越えて多くの重複しないコンタクト（周囲の組織へのメンバーのネットワークは，分離した視点，技術，そして資源に富んでいる）が存在する。成果は，グラフの前部（C象限）で最も低く，そこでは，集団内部の閉鎖が低い（何を行い，どのように進めるかについて争うことにメンバーが時間を使っている），そして，その集団を越えた重複しないコンタクトがほとんどいない（メンバーが類似する視点，技術，あるいは資源に限定されている）。

図2-3は，私の3つの証拠からの推論であり，それらは別に詳細にレビューされている（Burt, 2000：図5）。実際には，図2-3の仲介と閉鎖の間の交互作用は，空隙論が生じた構造的自律（structural autonomy）の概念である（Burt, 1980, 1982, 1992：38-45）。

最初の証拠は，産業の利益率と市場構造の連関を記述する国勢調査データを用いた研究から得られる。産業の利益率は，産業の製造者間の閉鎖とともに増加し，重複しないサプライヤーと顧客市場の数とともに増加する（Burt, 1992：3章；2000：図6）。市場構造の調査との類推は，2つの点で生産的である。市

場の結果は，市場条件の国勢調査にもとづいているので，それらは，管理職の大多数のサンプルでは提示されない極端な値の成果―ネットワークの連関を含んでいる。第二に，より広い範囲のネットワーク条件に渡る市場の結果は，ネットワーク構造に対する非線形的形態の利益を示している。最も強いネットワーク効果は，最小のネットワーク拘束からの逸脱で生じる。集団内部のネットワーク構造に関しては，言いかえれば，すでに解体している集団内部のもう1つの非連結よりも，その集団における最初の大きな非連結によって成果が弱められる。外部の構造に関しては，外部の圧力によってすでに機能が停止した集団へのもう1つの外部圧力の参入よりも，周囲の組織への1つの強い視点，技術，あるいは資源の参入によって成果が弱められる。

　統合への第二の証拠は，8つの産業における29の米国企業内の223企業研究開発部門の成果に関するレーガンズとザッカマン（Reagans & Zuckerman, 1999）の研究である。高いレベルのアウトプットは，科学者が広く分離したコーホートから選ばれ（彼らのネットワークがチーム外部の多様な視点，技術，あるいは資源に到達したことを意味している），および，その部門内には密度の高いコミュニケーション・ネットワークが存在する部門において見られると，彼らは報告している。在職期間の多様性（あるいは，他の種類の多様性，Williams & O'Reilly, 1998を参照）は，異なる視点について伝達し，調整することに関係する困難さのために破壊的であり得るが，（チーム内部の密度の高いコミュニケーション・ネットワークによって意味されるように）コミュニケーションが上手くいけば，チームの成果は，より多様な情報に接近するチームの仲介の有利さによって高められる。レーガンズとザッカマンの調査結果は，図2-3の上の成果曲面の点Aと点Cの間のどこかの部分である。

　統合への第三の証拠は，管理職にとってのソーシャル・キャピタルの随伴的価値（contingency value）から得られる（Burt, 1997a, 2000：図6）。ソーシャル・キャピタルは，（最高経営責任者，副部長，あるいは，組織にとって新しい種類の事業のような）相対的にユニークな職業を持つ管理職に最も価値がある。これらは，ソーシャル・キャピタルの情報と統制利益から最も多くを得る人々である。随伴性の議論は，多数の同輩が競争的な準拠枠を定義し，その枠組みによってどの管理者の成果も測定できるようにするので，類似する仕事を行う管理職は取り組みにおいて相互に似てくるのである。バート（Burt, 1997a, 2000：

図6）は，同じ仕事をする管理職——同輩——の数に比例する非線形的減少を示している。同輩間のネットワーク閉鎖が同輩の数とともに減少すると想定する。すなわち，多くの人々との間のネットワーク閉鎖は，少ない人々の間の閉鎖よりも持続するのが難しい。その結果，同輩とソーシャル・キャピタルの価値の間の負の連関は，閉鎖とソーシャル・キャピタルの価値の間の負の連関である。構造的空隙を渡る仲介のソーシャル・キャピタルは，この場合も，集団内部にネットワーク閉鎖が存在する集団にとってより価値がある——すなわち，図2-3のグラフの後にある点Aである。グラフの点Cから点Dへの軸に沿って，低い閉鎖は，集団内のコミュニケーションと調整が不足していることを意味し，そのような集団は成果が乏しく，視点，技術，資源の多様性が最も豊富な場合だけ外部ネットワークから利益を得ることが期待される。

調査結果を統合するための準拠枠

図2-3は，全体の調査の結果を統合するために役に立つ準拠枠である。各研究は，ネットワーク閉鎖，あるいは，構造的空隙のどちらの議論も疑問視することなく，各議論からソーシャル・キャピタルの唯一の証拠を示すことができる。

例えば，グリーフ（Greif, 1989）は，ネットワーク閉鎖が中世の北アフリカのマグリブ商人にとって非常に重要であったと論じている。各商人は，自分の町で地元の商売を行い，遠隔地への販売に依存していた。その商人たちの間のネットワーク閉鎖によって，彼らはお互いを信頼するように調整し，様々な商活動の商品を有利に売買することが可能であった。個人的には，商人たちは，仲介の機会が豊富なネットワークを持っていたが，彼らが機会をうまく活用するためには，相互のネットワーク閉鎖が必要であった。さらに一般的には，多様な視点，技術，そして資源が豊富な環境では，集団の成果は，集団として活動するために，彼らの違いを克服する人々によって決まるのである。集団成果は，仲介ではなく，集団内の閉鎖によって異なる。それは，集団を越える仲介の機会が誰にとっても豊富であるからである（これは，図2-3の曲面の点Aから点Dである）。

TQMチームに関するローゼンタール（Rosenthal, 1996）の研究は，他の対極の事例を例示している。チームの人々は，チームとして行為するように訓練さ

れ、企業の品質管理に対する熱意が存在していたので、チームは閉鎖においてあまり違いがなかった。全てのチームにおいて閉鎖のレベルが高かった。従って、チームの成果は、図2-2Bに例示されるように、チームの外部ネットワークによって異なった。凝集性の高いチームが良いアイデアを見つければ、そのチームがそれに対して行動できる。全てのチームの凝集性が高ければ、チームを越えた多数の重複しないコンタクトを持つチームには、広範な視点、技術、資源への接近という利点がある。いくつかの最近の研究は、構造的空隙を渡る外部ネットワークを持つ集団の高い成果を報告している（レビューはBurt, 2000を参照）。例えば、上級管理職が自分の企業を越え、自分の産業を越えて、境界を渡る関係を持つと企業の成果が高い（Geletkanycz & Hambrick, 1997）。産業のトップの合弁事業、あるいは、提携のネットワークにおける仲介的位置を持つ組織の特許取得量が多い（Ahuja, 1998）。会計事務所の生存は、顧客セクターとの強いパートナー関係の関数である（Pennings, Lee, & Witteloostuijin, 1998）。自分の技術分野外の企業と提携する半導体企業からの革新の高い確率が存在する（Stuart & Podolny, 1999）。企業を越えた重複しないアドバイスの源泉が多い小規模製造業者は、競争的なアイデアに接近できる（McEvily & Zaheer, 1999）。企業を越えた重複するネットワークには、企業の成長に対して負の効果がある（Sørensen, 1999）。コンピュータ新製品チームでは、チームを越えた重複しないコンタクトを多く持つ人々から成るチームは、課題をより早く達成する（Hansen, Podolny, & Pfeffer, 2000）。創業時に多様な種類の提携パートナーを持つバイオテクノロジー企業は、収益増収率が速く取得された特許数が多い（Baum, Calabrese, & Silverman, 2000）。多くの種類の活動を多くの種類のパートナー企業と提携して行うバイオテクノロジー企業は、高い収益と高い生存率を持つ（Koput & Powell, 2000）。そうでなければ非連結であるパートナーの共同投資ネットワークを持つベンチャー投資企業には、新規株式公開（IPO）まで生き延びる初期の投資を得る高い確率がある（Podolny, 2000）。図2-3に留意して、これらの研究は、閉鎖論が間違っていると語るのではなく、むしろ、企業内部の閉鎖は、企業を越えた仲介ほど問題ではないと語っている。さらに一般的には、凝集性の高い集団の相対的成果は、ネットワーク閉鎖ではなく、構造的空隙が豊富なネットワークを持つ人々から成る集団の程度によって異なる。それは、閉鎖のレベルが集団の全てにおいて高いからである（これは、図2-2Bに

例示されるように，図2-3の点Aから点Bの曲線である）。

　要するに，構造的空隙とネットワーク閉鎖は，生産的な方法によって1つにまとめることができる。その統合は，経験的な証拠に関してだけのものである。そのメカニズムは，はっきりと異なるものである。閉鎖は，密度が高い，あるいは，階層構造のネットワークがどのように成果にかかわる取引と信頼に関係するリスクを低減するのかについて記述する。空隙論は，構造的空隙が，成果にかかわる空隙を渡る仲介とともに，どのように付加価値を与える機会であるのかについて記述する。レビューした経験的証拠は，閉鎖論よりも空隙論を支持している。しかしながら，図2-3に例示される結論の要約は，構造的空隙を渡る仲介が付加価値の源泉であるが，閉鎖は構造的空隙に埋め込まれた価値を実現することに対して非常に重要である。

　注
(1)　例えば，彼らが結論で「学生の友人ネットワークの密度」と呼んでいるのは，ネットワーク密度の測度ではない。学生の親への面接で名前が挙げられた，学生の最も親密な友人の数である（0から5に該当する，モーガンとソレンセンの「学校の友人」変数：Morgan & Sørensen, 1999a：666-667）。「学校の友人」は，世代間のネットワーク閉鎖の指標であり，それは，閉鎖論と一致して，12年生の数学の得点（主に，諸学校全体の平均値）における学生の増加と正の連関を持っている（Morgan & Sørensen, 1999a：669, 1999b：698；Carbonaro, 1999：684-685）。モーガンとソレンセンの結論における「親のネットワークの密度」も数である。それは，面接された親が友人の親の一人あるいは両方を知っていると主張する，名前が挙げられた親密な友人の数である（「親が親を知っている」変数）。「親が親を知っている」は，世代間のネットワーク閉鎖のもう1つの測度であるが，閉鎖論とは反対に，数学の得点における増加と負の連関を持っている（主に，諸学校全体の平均値，Morgan & Sørensen, 1999a：669, 1999b：698）。「学校の友人」は，もちろん，「親が親を知っている」と強く相関する（.58）という事実によって推論は複雑である。さらに重大なのは，モーガンとソレンセンのネットワーク変数は，学生ではなく，親による列挙である。学生は，親による親友の選択に一致する必要はないし，学生のネットワークは彼あるいは彼女の親の見解をゆうに越えることができる（これらは高校生であることを思い起こしてほしい；少年の親には知られていない少年の友人の非行の重要性についてはHirschi, 1972を参照）。

第2章 ソーシャル・キャピタルとしての構造的空隙 対 ネットワーク閉鎖

参考文献

Ahuja, Gautam. 1998. "Collaboration Networks, Structural Holes, and Innovation: a Longitudinal Study." Paper presented at the Annual Meetings of the Academy of Management.

Aldrich, Howard E. 1999. *Organizations Evolving*. Thousand Oaks, CA: Sage. (2007年, ハワード・E・オルドリッチ著, 若林直樹訳,『組織進化論』東洋経済新報社)

Ancona, Deborah G., and David F. Caldwell. 1992a. "Demography and Design: Predictors of New Product Team Performance." *Organization Science* 3: 321-341

Ancona, Deborah G., and David F. Caldwell. 1992b. "Bridging the Boundary: External Activity and Performance in Organizational Teams." *Administrative Science Quarterly* 37: 634-665.

Baker, Wayne E. 1984. "The Social Structure of a National Securities Market." *American Journal of Mathematical Sociology* 89: 775-811.

Baker, Wayne E., and Ananth Iyer. 1992. "Information Networks and Market Behavior." *Journal of Mathematical Sociology* 16: 305-332.

Baum, Joel A. C., Tony Calabrese, and Brian S. Silverman. 2000. "Don't Go It Alone: Alliance Network Composition and Startups' Performance in Canadian Biotechnology." *Strategic Management Journal* 21: 267-294.

Biggart, Nicole Woolsey. 2000. "Banking on Each Other: The Situational Logic of Rotating Savings and Credit Associations." Paper presented at the 2000 Organization Science Winter Conference.

Bourdieu, Pierre. 1980. "Le Capital Social: Notes Provisoires." *Actes dela Recherche en Sciences Sociales* 3: 2-3.

Bourdieu, Pierre, and Loïc J. D. Wacquant. 1992. *An Invitation to Reflexive Sociology*. Chicago, IL: University of Chicago Press. (2007年, ピエール・ブルデュー, ロイック・J・D・ワカン著, 水島和則訳,『リフレクシブ・ソシオロジーへの招待』藤原書店)

Brieger, Ronald L. 1995. "Socioeconomic Achievement and the Phenomenology of Achievement." *Annual Review of Sociology* 21: 115-136.

Burt, Ronald S. 1980. "Autonomy in a Social Topology." *American Journal of Sociology* 85: 892-925.

Burt, Ronald S 1982. *Toward a Structural Theory of Action*. New York: Academic Press.

Burt, Ronald S. 1992. *Structural Holes*. Cambridge, MA: Harvard University Press. (2006年, ロナルド・S・バート著, 安田雪訳,『競争の社会的構造——構造的空

隙の理論』新曜社)

Burt, Ronald S. 1995. "Le Capital Social, les TrousTructuraux, et L'entrepreneur" translated by Emmanuel Lazega. *Revue Française de Sociologie* 36: 599-628.

Burt, Ronald S. 1997a. "The Contingent Value of Social Capital." *Adiministrative Science Quarterly* 42: 339-365.

Burt, Ronald S. 1997b. "A note on Social Capital and Network Content." *Social Networks* 19: 355-373.

Burt, Ronald S. 1998. "The Gender of Social Capital." *Rationality and Society* 10: 5-46.

Burt, Ronald S. 1999a. "Entrepreneurs, Distrust, and Third Parties." Pp. 213-243 in *Shared Cognition if Organizations*, edited by Leigh L. Thompson, John M. Levine, and David M. Messick. Hillsdale, NJ: Lawrence Erlbaum.

Burt, Ronald S. 1999b. "The Social Capital of Opinion Leaders." *Annuals* 566: 37-54.

Burt, Ronald S. 2000. "The Network Structure of Social Capital." Pp. 345-423 in *Research in Organizational Behavior*, edited by Robert I. Sutton and Barry M. Staw. Greenwich, CT: JAI Press.

Burt, Ronald S. 2001. "Bandwidth and Echo: Trust, Information, and Gossip in Social Networks."In *Networks and Markets*, edited by Alessandra Casella and James E. Rauch. New York: Russel Sage Foundation.

Burt, Ronald S., Joseph E. Jannotta, and James T. Mahoney. 1998. "Personality Correlates of Structural Holes." *Social Networks* 20: 63-87.

Burt, Ronald S., Robin M. Hogarth, and Claude Michaud. 2000. "The Social Capital of French And American Managers." *Organization Science* 11: 123-147.

Carbonaro, William J. 1999. "Openning the Debate on Closure and Schooling Outcomes." *American Sociological Review* 64: 682-686.

Coleman, James S. 1988. "Social Capital in the Creation of Human Capital." *American Journal of Sociology* 94: S95-S120. (2006年, ジェームズ・S・コールマン著, 金光淳訳, 「人的資本の形成における社会関係資本」, 野沢慎司編・監訳『リーディングス・ネットワーク論』勁草書房)

Coleman, James S. 1990. *Foundations of Social Theory*. Cambridge, MA: Harvard University Press. (2004年〜2006年, ジェームズ・S・コールマン著, 久慈利武監訳, 『社会理論の基礎』青木書店)

Cook, Karen S., and Richard M. Emerson. 1978. "Power, Equity and Commitment in Exchange Networks." *American Sociological Review* 43: 712-739.

Eccles, Robert G., and Dwight B. Crane. 1988. *Doing Deals*. Boston, MA: Harvard Business School Press.

Freeman, Linton C. 1977. "A Set of Measures of Centrality Based on Betweenness." *Sociometry* 40: 35-40.

Geletkanycz, Marta A., and Donald C. Hambrick. 1997. "The External Ties of Top Executives: Implications for Strategic Choice and Performance." *Administrative Science Quarterly* 42: 654-681.

Granovetter, Mark S. 1973. "The Strength of Weak Ties." *American Journal of Sociology* 78: 1360-80.（2006年，マーク・グラノヴェター著，大岡栄美訳，「弱い紐帯の強さ」，野沢慎司編・監訳『リーディングス・ネットワーク論』勁草書房）

Granovetter, Mark S. 1985. "Economic Action and Social Structure: Problem of Embeddedness." *American Journal of Sociology* 91: 481-510.

Granovetter, Mark S. 1992. "Problems of Explanation in Economic Sociology." Pp. 29-56 in *Networks and Organization*, edited by Nitin Nohria and Robert G. Eccles. Boston, MA: Harvard Business School Press.

Greif, Avner. 1989. "Reputation and Coalition in Medieval Trade: Evidence on the Maghribi Traders." *Journal of Economic History* 49: 857-882.

Hansen, Morten T., Joel M. Podolny, and Jeffrey Pfeffer. 2000. "So Many Ties, So Little Time: A Task Contingency Perspective on the Value of Social Capital in Organizations." Paper presented at the 2000 Organization Science Winter Conference.

Hirschi, Travis. 1972. *Causes of Delinquency*. Berkeley, CA: University of California Press.

Koput, Kenneth, and Walter W. Powell. 2000. "Not Your Stepping Stone: Collaboration and Dynamics of Industry Evolution in Biotechnology." Paper presented at the 2000 Organization Science Winter Conference.

McEvily, Bill, and Akbar Zaheer. 1999. "Bridging ties: A Source of Firm Heterogeneity in Competitive Capabilities." *Strategic Management Journal* 20: 1133-56.

Merton, Robert K. [1957] 1968. "Continuities in the Theory of Reference Group Behavior." Pp. 335-440 in *Social Theory and Social Structure*. New York: Free Press.（1961年，ロバート・K・マートン著，森東吾ほか訳，『社会理論と社会構造』みすず書房）

Merton, Robert K. 1984. "Socially Expected Durations: A Case Study of Concept Formation in Sociology." Pp. 262-283 in *Conflict and Consensus* edited by Walter W. Powell and Richard Robbins. New York: Free Press.

Morgan, Stephen L. and Aage B. Sørensen. 1999a. "A Test of Coleman's Social Capital Explanation of School Effects." *American Sociological Review* 64: 661-681.

Morgan, Stephen L. and Aage B. Sørensen. 1999b. "Theory, Measurement, and

Specification Issues in Models of Network Effects on Learning." *American Sociological Review* 64-: 694-700.
Morselli, Carlo. 2000. "Structuring Mr. Nice: Entrepreneurial Opportunities and Brokerage Positioning in the Cannabis Trade." *Crime, Law and Social Change* 33: In Press.
Padgett, John F., and Christopher K. Ansell. 1993. "Robust Action and the Rise of the Medici, 1400-1434." *American Journal of Sociology* 98: 1259-1319.
Pennings, Johannes M., Kyungmook Lee, and Arjen van Witteloostuijin. 1998. "Human Capital, Social Capital, and Firm Dissolution." *Academy of Management Journal* 41: 425-440.
Podolny, Joel M. 2000. "Networks as the Pipes and Prisms of the Market." Graduate School of Business, Stanford University.
Putnam, Robert D. 1993. *Making Democracy Work*. Princeton, NJ: Princeton University Press.
Reagans, Ray, and Ezra W. Zuckerman. 1999. "Networks, Diversity and Performance: the Social Capital of Corporate R&D Unites." Graduate School of Industrial Administration, Carnegie Mellon University.
Rosenthal, Elizabeth A. 1996. *Social Networks and Team Performance*. Ph.D. Dissertation, Graduate School of Business, University of Chicago.
Simmel, Georg. [1922] 1955. *Conflict and the Web of Group Affiiations* (translated by Kurt H. Wolff and Reihard Bendix). New York: Free Press. (1966年, ゲオルグ・ジンメル著, 堀喜望・居安正訳, 『闘争の社会学』社会の思想6, 法律文化社)
Sørensen, Jesper B. 1999. "Executive Migration and Interorganizational Competition." *Social Science Research* 28: 289-315.
Stuart, Toby E., and Joel M. Podolny. 1999. "Positional Causes and Correlates of Strategic Alliances in the Semiconductor Industry." Pp. 161-182 in *Research in the Sociology of Organizations,* edited by Steven Andrews and David Knoke. Greenwich, CT: JAI Press.
Thornton, Patricia H. 1999. "The Sociology of Entrepreneurship." *Annual Review of Sociology* 25: 19-46.
Tillman, Robert, and Michael Indergaard. 1999. "Field of Schemes: Health Insurance Fraud in the Small Business Sector." *Social Problems* 46: 572-590.
Tullock, Gordon. 1985. "Adam Smith and the Prisoners' Dilemma." *Quarterly Journal of Economics* 100: 1073-81.
Williams, Katherine Y., and Charles A. O'Reilly III. 1998. "Demography and Diversi-

ty in Organizations: A Review of 40 Years of Research." Pp. 77-140 in *Research in Organizational Behavior*, edited by Barry M. Staw and L. L. Cummings. Greenwich, CT: JAI Press.

Williams, Phil. 1998. "The Nature of Drug-trafficking Networks." *Current History* 97: 154-159.

第3章
地位想起法
―― ソーシャル・キャピタル調査のための測定方法 ――

ナン・リン／ヤン - チ・フ／レイ - メイ・スン

　ソーシャル・キャピタルが社会科学において受け入れられるにつれて (Bourdieu, 1980, 1983/1986；Coleman, 1988, 1990；Putnum, 1993, 1995a, 1995b：Lin, 1995；Burt, 1997, 1998；Portes & Sensenbrenner, 1993；Portes, 1998)，それは，また，概念化と測定における相違にますます直面している。その概念に付随する意味の拡散は，学者と聴衆の従来よりも大きなコミュニティにも訴える新しい魅力を備えてきたが，それは，また，その一貫性を脅かしてきた。科学理論における概念の厳密さと効用について重大な疑問が投げかけられた。私たちは，ソーシャル・キャピタルという観念の生存可能性は，概念の理論と測定を統合するアプローチの発展に依存すると論じる。明確な概念化がなければ，ソーシャル・キャピタルは，「社会的」なものなら何に関してでも使われる，あらゆる状況に対応できる用語にすぐになってしまうだろう。明確な測定がなければ，命題を検証する，あるいは，知識を蓄積することが不可能であろう。

　本章の目的は4つある。第一に，それは，ソーシャル・キャピタルの概念化を評価することである。第二に，1つの特定の概念化によって導かれる，特定の測定方法の開発――地位想起法――について報告することである。第三の目的は，1つの手段的脈絡――1つの社会（台湾）の階層と移動――におけるソーシャル・キャピタルの機能に関する特定の命題をテストする際にみられる測定の有用性を示すことである。最後の目的は，ソーシャル・キャピタルという概念を発展させる際の測定方法に関するさらなる精緻化を提案することである。

ソーシャル・キャピタル理論に向けて

　ソーシャル・キャピタルは，社会構造に埋め込まれた資源であり，それらの資源は，目的を意図した行為において，接近される，そして／あるいは，動員

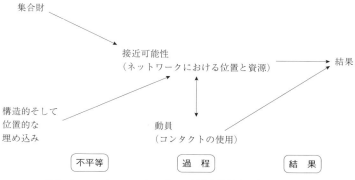

図3-1 ソーシャル・キャピタル理論を構築する際の研究課題

されると定義できる（Lin, 1982, 2001；また，本書の第1章を参照）。この定義によって，ソーシャル・キャピタルという観念は，3つの成分を含んでいる。それらは，社会構造に埋め込まれた資源，これらの資源に対する諸個人による接近可能性，そして，目的を意図した行為に従事する諸個人による資源の使用，あるいは，動員である。このように概念化すると，ソーシャル・キャピタルは，構造的（接近可能性），そして，行為に志向した（動員あるいは使用という）要素の両方を含む。その2つの成分は，また，図3-1に示されるように，異なる分析レベルを反映する。マクロ構造レベルでは，ソーシャル・キャピタルは，諸個人が集合的資源に異なる接近可能性を有する程度を捉える。ミクロ構造レベルでは，ソーシャル・キャピタルは，接近された資源が，特定の行為と連動して，諸個人によって，どのように異なって動員されるのかについて捉える。

　この概念枠組みは，ソーシャル・キャピタル理論を構築するために3つのタイプの研究課題を提案している。これらの課題も図3-1に例示されている。第一に，その理論は，接近され，あるいは，動員される社会的資源の異なる分布のパターンを記述することが期待される。それは，そのような異なる分布を規定する社会的力が存在することをさらに示している。従って，ソーシャル・キャピタル理論において，ソーシャル・キャピタルの2つの成分のパターンと規定因，あるいは，接近可能な社会的資源，そして，動員される社会的資源としての，ソーシャル・キャピタルの不平等を説明する義務がある。構造変数と地位変数という2つのタイプの因果的な力は，ソーシャル・キャピタルにおける不平等を分析する学者にとって特に興味深い。構造は，文化とイデオロギー

における多様性,産業化と技術の水準,教育水準,物的資源そして自然資源,経済的生産性などのように多くの方法で特徴づけられるだろう(本書第1章を参照)。特定の構造の内部において,諸個人は,社会的,文化的,政治的,そして経済的な階層において異なる地位を占めると記述されるだろう。これらの多様性は,様々な社会的成分の豊かさ,あるいは,欠乏に影響を与えると仮定されるだろう。

　第二に,その理論は,ソーシャル・キャピタルはどのように資本であるのか,あるいは,それはどのように利益(return)を生みだすのかについて明らかにする必要がある。すなわち,それは,それらの成分の1つ,あるいは,それ以上がどのように個人の幸せ(well-being)に影響を与えるのかについて提案する必要がある。命題で表現すると,これらは結果仮説と呼ばれ,次のように述べられる。

　結果仮説1:埋め込まれた資源への個人の接近可能性が高ければ,それだけ,その個人は幸せである。
　結果仮説2:埋め込まれた資源が個人によってうまく動員されれば,それだけ,個人の目的を意図した行為はよい結果をもたらす。

　第三に,その理論は,その2つの成分が相互に連結していることを示す必要がある。従って,それは,埋め込まれた資源が個人の選択と行為を拘束し,可能にする,因果関係について提案する必要がある。これらの命題は,過程仮説と呼ばれ,次のように述べられる。

　過程仮説:埋め込まれた資源への接近可能性が高ければ,それだけ,埋め込まれた資源は,個人による目的を意図した行為においてうまく動員されるだろう。

　研究プログラムおよび各プログラムの成功度の評価の指針となるのは,この概念枠組みとその命題である。研究のための起業家活動にはかなりの余白が残されている。例えば,各仮説の結果変数は,概念化,操作定義がまだなされていないし,集団的連帯から個人の職業達成あるいは生活満足まで多岐にわたる

だろう（本書第1章を参照）。しかしながら，これらの概念的分析は，各研究プログラムがソーシャル・キャピタル理論の構築にどれくらい貢献するのかについて評価を助けるものであろう。

　異なる研究プログラムは，1つ，あるいはそれ以上の成分に，そして，1つ，あるいはそれ以上の課題に焦点を絞ることを選ぶだろう。例えば，1つのプログラムは，構造における集合財としての資源の相対的分布を記述する目的で，社会構造における資源の分布の記録に焦点を絞るだろう。パットナム（Putnam, 1993, 1995a, 1995b）の研究は，この点において典型的なものであり，彼は，例えば，ボランティア組織や社会集団の普及とそれらへの参加に反映されるように，社会構造における集合財の分布に焦点を絞ることを選択した。この研究プログラムでは，異なる歴史的期間，あるいは，社会の比較によって，集合財の豊かさ，あるいは，欠乏が分析の焦点であり，構造や参加する諸個人に対するその有益，あるいは，有害な効果が時間や空間において評価されるのである。

　別の研究プログラムは，埋め込まれた資源への接近可能性に焦点を絞ることを選択するだろう。例えば，バート（Burt, 1997, 1998）の努力は，企業の社員にとっての相対的利益に反映されるような，特定のネットワークの位置の戦略的優位性を示すことであった。このプログラムでは，研究者は，戦略的位置（すなわち，構造的空隙と構造的拘束）がソーシャル・キャピタルそれ自体を示すものとして考える，あるいは，位置が埋め込まれた資源に対して異なる接近可能性を有すると想定する。その研究プログラムは，戦略的位置と，特定の構造的あるいは組織的結果との関係（例えば，期待を上回る昇進や賞与）を実証するのである。

　さらに3つ目のタイプの研究プログラムは，埋め込まれた資源の使用や動員に焦点を絞ることを選択するだろう。例示されるのは，コールマン（Coleman, 1990）の研究である。それは，子供が遊び場や学校に行くために，より安全さを提供する社会的規範や制裁を活用する目的で，どのように母親が子供と一緒にデトロイトからエルサレムに転居したのかを明らかにした。この分析では，ソーシャル・キャピタルの豊かさ／欠乏が所与と想定され，エルサレムに家族で転居することによって，より豊かなソーシャル・キャピタルを動員する際にその母親が行った選択に焦点が置かれる。同様に，ニューヨーク市のエスニッ

ク移民がどのように法的擁護資金のために同国人から援助を求めたのかについてのポルテスら（Portes & Sensenbrenner, 1993）の記述は，エスニック・コミュニティが集合的資本を含む構造であると想定し，その構造から資源を動員する必要がある個人の移民の行為に焦点を合わせる。

　ある研究プログラムは，これらの成分のいくつかを同時に分析しようとした。社会的資源に関する研究の伝統（Lin, 1982；Marsden & Hurlbert, 1988；De Graaf & Flap, 1988；Flap & De Graaf, 1988；Erickson, 1996）は，より良い社会経済的地位のような手段的目標を達成するために，諸個人が埋め込まれた資源にどのように接近し，動員するのかを記述しようとする。この研究プログラムでは，ソーシャル・キャピタルは，(1)諸個人によって接近された埋め込まれた資源，そして／あるいは(2)職業上の地位，権威的地位，豊富な，または欠乏した産業セクターのような地位達成過程の結果に対するそれらの資源の効果の分析において，実際に活用された，さもなくば動員された，埋め込まれた資源として捉えられている。

埋め込まれた資源への接近──調査のための極めて重要な点

　ここで提案されている一般的な概念枠組みと異なる命題は，伸縮可能な範囲の研究事業を提供するが，ソーシャル・キャピタルに関する多くの研究者は，おそらく，ソーシャル・キャピタル理論の意義は，構造と行為が意味のある方法で相互作用するという意図された証拠にあることに同意する。理念的には，研究プログラムは，社会構造に埋め込まれた資源に対する相対的な接近可能性によって，どのように諸個人が与えられ，拘束されるのか，そして，彼ら自身の幸せのために利益を生み出すために，埋め込まれ，接近可能な社会的資源を動員する行為をどのように行うのかということを同時に明らかにしようとする必要がある。従って，ソーシャル・キャピタル理論は，構造と行為の間のメゾ－ミクロの連結と動的な相互効果を包含し明らかにせねばならない。この分析にもとづき，研究の最も重要な側面は，個人が構造と交差する点であり，すなわち，どの埋め込まれた資源が誰に接近可能であるのかという点であると論じることができる。この分析レベルでは，2つの重要な研究課題がある。それは，(1)社会構造における接近の不平等（誰が埋め込まれた資源に接近できるのか，でき

ないのか），そして，(2)個人の幸せに不平等な接近がもたらす利益である。

　ソーシャル・キャピタルの研究へのこのグラウンド・アップ（積み重ねていく）・アプローチのさらに重要な理論的優位性は，新資本（neo-capital）理論集団（Lin, 2001）と認定される一般理論集団において，「ソーシャル・キャピタル」という用語を「人的資本」と「文化資本」のような他の関連する用語と並行して使用できるということである。資本が階級に関係し，故に，マクロ分析の影響下にある古典的な資本理論（Marx, 1933）とは異なり，新資本理論は，個人のレベルにおける資本の投資と利益に関係している。新古典経済学において中心的である人的資本（Schultz, 1961；Becker, 1964/1993）では，研究は，人的資本を個人財——教育，オン・ザ・ジョブ・トレーニング，職業経験など——として測定する傾向がある。その観念は，拡大されて，個人の技術と知識を向上させるものならほとんど何でも適用されるようになった（例えば，健康，家族サポートなど：Becker, 1981/1991, 1964/1993）。しかしながら，主要な理論的議論と多くの研究事業は，個人財としての人的資本の観念と測定にもとづいて構築されている。同様に，ブルデュー（Bourdieu, 1972/1997；Bourdieu & Passeron, 1977）によって論じられる文化資本は，「誤認」であり，支配階級によって支持される価値やイデオロギーに個人が吸収されることである。どちらの場合も，資本は，結局は，個人財から集合財に変換可能であるが，概念的分析と研究努力における出発点は，個人が構造と交差することが示される点にしっかりと根付いている。

　私たちが貢献したいのはこの領域である。特に，社会的資源への接近の分析に関して増大する研究論文にもとづいて構築し，私たちは，特定の社会，台湾からのデータを用いて，特定の測定方法が理論的で経験的な洞察を生み出すことを期待させ，構造化された行為の脈絡におけるソーシャル・キャピタルの効用を明らかにする。

接近可能性を測定する——地位想起法

　ソーシャル・キャピタルへの接近を測定するために通常用いられる2つの方法が存在する。それは，名前想起法と地位想起法である。名前想起法は，より共通な方法であり，ネットワーク研究では広範に用いられてきた。一般的な技

術は，役割か内容（近所の人，重要な家族や仕事の事柄）から親密性（信頼，親密さなど），地理的制約，あるいは，特定の期間まで多岐にわたる特定の社会的脈絡や状況における自分（ego）のコンタクト（「名前」）について，1つ以上の質問をすることである。そのような質問は，3人から5人，あるいは，自分が自発的に提供する数のコンタクトのリストを生み出す。このアプローチは，ローマン（Laumann, 1966），ウェルマン（Wellman, 1979），そしてフィッシャーと彼の共同研究者（Fischer, 1977, 1982）によって最初に開発され，他のコミュニティ研究（Hall & Wellman, 1985；Wellman, 1981；Lin, Dean, & Ensel, 1986）と全国サンプル（Burt, 1984；Marsden, 1987）において標準化された。自分を中心とする（ego-centric）ネットワークを特定するために多数の研究がこのアプローチを採用してきた。

　この方法は，異なるが関連する3つの方法でソーシャル・キャピタルを測定するために作り替えられてきた。1つのアプローチでは，ネットワーク特性がソーシャル・キャピタルの指標とみなされ，集合的ソーシャル・キャピタル，あるいは，ソーシャル・キャピタルへの接近として考えられている。例えば，集合的ソーシャル・キャピタルは，（自分と他者の）社会的紐帯の間の関係の密度，あるいは，希薄性（sparseness）の点から要約される。あるいは，このネットワークにおける他者と比べて自分の位置がソーシャル・キャピタルへの接近における相対的な優位性（ブリッジ，ブリッジの近く，構造的空隙，あるいは，構造的拘束）を示すために用いられる。バート（Burt, 1992, 1997, 1998）によるソーシャル・キャピタルの概念化は，資本としてのネットワークというアプローチを利用し，理論的にも経験的にも，資本としての位置（location）の測定は，資本としての分散（dispersion）の測定よりも優れていると論じる。もう1つのアプローチでは，他者の特性の合成がソーシャル・キャピタルを示すために構成される（Campbell, Marsden, & Hurlbert, 1986）。この場合も測定の2つのタイプが考案されてきた。1つは，他者たちによって所有される集合的資源（教育，職業的威信や収入の平均値，あるいは，性別，年齢，そして他の特性，教育，職業的威信や収入の範囲，多様性と異質性）の合成を構成する。もう1つの測定は，他者を特徴づける最良の資源（最高の教育，職業的威信，収入）を評価するものである。キャンベル，マースデン，そして，ハルバート（Campbell, Marsden, & Hurlbert, 1986），スプレンガー，タゼラー，そして，フラップ（Sprenger, Tazelaar, & Flap,

1988），ボックスマン，デ・グラアフ，そしてフラップ（Boxman, De Graaf, & Flap, 1991），そして，ボックスマンとフラップ（Boxman & Flap, 1990）によって例示される多くの研究者がこのアプローチを用いて社会的資源やソーシャル・キャピタルを調査してきた。

　ソーシャル・キャピタルを測定するための名前想起法の使用には多くの問題が存在する（本書第1章を参照）。要するに，それは次のような傾向がある。(1)特定の内容領域（想起項目：the generating items）に深く関係する，(2)弱い紐帯よりも強い紐帯を引き出す，そして，(3)社会的地位（positions）[1]よりも諸個人への接近を示す。さらに重要なのは，名前想起法が，理論としてのソーシャル・キャピタルの発展にとって重要な2つのサンプリングの問題において十分ではないことである。1つは，当然のことながら，これらの想起法は内容に制限されるものである。内容（役割，親密度，地理，その他）の母集団やユニバースに関する情報が存在しなければ，体系的なサンプリング要素や内容の可能性が存在しない。行き当たりばったりのアプローチは，従って，判定し，「世間一般の」通念や慣例を用いる個々の研究者によって内容が選択されることが続いて起こる。さらに，弱い紐帯，ブリッジ，構造的空隙，あるいは，構造的拘束の不在は，より良い情報と資源（Granovetter, 1974；Burt, 1992）に接近するために特定の手段的効用を持つと理論的に期待されるならば，名前想起法がそのような紐帯を呼び起こすことを確実にするのに遠く及ばない。これらの関心によって，私たちは，より多くの調査上の注意がもう1つの測定技術，すなわち，地位想起法に払われるべきであると提案することになる。

　地位想起法は，最初はリンと共同研究者（Lin & Dumin, 1986）によって提案され，社会において顕著な序列化された構造的地位（職業，権威，作業単位，階級やセクター）のサンプルを用いて，回答者にそれぞれの地位におけるコンタクト（例えば，ファーストネイムで呼び合えるほど親しい仲で知っている人々）を示してもらう。回答から，以下のような測定を構成することが可能である。(1)社会における異なる序列的地位への接近可能性の範囲（range）（例えば，接近した最高と最低の地位の間の距離），(2)異なる地位への接近可能性の広がり（extensity），あるいは，異質性（例えば，接近した地位の数），そして，(3)接近したソーシャル・キャピタルの上方の到達可能度（upper reachability）（例えば，接近した最高の地位の威信）。さらに，それぞれの地位について自分と他者の間の（直接

的,あるいは,間接的)関係が特定される。そのような源泉は,紐帯の強さ,あるいは,ブリッジの可能な使用に関する情報を生み出すだろう。

　私たちは,地位想起法が特定の理論的意思決定から生じていることを明記する。例えば,それは,自分を中心(ego-centric)とする対人的紐帯をサンプリングするよりも,むしろ序列的構造における地位をサンプリングすることを選択する。ソーシャル・キャピタルが構造に埋め込まれた資源を反映する限りは,このアプローチがそのような構造的に埋め込まれた資源への自分の接近に関する有意義な情報を生み出すはずである。測定は,また,意図的に,内容に制限されず,役割／位置に関して偏らないものである。特定の地位への接近可能性が確認された後のみ,自分とコンタクトの間の実際の関係や内容が評価できるのである。想起法は,おそらく,広範な範囲の関係に広い網を投げている。ソーシャル・キャピタルは,多くの側面の幸福に影響を与える能力において,関係の強さや強度の連続体全体に散在している社会的資源も含んでいるだろう。測定の道具として,そのようなつながりがデータに現れるのを妨げないのである。

　このアプローチの具体的な例が,それがどのように考案され,使われるのかについて例示するだろう。リンとデューミン(Lin & Dumin, 1986)は,全ての職業が職業威信得点によって序列付けされた1960年の米国国勢調査リストから20の職業が抽出されたアルバニー研究からのデータを分析した。これらの測定された得点において等間隔で職業が特定された。抽出された間隔の職業からなるグループから最も人気がある(占有者の頻度で測定)職業が選択された。各回答者は,彼／彼女がそれぞれの地位に就いている人と(ファーストネイムで呼び合えるほどの)接触を持ったかどうかを尋ねられた。接近された地位のそれぞれについて,回答者はコンタクトの関係(親族,友人,あるいは,知り合い)を特定した。データマトリックスから,リンとデューミンは,2つの社会的資源への接近測度を構成した。それらは,接近可能な最高の地位(接近した最高の威信得点を持つ地位),そして,接近した地位の範囲(接近した最高と最低の地位の差)である。分析によれば,これら2つの測度は,現在の職業上の地位と統計的に有意な正の関係があった。さらなる分析では,回答者の最初の地位(父親の職業威信得点,あるいは,ホワイト―ブルー,そして,高―低職業集団,あるいは,回答者の初職に関係する地位特性),そして,上記の2つの測度には,統計的に有

意な正の関係があった。リンとデューミンが3つのタイプの紐帯と上記の接近変数との関係を分析すると，知り合いと友人が最高の地位，そして，接近した地位の範囲の両方に最良の接近を提供したことが分かった。従って，彼らは，地位想起法が，達成された地位に対して効果を及ぼす（接近された）社会的資源の測度を生み出し，そのような接近可能性が自分の広範なネットワークと自分の最初の構造的地位（位置）に部分的に随伴している（contingent）という結論を下した。

地位想起法のアプローチの使用は，異なる政治経済（例えば，資本主義者と社会主義者）と異なる母集団（例えば，通常の労働力，失業者，新しい労働者，特定の諸産業）についても類似する知見を生み出してきた（Hsung & Hwang, 1992；Volker & Flap, 1996；Angelusz & Tardos, 1991；Erickson 1998）。エリクソン（Erickson, 1995, 1996）は，ライト（Wright, 1979）の階級次元（所有の統制，組織の統制，そして，技術の統制）を用い，カナダにおける私企業の警備産業の19の職務地位を選択した彼女の研究において，このアプローチを拡大し，同じような調査結果を見出すのに成功した。

本章の残りの部分では，私たちは，台湾全体の雇用労働力の調査のデータを使って，地位想起法の方法論の効用を例示したい。私たちは3つのトピックに焦点を絞る。まず，ソーシャル・キャピタルへの接近が，いくつかの構造的地位（位置）（性別，婚姻の地位，教育と雇用）と接近を喚起する社会的コンタクト（日常的なコンタクトとコンタクトの親密度），および，特定の関係（親族対非親族）にどのように依存するのかについて調べたい。第二に，さらなる分析によって，ソーシャル・キャピタルへの接近が職業威信と収入の点からどのように特異な効果を生み出すのかを究明する。特に男性と女性への特異的な効果に対して注意が払われる。最後に，ソーシャル・キャピタルへの接近が起業家（自分自身の会社とビジネスを創業した人々）の収入にどのように貢献し，そのような貢献が男性と女性の起業家にとって類似するのか異なるのかどうかについてさらに評価する。

台湾ソーシャル・ネットワーク研究

1997年2月台湾全体における成人を対象に調査が行われた。社会学者のチー

表3-1 サンプル特性の要約 (N=2,835)

変数	パーセント サンプル	パーセント 男性	パーセント 女性	性別有意差
性別―男性	50.9			
年齢	41.6	41.9	41.3	
教育				.00
高校以下	47.4	43.7	51.4	
高校	28.5	29.5	27.5	
大学以上	24.0	26.8	21.1	
婚姻の地位				
独身	21.1	25.2	16.8	.00
結婚	71.8	70.4	73.3	.08
離婚, 死別	7.1	4.4	9.8	.09/.00

ムによって計画された調査は，まず，広範な範囲の社会層からの10人のフォーカスグループが検討され，協議され，次に，400人の回答者のプリテストが行われた。完成した調査票は，20歳から74歳までの成人を調査対象とし，層化（都市化のレベル）抽出された確率（地域と世帯）サンプルへの対面的な面接において使用された。全体で2,835人の回答者が抽出され，調査が遂行された。そのサンプルは，ほぼ同数の男性と女性から成っており，平均年齢は42歳であり，ほぼ半分以上（53％）が高校あるいはそれ以上の教育を受けていた。比較すると，女性の回答者は男性よりも教育水準が低かった。回答者の約4分の3（72％）が結婚していた。回答者の特性の要約は，表3-1に示してある。

地位想起法とデータ

想起法の質問は，「あなたの親族，友人，あるいは，知り合いで，次の職業を持つ人々がいますか。もしそうならば，彼／彼女は，あなたとどんな関係にありますか。もしこれらの職業の人を誰も知らなければ，そして，もし個人的な援助のためにそのような人を見つける必要がある，あるいは，いくつかの問題について尋ねる必要があるなら，そのような人を見つけるために，あなたの知っている人々のうち，誰を通じて見つけますか。彼／彼女はあなたにとってどんな人ですか。彼／彼女はどんな職業についていますか」である。これらの質問に続くのは，2つの構造的な次元（職業威信と階層）から抽出された15の

「職業」地位であった。職業威信については、私たちは、台湾の職業についてスンら（Hsung & Hwang, 1992）によって構成された威信評定を用いた。調査票は、付論Aに翻訳されて再録されている。抽出された地位は、78（医師）から22（家政婦、清掃労働者）までの威信得点を有し、大まかに3つの階層にグループ化できる。それらは、上層（医師と弁護士、大規模工場の所有者、州レベルの議員のような高い地位の専門職から構成される）、中層（高校教師、レポーターと看護師、大規模工場／企業の管理職、課長、小規模工場／企業の所有者）、そして、下層（警官、電気技師、トラック運転手、事務職員と守衛、そして、家政婦）である。これらの地位とそれらの相対的評定は表3-2に示してある。

3つの指標が地位想起法から構成された。これらは、(1)広がり（extensity）：接近された地位の数、(2)上方の到達度：接近された最高の地位の威信、そして、(3)接近された最高と最低の地位の威信得点の範囲である。表3-2に示されるように、平均して、回答者は、6と7の間の地位に接近し、接近した地位の最高の威信得点は69、最低と最高の地位の間の威信得点の範囲は約40であった。男性と女性の比較によれば、男性は多くの地位に接近するが、男女の間には、上方の到達可能度（最高の威信得点）、あるいは、得点の範囲において統計的に有意な差は見られなかった。なぜ男女ともに類似する範囲、あるいは、上方の到達可能度に接近したのかについては、さらなる分析が必要である。

次に、私たちは、抽出された地位の各々への接近可能性についての詳細なデータを分析した。表3-2に示されるように、地位は、威信得点に従って、高い順に配列し直された。最も接近できる地位は、半分以上の回答者によって接近され、医師、高校教師、小規模工場／企業の所有者、警官、電気技師、そしてトラック運転手を含んでいた。最も接近できない地位は、回答者の3分の1以下が言及したものだが、弁護士、組立工、課長、レポーター、そして、家政婦を含んでいた。男性と女性の回答者を比較すると、男性は、医師、高校教師、看護師、家政婦を除く全て抽出された地位に接近する傾向がある。このように識別できるパターンが現れる。女性は、教育、健康、家事活動の領域に関係する地位に、男性と同等の、あるいは、より良く接近するが、男性は、構造において多くの地位に接近する際に全般的に有利である。高い威信得点の医師、そして、低い威信得点の家政婦への接近が男女の両方にとって等しいように思われるので、上方への到達可能度と範囲については男女間には差がみられない。

第Ⅰ部　ソーシャル・キャピタル——ネットワークと埋め込まれた資源

表3-2　地位想起法の変数の要約

変　数	サンプル	男　性	女　性	性別有意差
広がり (接近された地位の数)	6.5	7.0	6.1	.00
上方の到達可能度 (接近された最高の地位の威信)	69.4	69.3	69.8	.43
威信の範囲 (接近された最高と最低の地位の差)	39.6	39.8	39.4	.55
接近された地位（威信得点）				
医　師 (78)	50.3	49.2	51.4	.23
弁護士 (73)	23.9	26.0	21.8	.01
大規模工場／企業の所有者 (70)	34.2	40.1	28.2	.00
組立工 (69)	31.0	35.6	26.2	.00
大規模工場／企業の管理職 (62)	42.8	49.7	35.7	.00
高校教師 (60)	59.9	61.1	58.6	.17
課　長 (55)	20.6	24.2	16.8	.00
レポーター (55)	21.2	24.5	17.7	.00
看護師 (54)	53.5	47.6	59.7	.00
小規模工場／企業の所有者 (48)	68.1	71.8	64.3	.00
警　官 (40)	55.6	59.4	51.5	.00
電気技師 (36)	70.1	76.0	64.0	.00
トラック運転手 (31)	51.6	59.8	43.2	.00
事務職員と守衛 (26)	43.3	47.6	38.8	.00
家政婦 (22)	29.5	28.4	30.6	.21

　ソーシャル・キャピタルの構造は，表面的な類似性を示しているが，男性と女性では本質的には異なるものであると私たちは結論づける。女性たちは，地位の多くに接近する際に一般的に不利であるが，子供の教育，家族成員の健康管理，家事の維持管理のような家事の福利に関連して彼女たちが果たす役割によって相殺されている。彼女たちが接近するそのような役割と社会的資源は，何らかの幸福感を維持するのに役立つかもしれない。しかしながら，そのような接近が労働力における利益のためのソーシャル・キャピタルとみなされる時に，これらの社会的資源はそれほど役に立たないだろう。従って，後の全ての分析は，男性と女性で分離して行われる。

　地位想起法のデータの3つの測度（広がり，上方の到達可能度，そして，範囲）は，高度に相関していたので，合成変数を構成することにした。因子分析によって，表3-3（主成分分析，バリマックス回転，1以上の固有値の基準）が示すように，1因子解，そして，男性と女性の下位サンプルについてほとんど同一の

表3-3 ソーシャル・キャピタルへの接近の因子構造

	サンプル (N=2,693)	男性 (N=1,394)	女性 (N=1,299)
因子固有値			
因子Ⅰ	2.25	2.31	2.19
因子Ⅱ	0.03	0.02	0.03
因子Ⅲ	−0.11	−0.11	−0.13
因子Ⅰ[a]の因子負荷量			
広がり	0.80	0.82	0.78
範囲	0.94	0.95	0.94
上方の到達可能度	0.85	0.87	0.84
因子Ⅰaの因子得点			
広がり	0.15	0.15	0.15
範囲	0.65	0.65	0.64
最高の威信	0.21	0.20	0.21

注:[a]主成分分析,最小固有値1,バリマックス回転。

パターンと係数が得られた。因子得点は,男性と女性の両方の回答者について3つの測度の加重和（.15広がり＋.65範囲＋.21到達可能度）として計算された。範囲変数は,他の2つの変数よりも少なくとも3倍以上加重されているので,「ソーシャル・キャピタルへの接近」と呼ばれるこの合成変数は,接近された地位の範囲を大幅に反映している。

ソーシャル・キャピタルへの接近における不平等とその異なる見返り

　次の調査課題は,ソーシャル・キャピタルへの異なる接近を評価することである。すなわち,どのような特性がソーシャル・キャピタルへの接近を促進,あるいは,妨げるのかという課題である。私たちは,3つのグループの構造変数を特定した。最初のグループは,世帯構成を反映する。この分析は,女性の接近が家族領域の活動によって影響されるだろうということを示唆する。私たちには,医師と看護師の使用,学齢期の子供,あるいは,家政婦の雇用に関する実際のデータがないので,規模の大きい世帯では学齢期の子供がいて,健康と世帯へのサービスの必要性がある可能性を増加させるだろうという想定のもとで,2つの測度,すなわち,世帯規模（対数変換された）と世帯における孫の存在を用いた。孫の存在を使うことは,学齢期の子供の数に関する控えめな推定であり,また,回答者の相対年代（相関は.40）を反映するものだろう。この

ような期待は，これらの変数がソーシャル・キャピタルへの男性の接近よりも女性の接近に影響を与えるだろうということである。

第二のグループの変数は，回答者の社会的地位にかかわるものであり，特に，教育と雇用である。これらは，自分のソーシャル・ネットワークを拡大する可能性のある手段であり，両方の変数が自分の社会的コンタクトを広げることを示している。特に，台湾では，学校との一体感が非常に強い。同窓生集団は，ソーシャル・ネットワークとして活発である。雇用は，労働市場におけるさらなる社会的コンタクトのための機会を反映する。教育は，中学修了までは国民全員に必要とされているので，教育がソーシャル・キャピタルへの接近において男性と女性の両方に利益をもたらすと私たちは期待した。しかし，労働市場への参加は，男女で平等ではないだろう。従って，私たちは，雇用が女性よりも男性に利益をもたらすと期待した。

第三のグループの変数は，社会的コンタクトの広がりを測定する。調査票では，各回答者が日常の接触の規模について尋ねられた。すなわち，「日常的な一日で，およそ何人の人々と接触しますか。1．0～4人，2．5～9人，3．10～19人，4．20～49人，5．50～99人，6．100人以上」と尋ねられた。それに続いて，「これらの人々をどれくらいよく知っていますか」という質問がなされ，その回答には，「1．彼らのほとんど全員を知っている。2．彼らの多くを知っている。3．およそ半分を知っている。4．彼らのほとんどを知らない。5．彼らのほとんど誰も知らない」という選択肢が与えられた。得点が高ければ，それだけ，各回答者が彼／彼女の日常のコンタクトをよく知っているというように，得点が逆転された。その期待は，日常のコンタクトの規模が男女両方に利益をもたらすということであった。コンタクトをよく知っていることは，日常的なコンタクトとの紐帯の強さを評価するために用いられた。ここでは，何を期待すべきかについてはっきりしなかった。弱い紐帯の仮説 (Granovetter, 1974) は，広範な，よく知らないコンタクトが自分のネットワークを拡大し，より良いソーシャル・キャピタルへの接近を提供すると示唆するだろう。しかしながら，シンガポール (Bian & Ang, 1997) と中国 (Bian, 1997) のデータは，少なくともこれらの社会では，まったくの他人との接触が利益を生み出さず，これらの社会の拡大家族が，台湾 (Hsung, 1992) と同様に，より大きな社会と自分のつながりにおいて非常に重要な役割を果たし続けているこ

表 3-4 親族によるソーシャル・キャピタルへの接近

接近された地位（威信得点）	親族紐帯を用いたパーセント			性別有意差
	サンプル	男性	女性	
医　師（78）	22.8	23.0	22.5	.82
弁護士（73）	18.6	17.9	19.6	.57
大規模工場／企業の所有者（70）	15.8	13.7	18.8	.03
組立工（69）	15.5	12.5	19.8	.00
大規模工場／企業の管理職（62）	16.4	11.9	22.8	.00
高校教師（60）	36.9	34.7	39.3	.05
課　長（55）	22.5	19.8	26.6	.05
レポーター（55）	14.2	13.6	15.1	.61
看護師（54）	37.8	37.8	37.9	.97
小規模工場／企業の所有者（48）	23.9	17.9	30.8	.00
警　官（40）	32.6	30.4	35.3	.04
電気技師（35）	24.4	21.7	27.8	.00
トラック運転手（31）	24.6	18.1	34.0	.00
事務職員と守衛（26）	10.1	8.6	12.1	.05
家政婦，清掃労働者（22）	13.7	13.5	14.0	.83
相関関係				
広がり	-0.21	-0.19	-0.21	
威信の範囲	-0.21	-0.20	-0.21	
上方の到達可能度	-0.15	-0.13	-0.18	

とを示唆する。従って，強い紐帯が実際には自分のネットワークを拡大する重要なブリッジとして役立つかもしれない。この2つの選択肢としての仮説についてはただデータに語らせることにする。

最後に，各々の接近が，親族への接近か，あるいは，非親族への接近かという情報を組み込んだ。北米（Wellman, 1990）における親族の重要性の永続性，ならびに，中国社会における家族の重要性によって情報を得て，私たちは，親族対非親族の区別が様々な地位，故に，ソーシャル・キャピタルへの接近の程度に影響を及ぼすかどうかを分析したいと思った。この場合も，強い紐帯（親族），あるいは，弱い紐帯（非親族）のどちらが利益をもたらすかについてデータに語らせた。表3-4は，親族の紐帯を通じての各地位への接近に関する基本的データを示している。一般に，男性は，様々な地位への接近において非親族の紐帯を使う傾向があったが，医師，弁護士，看護師，警官，事務職員／守衛，家政婦への接近においては，男女とも等しい接近をするように思われた。私たちは，回答者が親族を介して接近した様々な地位のパーセントを表す変数

第Ⅰ部 ソーシャル・キャピタル──ネットワークと埋め込まれた資源

表3-5 ソーシャル・キャピタルへの接近の決定因[a]

外生変数	ソーシャル・キャピタルへの接近			
	モデル1		モデル2	
	男 性 (N=1,386)	女 性 (N=1,293)	男 性 (N=1,386)	女 性 (N=1,293)
年 齢	-0.07 [-0.07]	0.08* [0.08]	-0.05 [-0.06]	0.09** [0.09]
結婚している	4.58*** [0.16]	2.89*** [0.09]	4.93*** [0.17]	3.04*** [0.19]
世帯規模(対数変換された)	-1.40 [-0.05]	-0.56 [-0.02]	-1.21 [0.06]	-0.47 [-0.02]
世帯に孫がいる	0.71 [0.05]	-1.18** [-0.08]	0.81 [0.06]	-1.00 [-0.07]
教 育	0.45*** [0.15]	1.24*** [0.33]	0.44*** [0.14]	1.19*** [0.32]
雇用されている	4.5*** [0.13]	-0.00 [-.00]	1.87* [0.05]	-0.20 [-0.01]
日常的なコンタクトの規模	2.33*** [0.24]	1.72*** [0.17]	2.30*** [0.23]	1.62*** [0.16]
コンタクトをよく知っている	0.86* [0.06]	0.98* [0.07]	-0.75 [-0.05]	-0.98* [-0.07]
親族を介しての接近のパーセント			-8.58*** [-0.17]	-6.97*** [-0.14]
切 片	30.88	25.52	32.67	27.67
R^2	0.12	0.14	0.15	0.17

注:*$p<.05$, **$p<.01$, ***$p<.001$
[a] 偏回帰係数, [ ] 内は標準化係数。

を計算し,それを3つの接近変数と相関させた。結果は,また,表3-4が示すように,相関係数が負である傾向がみられ,非親族の紐帯がソーシャル・キャピタルへの良い接近を生み出すことを示唆している。

私たちは,上記の変数を用いて,ソーシャル・キャピタルへの接近の合成変数の回帰分析を行った。年齢と婚姻の地位(結婚していること)を統制した回帰分析の結果は,表3-5の最初の2行に示してある。最初の等式(モデル1)は,親族を介しての接近のパーセントを除いた全ての外生変数を含んだものである。男女ともに,ソーシャル・キャピタルへの接近は,結婚していること,教育水準,そして,日常のコンタクトの広がりに依存していた。男性と女性は,ソーシャル・キャピタルへの接近に関係する2つの要因において実際に異なっていた。男性は,労働市場に参加することから利益を得たが,女性はそうではなかったので,仕事に関連するネットワークがソーシャル・キャピタルへの男性の接近を促進したことを示唆する。また,女性は,世帯に孫がいることによって

さらに妨げられた。女性は，対照的に，ソーシャル・キャピタルにうまく接近するために，男性よりも，教育に頼ることは注目に値する。

コンタクトをよく知っていることの係数は，ソーシャル・キャピタルへの接近に対して，ささやかではあるが，正の効果を持っている。従って，この結果は，役に立つソーシャル・ネットワークが強い紐帯と弱い紐帯を含んでいるという観念をある程度支持するものである。自分のコンタクトネットワークにおいてよく知っている紐帯を多く持つことは，しかしながら，特定のソーシャル・キャピタルに接近する時にもっと「弱い」紐帯の効用を除外するものではない。従って，次の等式（モデル2）では，親族を介しての接近のパーセントを回帰式に加えた。表3-5から分かるように，男女両方にとって，負の統計的に有意な係数が，自分の拡大家族の外部にある社会的紐帯がソーシャル・キャピタルに接近する際に役立つという具体的な証拠を提供した。これらの効果は，モデルに投入された全ての変数によってすでに説明された効果に，さらに付加される利益である。私たちは，これが弱い紐帯の強さの仮説の直接の検証ではないことを取り急ぎ付け加える。それは，親族対非親族の対比が強い紐帯対弱い紐帯の対比と同じではないからである。しかし，台湾人の社会では，自分の拡大家族を超える社会的紐帯がよりよい資源に到達するために役立つ経路であることは非常に明白である。

もしソーシャル・キャピタルへの接近の性質が男性と女性で異なり，男性に有利であるならば，ソーシャル・キャピタルへの接近からの利益や見返りは，特に，見返りが労働市場に参加することの利益によって評価される時に，見返りが女性よりも男性にとって大きいだろうと私たちは期待する。この仮説を調べるために，現職の威信と収入に対するソーシャル・キャピタルへの接近の効果を割り出した。職業威信については，ソーシャル・キャピタルへの接近の全ての外生変数が，外部変数，あるいは，潜在的な決定因として用いられた。これらの分析は雇用されている人々だけに行われたので，雇用の変数は回帰式から取り除かれた。また，年齢変数は，教育（男性-0.38，女性-0.53），結婚している（男性0.43，女性0.19），そして，世帯に孫がいる（男性0.40，女性0.41）[3]と高度に相関しているので，回帰式から取り除かれた。職業威信の結果は，表3-6の最初の2つの列に示されている。教育は，期待されたように，職業威信の主要な決定因であった。しかしながら，ソーシャル・キャピタルへの接近

第Ⅰ部　ソーシャル・キャピタル──ネットワークと埋め込まれた資源

表3-6　職業威信と収入の決定因[a]

外生変数	ソーシャル・キャピタルへの接近				
	職業威信		月収（対数変換された）	
	男性 (N=1,209)	女性 (N=755)	男性 (N=1,145)	女性 (N=722)
結婚している	0.31 [0.01]	0.96 [0.04]	0.13*** [0.09]	0.08* [0.07]
世帯規模（対数変換された）	−1.85** [−0.09]	−1.18 [0.01]	ne[b]	ne
世帯に孫がいる	−0.06 [−0.00]	0.18 [0.01]	−0.16*** [−0.21]	−0.08*** [−0.12]
教育	0.96*** [0.40]	1.89*** [0.62]	0.02*** [0.18]	0.04*** [0.27]
日常的なコンタクトの規模	0.23 [0.03]	0.57* [0.07]	0.10*** [0.20]	0.05*** [0.13]
コンタクトをよく知っている	0.02 [0.00]	−0.14 [−0.01]	0.01 [0.02]	0.02 [0.04]
ソーシャル・キャピタルへの接近	0.14*** [0.17]	0.01 [0.01]	0.01*** [0.16]	0.00* [0.07]
親族を介しての接近のパーセント	−3.31** [−0.08]	0.89 [0.02]	−0.17*** [−0.07]	−0.18*** [0.04]
職業威信			0.01*** [0.14]	0.01*** [0.16]
切片	28.56	25.07	0.38	0.47
R^2	0.26	0.40	0.31	0.30

注：$*p<.05$, $**p<.01$, $***p<.001$
[a]偏回帰係数，[ ]内は標準化係数。
[b]等式に投入されない。

は，男性に利益を与え，女性には利益を与えなかった。非親族を介してこれらの地位に接近することも，また，女性よりも男性に利益を生み出した。

　最後に，私たちは，収入に対するソーシャル・キャピタルへの接近の効果を推定した。収入の測度については，「年末の賞与を含んで，あなたの月収の平均について教えて下さい」という質問，そして，ニュー台湾ドル30万ドル（1997年に米国ドル940ドルに相当）までに及ぶ，等間隔に区分された23の回答カテゴリーによって収入が測定された。私たちは，この測度の対数を収入の変数として用いた。表3-6の最後の2つの列に示されているように，ソーシャル・キャピタルへの接近は，男性の月収と統計的に有意な値で強く相関しているが，女性の月収とはそれほど相関していなかった。この場合も，収入の達成において，女性は男性よりも教育から利益を得る傾向がみられる。

　一般的なパターンが現れた。ソーシャル・キャピタルは，一般的に，職業威信と収入における利益を生み出すが，ソーシャル・キャピタルから利益を生み

出すのは，女性よりも男性である。女性は，むしろ，彼女たちの職業と経済の達成には人的資本（教育）に依頼せねばならない。

ソーシャル・キャピタルへの接近と起業家活動

　欧米諸国で通常用いられている職業威信は，しかしながら，台湾における職業上の利益についての唯一の有意義な測度ではない。台湾の職業構造は，労働力のかなりの部分が自営業，あるいは，家族企業に雇用されている。特に私企業セクターでは，自営が他の人々に雇用されることに対する重要で有意義な選択肢を提供すると報告されてきた（Shieh, 1989, 1991, 1992, 1993；Ke, 1993；Hsung & Hwang, 1992；Stites, 1982, 1985）。これらの起業家については，広範な社会的コンタクトと連動して，ソーシャル・キャピタルへの接近が極めて重要な資源を提供するだろう。しかし，そのような利益は，男性起業家だけでなく，女性起業家にも手に入るのだろうか。そこで，この問題について検討する。

　調査票では，各回答者に，「現在，どこであなたは仕事をしていますか。あるいは，誰に雇用されていますか」と尋ねた。約29％が自分のために仕事をしている（自営業である），8％が家族の所有する会社で働いている（家族に雇用されている），そして，残り（63％）が他の人々のために仕事をしている（他の人々に雇用されている）と答えた。自営業の起業家は，教育水準が低く，有利ではない（親の職業地位が低く），あるいは，自営業の家族（親が自営業）であるということが以前に報告されてきた。彼らは，職業構造の上位には位置しないかもしれないが，利益をある程度上げている。

　私たちにとっての問題は，これらの起業家がソーシャル・キャピタルへの接近から利益を得ているかどうか，そして，そのような利益は男性起業家と女性起業家の間で不平等であるかどうかというものである。従って，自営業者，他の人々に雇用された人々，そして，自分の家族に雇用されている人々について，別々に，収入の分析が行われた。結果は表3-7に示されている。

　家族によって雇用されているグループは，少数の回答者で構成されているので，私たちは，自営業者と他の人々に雇用されている人々の間の比較に注目する。他の人々に雇用されている人々のデータ，そして，男性と女性のデータ（表3-7の3列と4列）は，表3-6（最後の2列）において提供された一般的な

第I部　ソーシャル・キャピタル——ネットワークと埋め込まれた資源

表3-7　自営業者の収入に対するソーシャル・キャピタルへの接近の利益[a]

外生変数	自営業者 男性 (N=361)	自営業者 女性 (N=130)	他の人々に雇用されている 男性 (N=652)	他の人々に雇用されている 女性 (N=492)	家族に雇用されている 男性 (N=42)	家族に雇用されている 女性 (N=74)
結婚している	0.02 [0.01]	0.01 [0.00]	0.01 [0.01]	0.01 [0.01]	0.18*** [0.21]	0.10*** [0.12]	0.21 [0.19]	0.02 [0.01]
世帯規模（対数変換された）	0.21** [0.16]	0.21** [0.01]	0.02 [0.02]	0.04 [0.03]	0.01 [0.02]	0.13*** [-0.14]	0.08 [0.06]	0.03 [-0.02]
世帯に孫がいる	-0.13*** [-0.19]	-0.12 [-0.19]	-0.09 [-0.13]	-0.09 [-0.13]	-0.07** [-0.09]	0.04 [0.05]	-0.11 [-0.16]	-0.11 [-0.16]
教育	0.07*** [0.33]	0.07*** [0.33]	0.02 [0.14]	0.01 [0.07]	0.01*** [0.12]	0.04*** [0.38]	0.07 [0.37]	0.00 [0.01]
日常的なコンタクトの規模	0.08*** [0.16]	0.07** [0.15]	0.01 [0.01]	0.00 [0.1]	0.03** [0.10]	0.03* [0.08]	0.07 [0.20]	0.03 [0.08]
コンタクトをよく知っている	-0.01 [-.02]	-0.00 [-0.01]	0.07 [0.14]	0.08 [0.14]	-0.01 [-0.03]	0.01 [0.01]	-0.00 [-0.01]	0.07 [0.08]
ソーシャル・キャピタルへの接近	0.01** [0.14]	0.01* [0.14]	0.01 [0.13]	0.01 [0.13]	0.00*** [0.11]	0.00 [0.06]	0.00 [0.00]	0.00 [0.07]
親族を介しての接近のパーセント	-0.01 [-0.00]	0.00 [0.00]	-0.1 [-0.00]	-0.02 [-0.01]	-0.13*** [-0.08]	-0.14** [-0.09]	-0.03 [-0.01]	-0.62* [-0.27]
職業威信	0.01** [0.13]	0.01** [0.11]	0.01** [0.25]	0.01** [0.26]	0.01*** [0.35]	0.01*** [0.22]	0.01 [0.18]	0.01 [0.19]
企業規模		0.00** [0.11]		0.02 [0.15]				
切片	0.08	0.16	0.45	0.43	0.75	0.79	0.14	0.40
R^2	0.37	0.38	0.23	0.25	0.34	0.39	0.35	0.24

注：*$p<.05$，**$p<.01$，***$p<.001$
[a]偏回帰係数，[　]内は標準化係数。

結果とかなり重複するものである。男性と女性の起業家の両方については，親族の紐帯を介してのソーシャル・キャピタルへの接近は，経済的な利益を減少させない。これらのパターンは，利益をもたらすソーシャル・キャピタルを探すために，起業家が親族と非親族のコンタクトの両方を使う必要があることを示唆する。自営業者にとっては，非親族に依存する利益がほとんど消失した。企業規模が回帰式に投入されても，これらの関係は変化しない。私たちは，これらの知見を，台湾および他の東アジアの国々における家族企業（family enterprise）という観念の社会的基礎が実際に存在するという重要な手がかりと考える。家族企業は，企業活動のための唯一の手段ではないかもしれないが，それらは，その重要な部分である。(4)

考　察

地位想起法の方法論は，台湾で行われた調査から有益な知見を生み出した。

第3章 地位想起法

　この知見は，男性が労働市場に参加することの利点，そして，女性が世帯の義務に縛り付けられていることの不利な点にもとづく，ソーシャル・キャピタルへの接近におけるジェンダーによる不平等について明示している。そのデータは，さらに，男性と女性ではソーシャル・キャピタルへの接近の利益に違いがあることを示している。男性は，女性よりも，より威信のある職業と高い収入を得るために，ソーシャル・キャピタルへの接近と非親族の関係から多くの利益を得ている。女性は，対照的に，高い職業威信と収入を得るために人的資本（教育）に依存する。しかしながら，人的資本とソーシャル・キャピタルの相対的効用は，二者択一というよりも，むしろ程度の問題である。分析によって明らかにされたように，それぞれの形態の資本が利益を生み出し，ほとんどの個人が両方の資本を持つことから利益を得ている。しかし，母集団の異なる領域はそれぞれの資本から特異的に利益を得ているので，調査は，異なるタイプの資本への接近における多様性の源泉を明らかにし，特定の社会における資本の創造と効用にかかわる社会力学を説明する手助けになるだろう。

　地位想起法の方法論は，また，社会的コンタクトの広がり，あるいは，紐帯の強さのどちらがソーシャル・キャピタルへのより良い接近を生み出すのかという論争に光を投じる。結局のところ，両方の議論が支持されている。日常的なコンタクトが親密であるかどうかよりも，むしろ，日常的なコンタクトの広さが一般的なソーシャル・キャピタルへの接近を促進することをデータが明らかにしている。しかし，特定のソーシャル・キャピタル——例えば，社会構造における特定の位置——に接近することになると，非親族，そして，おそらく，弱い紐帯が役に立つ。このように，社会的コンタクトの広さが特定のソーシャル・キャピタルの探索が成功する可能性がある紐帯の範囲を提供するのである。

　この分析は，また，ソーシャル・キャピタルの測定に対する2つのアプローチ——すなわち，ネットワークにおける位置と社会的資源——を統合する道を示唆している。日常的なコンタクトの広がりがソーシャル・ネットワークにおける相対的な位置を反映するならば，二者の間には明らかな相関が存在する。すなわち，ネットワークにおける良い位置は，良い社会的資源に到達する可能性を高める。ネットワークにおける位置と社会的資源の両方をソーシャル・キャピタルの指標とみなすのか，あるいは，ネットワークにおける位置を，接近された社会的資源としてのソーシャル・キャピタルに先行するものと仮定する

のか，そのどちらが有利なのかは，依然として明らかではない。現在の私たちの意向としては，ネットワークにおける位置をソーシャル・キャピタルに先行するものとして考えることである。その簡単な理由は，二者の関係が想定されるよりも，むしろ検証されるべき命題であるからである。しかしながら，私たちには，これらの2つのタイプの測定の選択肢としての統合の可能性が開かれている。究極の選択は，ソーシャル・キャピタルの理論を発展させるために，それぞれの選択が与える相対的な理論的利点と経験的な意義によって決定されるのである。

　最後に，地位想起法の技術によるソーシャル・キャピタルの測定は，社会制度と社会階層の間のつながりを明らかにする。その測定は，職業，収入，権威的地位，そして／あるいは，雇用のタイプなどの何であれ，社会階層システムにおいて意味ある地位の母集団を抽出するのに十分なほど柔軟である。サンプリングにおけるそのような柔軟性は，社会制度がソーシャル・キャピタルにどのように関係しているのかについての分析に適している。私たちのデータでは，台湾の労働力の重要な領域によって支持されている家族企業に関する分析が，強い紐帯，あるいは，弱い紐帯がソーシャル・キャピタルの構築と効用において役に立つ条件を明確にする。

　結論として，地位想起法の方法論は，広範な社会（北アメリカ，アジア，そして，ヨーロッパ），人々（地域，新しい労働者，失業者，異なる産業や社会組織のメンバー），そして，政治経済（中国のような社会主義国家，解放以前の東ドイツとハンガリー，そして，資本主義国家）を超えて一貫した知見を生み出してきた。しかしながら，私たちの章の冒頭で述べられたように，ソーシャル・キャピタルの力学を分析するために，多くのことがやり残されたままである。ソーシャル・キャピタルの様々な構成要素の間の相互関係がめったに研究されてこなかったし，検証されてもこなかった。そして，ソーシャル・キャピタルの不平等に関する研究は始まったばかりのように思われる。ソーシャル・キャピタルの結果は，幸福の他の多くの領域に拡大され，集団凝集性と連帯性から生活満足度と精神的苦痛までにわたっている。さらに，企業と組織の内部とそれらを交差するソーシャル・キャピタルへの接近に関する知識がやっと蓄積し始めたところである。標準化された測定によって，知的な活動がソーシャル・キャピタルの首尾一貫した理論を確証し，構築するように私たちは促されている。

第3章　地位想起法

補論A：1997年台湾研究で用いられた地位想起法

Q1．あなたの親族，友人，あるいは，知人のなかで，次の職業を持つ人々がいますか。

Q2．もしそうならば，彼／彼女は，あなたとどんな関係にありますか。

Q3．これらの職業の人を誰も知らなければ，そして，もし個人的な援助のためにそのような人を見つける必要がある，あるいは，いくつかの問題について尋ねる必要があるなら，そのような人を見つけるために，あなたの知っている人々のうち，誰を通じて見つけますか。彼／彼女はあなたにとってどんな人ですか。

Q4．彼／彼女はどんな職業についていますか。

回答項目	Q1 1. はい 2. いいえ（Q3へ進む）	Q2 以下のリストを見てください	Q3 以下のリストを見てください	Q4 以下のリストを見てください 119 コンタクト無し 111 直接のコンタクト
a．高校教師				
b．電気技師				
c．小規模工場／企業の所有者				
d．看護師				
e．地方，市／郡レベルの組立工				
f．トラック運転手				
g．医　師				
h．大規模工場／企業の所有者				
i．警察官（通常の警察官）				
j．郡／市レベルの課長				
k．家政婦，清掃労働者				
l．レポーター				
m．大工場／企業の所有者				
n．弁護士				
o．事務職員と守衛				

注

　本章の初期の原稿は，1998年11月にデューク大学におけるソーシャル・ネットワークとソーシャル・キャピタル会議で発表された。私たちは，編集上の有益なコメントについてカレン・クックに感謝したい。

(1) 名前想起法によって測定される，ネットワーク構造，自分の位置，そして，資源の分布における多様性は，名前想起法の質問，特定の語法，内容，役割，あるいは，程度は少ないが，想起される名前の数にかなり依存する。加えて，生み出されるデータは，強い紐帯の関係や資源，強い役割関係，あるいは，近接する地域の限界における紐帯を反映する傾向がある。キャンベルとリー（Campbell & Lee, 1991）は，4つの研究（フィッシャーの北部カリフォルニア研究，ウェルマンのヨーク研究，1985年のGSS研究，そして，彼ら自身のナッシュビル研究）を比較し，ネットワーク規模が手続き，年齢における異質性に影響され，学校教育が変わり，関係の特性（継続期間，接触頻度など）も変化したことを明らかにした。

(2) もし回答者が彼／彼女が特定の地位について1人以上のコンタクトを知っていると示した場合には，彼／彼女は，思い浮かんだ最初のコンタクトに焦点を置くように教示された。

(3) 表3-6に示されるように，年齢が等式に加えられた場合には，主要な変数——世帯規模，教育，ソーシャル・キャピタルへの接近，親族を介しての接近のパーセント，そして，職業威信——の係数が安定したままであり，結婚していること，そして，孫がいることの係数がひずみ（distortions）を示した。

(4) 列1と2の自営業グループは，男性と女性の間にいくつかの違いが存在する。男性起業家には，日常のコンタクトの広がりが利益をもたらし続けるが，これは，女性起業家には該当しない。男性と女性の起業家（自営業者）の違いについてさらに理解するために，彼らが他の人々を雇用しているかどうかを分析した。男性起業家の38％（417人中158人）が肯定し，女性起業家の32％（152人中48人）が肯定した。しかしながら，雇用された従業員の数は，統計的に有意な差を示した。男性起業家は平均11人の従業員，女性起業家は4人の従業員を雇用した。10人以上の従業員を雇用したのは，ちょうど4分の1以上（26％）の男性起業家であり，10％だけの女性起業家であった。この違いは，家族企業の異なるパターンによって説明することができない。男性と女性の起業家の両方が非親族を雇用する確率が等しかった（自分の親族の外部から，大部分，あるいは，全ての従業員を雇用したのは，男性起業家の65％であり，女性起業家の60％であった）。従って，男性起業家がかかわっている企業の範囲が彼らの日常のコンタクトの大きな程度を説明すると私たちは結論づけるのである。

参考文献

Angelusz, Robert, and Robert Tardos. 1991. "The Strength and Weakness of 'Weak Ties.'" Pp. 7-23 in *Values, Networks and Cultural Reproduction in Hungary*, edited by P. Somlai. Budapest: Coordinating Council of Programs.

Becker, Gary S. 1964/1993. *Human Capital*. Chicago: University of Chicago Press.

(1976年, ゲーリー・S・ベッカー著, 佐野陽子訳, 『人的資本』東洋経済新報社)

Becker, Gary S. 1981/1991. *A Treatise on the Family* (*Enlarged Edition*). Cambridge, MA: Harvard University Press.

Bian, Yanjie. 1997. "Bringing Strong Ties Back In: Indiret Connection, Bridges, and Job Search in China." *American Sociological Review* 62(3): 266-285.

Bian, Yanjie, and Soon Ang. 1997. "Guanxi Networks and Job Mobility in China and Singapore." *Social Forces* 75: 981-1006.

Bourdieu, Pierre. 1972/1977. *Outline of a Theory of Practice*. Cambridge: Cambridge University Press.

Bourdieu, Pierre. 1980. "Le Capital Social: Notes Provisoires." Actes de la Rechercheen Sciences Sociales 3: 2-3.

Bourdieu, Pierre. 1983/1986. "The Forms of Capital." Pp. 241-258 in *Handbook of Theory and Research for the Sociology of Education*, edited by John G. Richardson. Westport, CT: Greenwood Press.

Bourdieu, Pierre and Jean-Claude Passeron. 1977. *Reproduction in Education, Society, Culture*. Beverly Hills, CA: Sage. (1991年, ピエール・ブルデュー, ジャン=クロード・パスロン著, 宮島喬訳, 『再生産――教育・社会・文化』藤原書店)

Boxman, E. A. W., P. M. De Graaf, and Henk D. Flap. 1991. "The Impact of Social and Human Capital on the Income Attainment of Dutch Managers." *Social Networks* 13: 51-73.

Boxman, E. A. W., and Hendrick Derk Flap. 1990. "Social Capital and Occupational Chances." Presented at The International Sociological Association XII World Congress of Sociology, July, Madrid.

Burt, Ronald S. 1984. "Network Items and the General Social Survey." *Social Networks* 6: 293-339.

Burt, Ronald S. 1992. *Structural Holes: The Social Structure of Competition*. Cambridge, MA: Harvard University Press. (2006年, ロナルド・S・バート著, 安田雪訳, 『競争の社会的構造――構造的空隙の理論』新曜社)

Burt, Ronald S. 1997. "The Contingent Value of Social Capital." *Administrative Science Quarterly* 42: 339-365.

Burt, Ronald S. 1998. "The Gender of Social Capital." *Rationality and Society* 10(1): 5-46, 1.

Campbell, Karen E., Peter V. Marsden, and Jeanne S. Hurlbert. 1986. "Social Resources and Socioeconomic Status." *Social Networks* 8(1), 1.

Campbell, Karen E. and Barrett A. Lee. 1991. "Name Genarators in a Survey of Personal Networks." *Social Networks* 13(3): 203-221.

Coleman, James S. 1988. "Social Capital in Creation of Human Capital." *American Journal of Sociology* 94: S95-S121. (2006年, ジェームズ・S・コールマン著, 金光淳訳,「人的資本の形成における社会関係資本」, 野沢慎司編・監訳『リーディングス・ネットワーク論』勁草書房)

Coleman, James S. 1990. *Foundations of Social Theory*. Cambridge, MA: Harvard Univerisity Press. (2004年～2006年, ジェームズ・S・コールマン著, 久慈利武監訳,『社会理論の基礎』青木書店)

De Graaf, Nan Dirk, and Hendrik Derk Flap. 1988. "With a Little Help from My Friends." *Social Forces* 67(2): 452-472, 2.

Erickson, Bonnie H. 1995. "Networks, Success, and Class Structure: A Total View." Sunbelt Social Networks Conference. Charleston, SC, February.

Erickson, Bonnie H. 1996. "Culture, Class and Connections." *Amerecan Journal of Sociology* 102(1): 217-251, 1.

Erickson, Bonnie H. 1998. "Social Capital and Its Profits, Local and Global." The Sunbelt XVIII and 5th European International Conference on Social Networks. Sitges, Spain, May 27-31.

Fischer, Claude S. 1977. *Networks and Places*. New York: Free Press.

Fischer, Claude S. 1982. *To Dwell Among Friends: Personal Networks in Town and City*. Chicago: University of Chicago Press. (2002年, クロード・S・フィッシャー著, 松本康・前田尚子訳,『友人のあいだで暮らす――北カリフォルニアのパーソナル・ネットワーク』未來社)

Flap, Hendrik Derk, and Na Dirk De Graaf. 1988. "Social Capital and Attained Occupational Status." *Netherlands Journal of Sociology*.

Granovetter, Mark. 1974. *Getting a Job*. Cambridge, MA: Harvard University Press. (1998年, マーク・グラノヴェター著, 渡辺深訳,『転職――ネットワークとキャリアの研究』第二版, ミネルヴァ書房)

Hall, Alan, and Barry Wellman. 1985. "Social Networks and social Support." Pp. 23-42 in *Social Support and Health*, edited by Sheldon Cohen and S. Leonard Syme. Orlando: Academic Press.

Hsung, Ray-May. 1992. "Social Resources and Petite Bourgeoisie." *Journal of the Chinese Sociological Association* 16: 107-138.

Hsung, Ray-May, and Yih-Jyh Hwang. 1992. "Job Mobility in Taiwan: Job Search Methods and Contacts Status." The XII International Sunbelt Social Network Conference. San Diego, February.

Ke, Chih-ming. 1993. *Market, Social Networks, and the Production Organization of Small-Scale Industry in Taiwan: The Garment Industries in Wufenpu*. Tai-

wan: Institute of Ethnology, Academia Sinica.
Laumann, Edward O. 1966. *Prestige and Association in an Urban Community*. Indianapolis: Bobbs-Merrill.
Lin, Nan. 1982. "Social Resources and Instrumental Action." Pp. 131-145 in *Social Structure and Network Analysis*, edited by Peter V. Marsden and Nan Lin. Beverly Hills, CA: Sage.
Lin, Nan. 1995. "Les RessourcesSociales: UneTheorie Du Capital Social." *Revue Francaise de Sociologie* XXXVI(4): 685-704, 4.
Lin, Nan. 2001 *Social Capital: A Theory of Social Structure and Action*. London and New York: Cmbridge University Press. (2008年, ナン・リン著, 筒井淳也ほか訳, 『ソーシャル・キャピタル——社会構造と行為の理論』ミネルヴァ書房)
Lin, Nan, and Mary Dumin. 1986. "Access to Occupations Through Social Ties." *Social Networks* 8: 365-385.
Lin, Nan, Al Dean, and Walter Ensel. 1986. *Social Support, Life Events, and Depression*. Orlando, FL: Academic Press.
Marsden, Peter V. 1987. "Core Discussion Networks of Americans." *American Sociological Review* 52: 122-131.
Marsden, Peter V., and Jeanne S. Hurlbert. 1988. "Social Resources and Mobility Outcomes A Replication and Extension." *Social Forces* 66(4): 1038-59, 4.
Marx, Karl. 1933 (1849). *Wage-Labour and Capital*. New York: International Publishers Co. (1999年, カール・マルクス著, 服部文男訳, 『賃労働と資本』新日本出版社)
Portes, Alejandro, and Julia Sensenbrenner. 1993. "Embeddedness and Immigration: Notes on the Social Determinants of Economic Action." *American Journal of Sociology* 98(6): 1320-50, 6.
Portes, Alex. 1998. "Social Capital: Its Origins and Applications in Modern Sociology." *Annual Review of Sociology* 22: 1-24.
Putnam, Robert D. 1993. *Making Democracy Work: Civic Traditions in Modern Italy*. Princeton, NJ: Princeton University Press. (2001年, ロバート・D・パットナム著, 河田潤一訳, 『哲学する民主主義——伝統と改革の市民的構造』NTT出版)
Putnam, Robert D. 1995a. "Bowling Alone, Revisited." *The Responsive Community*, Spring, 18-33.
Putnam, Robert D. 1995b. "Tuning In, Tuning Out: The Strange Disapperance of Social Capital in America." The 1995 Itheiel de Sola Pool Lecture. American Political Science Association. September.

Schultz, Theodore W. 1961. "Investment in Human Capital." *The American Economic Review* LI(1): 1-17, 1.
Shieh, Guo-shiung. 1989. "From Dark Hands to Boss." *Taiwan Sociological Research Quarterly* 2(2): 11-54.
Shieh, Guo-shiung. 1991. "The Network Labor Process; The Subcontracting Networks in the Manufacturing Industries of Taiwan." *Bulletin of the Institute of Ethnology Journal* 71: 161-182.
Shieh, Guo-shiung. 1992. *"Boss" Island: Subcontracting Networks and Micro-Entrepreneur-ship in Taiwan's Development.* New York: Peter Lang.
Shieh, Guo-shiung. 1993. "Dynamics of Working, Bossing and Entrepreneuring: Research on the Founding Surviving of the Small Manufacturing Unites in Taiwan." *Taiwan Sociological Research Quarterly* 15: 93-130.
Sprengers, Maarten, Fritz Tazelaar, and Henk Derk Flap. 1988. "Social Resources, Situational Constraints, and Reemployment." *Netherlands Journal of Sociology* 24: 98-116.
Stites, R. 1982. "Small-scale Industry in Yangge, Taiwan." *Modern China* 8(2): 247-279.
Stites, R. 1985. "Indistrial Work as an Entrepreneurial Strategy." *Modern China* 11(2): 227-246.
Volker, Beate, and Henk Flap. 1996. "Getting Ahead in the GDR: Human Capital and Social Capital in the Status Attainment Process Under Communism." Universiteit Utrecht, The Netherlands.
Wellman, Barry. 1981. "Applying Network Analysis to the Study of Social Support." Pp. 171-200 in *Social Networks and Social Support*, edited by Benjamin H. Gottlieb. Beverly Hills, CA: Sage.
Wellman, Barry. 1979. "The Community Question: The Intimate Networks of East Yonkers." *American Journal of Sociology* 84: 1201-31.
Wellman, Barry. 1990. "The Place of Kinfolk in Personal Community Networks." *Marriage and Family Review* 15: 195-227.
Wright, Erik, Olin. 1979. *Class Structure and Income Determination*, Academic Press.

第Ⅱ部

労働市場におけるソーシャル・キャピタル

第4章
そのネットワークはどれくらいの価値があるのか？
従業員の紹介ネットワークにおけるソーシャル・キャピタル

ロベルト・M・フェルナンデス／エミリオ・J・カスティラ

ソーシャル・キャピタルという観念は，職探し（Flap and Boxman, 1999）から経済発展（Woolcock, 1998）まで全く異なる現象に適用されてきた。おそらく必然的に，その概念は，長い年月の間に多くの全く異なる意味を持つようになった（最近のレビューとしては，Adler and Kwon, 1999；Burt, 1998を参照）。数人の学者（例えば，Adler and Kwon, 1999；Baron and Hannan, 1994：1122-24）は，この領域におけるそのような普遍的なアプローチを続けることの効用を問題にしてきた。私たちの調査では，ソーシャル・キャピタルという概念の1つのとりわけ重要な特徴，すなわち，それが投資に対する利益（return）を生み出すという観念に焦点を絞る。「ソーシャル・キャピタル」という用語が「ネットワークが価値を持つ」ということを意味するならば，私たちは，「本物の」キャピタルにたとえて，その主要な特徴を明示する必要があると論じる。「ソーシャル」・キャピタルが「本物の」キャピタルに似たようなものならば，私たちは，投資の価値，利益率，そして利益が実現された手段を分離して取り出すことができるはずである。

私たちは，一般的な組織の手続き——新しい労働者を従業員の紹介によって採用すること——がソーシャル・キャピタルという観念に重要な洞察を提供すると論じる。私たちの調査（Fernandez et al., 2000）では，私たちは，雇用主の視点からソーシャル・キャピタルの投資と利益について分析した。そのような雇用方法を用いる雇用主は，典型的な「ソーシャル・キャピタリスト（資本家）」であり，彼らは，労働者たちの社会的コネクションに投資し，価値が高められた雇用結果という形態の利益を得る資源とみなしていると，私たちは論じるのである。投資は，紹介特別手当（bonus）という形態をとり，その後採用された労働者を紹介した従業員に支払われるものであった。利益は，雇用結果に対する実際のドルの影響によって測定された（採用コストの節約，そして，

紹介ではない雇用よりも紹介による雇用による低い離職率)。

　本章では，私たちの焦点を従業員の(employee's)ソーシャル・キャピタルの投資に焦点を変える。ちょうど雇用主が労働者のネットワークから利益を得るように，個々の労働者も自分自身のネットワークを手段的価値の源泉とみなすだろう。これは，志願者を採用するために紹介特別手当を支払う企業に雇用されている労働者に特に該当するだろう。個々の労働者の視点からは，ソーシャル・キャピタルの投資は，雇用のために候補者を紹介する際に費やされる時間とエネルギーという形態をとり，紹介特別手当がこの投資への利益を構成する。私たちは，研究期間に紹介する資格のある全ての労働者に関するデータを分析し，紹介の決定因を調査した。紹介の利益を評価する目的で，紹介の期待値を計算するために紹介特別手当を用いる。投資についての私たちの測定は間接的であるが，紹介による採用への労働者の投資の性質に光を当てるために，労働者の紹介行動(referring behavior)のモデルを開発する。

　私たちは，紹介プログラムにおける企業のソーシャル・キャピタルの投資の結果を要約することから始める。そして，私たちは，従業員への視点に変えて，紹介者になりそうな従業員にとっての紹介特別手当の価値を検討する。次に，紹介プログラムに参加する人たちに関する予測モデルを推定するために，経験的データの分析を行う。最後に，ソーシャル・キャピタルに関する私たちの理解のために，そのモデルの含意を検討して締めくくる。

企業の投資

　フェルナンデスと共同研究者(Fernandez et al., 2000)による調査では，私たちは，大規模な金融サービス機関における電話コールセンターの顧客サービス担当者の新入社員の採用について研究した。私たちは，紹介された人と紹介されなかった人の選抜，雇用，訓練にかかった金額に関する特別な企業データを用いて，企業が雇用過程において紹介を使うことによる投資と利益の金額を明らかにした。そして，企業がこれらの投資から利益を得る3つのメカニズムを見つけた。すなわち，紹介が応募者の「豊富な備え(richer pool)」を生み出すという解釈，また，紹介が「(人と仕事を)よくマッチさせる(better match)」というメカニズムであり，それは経済学において一般的である議論，そして，

紹介が職場の「社会関係の強化（social enrichment）」から利益を得るというメカニズムであり，これは，社会学者によって強調されている。

　紹介されなかった応募者よりも，紹介された応募者が雇用のための豊富な備えを構成するならば，これは，紹介されなかった応募者よりも，紹介された応募者の備えの中から適切な人々を雇用するために，少ない選抜を受けることを示唆するだろう。従って，選抜するコストを節約することは，雇用主が採用期間に従業員のソーシャル・キャピタルを使うことから利益を実現することができる1つのメカニズムである。「豊富な備え」議論に取り組むために，私たちは，新入社員の仕事に応募する人々の備えに関するデータを使い，紹介が応募段階における仕事にとって適切であるという証拠を示すかどうか検証した。

　「よくマッチさせる」理論は，雇用主が彼らのソーシャル・キャピタルの投資から利益を実現する第二のメカニズムを仮定している。この場合の利益は，紹介された人の低い離職率による節約である。ここでは，その議論は，紹介された人は，紹介されなかった人よりも，仕事の非公式の特性についてより多く知っているだろうというものである。紹介された人は，紹介されなかった人よりも，その仕事が何を伴うものなのかについてより良く把握しているので，仕事を経験すると同時に，その仕事が自分たちのためのものでないと結論づけ，離職するという行動は，紹介されなかった人ほど，紹介された人には見られないだろう。紹介による雇用の「よくマッチさせる」という解釈は，紹介された人と紹介されなかった人の採用後の離職データを比較し，紹介が雇用主と応募者の間の情報の経路を提供するという証拠を探すことによって検証した。

　最後に，紹介を介しての採用に関する「社会関係の強化」の説明は，新入社員と仕事の間のつながりが，新しい仕事の状況への移行を容易にする事前の友人や知人の存在によって強化されると論じる。これは，労働者の会社への愛着を増加させ，従って，離職率を低下させ，後任の訓練にかかわるコストを節約するのである。私たちは，紹介された人と紹介した人の相互依存と企業に対する採用後の愛着に関するデータを分析することによって「社会関係の強化」論を検証した。

　私たちは，「豊富な備え」と「社会関係の強化」過程の両方の証拠を見つけたが，紹介による採用において，採用後の「よくマッチさせる」の説明への証拠はほとんど見られなかった。さらに，紹介プログラムに関係する企業の利益

第4章　そのネットワークはどれくらいの価値があるのか？

表4-1　採用過程の各段階における「豊富な備え」メカニズムを介して採用のために紹介された人々に関係する採用後の節約額（ドル）

	紹介された人		紹介されなかった人		紹介された人の
応募選抜段階	一人の採用についての選抜	一人の採用についてのコスト	一人の採用についての選抜	一人の採用についてのコスト	一人の採用についての節約
一人の選抜につきコスト：$7.00	9.043@$7.00 = $63.33		16.735@$7.00 = $117.15		$53.82
面接段階	一人の採用についての面接	一人の採用についてのコスト	一人の採用についての面接	一人の採用についてのコスト	一人の採用についての節約
一人の面接につきコスト：$120（紹介された人）$110（紹介されなかった人）	5.846@$120.00 = $701.75		9.596@$110.00 = $1,055.29		$355.54
仕事を提供する段階	一人の採用についての仕事の提供	一人の採用についてのコスト	一人の採用についての仕事の提供	一人の採用についてのコスト	一人の採用についての節約
一人の提供につきコスト：$200	1.064@$200.00 = $212.87		1.110@$200.00 = $221.94		$9.07
一人の採用についての全体コスト		$977.95		$1,394.37	$416.43
紹介特別手当（投資）		$250.00			
全体コスト		$1,227.95		$1,394.37	$166.43
純利益：$166.43，あるいは，66.6％の投資利益率。					

の金額を測定した。選抜，採用，そして，訓練のコストの金額に関する内部の会計データを用いて，推薦された人を採用することによって企業が行う投資額を明らかにし，その利益額を3つのメカニズムで分割した。

表4-1は，紹介プログラムに関して私たちが行った投資利益率を要約したものである。企業は，紹介された人について，面接されると，各人に10ドル投資し，採用され，企業に30日間とどまると，250ドル投資している。各応募者について，選抜（適性検査紙と短い電話面接）コストが7ドルである。採用前の段階では，紹介された人について，選抜コストが63.33ドル，面接コストが701.75ドル，そして，仕事を提供するコストが212.87ドル，合計すると，一人の採用につき977.95ドルである。紹介されない人について，対応する金額は，117.15ドル，1,055.29ドル，221.94ドル，そして，合計すると，一人の採用に

つき1,394.37ドルである。紹介された人と紹介されない人の間の全体の差は，一人の採用につき416.43ドルである。すなわち，85％の節約が面接段階に関係している。416.43ドルの差は，紹介特別手当という形態の企業の250ドル増分支出（incremental outlay）に対して，66.6％の利益を生み出す。従って，企業のソーシャル・キャピタルへの投資は，採用前の段階の「豊富な備え」過程にもとづいて正当化されることを私たちは明らかにした（原価計算の詳細については，Fernandez et al., 2000を参照）。

紹介者の視点

紹介プログラムが採用コストを節約することによって企業にとって利益を生み出す投資とみなされるように，紹介プログラムは，また，電話会社に雇用されている従業員の視点からは，ソーシャル・キャピタルへの投資と分析されるだろう。紹介者の視点からは，紹介特別手当は，企業のために紹介者が自分のソーシャル・キャピタル（すなわち，知人のネットワーク）を使うことに対する利益（補償）とみなされるだろう。

電話センターの経営者は，顧客サービス担当者の職位に友人や知り合いを紹介する従業員に対して特別手当金を提供した。企業は，面接される応募者を提案することに対して従業員に10ドル支払い，その応募者が採用され，30日間企業にとどまれば，250ドル支払う。表4-2は，私たちの研究の2年間にわたって，企業がこれらの特別手当を支払った比率に関する情報について報告している。表4-2の最初のコマ（panel）は，紹介された応募者の約65％が面接を認められた（詳細は，Fernandez et al., 2000を参照）。従って，面接段階では，従業員が紹介するという期待値は6.48ドルである。しかしながら，下部のコマは，紹介者の試みのずっと低い割合しか250ドルの特別手当をもたらさないことを示している。すなわち，紹介された応募者の10.9％が採用され，義務付けられた30日間企業にとどまる。仕事を提供された人の94％が採用され，採用された人の97.1％が30日間企業にとどまる。しかし，紹介された応募者の11.9％だけが最初に仕事を提供された。紹介する従業員の視点からは，企業の第二の特別手当プログラムが27.14ドルの期待値を生み出す。従って，（すなわち，事後の）就職に成功した応募者を紹介する従業員にとってプログラムの全体の価値は，

表4-2 企業に応募者を紹介することに対する期待値の利得

	特別手当 (もし応募者が成功)	応募者の成功の確率	期待値
1．面接特別手当 (面接／応募)	$10	.648	$6.48
2．採用と30日特別手当 (仕事の提供／応募) (採用／仕事の提供) (30日／採用) (30日／応募)	$250	.119 .94 .971 .109	$27.14
全　体	$260		$33.62

260ドルである。紹介する従業員にとってのプログラムの事前の(ex ante)価値は，33.62ドルである。

　もちろん，これらは平均の利得(payoff)であり，確かに利得を得る機会における多様性が存在する。実際に，プログラムの構造は，紹介者が特別手当システムを操作(game)する誘引を作り出す。経営者と紹介者の誘引の足並みがそろっている場合もあるが(例えば，紹介者が紹介された人に影響を与えようとして，紹介された人が仕事を引き受ける確率を高める)，必ずしもそうではない。特別手当を求めて，紹介者が採用者の選抜に関する意思決定(面接，あるいは，仕事の提供)に影響を与えて，採用者が資格のない人々(そうでなければ，不合格になるような人々)を合格させると，企業は，特別手当プログラムから逆に悪影響を受けるだろう。実際に，企業の採用者の一人が私たちとの面接でまさにそのような懸念を示した。[3] 同様に，紹介された人が少なくとも30日間とどまる意向に影響を与えようとする紹介者は，経営者の利害と足並みがそろっているが，それは，その試みが紹介された人に31日まで彼／彼女の離職を遅らせるということでない限りにおいてである。

　私たちは，そのような操作の行動の証拠のためのデータを分析した。採用者が紹介されない応募者よりも紹介された応募者を好むように思われるという事実にもかかわらず，面接，あるいは，仕事の提供のために応募者を選別する時に，採用者が紹介者と連絡をとらないことを私たちは知っている(Fernandez et al., 2000を参照)。少なくとも，採用者に対する影響に関して，私たちにはそのような試みの証拠が見つからない。特別手当の利得に関する基準の後半の段階(仕事の提供を受け入れること，そして，離職)では，入手可能なデータがこれ

についても疑問を投げかけると私たちは考えている。仕事の提供を受け入れる比率も雇用後30日間とどまる割合も，紹介されなかった人と紹介された人の間で差がない。それぞれの割合は，仕事を受け入れる比率では，90.1％対94.0％，雇用後30日間とどまる割合では，98.1％対97.1％である (Fernandez et al., 2000 を参照)。もし特別手当を得るために紹介に影響を与えようとする試みがあるならば，この状況では，それらの試みは失敗したように見える。

　ここまでの私たちの分析は，紹介からの全体で260ドルの将来の利益を明らかにした。しかしながら，この利得を得るために，紹介者は時間とエネルギーを顧客サービス担当の候補者を採用することに投資する必要がある。私たちは，投資の程度を測定する能力において限られている。それは，私たちのデータセットには，紹介された人を採用する際に紹介した人が費やした時間と資源の量を直接測定するものが含まれていないからである。しかし，私たちは，紹介行動の決定因について分析することによって，投資の性質についての理解を得ることができる。私たちの知る限り，これらのデータは，誰が応募者を紹介し，誰が紹介しないのかを識別する要因を明らかにする能力において独特なものである。

誰が紹介するのか

　表4-2に示されるように，この状況における紹介プログラムは，応募者を紹介行動の期待値が33.62ドルであるように構造化されている。しかし，電話センターの従業員の大部分が特別手当を獲得する機会を逃していた。すなわち，電話センターに雇用されている人々の70.3％（4,114人のうち2,891人）が本研究の期間に誰も紹介しなかったのである。何が紹介する人と紹介しない人を識別するだろうか。

　紹介行動が投資の1つのタイプであると理解できるならば，応募者を推薦することのコストが紹介の重要な決定因であると私たちは推測する[4]。この状況における最も重要なコストは，候補者を見つけて彼らに応募するように説得するために必要な時間であろう。経済学者は，通常は，個人の賃金率によって時間の価値を測定する（Winship, 1983）。賃金は，また，適切な応募者への構造的接近可能性の指標である。それは，賃金の高い労働者は，賃金の低い，新入社員

の仕事に応募することに関心があるような人々を知っている可能性が低いからである。実際のところ，私たちは見つけた証拠は，前職における紹介者の賃金と応募者の賃金の間には同質性があることを示し（Fernandez et al., 2000），この推論を支持している。故に，これらの議論の両方は，賃金の高い従業員が賃金の低い労働者よりも，応募者を紹介する可能性が低いということを予測するだろう。[5]

　低い賃金に加えて，この状況では，将来的に良い結果をもたらす紹介への構造的接近可能性が他の2つの要因と関係しているだろう。第一に，自分自身が紹介された人として採用された労働者は，適切な仕事の応募者へ接近できる可能性が高いだろう。これらの労働者は，自分自身が紹介された人として採用されたので，そのような労働者にとって紹介プログラムがより重要であり，紹介されない人よりも紹介採用プログラムの性質についてより良く理解しているからである。また，そのような労働者は，紹介ネットワークに埋め込まれている可能性が高く，従って，応募者について提案するのに良い位置にいる。

　接近に影響する第二の要因は，その人が銀行のための電話顧客サービス担当者として勤務したことがあるかないかが，労働者に電話コールセンターの顧客サービス担当者の仕事に応募者を紹介させやすくするということである。このような状況では，人々が自分自身と類似する人々を紹介する傾向があるという明らかな証拠がある（Fernandez et al., 2000）。従って，以前の顧客サービス担当者は，顧客サービス担当者の仕事に関心を持つ人々を知っている可能性が高いだろう。加えて，自分自身でその仕事をしたことがあるので，そのような労働者は将来の候補者にその仕事を説明することができるだろう。[6]

　上記の時間—価値の根拠とは異なり，紹介された人であった，あるいは，顧客サービス担当者であったというのは，ソーシャル・キャピタルへの意識的な投資ではないだろうと私たちは考える。しかし，これは，そのような地位がこのような状況で従業員に価値を生み出さないということを意味しない。紹介の特別手当を獲得する可能性が，これらの地位を従業員が選択する際に重要な役割を果たすとは信じ難いと思うが，労働者が異なる企業の仕事について選択する時に，紹介の特別手当を得る機会を一種の付加給付（fringe benefit）と考えることは可能である。これらの地位の選択がどのように計算されるのかにかかわらず，いったん労働者がこれらの職位に就けば，彼らは，他の人々を紹介し，

紹介特別手当を求めるのにずっと良い位置にいるのである。

これまでの議論は，賃金の影響と紹介への構造的接近が分析的には別なものだろうということを示唆する。適切な人々を見つけ出す時間的コストは，構造的にそれほどうまく連結していない人々にとって大きいだろうが，特定の時間的コスト（賃金）にとって，紹介行動の比率は，適切な応募者と連結している人々（すなわち，紹介された人，そして，以前の顧客サービス担当者）で高いだろう。賃金と紹介と顧客サービス担当者の間のこの関係が重要である。この関係が，この状況（以下を参照）における構造的接近のソーシャル・キャピタルの価値を推定する1つの方法を与えるからである。

しかし，接近可能性と賃金の効果が紹介の決定因として組み合わさることも可能である。接近が紹介された人を採用するための時間的要件を短縮するので，構造的接近が紹介を生み出す時間の代わり（substitute）になることが可能であり，賃金と接近の間の負の相互作用を生み出すのである。従って，紹介行動に対する賃金の効果は，構造的接近のレベルに依存するだろう。すなわち，賃金が減少すると，紹介する比率の点からみた利得は，構造的に連結していない個人よりも連結している個人にとってずっと大きいだろう。この予測された交互作用は，以下で私たちが示す分析を複雑にするが，それが，この状況における構造的接近のソーシャル・キャピタルの価値の随伴的（contingent）な性質を明らかにさせるのである。

データと測度

これらの予測を検証するために，本調査の期間に渡って電話顧客サービス担当者の仕事に応募者を紹介する可能性がある全ての労働者について，時間的に変化するデータファイルを収集した。私たちは，電話センターで雇用された労働者の94.6％（4,114人のうち3,968人）のデータをコード化することに成功した。労働者が紹介する応募者の数には制限がなく，一人の紹介者についての紹介数は，1から6の間であった（79.7％が1人だけ紹介し，15.8％が2人の応募者を紹介した）。2年間の調査期間に全体で1,546の紹介による応募がなされ，私たちは，紹介による応募の90.2％（1,395人）について，紹介者の身元と紹介の日付を見つけた。

私たちは，従属変数——紹介すること——を繰り返しイベントとして扱うワイブル（Weibull）イベントヒストリーモデルを推定した[8]。まず，私たちは，労働者の時給を測定した。上記のように，賃金は，時間—価値と構造的接近の両方の指標となるものである。賃金が2年間の調査期間に変化したので，私たちは，時給を時変共変量（covariate）としてコード化した。次に，私たちは，採用可能な応募者への個人の構造的接近の2つの測度にコード化した。私たちは，労働者が自分自身紹介された人として採用されたかどうかについてダミー変数にコード化した。私たちが用いる第二の構造的接近の変数は，銀行のための電話顧客サービス担当者として勤務したことがあるかないかについてのダミー変数である。

　私たちが紹介行動についてのモデルに投入した最後のセットの要因は，個人の背景となる特性に関する統制変数であった。私たちは，ジェンダーをダミー変数（1＝女性）でコード化し，個人の年齢を2年間の観察枠において最も早期に現れた時点の年齢としてコード化した。私たちは，また，マイノリティの地位をダミー変数でコード化し，アフリカ系アメリカ人，ヒスパニック，先住アメリカ人，あるいは，アジア人を1，その他を0とした。採用された時の婚姻の地位をダミー変数でコード化し，結婚を1，その他を0とした。最後に，私たちは，教育を2つのダミー変数によって測定し，最初のダミー変数は，その人が学士号を持っているかどうか（学士号を持っていると1，その他は0），そして，第二のダミー変数は，2年間の大学（2年間の大学があれば1，その他は0）によってコード化した[9]。

結　果

　表4-3のモデル1が示すのは，紹介を予測する，単純繰り返しイベント・ワイブル（Weibull）モデルであり，潜在的な交互作用は無視している。私たちは，これらの効果についての仮説を提示しなかったが，統制変数が紹介といくつかの興味深い関係を示している。他の要因を統制すると，マイノリティが非マイノリティよりも候補者を紹介する可能性が高い。マイノリティ（少数派民族）は，会社における自分たちの存在感を増加させるために紹介プログラムを使っているのかもしれない。しかし，これは確実ではない。それは，申請書に

表4-3 繰り返しイベントとして紹介を予測する
ワイブルモデル[a]

	1	2
性　別 （1＝女性）	.092 [.084]	.105 [.084]
年齢（年数）	−.039* [.005]	−.037* [.005]
マイノリティ地位 （1＝マイノリティ）	.417* [.166]	.393* [.164]
婚姻の地位 （1＝結婚している）	.128* [.072]	0.123 [.072]
教　育 （1＝学士）	−.039 [.127]	−.037 [.126]
教　育 （1＝準学士）	−.099* [.213]	−.153 [.215]
時　給[b]	−.099 [.019]	−.078* [.017]
紹　介	1.451* [.102]	2.079* [.419]
顧客サービス担当者	0.324* [.071]	2.094* [.364]
時給b× 過去に紹介された人		−.078* [.046]
時給b× 顧客サービス担当者		−.181* [.037]
定　数	−3.821* [.217]	−4.215* [.293]
ワイブル rho パラメーター	1.127* [.035]	1.152* [.035]
カイ自乗	535.710	622.180
自由度	9	11
p	＜.00001	＜.00001
実　数	3,946	3,946
なされた紹介	1,391	1,391

注：*p＜.05片側検定。
[a]カッコ内は標準誤差。
[b]時変共変量。

応募者が自分の人種やエスニックの背景を記入していないので，私たちは，マイノリティの紹介された人たちが人種に関して同類的であるかどうか（すなわち，マイノリティの従業員が非マイノリティよりもマイノリティの候補者を紹介する可能性が高いかどうか）が分からないからである。[10]

私たちは，また，結婚している労働者は，結婚していない労働者よりも，紹介する傾向があることを発見した。ここでも，また，応募者は申請書に婚姻の地位について記入しないので，このパターンは，労働者が自分自身のような人々を紹介する傾向によるものかどうかはっきりしない。しかし，年齢の係数は，年長の労働者が，若年の労働者よりも紹介する可能性が低いことを示している。これは，年齢とともにネットワーク規模が減少する一般的傾向と一致する（Burt, 1991を参照）。しかしながら，それは，また，顧客サービス担当者の地位が新入社員の仕事であるという事実によるものかもしれない。ネットワーク規模にかかわりなく，若い人々は，特にそのような仕事を求める人々を知るのに有利である傾向がある。

関心のある主要な変数を分析し，他の変数を統制すると，賃金が多い労働者は，賃金が少ない労働者ほど紹介をしないという統計的に有意な傾向がみられる。この結果は，ありそうな2つの異なる傾向を反映している。まず，それは，賃金が多い労働者が新入社員の仕事に興味がある人々を自分のネットワークで

第4章　そのネットワークはどれくらいの価値があるのか？

は知らないだけかもしれない。第二に，賃金が高い労働者は，賃金が低い労働者よりも，時間の価値が大きいので，紹介プログラム（事前の33.62ドルと事後の260ドル）の誘引レベルが非常に低いので，賃金が高い労働者に新しい候補者を一生懸命に探すように促すことができないだろう。

　モデル1は，また，構造的接近に関する私たちの予測に一致して，紹介された人として採用され，そして，顧客サービス担当者として働いたことが，両方とも，紹介行動と正の相関関係にあることを示している。これは，有利な構造的位置が紹介による候補者の提案のコストを劇的に減少させるという考えを支持する。最後に，rho パラメーターが統計的に有意に1よりも大きく，紹介行動の基底（baseline）ハザードが増加された暴露（exposure）（すなわち，電話センターに雇用される期間が長くなる）とともに増加するということを意味する。

　私たちは，紹介を生み出す際に構造的入手可能性が賃金の代わりとして役割を果たすことができるという証拠を見つけるためにデータを分析した。モデル2では，接近変数（過去に紹介された人，そして，顧客サービス担当者であるか，あったか）と賃金の交互作用項を独立変数に加えた。モデル1とモデル2の間のカイ二乗検定は，適合度を統計的に有意に高めた（LLカイ二乗検定86.47，自由度2）。さらに，両方の相互作用項が予測された方向（すなわち，負）であり，個々に統計的に有意（$p<.05$，片側検定）である。交互作用項を導入しても，統制変数に関する効果のパターンは変化しない。しかしながら，交互作用は，紹介する意向に対する賃金のインパクトに関する私たちの解釈をかなり変えるものである。モデル2は，自分自身が紹介された人でもなく，現在，あるいは，以前に顧客サービス担当者でもない，賃金が少ない労働者が，同様に連結していない賃金が多い労働者よりも，統計的に有意に紹介する可能性が高いことを示している（賃金の主効果が−.078）。しかし，紹介する意向は，賃金が少ない労働者についてずっと強い（実際には二倍である。主効果−.078＋顧客サービス担当者と賃金の相互作用−.181）。紹介された人と顧客サービス担当者の切片がモデル1のそれらよりも増加している。相互作用項と組み合わせて考えると，これらのパターンは，紹介行動（referring）の機会が，賃金が少ない労働者であり，その人は過去に紹介された人で，顧客サービス担当者であった人であること，そして，賃金が増加すると，過去に紹介された人で顧客サービス担当者であった従業員は，過去に紹介されず，顧客サービス担当者でない従業員よりも，紹

第Ⅱ部　労働市場におけるソーシャル・キャピタル

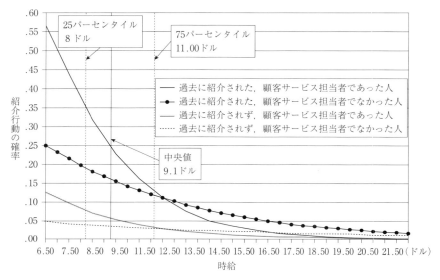

図4-1　時給による紹介行動の確率

介する率が急に低下するのである。

　これらの結果の含意を探索するために，そして，そのモデルが意味する効果の大きさをよく理解するために，モデル2にもとづいて，少なくとも1回紹介行動（紹介行動が繰り返すイベントであることを思い出して欲しい）の予測された確率を図4-1に描いた。[11] 私たちは，賃金─紹介行動のプロフィールを4つのグループについて描いた。4つのグループは，候補者への構造的接近のレベルにもとづいている。すなわち，(1)過去に紹介された，顧客サービス担当者，(2)過去に紹介された，顧客サービス担当者でない人，(3)過去に紹介されたことがない，顧客サービス担当者，そして，(4)過去に紹介されたことなく，顧客サービス担当者でない人の4つのグループである。電話センターにおける賃金は，時給5.25ドルから100ドルまでの範囲であり，その分布の山が左に非常にずれて，裾が右に伸び，賃金の中央値は9.10ドルでしかない。私たちは，賃金について5パーセンタイル（6.50ドル）から95パーセンタイル（22.00ドル）までのモデル予測値を記入し，図4-1のX軸に25パーセンタイル，50パーセンタイル，そして，75パーセンタイルの位置を示した。

　最初に気がつくことは，4つのグループの曲線が増加する賃金とともに下方

第4章 そのネットワークはどれくらいの価値があるのか？

に傾斜することである。上記のように，これは，時間の増加する機会コストによる，そして／あるいは，賃金が多い労働者が適切な候補者への接近レベルが低いことによる，時間の投資に関する合理的計算によるものだろう。2つ目の明らかなパターンは，曲線が大きく異なる点から始まることであり，賃金が増加すると，非常に異なる比率で低下することを示している。将来の候補者に最も接近できる人々——過去に紹介され，顧客サービス担当者であった人——は，紹介行動への賃金の効果に対して最も反応し，最も有利ではない構造的位置にいる人々——過去に紹介されず，顧客サービス担当者ではなかった人々——が変化する賃金に対して最も反応しない。

図4-1をさらに分析すると，顧客サービス担当者に関係する，紹介行動における差は，賃金分布の75パーセンタイルまでに，実質的に消失することが分かる。過去に紹介された人については，顧客サービス担当者であった人の曲線が約56％から始まり，賃金分布の75パーセンタイルまでに約14％に低下するが，顧客サービス担当者でなかった人の曲線は，低い値（25％）から始まり，もっとゆっくり低下し，賃金分布の75パーセンタイルを約12％で交差する。過去に紹介されなかった人については，顧客サービス担当者であった人の曲線は，約12％から始まり，75パーセンタイルまでに3％に低下するが，顧客サービス担当者でなかった人は，4.6％から始まり，75パーセンタイルで約3％に低下する。対照的に，紹介行動における過去に紹介された人と過去に紹介されなかった人の差は，最初はかなり大きく（顧客サービス担当者では，56％対12％，顧客サービス担当者でなかった人では，25％対4.6％），賃金の75パーセンタイルでも相当な差が存在している（顧客サービス担当者では，14％対3％，顧客サービス担当者でなかった人では，12％対3％）。

これらの知見は，労働者のソーシャル・キャピタルの投資と利益率に関して重要な含意を持っている。極限では，紹介特別手当を受け取る見込みは，紹介する人を誰も知らない人々にとってゼロであるので，誘引の議論は，私たちがこの極限に接近すると，賃金と紹介行動が横ばいの関係になることを示唆するだろう。この議論と一致して，紹介行動の見込みは，実際に，賃金が少なく，過去に紹介されなかった，顧客サービス担当者でなかった人（すなわち，時給6.50ドルの労働者の4.6％）では非常に低く，賃金が増加しても，賃金—紹介行動のプロフィールが相対的に横ばいなままである。私たちは，本研究では，賃

115

金の接近可能性と誘引の構成要素を分離することができないが（注5を参照），これらの知見は，紹介行動へのソーシャル・キャピタルアプローチの中心的な含意と一致し，少なくとも，賃金効果のある部分は紹介行動への金銭的誘引への人々の反応を反映している。金銭的誘引が紹介行動の決定因である範囲において，それらは，過去に紹介されなかった人よりも，紹介された人にとって重要であるように思われる。

　これらの知見は，また，過去の紹介された人と紹介されなかった人，そして，顧客サービス担当者であった人と顧客サービス担当者でなかった人の間の賃金の効果における差が，結果として，この状況におけるソーシャル・キャピタルの投資への利益率における違いになることを示唆している。私たちには，紹介行動の利益（利益率の計算における分子，注4を参照）における個人間の差が分からなかったので，賃金の効果におけるこれらの多様な集団間の差は，紹介行動の根本的なコスト（分母）における差を反映するものである。紹介行動投資される時間の直接の測度がないので，利益率の正確な推定を提供できない。しかしながら，賃金の効果の意味について異なる想定にもとづき，過去に紹介されたこと，そして，顧客サービス担当者であったことの相対的価値に関して知識にもとづいて推測するためにモデルを使用することができる。

　賃金が適格な他の人々への時間的価値と階級にもとづく接近，あるいは，その両方の指標であるかどうかにかかわらず，紹介行動の価値，そして，顧客サービス担当者という職位の価値は，かなりなものであるように思われる。賃金の効果の全てが時間的価値における差を反映するとしばらく想定すると，過去に紹介された人，顧客サービス担当者であった人，顧客サービス担当者でなかった人の間の紹介率の差は，前者のグループが後者のグループよりもずっと早い率で紹介行動ができることを示唆する。6.50ドルの時給の時間的価値では，紹介される人を探すために5時間を少々超える時間を投資するのが合理的である（33.62ドルの期待値÷時給6.50ドル＝5.17時間）。しかし，6.50ドルの賃金では，過去に紹介され，顧客サービス担当者であった人は，過去に紹介されず，顧客サービス担当者でなかった人よりの12倍を超える紹介をすることができる（紹介率56％対4.6％）。賃金が多くても，紹介率における差はかなり大きなままである。例えば，11.00ドル（すなわち，賃金分布の75パーセンタイル）では，過去に紹介され，顧客サービス担当者であった人の紹介率は，過去に紹介されず，

顧客サービス担当者でなかった人の4.4倍である（13.3%対3.0%）。賃金分布の90パーセンタイル以上（すなわち，16.10ドル）になって初めて，これらのグループの間の紹介率の差がまったく消失する。これらの結果は，過去に紹介された人，そして，顧客サービス担当者であった人が，過去に紹介されなかった人，顧客サービス担当者でなかった人よりも，紹介される人を探すのにおいてずっと時間的に効率がよいことを示唆している。[13]

　一方，もし賃金が新入社員の仕事に興味がある応募者への接近だけを測定するものなら，私たちは，時給を測定基準として使い，過去に紹介されたことと顧客サービス担当者であったことに含まれる価値を測定することができる。この場合には，賃金に関係する接近のレベルが，過去に紹介されず，顧客サービス担当者でなかった人よりも，賃金がずっと高く，過去に紹介され，顧客サービス担当者であった人にまで及ぶようにみえる。私たちは，誰かを紹介する行為を適切な人々への接近の証拠と考える。過去に紹介されず，顧客サービス担当者でなかった人を接近の証拠のための境界値（threshold）（すなわち4.6%紹介率）として用いると，過去に紹介され，顧客サービス担当者であった人が相対的に高い賃金（13.75ドル，あるいは，賃金分布の86パーセンタイル）で接近するレベルが，過去に紹介されず，顧客サービス担当者でなかった人が非常に低い賃金（6.50ドル，あるいは，5パーセンタイル）で接近するレベルと同じであることを示している。過去に紹介されず，顧客サービス担当者であった人では，4.6%の紹介率が時給10.00ドル（すなわち，64パーセンタイル）というやや低い賃金でみられている。従って，もし高い賃金が将来の新入社員の従業員を含む社会圏（social circle）から人々を切り離しているのなら，賃金の分離効果は，過去に紹介された人と紹介されなかった人と，顧客サービス担当者であった人とそうでなかった人とでは，非常に異なるのである。接近の証拠のための境界値を低くすると（例えば，紹介率が3.0%），様々な集団間の賃金格差が狭まるが，将来の採用可能な候補者のネットワークからの賃金にもとづく分離は，過去に紹介された人，あるいは，顧客サービス担当者であった人によってかなり緩和されると結論してもよいだろう。[14]

第Ⅱ部　労働市場におけるソーシャル・キャピタル

要約と結論

　私たちは，一般的な組織的慣行——従業員の紹介による新しい労働者の採用——がソーシャル・キャピタルという観念について重要な洞察を提供すると論じてきた。そのような採用方法を用いる雇用主は，典型的な「ソーシャル・キャピタリスト」であり，彼らは，労働者のコネクションを資源とみなし，それらの資源に彼らが投資することが可能であり，その目的は，より良い採用結果という形態の経済的利益を得ることである。同様に，将来に雇用される人を紹介する従業員も，コネクションからソーシャル・キャピタルの利益を得ようとしているとみなされるだろう。私たちは，雇用主のソーシャル・キャピタルの投資と利益（Fernandez et al., 2000）の分析を要約することから始めた。私たちは，そのような利益が実現できる3つの方法を明らかにした。それらは，「豊富な備え（richer pool）」，「（人と仕事を）よくマッチさせる（better match）」，そして，「社会関係の強化（social enrichment）」メカニズムである。銀行のクレジットカードの電話センターからの採用に関する特別なデータを用いて，私たちは，「豊富な備え」過程の支持を得ている。反対に，採用後の「よくマッチさせる」理論には十分な証拠が得られない。しかし，私たちは，「社会関係の強化」過程を支持する証拠を見つけた。私たちの予測と一致して，紹介者と紹介された人の間に離職に関する相互依存関係を観察したが，その過程は，社会的に原子化された「よくマッチさせる」理論によって予測されない過程である。

　私たちは，選抜，採用，そして，訓練の金銭的コストに関する企業データを用いて，その会社の従業員のソーシャル・キャピタルにおける企業の投資と利益を測定した。私たちは，紹介プログラムが企業にとってかなりの経済的利益を生み出すことを発見した。これらの利益は，紹介された人が応募する仕事に適切であること（すなわち，「豊富な備え」のメカニズム）による選抜コストの節約によって実現される。（紹介特別手当という形態の）企業の250ドルの投資は，低減された採用コストにおける416ドルの利益を生み出し，67％の利益率となる。「豊富な備え」過程を介して紹介された人を採用する際の純利益の明らかな証拠が存在するが，「よくマッチさせる」過程は企業のソーシャル・キャピ

タルへの投資に対する大きな利益を生み出さないことも明らかにした。私たちは，電話センターの職場における社会関係の強化過程の証拠は見つけたが，企業は，このメカニズムを介して財政的利益を得るようには管理されていなかった。

次に，私たちは，従業員の視点に移った。まず，紹介行動に伴う利得について調べた。私たちは，紹介特別手当を受け取る確率を測定し（面接された候補者につき10ドル，採月後30日間企業にとどまった労働者につき250ドル），顧客サービス担当者の仕事に候補者を紹介する期待値を計算した。面接にもとづく特別手当の期待値は6.48ドル，採用後の特別手当は27.14ドルである。従って，潜在的な紹介者にとっての紹介プログラムの事前の期待値は33.62ドルであり，成功した紹介者は特別手当全体で260ドルである。

私たちは，これらの利益を得るために必要な投資の問題に取り組んだ。私たちは，紹介される候補者を探す際に費やされる時間と努力を直接測定するものは持っていないが，紹介行動の決定因を研究することによって，投資の性質に関する洞察を得た。2年間にわたって，紹介することができる全ての労働者のデータを収集し，紹介行動のイベントヒストリーモデルを開発し，紹介行動を繰り返しイベントとして扱った。他の条件が等しければ，賃金が少ない従業員——特別手当を最も価値あると考える人々——が賃金の多い従業員よりも紹介する傾向が分かった。しかし，この賃金効果は，適切な応募者を紹介できる有利な位置にいる人々，すなわち，自分自身が紹介された人々，あるいは，顧客サービス担当者として仕事をした人々において，ずっと強いものであった。これらの特性を持たない賃金が少ない従業員が，他の人々を紹介する比率は非常に低く，そして，賃金が増加するにつれて，彼らの紹介率は非常にゆっくりと減少する。そのようなパターン——賃金が少ない労働者の低い参加率と増加する賃金への不応性——は，紹介行動の動機付けの少なくとも一部が紹介特別手当によって与えられる誘引に対する反応であるという考えに一致している。たとえ賃金の少ない労働者の時間の価値が非常に低くても，そして，紹介される候補者を探すためのさらに多くの時間を正当化するとしても，紹介特別手当の誘引効果は，過去の紹介されなかった，顧客サービス担当者でなかった労働者にはゼロであり，それは，彼らが適切な候補者を提案するのに不利な位置にいるからである。

もし私たちが観察する紹介行動の少なくとも一部が手段的な用語によって理解できることが正しければ，ソーシャル・キャピタルへの投資という点から仮の結論を下すことができるだろう。まず，自分のネットワークを会社のために使用することが紹介特別手当金の追求によって動機付けられているならば，私たちの結果は，特別手当の誘引効果は非常に状況に随伴するもの（contingent）であると示唆する。少なくともこの状況では，ソーシャル・キャピタルへの投資――そして，利益――は，異なる構造的位置にいる人々において著しく異なる。この知見は，動機付けの期待理論（expectancy theory）から導き出す一般的な原則の例示として考えられる。その理論は，特定の報酬を得る機会があると思わないなら，その報酬が動機付けることはない（Lawler, 1973）というものである。

　これらの分析は，また，好都合な構造的位置（この場合には，過去に紹介され，顧客サービス担当者の地位）を占めることが，それらの位置の在任者に大きな価値を生み出すが，これらの位置を占めることが紹介特別手当の意識的な追求によって生み出される可能性は低いことを示した。ソーシャル・ネットワーク過程に関連して「ソーシャル・キャピタル」という用語を使用することは，投資と利益という観念，すなわち，社会関係の手段的使用に注目するものである。この場合には，しかしながら，価値（紹介特別手当を受け取る可能性が高められた機会）は，一見したところでは，有利な位置を占めている個人に生じるが，そのような個人はそれらの位置を手段的に選択したのではない。最もありそうなのは，これらの人々は，自分たちがこれらの位置にいる自分を発見した後に，紹介特別手当に対する手段的価値を発見したのである。これらの位置の手段的追求がないので，これらの位置を占めることを投資と考え，それらの在任者に生じるいかなる有利さをそれらの位置自体に起因する利益とみなすのは誤解を招くことである。

　しかし，私たちは，紹介される候補者を探索する際に費やされる努力をソーシャル・キャピタルへの投資とみなすことが，そのような探索が紹介特別手当の追求によって動機付けされているのならば，妥当であると考える。この区別は単に語義（semantic）によるだけではない。前述のように（Fernandez et al., 2000），ソーシャル・キャピタルという概念を思いつきで使うことから生じる混乱を避けるために，この用語を使う研究者は，投資と社会的行為者が利益を

実現するメカニズムを特定するべきである。この状況では，過去に紹介され，顧客サービス担当者であった人々が，特別手当を受け取る可能性を高めるために，従って，利益率の計算の分子を増加させて，自分の位置を用いて高い利益を受け取ったかもしれないという可能性がある。私たちは，これが起こったという証拠は何もないが，それは，投資として考えられるべき，特別手当制度に影響を与える目的的行為であると私たちは論じる。この状況では，私たちは，紹介者は，異なるメカニズムによって利益を得ると議論する。過去に紹介された人であり，顧客サービス担当者の位置を占めることが探索を促進するために役立ち，結果として，利益率の計算の分母（探索コスト）を低減することによって，これらの位置の在任者にとって大きな利益をもたらすのである。

結論として，これらの知見は，ソーシャル・キャピタルとしてのソーシャル・ネットワークの性質について非常に一般的な何かを例示している。ネットワーク現象は，多様な形態の社会的行為を引き起こすが（例えば，Blau, 1964），ソーシャル・キャピタルの特質は，ウェーバー（Weber, [1922] 1978）が市場の行為と関係するものとみなした手段—目的の合理性である。私たちは，分析が「投資利益率」現象に明確に取り組めばそれだけ，ソーシャル・キャピタルという用語をネットワークに関係する過程に適用することの利益がその用語を用いることのコストを上回る可能性が高いことを示唆するものである。紹介による採用に関する企業の側と紹介者の側についての私たちの分析は，1つのそのような優れた実例を提示するものである。

注
(1) このプロジェクトのデータ収集の詳細については，私たちは，読者にFernandez et al., 2000を参照してほしい。要するに，2年の期間（1995年1月から1996年12月）において電話顧客サービスの仕事への4,100人以上の外部からの応募に関するデータを収集し，この時間枠の期間に採用された325人の離職について追跡調査した。応募のうち，1,500人が紹介によるものであり，紹介による応募の非常に高い割合について，紹介者の身元が分かっている。本調査のために最も重要な点であるが，私たちは，研究期間の間に現場で雇用された全ての労働者のデータも収集し，彼らが顧客サービス担当者のための会社の紹介プログラムに参加したかどうかを確認した。
(2) 応募者は面接なしには採用できないことに留意のこと。

(3) この採用者は，お金だけのために紹介をしている担当者から紹介された人が，紹介されない応募者よりも悪いだろうと懸念していた。彼女の言葉では，「250ドルの特別手当がもらえるなら，自分の犬でも紹介するような人々を私は知っている」とのことである。

(4) 以下の分析では，紹介行動のコストに私たちは焦点を絞るが，紹介行動の利益における個人間の差が存在することも理論的に可能である。すなわち，紹介行動の同一のコストに対して，個人が紹介特別手当を受け取る可能性において差があるかもしれない。個人が誰かを紹介した時点で，紹介特別手当を受け取る程度において体系的な差異に関する証拠は何も見つからなかった（上記の「操作」に関する議論を参照）。さらに，私たちは，紹介者の特性が面接段階および仕事を提供する段階での成功に有意に関係しているという証拠を見つけられなかった（Fernandez et al., 2000）。これらの知見を踏まえると，紹介行動は，この状況におけるコストによって大部分は決定されていることに私たちは自信がある。

(5) 理想的には，異なる賃金率の従業員によって，紹介される人を探索する強度（intensity）を観察することによって（特定の賃金において，構造的に非連結な個人が探索にかける時間は少ないだろう），賃金の時間的価値と構造的接近可能性の効果を分離したい。しかし，私たちは，探索のための努力を直接観察しないので，従って，本研究では，賃金のこれらの2つの効果を分離できないが，賃金のこれらの2つの構成要素間の区別は，企業の視点からはそれほど重要ではない。どちらの理由にしろ，賃金の高い従業員は，紹介される候補者として良い人を生み出す可能性が低い。

(6) この後者の点はもっともらしいが，私たちには，紹介する人がこの状況で紹介される人に何かを説明していたという証拠が全くない。紹介された人は，紹介されなかった人と同様に仕事の重要な特徴（例えば，最初の賃金と予定）について何も知らされていなかった（Fernandez et al., 2000）。

(7) 紹介プログラムは，企業で働く労働者に広く利用できるものであったが，電話コールセンターの4,114人のうち10人以下の人がそのプログラムへの参加を禁じられた。採用の権限がある管理職は，結局自分のために仕事をすることになる誰かについて紹介特別手当を要求することができない（しかし，彼らは，人々に他の位置を紹介することができた）。第二に，仕事のために応募者を選抜する人事部の職員は紹介プログラムに参加できない。データの限界によって，私たちは，紹介する可能性のある人々のセットから除くために，これらの労働者を見つけることができなかった。彼らが少数である（0.2%以下）ことから，私たちが表示する以下のモデルにおいて，データの限界を無視する。

(8) 私たちは，また，コックス回帰モデル（繰り返しイベント）で実験した。このモデルは，ワイブルモデルと異なり，ハザード率の時間パターンについて何の想定も

第 4 章　そのネットワークはどれくらいの価値があるのか？

しない。それらの分析は，私たちがここで表示した結果と非常に同様な結果を生み出す。コックス回帰モデルとは異なり，予測された価値を生み出すために，私たちは，ワイブルモデルのパラメーターを使うことができるので，ここではワイブルモデルを提示する。

(9)　自分自身と類似する他者と付き合う傾向（すなわち，同類原理，homophily principle）は，これら全ての背景的特性が構造的入手可能性に影響を与えることを示唆する。同様に，これらの変数は，また，個人の時間的価値の計算（例えば，結婚している人々には余暇はより重要であろう）に影響を与えるだろう。私たちは，予備的分析において，背景的統制変数と私たちの時間的価値と構造的入手可能性の測度の交互作用の可能性を探索した。少なくとも紹介行動については，有意な交互作用の証拠はほとんど見つからない。結果として，これらの変数の効果には，単純線形の特定化を用いた。

(10)　私たちは，しかし，紹介者，および，この状況，あるいは，銀行の別の単位（Neckman and Fernandez, 1998）で最終的に採用された人々の間の人種の同類性（homophily）の証拠を発見した。

(11)　モデルが非常に非線形であることに留意する必要がある。これらの予測を生み出すために，年齢については平均値（すなわち，33.1歳），そして，ダミー独立変数については最頻のカテゴリー（すなわち，マイノリティではなく，結婚しているが，学士号，準学士号を持たない男性）によってモデルを評価した。私たちは，時間乗数（rho）を私たちのデータにとっての観察ウィンドウの長さに設定した（すなわち，24ヶ月）。

(12)　一方，私たちにとって，賃金効果が金銭的誘引のみを反映するのかどうかについては確かではない。過去に紹介されていない人と顧客サービス担当者でなかった人の曲線は，相対的に横ばい状態であるが，それは，賃金とともに低下するパターンを示している（モデル2の賃金の主効果を参照）。

(13)　もちろん，等価な賃金をもらっても，過去に紹介された人と顧客サービス担当者だった人が，過去に紹介されなかった人と顧客サービス担当者でなかった人よりも，ずっと低い率で時間を価値付けることも可能である。私たちは，実際の探索活動に関するデータがないので，この可能性を除外することができないが，時間の効率性がこれらの差異のずっとありそうな解釈である。

(14)　接近の証拠のための高い境界値は，もちろん，これらの差を広げるだろう。しかしながら，これは，過去に紹介されなかった人と顧客サービス担当者でなかった人に関する私たちのデータにおいて，観察された人々よりも低い賃金率を使うことを必要とすることに留意する必要がある。

参考文献

Adler, Paul S., and Seok-Woo Kwon. 1999. "Social Capital: The Good, the Bad, and the Ugly." Unpublished manuscript. Department of Management and Organization, University of Southern California.

Baron, James N., and Michael T. Hannan. 1994. "The Impact of Economics on Contemporary Sociology." *Journal of Economic Literature* 32: 1111-1146.

Blau, Peter. 1964. *Exchange and Power in Social Life*. New York: John Wiley. (1974年, ピーター・M. ブラウ著, 間場寿一ほか訳,『交換と権力——社会過程の弁証法社会学』新曜社)

Burt, Ronald S. 1991. "Measuring Age as a Structural Concept." *Social Networks* 13: 1-34.

Burt, Ronald S. 1998. "The Network Structure of Social Capital." Paper presented at a conference "Social Networks and Social Capital," Duke University, October 13, 1998.

Fernandez, Roberto M., Emilio J. Castilla, and Paul Moore. 2000. "Social Capital at Work: Networks and Employment at a Phone Center." *American Journal of Sociology* 105(5): 1288-1356.

Fernandez, Roberto M., and Nancy Weinberg. 1997. "Sifting and Sorting: Personal Contacts and Hiring in a Retail Bank." *American Sociological Review* 62: 883-902.

Flap, Henk, and Ed Boxman. 1999. "Getting a Job as a Manager." Pp. 197-216 in *Corporate Social Capital and Liability,* edited by Roger Th. A. J. Leenders and Shaul M. Gabbay. Boston, MA: Kluwer.

Lawler, E. E. 1973. *Motivation in Work Organizations*. Belmont, CA: Brooks/Cole.

Neckman, Kathryn, and Roberto M. Fernandez. 1998. "Keeping a Job: Network Hiring and Turnover in Retail Bank." Unpublished manuscript. Columbia University, Department of Sociology.

Weber, Max. [1922] 1978. *Economy and Society,* Translated by Gunther Roth and Claus Wittich. Berkeley, CA: University of California Press. (1960年～1964年, マックス・ウェーバー著, 世良晃志郎訳,『経済と社会』創文社)

Winship, Christopher. 1983. "The Allocation of Time Among Individuals." *Sociological Methodology*.

Woolcock, Michael. 1998. "Social Capital and Economic Development: Toward a Theoretical Synthesis and Policy Framework." *Theory and Society* 27(2):151-208.

第5章
対人的紐帯，ソーシャル・キャピタル，そして，雇用主の人員採用方法

ピーター・V・マースデン

　個人のソーシャル・ネットワークと労働市場の結果の間のつながりは，かなり学問的な注目を集めている（Lin, 1999；Marsden and Gorman, 近刊を参照）。この領域の重要な要素は，広い範囲のネットワークを持つ人が，（積極的に仕事を探すよりもむしろ）将来の雇用主によって接近されて，良い仕事を見つける傾向があるというグラノヴェターの知見（Granovetter, 1974），そして，高い地位のコンタクトへの接近と有利な達成が関係するというリンと共同研究者（Lin, Ensel, and Vaughn, 1981；Lin, 1999）による研究を含んでいる。重要なのは，有利であるように思われるのは，「コンタクトの使用」それ自体ではなく，代わりに，特定のタイプのネットワークとコンタクトの構造を持つことである（Marsden and Gorman, 近刊）。

　ほとんどの研究は，雇用主よりはむしろ，個人に焦点を当てている。本章は，ジョブマッチング過程を雇用主の側から考察し，外部労働市場から，そして，組織内部の昇進と移動過程からの，両方の採用におけるソーシャル・ネットワークの使用について分析する。個人は，人員を採用する雇用主が，情報の普及と対人的紐帯を介する影響を奨励する，あるいは，少なくとも，許可する場合に限り，自分のネットワークに存在するソーシャル・キャピタルを利用することによって成功できるのである。

　カレバーグ，ノーク，マースデン，そして，スペース（Kalleberg, Knoke, Marsden, and Spaeth, 1996：7章），そして，マースデンとゴーマン（Marsden and Gorman, 1999）による以前の分析を拡大して，本章は，多くの組織にわたる対人的コンタクトに関与する採用の源泉について分析するものである。人員採用方法のような観点は，一人の雇用主による採用に焦点が絞られた研究（Fernandez and Weinberg, 1997；Fernandez, Castilla, and Moore, 2000；Petersen, Saporta, and Seidel, 近刊）によって提供される観点を補完するものである。対

人的な採用経路（channels）の使用におけるパターンは，仮定される情報の利益，コスト，そして，それらに関係する制約についての議論によって予測されている。しかしながら，異なる種類の職業に採用するために，従業員の紹介，そして，ビジネスと専門のコンタクトからの紹介が用いられている。ビジネス／専門の源泉は，高い地位の職位への採用のために活性化されるが，従業員の紹介は，管理職への採用のために使われることはずっと少ない。これは，異なる種類の職業の採用のための異なる情報要件とともに，従業員のネットワークを流れる傾向がある異質な情報を反映しているかもしれない。

　本章の次の節は，対人的な採用の源泉に関係する情報の利益とコスト，そして，その使用を取り囲む制約についてレビューする。これらの考察は，そのような方法が特定のタイプの職場，そして，特定のタイプの地位と職業のために採用する際に頻繁に使用されることを意味している。全国組織研究（National Organizations Study：NOS）と採用方法の測度について次に紹介する。多変量解析の結果が提示された後に，最終節で結果の要約と解釈がなされる。

対人的紐帯を通じて採用すること——利益，コスト，そして，制約

　バーバー（Barber, 1998）は，雇用主の側の人員採用過程を時間的順序によって3つの段階に分けた。すなわち，(1)目標の母集団，そして，採用の源泉や方法の選択を通じて応募者を生み出すこと，(2)将来の雇用に対する応募者の関心を維持し，組織は，面接や他の選抜活動を通じて，情報を収集し，候補者を評価すること，そして，(3)雇用主がその仕事を有望な応募者に提供すれば，その応募者が雇用を受け入れるという意思決定に影響を与えることである。第一の段階，すなわち，応募者を生み出すことは，職探し（job search）研究（Rees, 1966）における「外延的探索（extensive search）」であり，第二は，「集約的探索（intensive search）」活動を含む。バーバーが指摘するように，第三の段階では，組織の裁量は限られているので，応募者／従業員が主要な行為者[1]である。

　本章は，バーバーの第一段階，すなわち，応募者を生み出すこと，あるいは，採用について考察するものである。ここでは，組織は「役に立つ」備え（pool），すなわち，十分に大きな集まり（set）の「採用可能な」応募者を集めることである。組織の採用基準（Cohen and Pfeffer, 1986）がどんな応募者が「採用する

のに十分である」のかという基準，そして，従って，その情報ニーズに影響を与える。備えの十分さ（sufficiency）は，また，仕事が提供されれば，応募者が採用を受け入れる可能性，そして，その組織における期待される在職期間によっても形成される。

　他の条件が等しければ，大きな備えが役に立つ傾向がある。しかし，応募者の備えが大きすぎて，少なくとも2つの方法で将来の選抜コストをもたらす可能性がある。もし新しく採用される人に対する雇用主の質の基準が控えめであれば，多くの応募者がその基準を超えるので，大きな備えは，ふるいにかけて良い人をえり分ける必要があるだろう。そして，もし採用の源泉が質の基準を下回る不適切な応募者を多数生み出すと，外延的選抜のための努力が必要となり，雇用主が本当に関心のある少数の応募者を見つけなければならない。

　応募者の質は，通常，訓練の適切さ，資格と経験に関与するが，振る舞い，態度，そして，几帳面さなどの「対人的な意思疎通ができる能力（soft skills）」までも及ぶ。応募者の小さな備えが非常に役に立つだろう。特に，その備えが組織の人員採用のニーズに適合する基準的以上の応募者から主に構成されるなら，特に，仕事が提案されたら，その仕事を受け入れる傾向があれば，非常に役に立つだろう。実際のところ，そのような備えは，選抜のためのコストが低いので，多くの点で，異質な資格を持つ人々の大きな備えよりも優れている。

　対人的紐帯を通じて流れる情報がおそらく上質であることにもとづいて，ネットワークによる採用について多くの議論がなされている。そのような源泉は，また，コストがかからないだろう。新聞広告，あるいは，社内公募（job posting）は，各応募者について標準化され繊細ではない情報を生み出すが，大きな備えを生み出すことによってバランスをとるのである。[2]組織の環境も特定の採用の源泉を使うことに，誘引を与え，制約を課す。以下の節では，これらの考察について詳細に検討し，特定の要因が特に際立つ組織的，そして，職業的条件を指摘する。

情報の利益

　ネットワークの紐帯は，いくつかの種類の仕事に関連する情報のための経路になり得る。これらのうち最も基本的なものは，雇用主の組織における空席

(vacancies),あるいは,それらを埋めるかもしれない名目上資格のある候補者の単なる存在に関する情報である。競争の激しい労働市場では,このような不十分な知識でさえも雇用主には役立つだろう。社会的紐帯は,経験の量や教育のような資格についても情報を伝えるだろう。しかし,もっとフォーマルな方法でもこれらの種類のデータを同じくらいうまく伝えられる。もっと特有な点は,対人的なネットワークが,過去の仕事における応募者の行動の性質,そして,当該の雇用主によって採用された場合に,彼女,あるいは,彼のありそうな行動に関する状況に特異的な判断,それらについての状況に即したデータを提供する能力である。いくつかの場合には,社会的紐帯は,応募者の雇用の選択肢,そして,将来の提供を受け入れる可能性について情報を生み出す。

これらの形態の情報を伝える紹介は,新しい人を組織に加える時に雇用主が直面する不確実性をかなり低減するのに役立つ。雇用主は,特に,いくつかの状況における上質の情報に関心がある。それらの状況は,業績と熟練が観察しにくい時,人員採用戦略が柔軟である時,ネットワークの使用が業績の中心的構成要素ならば,そして,選考の失敗がコストのかかる時である。一般に,これらの考慮は,地位の高い仕事には対人的な採用戦略を雇用主が用いるべきであることを示唆する。

ネットワークを通じての紹介によって提供される情報は,熟練が客観的な測定によって容易に評価できない時に,特に価値があるだろう。埋められるべき職位がかなりの裁量の行使に関与するならば,あるいは,当該の熟練が技術的であるよりもむしろ対人的なものであるならば,これが特に重要性になる。これらの状況の下では,ソーシャル・ネットワークを通じて得られた主観的な評価が応募者の潜在的可能性について最良の入手可能な情報を提供するだろう (Pfeffer, 1977)。これは,紹介が管理職,専門職,そして,熟練した技能職の仕事のような賃金が高く,自律的な職業に採用する際に多用されることを示唆する。

標準化された仕事の要件に適合する人々を探索するよりも,むしろ,職員の能力に目標や目的を適合させる人員採用戦略を持つ柔軟な組織では,新たな潜在力についての特定の情報が重視される。そのような組織では,人員採用は戦略形成に相当する (Snow and Snell, 1993)。それらは,公式の職務記述や明文化された規則を利用せず,調整メカニズムとしてソーシャル・ネットワークを

介する相互調整を代わりに使うのである。対人的スキルとネットワークの内部で活動する能力がそのようなシステムでは非常に重要である。従って，そのような雇用主は，人員採用の意思決定をする時に，情報に対する相対的に高いニーズを持っている。従って，公式の職務記述がない組織は，採用の際に対人的なコンタクトを多く利用するだろう。

　対人的スキル，そして，コンタクトのネットワークの内部で形成し操作する能力は，また，顧客や取引先との頻繁なコミュニケーションに関与する仕事において，効果的な行動の中心的な構成要素である。例えば，投資銀行は，新しいビジネスを引きつけ，顧客との関係を維持するために従業員が持つ外部の紐帯に依存している（Eccles and Crane, 1988）。ここでは，インフォーマルなネットワークを通じての採用は，選抜の装置のテスト，そして，入手可能な応募者を見つける手段として役立つ。雇用主がネットワーク経路によって応募者を知るという事実は，対人的なソーシャル・キャピタルに投資し，それを利用し，従って，当該の仕事で成功するという彼女や彼の能力を明らかにするシグナルであるだろう。これは，特定の専門職，販売職，そして，サービス職のための対人的な人員採用方法を多用することを意味する。

　選抜の間違いがコストのかかる時，雇用主は，ネットワークを通じて入手可能な上質の情報を追求する傾向がある。特定の従業員の業績が組織の業績に影響を与えれば，リスクが増加する。雇用主が新しく採用した，あるいは，昇進した従業員を訓練するのに投資すると，個人のその後の業績が基準以下である，あるいは，彼／彼女が別の機会のために離職すると，そのような投資が失われ，また，採用の間違いのコストが生じる。同様に，人を多層の段階からなる職制に間違えて就かせるとコストがかかる。なぜなら，そのような職位の在任者には長期の在職期間があるからである。適正手続きの保証により，彼らを辞めさせることが困難になり，多層の段階の職位への選抜は，業績にかかわらず，上方への移動のための公式の適格性を促進するだろう。従って，職位に就いている人々が公式の訓練を受けることになっている時，あるいは，彼らの職位が多層の段階からなる職制にある時に，採用において社会的紐帯の使用が多いだろう。

　雇用主に資格や業績について知らせる以上に，対人的経路は応募者が仕事の提供を受け入れる見込み，あるいは，彼女／彼が雇用主の会社にとどまる可能性についての情報を生み出すだろう。社会的コンタクトを通じての採用——広

告，看板，あるいは，求人票と比較して——は，相互作用的な経路を利用するのである。そのようなものとして，対人的紐帯は，非公式な型の「現実的な仕事の予告（realistic job preview）」(Wanous and Colella, 1989) を提供することによって，個人と組織の間の適合性を向上させる能力を持っている。ネットワークのコンタクトを通じて雇用主について学ぶ個人は，そこに雇用を求めるか，あるいは，人員採用の後の段階まで検討中のままにするかに関して，情報にもとづく意思決定をすることができる。対人的な経路のこれらの属性は包括的なものであるように思われるので，特定のタイプの組織や職位に対して，ネットワーク採用への依存が左右されることを意味しない。

コスト

　対人的なコンタクトを利用する採用手続きの管理の内在的コストは低い。そのような方法は，専門化した人員採用の職員を必要としないし，広告や人材紹介所の使用にかかるような金銭的な費用も関与する必要がない。また，受動的に使われるのなら，それらの方法は，管理の時間に大きな要求をしない。現在の従業員が，組織外部から適切な仲間を推薦することによって採用者として役立つならば，雇用主は，採用と選抜のコストにおいてかなりの節約を実現できる。内部の行為では，他の課業を行う過程において，かなりの情報が獲得され，コンタクトを介する採用の直接の限界コストはゼロに近づく。積極的に行動する場合でも，そのような方法を用いることは，電話を手にするか，あるいは，廊下をうろうろして候補者について話をすることぐらいしか必要としないだろう。

　もちろん，対人的なコンタクトを使うコストがかなりなものである状況も存在する。例えば，雇用主が成功する応募者を紹介する現在の従業員に特別手当金を与える「報奨金」制度に対する金銭的コストがある (Fernandez et al., 2000)。[3]そのような誘引プログラムが多すぎる応募者を生み出すか，あるいは，従業員に不適切な候補者を紹介するように働きかけるなら，それらは選抜時間も増加させるだろう。対人的な紐帯が雇用主によって積極的に使用されると，また，コストがかなりなものになる可能性がある。候補者について深層の情報を提供できる情報通の仕事上／職業上の「市場の専門家」への紐帯の活性化は，

接近するための時間という点からコストを要する。それは，また，過去の取引で蓄積されてきたかもしれない「情報の負債（information debts）」を回収することでもある。接近してデータを得ることのコストは，非公開な情報や機密事項については特に著しい。

対人的な紐帯に関与する比較的コストの低い採用方法に頼る1つの理由は，他の選択肢が高価すぎることである。例えば，規模の小さい，単一の場所にある組織が公式の人員採用手続きを管理する間接費（overhead costs）を負担するのは費用対効果がよくないだろう。しかし，複数の場所にある組織システム内にある事業所は，多くの場合，人員採用について中央で規定された公式のアプローチを使うことが必要なので，ソーシャル・ネットワークを利用する方法を使わない傾向がある。

対人的な紐帯を用いて見つかる候補者の範囲は，現在の従業員，選抜する職員，あるいは，仕事に関係するコンタクトを通じて選ばれる人々に限られるので，そのような方法を使う潜在的コストは，それらのネットワークの外部にいる有能な候補者について検討するという「見送られた機会（foregone opportunity）」である。外部の応募者の備えは，フォーマルな方法が使われない時には，小さい（注2を参照）。また，対人的なネットワークの典型となる同類性（homophily）(Marsden, 1988)は，対人的な経路を通じて採用される応募者の備えの社会人口学的な構成が現在雇用されている人々のセットのそれに類似する傾向があることを意味する。全体を代表しない（underrepresented）集団は，従って，事業所が対人的な採用の源泉を強調すれば，依然として，全体を代表しない集団のままである（Reskin and McBrier, 2000）。

規模の小さい，単一の場所にある組織内部での内部採用において対人的な経路を使う機会コストは低い。それは，選抜する職員がほとんど，あるいは，全ての従業員と直接的，または，間接的な紐帯を持つ傾向があるからである。一方，大きな事業所，そして，複数の場所にある組織の内部の事業所では，社会的紐帯にもとづいて定義される内部の候補者の備えは，通常，潜在的に適格な労働力のずっと小さな部分を含んでいるので，従って，大きな機会コストを含むことになる。その結果，そのような手続きは，大きな事業所，あるいは複数の場所にある事業所ではそれほど頻繁に使われないだろう。

公平性への圧力と他の制約

　組織の内部と外部両方の構成員が，報酬を公平かつ手続き上合理的な方法で分配するように組織に圧力をかける。採用方法が対人的なコンタクトを利用する時は，それらが客観的で普遍的な基準に頼る時よりも，偏見とえこひいきの非難があげられる。公式化された人員採用方法と比較して，「ネットワークによる採用」は，また，多くが制度化された神話，あるいは，組織に注入された社会的価値とみなす合理性と官僚制化の基準と矛盾しないわけではない (Meyer and Rowan, 1977；Bridges and Villemez, 1991；Baron, Dobbin, and Jennings, 1986)。

　外部の圧力は，組合や規制機関から生じる。非常に多くの学者が，労働組合化された職場と労働組合化されない職場の間に人事実務における違いを記録してきた（例えば，Jacoby, 1985；Dobbin, Edelman, Meyer, Scott, and Swidler, 1988)。例えば，コーエンとフェファー (Cohen and Pfeffer, 1986) は，組合が内部の人員採用への公式化されたアプローチを提唱すると論じる。それは，そのような手続きが組合びいきの態度を持つ従業員を雇用主が罰することを防ぐからである。制度的議論は，公的領域に接触することが，組織を特別な圧力の下に置き，正当な雇用慣行について進化する規範に同調させると主張する (Dobbin et al., 1988)。大きな事業所と多層の組織を持つ事業所は，規制者には一目瞭然であるので，結果として，そのような事業所は，対人的な紐帯に関与する人員採用手続きを使うことに消極的であろう。公的セクターの事業所は，特に，それらの雇用慣行において高いレベルの公正さ，客観性，そして，開放性を明示しなければならない。また，それらは，特定の公式手続きの使用を命じる公務員法と規制に従わねばならない (DiPrete, 1989；Tolbert and Zucker, 1983)。従って，公的セクターの事業所は，対人的なネットワークを介する職員の選抜を特に回避する傾向があるだろう。

　内部的には，人事部は，昇進のための候補者を見つけて選抜する公式的な方法を提唱する傾向がある。人事専門職は，特に，外部の構成員の制約と敏感さについて知っている (Jacoby, 1985)。彼らは，また，人事に関する行為をどのように行うかについての専門化した知識を持っているので，自分たちの組織内部の権力を強化する (Pfeffer and Cohen, 1984)。このようなわけで，人事部を

持つ事業所は，コンタクトに関与する人員採用の手続きを広く使用することはないだろう。

全国組織研究

本章で分析するデータは，1991年に行われた全国組織研究（NOS）から選ばれたものである。電話面接は，米国労働事業所を代表する多重サンプル（multiplicity sample）の情報提供者によって回答された（Parcel, Kaufman, and Jolly, 1991）。事業所に接触する時，NOS 面接者は，「人事部の代表（head），あるいは，採用の責任者」と話すように教示されている。全体として，NOS は，1,067事業所の情報提供者に接触を試み，それらの688事業所，64.5％の回答率で面接がうまく行われた。NOS で用いられている現場の手続きについての付加的な詳細は，スペースとオルーク（Spaeth and O'Rourke, 1994），あるいは，カレバーグと共同研究者（Kalleberg et al., 1996：2章）を参照。

職業間，事業所間のありうる多様性を考慮して，NOS の面接質問紙は，人員採用に関する質問を含む，いくつかの連続する質問を各事業所における3つまでの異なる職業について繰り返した。これらの1つは，事業所によって提供されている主要な製品やサービスと「最も直接関わる」従業員の職名であり，「中核（core）」職業と呼ばれる。第二は，事業所の名前を提供した総合社会調査（General Social Survey：GSS）の回答者の職業であった。最後に，また，「管理職や他の管理者」についても尋ねられた。この多重の職業デザインによって，いくつかの NOS の結果変数に与える，事業所レベルと職業レベルの影響を分離することが可能になる。

人員採用方法を測定する

NOS の面接質問紙は，外部と内部の人員採用について別のセットの質問を含んでいた。特定の職業の外部採用ために事業所がネットワークに関連する方法を用いた頻度については，次の項目を用いて測定した。

［中核，GSS：管理職や他の管理者］を見つけるために，あなたは，次の方法のそれぞれをどれくらいの頻度で使いますか。以下についてはどうですか。

- 現在の従業員からの紹介
- ビジネス，あるいは，専門的なコンタクト
- 電話，メール，あるいは，本人の直接の来訪のような飛び込みの（unsolicited）問い合わせ

　飛び込みの問い合わせは，対人的な紐帯に関与する方法の1つに含まれる。それは，直接の応募者が職場にすでに雇用されているコンタクトを通じて仕事の空きについて知るので，受動的な採用が「非公式の（unofficial）」ネットワークによる人員採用を示すだろうと示唆する人たちがいるからである（例えば，Manwaring, 1984；Fevre, 1989；Wial, 1991）。NOSは，また，新聞広告と人材紹介会社のようなフォーマルな方法についても尋ねた。事業所の情報提供者は，それぞれの方法が「頻繁に」「時々」，あるいは，「一度も使わない」のどれであるかを答えるように言われた。情報提供者は，過去2年間の間に当該の職業への外部の採用があった時だけ，これらの質問に答えた。

　社会的紐帯を利用した内部の人員採用方法の使用は，同様な順番の質問を用いて，評価された。

　あなたがこの仕事に就くために組織にすでに雇用されている人に頼む時，どれくらいの頻度でそうしますか。

- その仕事を辞める人に現在の他の従業員を推薦してもらいますか。
- 職場の他の人々に推薦を依頼しますか。
- 特定の従業員に直接会って，彼らに応募するように勧めますか。

　内部人員採用の順番は，また，年功と社内公募についての質問も含んでいた。情報提供者が，今までに特定の職業の空席を現在の従業員で埋めたことがあるといった場合に，その質問の一連の項目がなされた。[6] 回答の選択肢は，外部採用についての質問に対する回答の選択肢と同じものであった。

　表5-1は，NOSにおいて研究された3つの職業のそれぞれに，人員採用方法に関する質問に対して「頻繁に」と答えた情報提供者の割合を示している。米国の雇用主による対人的な方法の使用がかなり存在する。ウェイト付けされていない割合は，典型的な従業員の経験（注4を参照）を反映しているが，従

第5章 対人的紐帯，ソーシャル・キャピタル，そして，雇用主の人員採用方法

表5-1 NOS事業所の採用方法

	事業所において「頻繁に」方法を使っている従業員の割合（N）[a]			「頻繁に」方法を使っている事業所の割合[a]		
	中核	GSS	管理職	中核	GSS	管理職
外部採用						
新聞広告	40.8(468)	48.0(196)	50.2(269)	36.1	34.4	32.2
看板	13.1(467)	7.7(196)	10.1(267)	14.6	3.7	7.1
従業員の紹介	36.7(469)	28.6(196)	22.2(266)	36.7	21.0	26.2
ビジネス／専門家の紹介	20.7(469)	19.9(196)	27.1(266)	23.3	30.3	29.8
人材紹介会社	18.9(470)	17.3(196)	17.2(267)	12.7	15.0	20.3
飛び込みの問い合わせ	33.0(469)	35.7(196)	22.0(268)	23.7	15.9	18.9
内部採用						
年功リスト	38.5(387)	34.4(221)	18.4(446)	26.9	39.0	29.8
内部公募	67.8(388)	64.7(221)	59.5(449)	42.2	45.3	41.6
在任者からの紹介	8.1(382)	8.3(218)	12.4(442)	12.7	12.8	11.7
他の人々からの紹介	24.1(386)	16.9(219)	25.2(445)	25.0	22.6	22.4
直接のアプローチ	19.4(386)	16.4(219)	28.4(447)	24.1	25.6	33.1
その他の非公式な方法	34.8(388)	29.0(221)	43.0(449)	38.1	34.0	41.1

注：外部採用についての質問は，特定のタイプの従業員が過去2年間の間に外部から採用された時のみに尋ねられた。内部採用についての質問は，情報提供者が，現在の従業員が「時々」特定の職業の空席を埋めるために昇進，あるいは，転任したといった時に，尋ねられた。
[a]「従業員」の割合は，「ウェイト付けされていない」NOSのサンプルによる（注4を参照）。「事業所」の割合（「ウェイト付けされたNOSサンプルによる」）は，事業所規模に反比例する従業員の割合にウェイト付けすることによって導かれた。従って，事業所の割合に対するNは，従業員の割合について示されたものと同じである。
出所：1991年全国組織研究（NOS）。

業員の紹介が「中核」の仕事の3分の1以上への採用に頻繁に使われるが，ビジネスと専門的な助言という源泉は，そのような仕事の5分の1以上について，従業員を見つける際に頻繁に用いられている。中核の仕事よりも管理職の仕事には，従業員の紹介がそれほど多くないが，ビジネスと専門的なコンタクトはもっと頻繁に使われている。飛び込みの問い合わせは，中核とGSSの仕事の3分の1，そして，管理職の仕事の5分の1だけの人員採用に頻繁に使われた。

社内公募は，現在の従業員に昇進や転任の機会について告知するために最も一般的な方法であるが，内部人員の採用の行為においても社会的紐帯の幅広い使用が存在する。内部で埋められる仕事の以前の在任者は，事例の約10分の1だけで「頻繁に」推薦を依頼されているが，職場の他の人々からの紹介は，調査された職業の約4分の1で頻繁に得られている。これらの割合は，管理職と中核の仕事については類似している。人員採用を担当する人々は，組織内部か

ら埋められる仕事の約5分の1について，直接，候補者に頻繁に接近する。これは，中核の仕事よりも管理職において，やや一般的である。少なくとも，コンタクトに関与するこれらの3つの内部アプローチの1つが，中核の職業の35％，そして，管理職の40％以上について，頻繁に使われる。

　対人的な人員採用の経路の普及は，外部と内部の採用を一緒に考慮する時，さらに注目に値する。表5-1には示されていないが，NOSに含まれる組織と職業の事例の45％以上で，対人的な人員採用方法の1つ，あるいは，それ以上が頻繁に使われていることが明らかになっている。情報提供者は，彼らの事業部の中で，そのような経路を「一度も使わない」事業部は10のうち1よりも少ないと報告した。[7]

　表5-1のウェイト付けされた割合とウェイト付けされていない割合は，相互にそれほど差がないが，これは，人員採用方法の分布が従業員の観点から見ても，あるいは，事業所の観点から見ても同様であることを意味する（注4を参照）。差が存在する時は，対人的な方法についてウェイト付きの割合（飛び込みの問い合わせを除いて）が，対応するウェイト付きではない割合よりも多い傾向がある。規模の小さい事業所は，人員採用において対人的なコンタクトを利用する傾向がややあるが，事業所の規模による差は統計的に全体としてそれほど大きくない。

人員採用と組織的，職業的に相関する要因

　上記の議論は，一般的には人員採用の方法，特に対人的な紐帯を利用する方法は，それらの使用にかかわる利益，コスト，そして制約という観点から選択されることを仮定する。コンタクトに関連する利益，コスト，制約の混合は，組織別，そして，職業別に多様である。事業所レベルでは，ネットワークを用いた採用の頻度は，事業所の規模，大企業の関連会社，後援（公的セクター，非営利，あるいは，民間セクター），組合の存在，人事部の存在，公式化された職務記述の存在によって異なる。同様に，人員採用へのアプローチも職業によって異なる。仕事が多層の段階からなる職制の一部である，それが公式の訓練に関与する，あるいは，給料が良い時に，対人的な人員採用の使用が多いだろう。さらに，そのような方法の使用において，主要な職業カテゴリー間で差が見ら

第5章 対人的紐帯，ソーシャル・キャピタル，そして，雇用主の人員採用方法

表5-2 非公式の採用方法に相関する要因（順序ロジスティック回帰係数）

説明変数	従業員からの外部紹介	ビジネス／専門家からの外部紹介	飛び込みの問い合わせの応募者	非公式の内部人員採用
事業所の規模（対数）	0.050(0.058)	−0.007(0.059)	**0.168**(0.059)	−0.015(0.059)
複数の場所にある組織	−0.045(0.163)	**−0.400**(0.167)	−0.213(0.167)	**−0.383**(0.168)
公的セクター	**−0.634**(0.196)	**−0.502**(0.198)	0.125(0.197)	**−0.527**(0.182)
非営利セクター	−0.256(0.284)	**−0.645**(0.289)	0.169(0.289)	−0.240(0.285)
組合の存在尺度	**0.350**(0.141)	0.128(0.143)	−0.056(0.143)	−0.035(0.135)
人事部	0.208(0.215)	0.170(0.219)	0.119(0.219)	−0.296(0.214)
公式の職務記述	−0.196(0.237)	0.194(0.241)	0.043(0.241)	−0.141(0.246)
公式の訓練	0.064(0.187)	0.223(0.190)	0.127(0.188)	**0.465**(0.186)
多層の職制	0.037(0.160)	−0.123(0.162)	0.025(0.159)	−0.215(0.156)
管理職	**−0.578**(0.230)	**0.814**(0.234)	−0.361(0.227)	**0.993**(0.224)
専門職	0.237(0.250)	**1.040**(0.258)	0.416(0.249)	**0.729**(0.266)
販売／サービス職	0.012(0.251)	**0.515**(0.256)	0.149(0.250)	**0.683**(0.283)
業務補助職	−0.468(0.287)	0.580(0.291)	−0.188(0.285)	0.160(0.293)
専門技能職	−0.019(0.461)	0.209(0.469)	−0.547(0.460)	0.472(0.420)
平均賃金（対数）	−0.245(0.152)	**0.390**(0.155)	**−0.315**(0.154)	−0.092(0.170)
第一の基準	1.330(1.461)	−5.945(1.497)	1.473(1.472)	0.343(1.626)
第二の基準	**3.975**(1.467)	**−3.181**(1.846)	**3.692**(1.477)	2.804(1.629)
事業所の分散	**0.647**(0.171)	**0.689**(0.177)	**0.834**(0.178)	**0.931**(0.176)
（実数）	(893)	(892)	(895)	(1010)

注：[a] **太字**の係数は標準誤差の2倍以上である。
出所：1991年全国組織研究。

れ，高い地位の仕事にはネットワークによる採用が多いだろう。

　表5-2は，対人的な人員採用方法の使用における組織的，そして，職業的な差異を明らかにする多変量解析の結果を示している。説明変数の測度は補論において記述されている。表示されている推定値は，順序ロジスティック回帰にもとづくものであり，事業所内の職業の観察の入れ子（nesting）のために，無作為の組織レベル効果を含んでいる（Goldstein, 1995：108-109）。別個の等式が，測定された3つの外部の人員採用方法について推定された。内部の昇進と転任に関する結果は，しかしながら，使用された3つの対人的な方法のどれかの最大の頻度を与える合成指標に言及している。類似する要因が3つの内部方法の使用を予測している（Marsden and Gorman, 1999）。そして，それらの1つを使う事業所は，また，その他の方法を使う傾向がある。

　外部のビジネス／専門家の紹介の使用，そして，内部採用における非公式な方法の使用は，上記に要約した期待と非常に一致している。職業上の差異は，

137

特に際立っている。

表5-2は，雇用主が，準拠カテゴリーである準熟練，あるいは，非熟練職よりも，管理職，専門職，あるいは，販売／サービス職の仕事のために採用する時に，ビジネス／専門家のコンタクトを使う可能性がずっと高いことを示している。ビジネスのコンタクトは，給料が良い仕事のための外部の採用において有意に頻繁に使われる。同様な職業による差異が，内部の人員採用過程におけるネットワークの活性化について見られる。そのような採用方法は，また，仕事に就いている人々が訓練を受けることになっている時により頻繁に使われる。これらの知見は，情報の利益と見送られた訓練コストのリスクについての上記の推論によって予想されたとおりである。

対人的な紐帯に関与する採用方法——外部と内部の両方——は，公的セクターの事業所においては，民間セクター，営利目的のセクターにおける職場においてよりも，一貫して使われることが少ない。回帰係数は，非営利の事業所も，また，民間セクターよりも対人的な人員採用を使う可能性が低いが，この差は，ビジネスと専門家のコンタクトからの外部の紹介についてのみ統計的に有意である。セクター別の位置に関係する制約は，仕事を探したり，昇進を求める人々によるソーシャル・キャピタルの使用に対して，強い制限を課すようにみえる。

複数の場所の組織の一部であるNOSの事業所は，一般的に，特に，ビジネスと専門家のコンタクトからの外部の紹介とネットワークを介する内部の採用という人員採用の対人的な方法に依存しない傾向がある。これらの差は，おそらく，中央で規定された官僚的なルーティン，そのような状況におけるネットワークによる採用に関係する大きな機会コスト，そして，人員採用のための公式的構造を維持するための事象ごとの低いコストを反映している。

しかしながら，上記で要約した論理のいくつかの含意は，結果によって支持されなかった。他の要因について調整後には，人員採用方法の使用が，事業所の規模，人事部の存在，あるいは，仕事が多層の職制の一部であるかどうかについて差異が存在しない。「柔軟な人員採用」の論理によって予想されるように，対人的な人員採用は，時折，公式の職務記述の存在と負の関係にある——本サンプルにおいて——が，公式の職務記述の回帰係数のどれも統計的に有意はでない。

第5章 対人的紐帯,ソーシャル・キャピタル,そして,雇用主の人員採用方法

　期待とは反対に,対人的な人員採用方法は,組合の存在と負の関係にないことが判明した。実際には,統計的に有意である差が見られたのは,組合の存在が従業員の外部の紹介を使うことと正の関係にあることであった。これは,組合それ自体が紹介を促進する構造を構成していることを示しているかもしれない。雇用主は,自発的に,新しい従業員を関連のある組合を介して見つけるかもしれないし,契約的,あるいは,非契約的な理解が彼らにそうさせるかもしれない。

　紹介の情報の利益に関する検討は,対人的な源泉が高い地位の仕事のための人員採用の行為において顕著であるという結論を下した。指摘されたように,表5-2の回帰係数は,外部のビジネス／専門家の紹介と内部の人員採用の行為について,この期待に一致している。しかし,表5-2の最初の列では,現在の従業員のソーシャル・ネットワークを介する外部の採用については,職業別の差異のパターンが全く異なっている——実際に,正反対といってもいい——。ここでは,雇用主が,非熟練職への採用と同じくらいに,専門職／技術職,販売／サービス,専門技能職への採用のためにも従業員の紹介を強調するのである。しかし,他の対人的な方法に関する結果と対照的に,管理職の仕事を埋める時には,彼らは,そのような紹介を使わない傾向がある。これらの知見は,結論でさらに検討する。

　ここで導入された予測変数のほとんどが,人員採用の1つの方法としての飛び込みの問い合わせの広範な使用と相関していない。規模の大きな職場では,そのような応募が頻繁に使われるが,おそらく,それらの規模が理由であろう(Marsden and Campbell, 1990)。飛び込みの問い合わせは,給料が良くない仕事への人員採用において大幅に使われる。これは,そのような仕事の採用への比較的質の低い基準を反映しているかもしれないし——今度は——,それらは,従業員が外延的な情報を集めるには低い誘引を意味している。雇用主への直接の問い合わせが現在の従業員からの情報の流れに依存しているならば,これらの流れは,他のタイプのネットワークによる採用とは異なるパターンに従っている。多くの直接の問い合わせは,多分,本当の「飛び込み訪問(cold callers)」であろう。

第Ⅱ部　労働市場におけるソーシャル・キャピタル

要約と考察

　上記に提示した知見は，社会経済的達成における個人のソーシャル・キャピタルを大いに歓迎する組織的，そして，職業的条件を明らかにするものである。これらの状況のうち，民間セクターの位置と組織の複雑性の相対的欠如——特に，単一の場所にある組織——が対人的な人員採用を多く利用する傾向がある。また，社会的なコンタクトを利用する人員採用の方法は，比較的複雑な仕事への採用と昇進／転任に関与する可能性が高い。特に，その仕事が雇用主にとって訓練の投資が必要であるならば，ネットワーク・キャピタルが，非熟練職よりも，管理職，専門職，あるいは，販売職／サービス職を探す求職者，あるいは，従業員にとって役に立つ余裕がもっとあるはずである。これらの職業別の差異は，ソーシャル・キャピタルが個人にとって多少とも価値がある条件についてのバート（Burt, 1997：351-359）の観察と一致する。報告された差異は，ネットワークによる人員採用の利益，コスト，そして，制約が雇用主や仕事の種類によって異なる条件についての期待と適合する。

　雇用主は，他の対人的な方法のパターンとは異なる方法で従業員からの紹介を使う。実際に，従業員の紹介は，民間セクターで頻繁に使われるという知見は，ここで研究された他の方法とのその唯一の共通性である。従業員の紹介は，管理職の仕事への採用では，多用されず，むしろ，使われないが，労働組合化された状況で大幅に使われる。ここで研究された他の対人的な方法のどれも，類似する状況で頻繁に使われる傾向がない。

　現在の従業員からの紹介についての職業別の差異の独自性は，全ての紹介が同じではないことに気づかせる。コンタクトは，彼らが将来の従業員について知っていることにおいて異なる。その人が入手可能であるかどうかだけを知っている人もいれば，上記に検討した詳細なデータ全てについて知っている人もいる。紹介する人々も信憑性において異なるし，候補者との以前の関係の性質が，彼女や彼が雇用主に提供する情報の有用性に影響を与えるだろう。比較的離れた見晴らしのいい立場から応募者を評価できるビジネス，あるいは，専門家のコンタクトは，最大限に役に立つ紹介を提供する。一方，家族や地域の紐帯と通じて応募者と関係がある人々は，将来の従業員のための代理人としてみ

なされるだろう。彼らは，また，応募者の特定の能力や以前の仕事の業績についての特定な知識を持たないかもしれない。

　従業員のソーシャル・ネットワークは，仕事，家族，コミュニティ，団体を含む，複数の状況から集められたコンタクトの混合から構成されている。一般に，従業員は，自分自身と同じ職業とスキルレベルを持つ他の人々を知っており，従って，紹介する位置にいる傾向がある（Laumann, 1973：4章）。仕事の組織のピラミッド型の構造を考えると，これは，従業員がそれほどレベルの高くない資格を必要とする仕事を埋めることができる人々について，雇用主に話すことが可能であることを意味する。彼らは，彼らの仕事に関係する（組織の内部と外部の両方の）ネットワークにいる人々について非常に良い情報を提供することができるだろうし，特に，組合や職能団体のような仕事に関係する集団のメンバーであればなおさらそうである。活動のコミュニティにもとづく脈絡（例えば，家族や近隣）における知り合いに関する従業員の紹介は，特定の情報に関しては，それほど知識が豊富でもなく，信憑性もそれほど高くない傾向がある。

　従って，従業員からの紹介は，情報の質の点からは異質である可能性が高い。これは，質的な基準が高くなければ，雇用主がそのような紐帯を使って将来の従業員を見つけることを阻むものではない。しかし，そのようなことを考慮すると，現在の従業員のネットワークを通じての採用は，準技能や非熟練職よりも，管理職の仕事のために使われることが一般的でないのは驚くべきことではない。

　外部のビジネスや専門家の源泉は，対照的に，仕事に関係する脈絡で紹介する候補者を知っている傾向があるので，雇用主に高い質で信憑性のある情報を提供することができる。専門家は，特に，職能団体への参加や専門学校での経験を通じて，相互に特別な組織的な紐帯を持つ傾向がある。管理職も，また，前の仕事，組織の境界に接触する仕事，あるいは，事業団体と会議への参加の結果，組織を横断する紐帯を発達させている傾向がある。組合も同様に，仕事に関係する紐帯の中心として役立つだろう。従って，ビジネスと専門家の源泉は，高い質の情報を生み出す可能性があり，組織は，高い質の基準を持つ高い地位の仕事を埋める時に，それらを活性化する傾向があるだろう。

　同様に，社会的紐帯は，内部の昇進や転任のための候補者の備えを形成する

ために使われ，ほとんど当然のことながら，かなり仕事に関係する内容を持つ経路である。そのような推薦をする人々は，多くの場合，紹介されている人々の以前の上司や同僚であるだろう。そのため，彼らは，紹介された人の仕事を——多くの場合，長期間にわたって——観察する立場にいて，業績の評判や機微についての情報を伝える進行中の職場のネットワークに参加していた人々であろう。従って，そのような経路は，独自の責任ある高い地位に人々を昇進させる，あるいは，転任させる時に，雇用主が求める種類の相対的に豊富な情報の流れを持つだろう。

表5-2に示された職業別の差の異なるパターンは，これらの観察と一致し，提示された他の知見の解釈——例えば，組合の存在と現在の従業員を介する採用の間の正の相関——においても助けになる。職能団体内部のネットワークの紹介に関する潜在的可能性は，従業員の紹介が専門職を見つけるのに使われる頻度が少なくとも非熟練労働者を見つけるのに使われる頻度と同程度であり，むしろ，管理職の仕事を見つけるのに使われるよりもずっと少ない頻度である。[8]

補論：説明変数の測定

　この補論は，表5-2に示されている独立変数の測定について記述している。報告される記述統計は，NOSにおける1,620の組織—職業についてである。本章の分析は，これらの下位セットについてであり，本調査から2年の間に外部の採用が存在した，あるいは，現在の従業員を使って空席が埋められた場合である。NOSにおける測度のさらなる詳細は，カレバーグと共同研究者（Kalleberg et al., 1996）に記述されている。

　規模：事業所におけるフルタイム従業員の数の自然対数（平均値，4.31；標準偏差，2.17）
　複数の場所にある組織：規模の大きい複数の事業所組織の一部である事業所から57％の観察を示すダミー変数
　人事部：人事，そして／あるいは，労使関係に対して責任のある別の部や課を持つ事業所から38％の観察を示すダミー変数
　職務記述：大部分の仕事に対する文書化された職務記述が存在する事業所か

第5章　対人的紐帯，ソーシャル・キャピタル，そして，雇用主の人員採用方法

　　ら78%の観察を示すダミー変数
組合の存在：組合の存在を示す4つの項目を組み合わせた尺度（平均値，
　　1.41；標準偏差，0.60）
公的セクター：連邦，州，あるいは，地域自治体によって運営される事業所
　　の28%の観察を示すダミー変数
非営利セクター：民間の非営利事業所から8%の観察を示すダミー変数
訓練：過去2年以内に公式の訓練を受けた職業に就いている人々から66%の
　　観察を示すダミー変数
多層のレベル：職業が1つ以上のレベルを持つものから57%の観察を示すダ
　　ミー変数
職業カテゴリー：中核とGSSの職業は，NOSによる3つの数字の1980国勢
　　コードに分類され，後で，本章で使われた6つの広範な分類に類型化され
　　た。「管理職と他の管理者」について尋ねられた時は，NOSによって特定
　　の職業名は用いられなかったので，これらの職業に関する全ての観察は
　　「管理職」のグループに入っている。全体として，43%の観察が管理職，
　　15%が専門職，14%が販売やサービス職，9%が業務補助職，3%が専門
　　技能職，そして，17%が準熟練，あるいは，非熟練職である。
平均の賃金：情報提供者が報告する特定の職に就いている従業員の典型的な
　　収入の自然対数。カレバーグとヴァン・ブレン（Kalleberg and Van Buren,
　　1996）における結果が欠測データの回帰代入において使われた（平均値，
　　10.10；標準偏差，0.63）。

注
　　本章の以前の論文は，1998年10月30日〜11月1日にノースカロライナ州，ダーラムのデューク大学において開催されたソーシャル・ネットワークとソーシャル・キャピタルに関する会議に提出された。データ収集と執筆は，アメリカ国立科学財団賞SES-8911696とSES-9511715によって支援された。私は，エリザベス・H・ゴーマン（Elizabeth H. Gorman）には検討と援助，そして，ロナルド・S・バート（Ronald S. Burt）には有益なコメントに心から感謝する。
(1)　バーバーの3つの段階は，人的採用の過程を概念化するためには非常に役立つ発見的（heuristic）手段であるが，実際の状況では，段階が不鮮明であるか，あるいは，相互に重複するのである。大学での常勤職を埋めるための多くの探索は，バー

バーのモデルにかなり対応する。その一方で、日雇いや臨時の仕事のための「現場 (spot)」の採用のような状況があり（例えば、McAllister, 1998；Henson, 1996）、採用、選抜、そして、選択がほとんど同時に起こるのである。さらに、バーバーの3段階モデルは、採用活動が前任の従業員の離職や拡充する意思決定によって始められる「ニーズによって引き起こされる」人員採用に最適である。人員採用がもっとご都合主義的な（opportunistic）ものもある。すなわち、仕事を創造するという意思決定は、雇用主がその仕事を埋める誰かを知るようになった後に起こる場合である（Granovetter, 1974；4章；Snow and Snell, 1993）。ご都合主義的な人員採用では、バーバーのモデルのいくつかの段階が省略されたり、いくつかの段階の時間的順序が反対になるかもしれない。

(2) これは、下記に分析された研究のデータにおいて明白である。事業所が採用の源泉として、新聞広告、看板の掲示、職業紹介所や人材斡旋会社、あるいは、飛び込みの問い合わせに頼れば、仕事のために考慮された外部の応募者の典型的な人数はかなり大きかった。推定値は、事業所の規模、職業、そして、他の源泉の使用を統制して、広告を「まったく」使わないよりも、むしろ「頻繁に」使うことが、備えの規模を約1.8倍増加させる。対照的に、応募者の備えの規模は、従業員、あるいは、ビジネス／専門家の紹介に頼ることとではあまり差がなかったが、後者のタイプの紹介の回帰係数は負であった。

(3) そのような制度は、多くの場合、紹介する従業員が報奨金や特別手当を受け取る前に、紹介された人が仕事を受け入れ、特定の長さの期間その仕事にとどまることを規定している。

(4) 作業事業所は、特定の地理的場所や住所を指す。いくつかの事業所は、規模の大きな、複数の場所にある企業や組織の内部に存在する。事業所のサンプルは、1991年度総合社会調査（GSS；Davis and Smith, 1996を参照）に含まれる「組織と作業」に関する原則的なモジュールの一部として抽出された。1991年にGSSは、1,531人の英語を話す米国の成人の無作為抽出のサンプルに面接した。面接の最後に、雇用されている各回答者に、彼女／彼の職場の名称、住所、そして、電話番号を教えるように頼んだ。既婚の回答者には、彼らの雇用されている配偶者の職場について同じ情報を提供するように頼んだ。このようにして生み出された多重サンプルは、事業所がサンプルに含まれる確率は分かっているが、等しい確率ではない。事業所がNOSに含まれる確率は、従業員の数に比例している。従って、NOSにおいては、事業所のリストから職場が無作為に抽出される場合に想定されるよりも、規模が大きな事業所が存在する。ウェイト付けされていないNOSのサンプルは、典型的な米国の従業員の観点からの作業環境を記述している。それは、GSSの各回答者に等しいウェイトを与えているからである。代わりに、米国の作業事業部の母集団を記述するためには、職場の規模に反比例するようにデータをウェイト付け

しなければならない。ここで提示されているほとんどの数字は，ウェイト付けされていないサンプルについてである。回帰分析におけるサンプリングのウェイト付けの使用に関する推薦については，ウィンシップとラドビル（Winship and Radbill, 1994）を参照。

(5) 主に，GSSのエリア確率サンプリングのデザインに伴うクラスタリングのおかげで，1回以上サンプルされている事業所もあった。本章で報告されているデータは，そのような重複する事例については，1つの記録だけを含んでいる。重複する事例を含むと，1,127の面接の試みと727の回答があった。

(6) 外部と内部の人員採用についての順番の前に異なる濾過質問がなされるので，NOSの人員採用の項目への回答は，異なるセットの職業について言及する。典型的には，NOSの職業は，外部と内部の両方の採用を通じて埋められた。外部ではなく，内部で埋められる可能性の高い職業は，管理職であった。対照的に，専門職，販売／サービス職，そして，下位のブルーカラー職の仕事は，内部の昇進や転任ではなく，外部の採用を介して埋められる傾向があった。

(7) 内部と外部の両方の採用があり，そして，従って，情報提供者が全ての人員採用の質問に回答するように頼まれる職業では，数字はさらに極端なものであった。それらの事例の55％で，少なくとも1つの非公式の方法が頻繁に使われた。それらの職業の4％以下において，全ての対人的な方法が事業所の採用慣行の一部分では「まったくなかった」。

(8) 本章では，ソーシャル・キャピタルに関する少なくとも1つの重要な問題が扱われなかった。また本章では，個人に自分のソーシャル・キャピタルを利用させる組織的な，そして，職業的な状況を分析し，組織自体のソーシャル・キャピタルについても分析しなかった。採用過程に関する「組織の」ソーシャル・キャピタルをどのように概念化し，あるいは，測定するのかは自明なことではない。しかしながら，従業員，特に，人員採用の意思決定に責任がある人々によって維持されている個人のネットワークの集合が関与しているように思われる。本章の知見は，組織のソーシャル・キャピタルがおそらく単一なものではないので，その代わりに，雇用主は，彼らが利用する独特の職業的な労働市場のための異なるセットの対人的なコンタクトを維持しなければならないということを明らかにする。将来の調査のための興味深い選択問題は，組織レベルの良いソーシャル・キャピタルを持つ雇用主が採用の源泉として対人的な方法に頼る傾向があるかどうかというものである。

参考文献

Barber, Alison E. 1998. *Recruiting Employees: Individual and Organizational Perspectives*. Thousand Oaks, CA: Sage Publications.

Baron, James N., Frank Dobbin, and P. Devereaux Jennings. 1986. "War and Peace:

The Evolution of Modern Personnel Administration in U. S. Industry." *American Journal of Sociology* 92: 350-383.

Bridges, William P., and Wayne J. Villemez. 1991. "Employment Relations and the Labor Market: Integrating Institutional and Market Perspectives." *American Sociological Review* 56: 748-764.

Burt, Ronald S. 1997. "The Contingent Value of Social Capital." *American Science Quarterly* 42: 339-365.

Cohen, Yinon, and Jeffrey Pfeffer. 1986. "Organizational Hiring Standards." *Administrative Science Quarterly* 31: 1-24.

Davis, James A., and Tom W. Smith. 1996. *General Social Surveys, 1972-1996: Cumulative Codebook.* Storrs, CT: Roper Center for Public Opinion Research.

DiPrete, Thomas A. 1989. *The Bureaucratic Labor Market: The Case of the Federal Civil Service.* New York: Plenum Press.

Dobbin, Frank, L. Edelman, John W. Meyer, W. Richard Scott, and Ann Swidler. 1988. "The Expansion of Due Process in Organizations." Pp. 71-98 in *Institutional Patterns and Organizations: Culture and Environment,* edited by Lynne G. Zucker. Cambridge, MA: Ballinger.

Eccles, Robert, and Dwight Crane. 1988. *Doing Deals: Investment Banks at Work.* Boston, MA: Harvard Business School Press.

Fernandez, Roberto M., Emilio Castilla, and Paul Moore. 2000. "Social Capital at Work: Networks and Hiring at a Phone Center." *American Journal of Sociology* 105: 1288-1356.

Fernandez, Roberto M., and Nancy Weinberg. 1997. "Sifting and Sorting: Personal Contacts and Hiring in a Retail Bank." *American Sociological Review* 62: 883-902.

Fevre, Ralph. 1989. "Informal Practices, Flexible Firms, and Private Labour Markets." *Sociology* 23: 91-109.

Goldstein, Harvey. 1995. *Multilevel Statistical Models.* Second Edition. London: Edward Arnold.

Granovetter, Mark S. 1974. *Getting a Job: A Study of Contacts and Careers.* Cambridge, MA: Harvard University Press. (1998年, マーク・グラノヴェター著, 渡辺深訳, 「経済行為と社会構造――埋め込みの問題」, 『転職――ネットワークとキャリアの研究』第二版, ミネルヴァ書房)

Henson, Kevin D. 1996. *Just a Temp.* Philadelphia: Temple University Press.

Jacoby, Sanford. 1985. *Employing Bureaucracy: Managers, Unions, and the Transformation of Work in American Industry, 1900-1945.* New York: Columbia

University Press.（2005年，S・M・ジャコービィ著，荒又重雄ほか訳，『雇用官僚制——アメリカの内部労働市場と"良い仕事"の生成史』北海道大学図書刊行会）

Kalleberg, Arne L., David Knoke, Peter V. Marsden, and Joe L. Spaeth. 1996. *Organizations in American; Analyzing Their Structures and Human Resource Practices.* Newbury Park, CA: Sage Publications.

Kalleberg, Arne L., and Mark E. Van Buren. 1996. "Is Bigger Better? Explaining the Relationship between Organization Size and Job Rewards." *American Sociological Review* 61: 47-66.

Laumann, Edward O. 1973. *Bonds of Pluralism: The Form and Substance of Urban Social Networks.* New York: Wiley Interscience.

Lin, Nan. 1999. "Social Networks and Status Attainment." *Annual Review of Sociology* 25: 467-488.

Lin, Nan, Walter M. Ensel, and John C. Vaughn. 1981. "Social Resources and Strength of Ties: Structural Factors in Occupational Status Attainment." *American Sociological Review* 46: 393-405.

Manwaring, Tony. 1984. "The Extended Internal Labour Market." *Cambridge Journal of Economics* 8: 161-187.

Marsden, Peter V. 1988. "Homogeneity in Confiding Relations." *Social Networks* 10: 57-76.

Marsden, Peter V., and Karen E. Campbell. 1990. "Recruitment and Selection Processes: The Organizational Side of Job Searches." A Pp. 59-79 in *Social Mobility and Social Structure,* edited by Ronald L. Breiger. New York: Cambridge University Press.

Marsden, Peter V., and Elizabeth H. Gorman. 1999. "Social Capital in Internal Staffing Practices." Pp. 180-196 in *Corporate Social Capital and Liability,* edited by Roger T. A. J. Leenders and Shaul M. Gabbay. Amsterdam: Kluwer Academic Publishers.

Marsden, Peter V., and Elizabeth H. Gorman. Forthcoming "Social Networks, Job Changes, and Recruitment." In *Sourcebook on Labor Markets: Evolving Structures and Processes,* edited by Ivar Berg and Arne L. Kalleberg. New York: Plenum.

McAllister, Jean. 1998. "Sisyphus at Work in Warehouse: Temporary Employment in Greenville, South Carolina." Pp. 221-242 in *Contingent Work: American Employment Relations in Transition,* edited by Kathleen Barker and Kathleen Christensen. Ithaca, NY; ILR Press.

Meyer, John W., and Brian Rowan. 1977. "Institutionalized Organizations: Formal Structure as Myth and Ceremony." *American Journal of Sociology* 83: 340-363.

Parcel, Toby L., Robert L. Kaufman, and Leeann Jolly. 1991. "Going Up the Ladder: Multiplicity Sampling to Create Linked Macro-to-Micro Organizational Samples." Pp. 43-79 in *Sociological Methodology 1991*, edited by Peter V. Marsden. Oxford, U. K.: Basil Blackwell, Ltd.

Petersen, Trond, Ishak Saporta, and Marc-David L. Seidel. Forthcoming. "Offering a Job: Meritocracy and Social Networks." *American Journal of Sociology*.

Pfeffer, Jeffrey. 1977. "Toward an Examination of Stratification in Organizations." *Administrative Science Quarterly* 22: 553-567.

Pfeffer, Jeffrey, and Yinon Cohen. 1984. "Determinants of Internal Labor Markets in Organizations." *Administrative Science Quarterly* 29: 550-572.

Rees, Albert J. 1966. "Information Networks in Labor Markets." *American Economic Review* 56: 559-566.

Reskin, Barbara F., and Debra Branch McBrier. 2000. "Why Not Ascription? Organizations' Employment of Male and Female Managers." *American Sociological Review* 65: 210-233.

Snow, Charles C., and Scott A. Snell. 1993. "Staffing as Strategy." Pp. 448-478 in *Personnel Selection in Organizations*, by Neal Schmitt, Walter C. Borman, and Associates. San Francisco: Jossey-Bass.

Spaeth, Joe L., and Dian P. O'Rourke. 1994. "Design and Implementation of a National Sample of Work Establishments." *American Behavioral Scientist* 37: 872-890.

Tolbert, Pamela S., and Lynne G. Zucker. 1983. "Institutional Sources of Change in the Formal Structure of Organizations: The Diffusion of Civil Service Reform, 1880-1935." *Administrative Science Quarterly* 28: 22-39.

Wanous, John P., and Adrienne Colella. 1989. "Organizational Entry Research: Current Status and Future Directions." Pp. 59-120 in *Research in Personnel and Human Resources Management*, volume 7, edited by Kendrith M. Rowland and Gerald R. Ferris. Greenwich, CT: JAI Press.

Wial, Howard. 1991. "Getting a Good Job: Mobility in a Segmented Labor Market." *Industrial Relations* 30: 396-416.

Winship, Christopher and Larry Radbill. 1994. "Sampling Weights and Regression Analysis." *Sociological Methods and Research* 23: 230-257.

第6章
良いネットワークと良い仕事
――雇用主と従業員にとってのソーシャル・キャピタルの価値――

ボニー・H・エリクソン

　本書の他の章と同様に，本章は，ソーシャル・キャピタルを広い意味でソーシャル・ネットワークの役に立つ側面と定義する。しかしながら，この一般的な定義は，特定化しなければならない。それは，ソーシャル・ネットワークが多くの側面を持ち，その有用性は，私たちの関心がある結果の種類と脈絡（context）の種類によって異なるからである（Erickson, 2000）。私は，ネットワークの多様性，あるいは，誰かが知っている異なる種類の人々の数が，採用過程における雇用主と従業員にとって価値あるソーシャル・キャピタルの1つの形態であると論じる。ネットワークの多様性は，教育と就業経験が人的「資本」であるという同じ意味で，社会的「資本」である。これら全ての形態の資本は，従業員の大きな生産性という形態における利益（returns）を生み出す。

　採用は，供給側（従業員）と需要側（雇用主）をマッチングさせる二重の過程であるので，ソーシャル・キャピタルも二重である。需要側では，雇用主がソーシャル・キャピタルを持つ将来の従業員を高く評価する。それは，雇用主が，個人を採用して　彼／彼女のコンタクトを組織の目標のために動員することによって，個人のソーシャル・キャピタルを組織のソーシャル・キャピタルに転換するからである。現在，あるいは，将来の顧客やサプライヤーとの結果をもたらす（consequential）関係，他の外部の影響力のある行為者との紐帯，重要な情報の源泉への経路，あるいは，企業の産業における発展を精査するような企業の環境との重大なつながりに関する目標の追求において，多様なコンタクトは多くの利益を生む。従って，ソーシャル・キャピタルは，高いレベルの従業員によって追求される目標のためにまさしく役立つのである。結果をもたらす方法で組織外部の人々と対応するのは，ハイアラキーの最下位の人々ではなく，管理職と他の高位の従業員である。例えば，下位の従業員が日常のサービスを顧客に提供するが，通常，彼らを採用したり，彼らと取引したりはしない。

従って，ソーシャル・キャピタルは，下位の仕事のためではなく，多くの上位の仕事のための職務資格（job qualification）なのである。供給側では，良いネットワークは，それらが良い職を得る機会を増やすので，将来の従業員にとって価値がある。

「価値」や「生産性」のような肯定的に思われる用語を使うことが，採用過程におけるソーシャル・キャピタルの役割が全く無害な（benign）であると読者が考えるように誤った方向に導いてはならない。反対に，本章の目的の1つの部分は，搾取と不平等においてソーシャル・キャピタルが果たす重要な役割を明らかにすることである。マルクス主義者は，雇用主は労働者の労働力を私物化し，搾取すると長年にわたって論じてきた。ここで，私は，雇用主が従業員の仕事の力だけでなく，彼らのコネクションの力も占有することを指摘する。ライト（Wright, 1985）は，従業員が（スキルと組織の地位を含む）重要な資源に関する不平等な統制から不平等な利益を得ると論じる。ここで，私は，従業員が自分の不平等なソーシャル・キャピタルから不平等な利益を得ると指摘する。

下記に報告する調査は，いくつかの点で独特な貢献をする。まず，それは，ソーシャル・キャピタルをそれ自体価値ある何かとして分析する。採用過程におけるネットワークに関する過去の研究の大部分は，人的つながり（personal contacts）を通じての採用の役割をテーマにしている。広告のような非個人的な方法の代わりに，個人的な紹介を通じて，いつ人々は仕事を得るのか，あるいは，いつ雇用主は従業員を探すのか。個人的対非個人的な採用はどんな差異が生じるのか（本書第4章，第5章を参照）。多くの場合は，そのような調査は，ソーシャル・キャピタルについてほとんど何の情報も提供しない。それは，分析される社会関係が仕事に至る関係に限られ，個人的な手段を通じて見つけられた仕事についてだけであるからという理由である。ソーシャル・キャピタルを測定する調査もあるが，効果的な個人的な採用への経路としてその価値を考慮するだけである。良いネットワークを持つ人々は，良い仕事に至ることができるコンタクトを利用する可能性が高い（本書第7章；Lai, Lin, and Leung, 1998を参照）。関心が，ネットワークのための採用ではなく，ネットワークを通じての採用に限られてきた。しかし，下記の結果は，雇用主が多くの上位の仕事のためにソーシャル・キャピタルを多く持つ人々を採用することを好み，彼らが人的つながりを通じて採用されるかどうかにかかわらず，多くのソーシャ

ル・キャピタルを持つ従業員が良い仕事を得ることを示している。

　第二に，本章は，採用過程における異なる形態の資本の間の相互関係を明確にする。良いソーシャル・キャピタルを持つ人々が良い仕事を得るが，その効果は擬似相関であるという可能性がある。それは，良い人的資本を持つ人々が良い仕事と大きなネットワーク多様性（diversity）の両方を持つからである。多くの以前の調査がネットワーク，そして，教育と職業の両方との強いつながりを示しているので，この可能性は分析される必要がある。しかしながら，下記の結果は，教育と関連する形態の就業経験をしっかり統制しても，ソーシャル・キャピタルが良い仕事と収入と相関することを示している。その証拠は，以前のネットワーク調査からの代替的な推測に支持を与える。すなわち，過大評価されていたのは，ソーシャル・キャピタルではなく，人的資本の効果である。教育と就業経験は，仕事の結果を予測する。それは，それらが独自に市場価値を持つからだけでなく，少なくとも部分的には，それらが大きなネットワーク多様性に至るからでもある。つまり，ソーシャル・キャピタルを統制すると，人的資本の見かけの効果の一部を減少させる（そして，説明する）のである。ここで報告される研究において，これは，就業経験にとって明らかなことであり，それが部分的には開発された価値あるコンタクトのおかげで役に立つように思われる。

　第三に，本調査は，二重の採用過程を両側から見ている。大部分の研究は，従業員，あるいは，雇用主を分析しているが，その両方を分析していない。歓迎される例外は，本書の章を含んでいる（第4章と第7章）。本章は，雇用主が必要とする人的資本とソーシャル・キャピタルの仕事に関する彼らの戦略とそうする理由に対して特に新しく注目している。奇妙な話だが，雇用主に関する過去の調査は，個人的な採用の使用について尋ねたり，多くの人々が人的資本の役割について尋ねてきたが，職務資格としてのソーシャル・キャピタルについては雇用主に直接尋ねたことがなかった。雇用主の報告と従業員の結果の両方を分析することは，同じ過程について2つの見解を提供することである。その2つは，資本に関しては驚くほど一致している。すなわち，教育，経験，そして，ネットワーク多様性が上位の仕事にとって全て重要である。また，2つの見解を比較することが興味深いが，それほど驚くにはあたらない食い違いを生み出す。ジェンダーと人種は，雇用主の報告によって期待させられるよりも，

仕事の結果に関係している。

　第四に，本調査は，特に関心のある産業であるトロントの民間警備について分析する。この産業は，警護サービス，探偵，そして，盗難警報器と監視カメラのような物理的安全保護システムを提供する。それは，ネットワークが活発で明らかな役割を担う産業である。そこでは，部分的には，企業の規模が小さく，1つの場所に存在する傾向があり，官僚制化のレベルが低いので，組織の問題に対して，個人的な採用の使用などのネットワークによる解決を求めるのである（本書の第5章を参照）。さらに，その産業は，専門職化がほとんどなく，政府の規制も少ない。それは，チャールズ・ディケンズの小説における初期の資本主義を思い出させる自由奔放な資本主義の競争によって運営している。彼らのサービスの価値を認定する公式な方法がないので，彼らの供給品の価値を評価するため，あるいは，他の不可欠な機能を遂行するために，企業はしばしばネットワークに頼らねばならない。従って，ソーシャル・キャピタルの価値は，非常に幅広いものなので，このなおざりにされた話題に関する最初の価値ある調査を提供するのである。採用過程に関するいかなる調査も，単一の過程は存在しないので，1つ，あるいは，それ以上の特定の産業の内部に位置づけられねばならない。採用過程は，供給と需要の両方に関する初期の研究が示してきたように，産業によって異なる。

　私は，雇用主の採用慣行と仕事を得る時のネットワークの役割という2つの大きな別々の研究のレビューから始め，これらのレビューを使って，ソーシャル・キャピタルの役割に関する特定の仮説を設定する。雇用主が一般的に採用過程を形成するための権力を持つので，彼らの側から始める。

初期の調査

雇用主の採用要件

　部分的には，グラノヴェター（Granovetter, 1974, 1995）への対応として，雇用主の採用の要件に関する調査が最近復活してきた。ビルズ（Bills, 1992）は，役に立つ最近のレビューを提供している。雇用主の基準に関する研究は，常に，ソーシャル・ネットワークについて言及しない。研究者は通常，教育，経験，そして，他の個人的属性（Bills, 1992），あるいは，身元照会と試験のような公

式の選抜手段（Marsden, 1994b）について問うのである。研究者が雇用主に自由回答の質問をする時でさえ，雇用主は，教育，経験，職業経歴，そして，パーソナリティ（B.lls, 1988：80-81）の点から回答する。ネットワークが話題になるような時があれば，それは，職務資格としてではなく，採用過程の一部としてである（例えば，Bills, 1992：17；Marsden, 1994a）。

　このように話に出ないことは，ネットワークが実際に資格としてみなされていないことを意味する必要はない。雇用主は，典型的には，彼らがどのようにして，なぜ採用するのかについて言葉にしないし（Bills, 1992：23），誰もネットワークについて尋ねないので，ネットワークについて語らないのだろう。さらに，多くの雇月主の調査は，下位の仕事に焦点を当てるものであり，それらの仕事は，ネットワークが資源としてみなされないような種類の仕事である。しかし，上位の管理職に関するいくつかの研究は，上位の従業員のネットワークが企業にとって重大な違いを生み出すことを示している。例えば，ゲレトカニツとハンブリック（Geletkanycz and Hambrick, 1997）は，会社の戦略と会社の業績の両方が，経営トップが自分たちの会社外部の人々と持っている紐帯の影響を受けることを示している。さらに，その効果は，一回に１つの構造的位置を研究することの重要性に関するグラノヴェターの主張と一致するように，産業のタイプに依存している。

　従って，初期の研究は，ネットワークが上位の従業員の生産性の一部であるので，そのような上位の仕事に採用するのに十分な価値があることを示唆しているが，入手できるデータは乏しい。それでは，ネットワークの価値は何か，そして，それは，どんな種類の仕事のためなのか。いくつかの仕事は，企業と環境の間の境界を横断する重要な社会関係を交渉し維持する責任を含んでいる。会社の代表は，顧客を採用し，既存の顧客と一緒に仕事をして，サプライヤーと交渉し，市場を観察し，有益な情報を探し，政府のように重要な外部の組織と取引をする。もし人々が彼らの企業にとって役に立つ資源を持つ人々や社会的な位置に接近させる，広く多様なコンタクトを持つならば，彼らは，そのような仕事をする態勢が整っている。従って，ネットワーク多様性（network variety）は，この脈絡で，ソーシャル・キャピタルである。それは，ネットワーク多様性が雇用する企業にとって価値ある外部の資源への広範な接近を予測するからである。この一般的な概念化は，リンの地位想起法，あるいは，回答者

に多様な職業の各々に誰か知っていないかどうかを尋ねることとぴったり適合する（本書の第3章を参照）。リンの古典的な測度は，威信において高いものから低いものへの範囲にある職業を使い，それは，紐帯，そして，威信の高い階層から低い階層まで特異的に入手可能な多様な資源への接近の全体の多様性に関する有用な指標である。それは，スイスアーミーナイフ（十徳ナイフ）のような測度であり，異なる状況での広範囲の仕事のためにかなり役立つので，従って，都市や国家における人々のサンプルのような産業の混合を研究する際に役立つ。しかし，そのような多目的の道具は，その内部で特定の種類の紐帯が強力な道具であるような特定の状況には理想的ではない。例えば，一般的なネットワーク多様性は，職を探している新しく養成された社会学者にはほとんど役に立たないだろう。彼や彼女は，社会学部の多様性におけるコンタクトを利用したほうがいいだろう。従って，私は，重要な情報提供者のインプットを使う警備産業において特に役に立つ多様なコンタクトの測度を開発した。私は，また，雇用主が従業員におけるどんなコンタクトを必要とするのか，そして，なぜそのようなコンタクトが役に立つのかについて彼らに説明してもらった。これは，ここで使われる特定のソーシャル・キャピタルの測度の適切さを強調するデータである。

　重要な外部の関係は，企業の運に重要な影響を与えるので，そのような活動が通常は上位の職務に適切で重要な仕事であると定義される。従って，良いネットワークは，いくつかの種類の良い仕事のための資源である。良い外部のネットワークは，全ての良い仕事のための前提条件というわけではない。例えば，会計のような管理に関する仕事のいつくかは，外部ではなく，主に内部の責任を有している。重要な点は，むしろ，良いネットワークは，多くの良い仕事のための資源であり，ほとんど悪い仕事のための資源ではない。外部の人々との仕事を含む下位の仕事もあるが，それらは，資源としての労働者のネットワークを必要としない，より狭く定義された方法によるものである。例えば，小売販売員は，多くの顧客にサービスをしているが，通常，新しい顧客を提供するために自分のネットワークを使わないし（それは，顧客を引きつけるのは管理職の仕事だからである），豊富なネットワークが教えられる社会的スキルを利用できる広範囲で裁量に任されるような種類の相互作用に従事しない。従って，雇用主は，良いコンタクトを多くの上位の仕事のために必要とし，下位の仕事には

第6章　良いネットワークと良い仕事

ほとんど必要としないのである。
　ここまで，私は，あたかも雇用主には2つの選択しかないように論じてきた。その選択とは，仕事に役に立つソーシャル・キャピタルを必要とすること，そして，他の仕事のためのソーシャル・キャピタルは無視することである。しかし，これが全てであるというわけではない。ソーシャル・キャピタルは，望ましいものであったり，無関係なものであったり，あるいは，望ましくないもの，抑圧されたものでさえある。ソーシャル・キャピタルは，通常，その重要な利益という点から論じられるが，ポルテスとランドルト (Portes and Landolt, 1996) が私たちに思い出させるように，ソーシャル・キャピタルには否定的側面がある。競争的な状況では，ある人のソーシャル・キャピタルの利益がもう一人の人の損失である。雇用主の観点からは，従業員のソーシャル・キャピタルは，企業のために使われれば資源であり，従業員によって別のライバル企業を創業するために使われれば，あるいは，別の企業にくら替えした後で従業員によって使われれば，脅威となるだろう。下記に示すように，そのような脅威に対して用心し，積極的にそれらを防止しようとする雇用主もいる。バート (Burt, 1992) は，うまく構造化されたネットワークが個人のキャリアを促進する情報と統制の利益を与え，そして，起業家的な人々は，起業家的なネットワークから両方の利益を得て，彼らのネットワークの構造的価値を促進しようとするのである。ここで，私は，自分のネットワークの競争性を促進することが最もできる人々がまさに企業のトップにいる人々であることを付け加える。それは，彼らが彼らの下の将来のライバルのための仕事とネットワーク形成の機会を定義する力を持ち，そして，トップレベルの人々が，時折，他の人々のネットワークを制限することによって自分自身のネットワークの価値を高めようとするからである。雇用主は，また，下位の従業員のネットワーク形成の機会を，外部の人々との従業員の相互作用の範囲を制限するような方法で彼らの仕事を定義することによって，それほど意図的ではない方法で制限する。
　従って，雇用主は，(1)外部環境と連結する時に，様々な重要である目標を達成する必要がある，(2)そのような目標を達成するために，従業員のネットワークを動員するように取り計らう，(3)従って，様々な目的を達成するために，様々なコンタクトを持つ従業員を必要とする，(4)そのような目標を上位の従業員の仕事に相応しいほどに重要であると定義する，従って，(5)良いコンタクト

155

をいくつかの外部に志向する上位の仕事のための要件にし，(6)外部の責任が制限されている——そして，下位の従業員のネットワークを求めようとする——下位の人々を採用する際にコンタクトを無視するが，それは，これらが企業にとってそれほど大きな価値がないが，従業員がライバル企業を創業したり，あるいは，彼らのソーシャル・キャピタルを持って他の企業にくら替えするならば，これらが脅威になりうるからである。

従業員と彼らのネットワーク

四半世紀前に，グラノヴェター（Granovetter, 1974）は，仕事を見つける際の人的つながり（personal contact）の使用に関する主要な研究領域を開始した。彼の最初の研究は，男性の専門職，技術職，そして，管理職の労働者がコンタクトをしばしば有効に使うことを明らかにした。最近では，彼の影響力のある著書の第二版（Granovetter, 1995）では，グラノヴェターが自分の研究に続く多くの研究について思慮深いレビューを行った。そのレビューによれば，仕事を得るためにどれくらいの人的つながりが使われるのか，そして，コンタクトを用いて見つけられる仕事と他の方法によって見つけられる仕事がどのように異なるのかにおいて大きな多様性が存在した。グラノヴェターは，多様性が以下の差異に原因があることを突きとめている。(1)人々のネットワーク。ネットワークが含んでいる役に立つコンタクトの数とタイプにおいて多様であること，(2)雇用主の戦略。労働者を採用する方法として，個人的な方法，あるいは，非個人的な方法を強調するかにおいて多様である。そして，(3)人々が仕事を探し，雇用主が労働者を探す広範な制度的，そして，歴史的脈絡。従って，従業員の観点と雇用主の観点から，ネットワークが異なって作用する多くの異なる労働市場を組み合わせるよりも，むしろ，調査を特定の状況の中に位置付けることが不可欠である。

この研究の伝統は，膨大で，複雑で，役に立つものであるが，1つの思いがけない欠落がある。それは，ソーシャル・ネットワークである。人々のネットワークについての情報を含む研究はほとんどない。ほとんどの研究は，もし紐帯が使われたなら，仕事を得るために使われた紐帯のタイプを記録しているが，その人のネットワークの残りの部分は謎である。広範なネットワークの情報を実際に含んでいる数少ない研究は，主に，仕事に至るコンタクトの潜在的な源

第⑥章　良いネットワークと良い仕事

泉として関心がある。しかしながら，上記に論じたように，労働者のネットワークは，仕事の情報を提供するその能力は全く別として，全体として，それ自体資源である。

　ソーシャル・キャピタルを含む比較的少数の研究のうち，ライ，リン，そして，レング (Lai, Lin, and Leung, 1998) の研究は，本章で報告されている研究へのアプローチにおいて，最近のものであり，最も類似するものである。リン (Lin, 1999) は，ソーシャル・キャピタルと地位達成に関する最近のレビューを提供している。ライ，リン，そして，レング (Lai, Lin, and Leung, 1998) は，大きなソーシャル・キャピタルを持つ人々が高い地位を持つコンタクトを通じて仕事を見つけ，高い地位のコンタクトは，高い地位の仕事を生み出すことを示している。これは，地位達成の研究領域と個人的な方法を通じて仕事を得る研究の両方にとって価値ある付加であるが，その研究は，職務資格それ自体としてのソーシャル・キャピタルの可能な役割に関するものではない。従って，ライ，リン，そして，レングは，雇用主が良いネットワークを必要とするための仕事を明らかにしようとはしなかったが，その代わりに，職業威信を彼らの結果変数として用いた。威信が類似する仕事は，特定の要件において広く多様であるので，自分の仕事を見つけるためにコンタクトを使わなかった人々の地位達成に対してソーシャル・キャピタルの効果が見られなかったことは驚くにあたらない。その否定的な結果は，また，ライ，リン，そして，レングが，特定の労働市場ではなく，むしろ全体の地位達成過程に興味があったので，ソーシャル・キャピタルの一般的測度を使って研究したのである。この測度は，ここで使われたものと構造において非常に類似し，実際に，それに関する以前の報告 (Lin and Dumin, 1986) がここで使われた測度のモデルであるが，彼らの測度は，特定の産業における雇用主が特定のセットの仕事のために必要とするコンタクトの種類に合わせてあるわけではない。範囲における差異（彼らにとってのコミュニティ研究，そして，ここでの産業研究），ソーシャル・キャピタルの測度における差異（彼らにとっての全体，そして，ここでの産業特定），そして，職業結果における差異（彼らにとっての一般的な職業的地位，そして，ここでの産業特異的職業レベルと収入），これら全てが道理にかなっている結果の顕著な対照に貢献している。異なるタイプのソーシャル・キャピタル，職業，そして，労働市場を混ぜて，彼らは，コンタクトを通じて仕事を得た人々だけにソーシャ

ル・キャピタルが良い仕事に導き，地位の高いコンタクトに至ることによって，良い仕事に導くことを発見している。特定の状況において調査すると，下記の報告されている研究は，これらの仕事が人的つながりを通じて見つかるかどうかにかかわらず，ソーシャル・キャピタルが良い仕事とよい収入に導くことを示すのである。

　労働者が持つソーシャル・キャピタルと人的資本，そして，彼らが持つ仕事のレベルと収入を見ることによって，良いネットワークが良い仕事を得ることに対してそれ独自の貢献をするのかどうかが判明する。それは，また，これらの形態の資本の間の相互関係のいくつかを明らかにする手助けをする。とりわけ，就業経験を統制すると，多くの場合，仕事の質に対するコンタクトを使うことの見せかけの効果を消失させるが，就業経験は価値あるものである。職業経験は，部分的には，人々に良いネットワークを構築させるので，経験を統制すると，ネットワークの効果を取り去ってしまうのである (Bridges and Villemez, 1986)。下記に報告される研究は，就業経験が，ネットワーク多様性をもたらし，そのネットワーク多様性を通じて，実際にその効果を持つということを示している。

方　　法

トロント警備産業と私たちのサンプル

　雇用主の要件と従業員にとってのソーシャル・キャピタルの価値の両方に関する状況特異的な分析を求める上記の議論と一致して，本研究は，1つの大きな市場における1つの産業，すなわち，トロントの民間の警備産業を分析する。その産業は，本章の理論的問題にとって重要な形態である，様々なタイプと望ましさのはっきり異なった仕事における数百社の企業と数千人の労働者を含んでいる。調査は，雇用主に彼らの採用の要件についての面接，そして，雇用主が記述した仕事にこれらの雇用主が雇い入れた人々への面接を含んでいるので，採用過程の両側について同じ労働市場における直接の比較が可能である。

　調査チームは，職業別電話帳から警備会社のリストを作成した。それは，認可された警備と調査の企業のリストであり，予備的な電話の確認も行った。1991年5月から1992年1月までの調査の期間に営業している企業のうち，161

第❻章 良いネットワークと良い仕事

表6-1 警備産業における良い仕事と悪い仕事

仕 事	収 入	自律性	ルーティン化	実 数
管理職	8.4	14.3	2.1	79
販売員	7.8	14.5	2.4	50
調査員	6.1	13.2	2.2	33
監督者	5.8	13.0	2.8	46
ハードウェア	7.0	13.6	2.3	36
事務職	5.5	13.0	2.8	29
警備員	4.5	11.9	3.2	89

注：各セルの数字は，本文において記述されている尺度の平均値である。
1つの行以上に貢献する人々がいる（本文の検討を参照）。回答者の数は281人。

企業，あるいは，ちょうど50％以上が調査に協力した。大学院生の研究助手が雇用主とほとんどの従業員に面接し，数人の従業員から自記式の質問票を回収した。

50％の回収率であるが，雇用主に関する私たちのデータは，雇用主の他のサンプルと比べて勝るとも劣らない。雇用主に到達するのは非常に難しい。称賛されるべきは精力的な助手であり，彼らは，交代で，会社に何度も電話をかけて面接を可能にした。従業員のサンプルは，さらに確実なものではない。それは，従業員への接近を提供する雇用主に私たちが依存しているからである。調査への協力を拒否する会社もあれば，職場の従業員に私たちを接近させてくれる会社もあり，掲示を通じてボランティアを勧誘させてくれる会社もあれば，人員リストから無作為抽出させてくれる会社もあった。281人の従業員の最終のサンプルは，従って，無作為ではなく，完全でもないが満足のいく程度に代表性がある。そのサンプルでは，従業員がこの産業の主要な職業（表6-1の右欄の実数を参照）と主要な種類の雇用企業（従業員が彼らの企業によってなされている仕事を記述した。44％が警報装置の設置，42％が警備，そして，36％が調査を報告し，いくつかの企業が複数のサービスを提供しているので，加算すると全体で100％以上の数になる）にわたってうまく分布している。警備と調査については，私たちは，サンプルを1991年の国勢調査の結果と比較することができる（Campbell and Reinhard, 1994）。補論（p.184の表）を参照のこと。国勢調査とサンプルの性別の構成，パートタイム労働をする割合，高校卒業の割合，そして，平均年収は，類似している。サンプルには，少々高い収入と少々高学歴の警備員が含まれる

が，比較がやむを得ず不完全であることを考慮すれば，全体の類似性は強いものである。サンプルがトロント地域で抽出され，国勢調査の結果が全国であり，サンプルが民間の警備産業における労働者だけを含み，国勢調査が政府組織や組織内の警備サービスにおける警備員と調査員を含んでいる。

これは，一回限りの調査であるので，因果関係の順序は，本書の第7章，あるいは，第4章のような縦断的研究よりも，やむを得ず曖昧になっている。調査はすでにその産業で働いている人々に限られているので，仕事を得た人々と得ていない人々を比較することができないが，その産業の内部で良い仕事の結果と悪い仕事の結果だけは比較できる。多分，様々な選択効果が隠されているだろう。

測　　定

私は，まず，警備産業における主要な種類の仕事について，作業内容，良い仕事か悪い仕事としてのそれらの望ましさ，そして，それらのネットワーク構築の責任を含む内容について記述する。次に，これらの仕事のための雇用主の採用要件，そして，最後に，従業員の資本と統制変数について説明する。

良い仕事と悪い仕事

私たちは，警備作業で重要であり，それらの望ましさと課題において非常に異なる8つの仕事（管理職，販売員，コンサルタント，調査員，監督者，ハードウェア労働者，事務職，そして，警備員）について雇用主に尋ねた。私たちは，また，従業員に彼らの仕事と仕事の特性について報告するように依頼した。実際には，コンサルティングと販売職とはほとんど区別がないことが分かった。ごくわずかな企業がアドバイスと紹介に専門化し，それ自身では直接の警備作業をしないが，コンサルティングは，通常，顧客に企業のサービスのどれを買い，どのようにしてそれらを利用すべきかについてアドバイスすることを意味する。従って，コンサルティングそれ自体の作業に関する従業員の役に立つ報告は存在しない。仕事のカテゴリーは，しばしば重複する。例えば，小さな調査会社のメンバーは，管理の仕事と調査の仕事の両方をしている。重複が警備作業の現実的で，広範囲な部分であるので，私は，従業員がやっていると報告する各種

第6章　良いネットワークと良い仕事

類の仕事に従業員を含んだ。これは，仕事のカテゴリーが相互に排他的ではなく，統計的なテストは諦めねばならないことを意味する（しかしながら，従業員レベルと収入の多変量解析では，それらは適切であるので，テストが行われている）。私は，事務職については，事務職だけをしていると報告している人々として定義している。それは，事務職は，他の警備労働者とは重要な点で異なるからである。彼らの仕事の多くは，警備に特定化したものではなく，全体的な事務作業であり，事務職は，主に女性によって埋められる唯一の仕事のカテゴリーである。本サンプルの事務職は，89％が女性であり，他の仕事のカテゴリーは，69％が男性（監督者）から92％が男性（ハードウェア労働者）までの範囲である。

　表6-1は，下記で検討するように，コンサルティング以外の7つについての仕事の望ましさの主要な指標に関する従業員の報告を要約している。収入は，税引き前の個人収入であり，5,000ドル以下から13万5,000ドル以上までの14のレベルの尺度によって測定されている。自律性（autonomy）は，4つの項目の合計であり，人々が自分自身で意思決定したかどうか，彼らがやることを彼らの上司が何をどのようにやるのか決めたのかどうか，彼らが仕事をする測度を彼らの上司が統制したかどうか，そして，彼らが自分の仕事をどのようにやるのか決める自由があったかどうかについて，各項目について，「一度もない」から「ほとんどいつも」までの4つの回答の選択肢が与えられ，その回答が記録され，数が多いと自律性が高いことを意味する。可能な数値は，4から16であり，クロンバックのアルファが0.71であり，信頼性が良いことを示している。仕事のルーティン化（routinization）は，単一の項目で，労働者が同じことを繰り返し行う頻度を尋ね，回答は，再度，(1)「一度もない」から(4)「ほとんどいつも」までの4つの回答の選択肢が与えられた。また，以下の本文の職業記述においては，私は，トライマンの尺度（Ganzeboom and Treiman, 1996）の更新された国際的に比較できるバージョンを入手できる時には，職業威信得点を報告する。

　管理職は，非常に高いレベルの収入と自律性，そして，低いレベルのルーティン化を持っている（表6-1）。適切な威信得点が変数であり，小さなビジネスサービスの支店長（general manager）52から大きな会社の代表（head）70までであり，全体の値は60という適正な値である。これは，調査者（これも60）

以外の他のどの職業の得点よりも高い。他の産業におけるように，警備管理職は，高いレベルの多様性と責任を持ち，彼らの義務は，重要な外部の人々との高いレベルの交渉を含むものである。

　販売員は，最も高いレベルの自律性を報告し，収入とルーティン化の不在において管理職に次いで2番目である。販売員は，顧客と重要な方法で相互作用し，多くの場合，顧客の場所での対応なので，販売員は，独立して働くことができるし，そうしなければならない。威信得点は入手できない。

　調査員は，管理や販売における全体的な仕事よりは，警備に特定化された仕事を行う。調査員は，不正な保険金請求をしたかもしれない人々を調べる，顧客に成りすまして「店内を歩き回る（floor walk）」ことによって，実際には，万引き犯を探す，あるいは，会社の従業員として正体を隠して働き，従業員の窃盗を見つける，あるいは，行方不明者を探す，あるいは，書類を送達するなどの仕事を行う。調査員は，顧客やサプライヤーとの交渉における役割を持つかどうか分からないが，彼らは，多くの場合，熟練した人々の扱いや現場での創造的な問題解決を求める仕事において独立して仕事する。そして，彼らは，彼らの企業の外部の人々から情報を探索する。彼らの収入と自律性は，中程度であり，彼らの仕事はほとんどルーティン化されていない。

　監督者は，通常，彼ら自身の地位，あるいは，同様な仲間から昇進し，彼らが監督する人々よりも少しだけ権力を持ち，彼らが監督する人々と同じ仕事を共有する。従って，彼らは，事務職と警備員よりも収入，自律性，そして，ルーティン化において少しだけよい。監督者は，警備員を交代勤務に配置するような主に内部の責任を負い，外部の人々との接触はたかだか限られたものである。

　ハードウェア労働者は，単純な家庭警報から複雑なコンピュータの統制による警備システムまで，警備装置の設置およびサービスを行う。彼らの仕事のほとんどが顧客の敷地内で行われ，顧客と取引し，ハードウェアを顧客のニーズに適合させる際に，裁量と判断が必要とされる。仕事は，また，電子機器（いかなる警報の不可欠な側面）と建設（多くの警報は建物の基礎構造に設置されるから）のようなブルーカラーのスキルが要求される。これらのスキルは，警備の外部でも良い給料をもたらす。従って，ハードウェア労働者は，収入と自律性において非常に高く（販売員と専門職のちょうど後に続く），彼らの仕事は，管理職や

調査員のそれと同じようにほとんどルーティン化されていない。これらの点では，ハードウェアの仕事は良い仕事であるが，それは，大変良いブルーカラーの仕事であり，現場観察によれば，そのような仕事は非肉体労働の威信と地位を欠いていることが示唆される。警報の労働者は，彼ら自身の威信得点を持たないが，彼らの威信レベルは，建設と電子機器のような類似するスキルを持つブルーカラー労働者（各々の威信得点は34と38である）と似ている。

　事務職は，典型的な事務作業を行い，他の産業における同等な仕事と同じように，悪い仕事の兆候を報告している。すなわち，比較的低い収入と自律性，そして，比較的高いルーティン化である。仕事のこれらの特徴においてはハードウェア労働者よりも悪いが，威信得点においては，同等であるか，もっと良い仕事である。一般に，事務職の威信得点は37であるが，秘書の場合には53まで得点が増加する。事務職は，外部の人々とのはほとんど関係がなく，外部の人々との通信の準備や彼らが来訪する時に挨拶をするようなささいなことの域を越えることはない。

　警備員は，最悪の収入，最低の自律性，そして，最高のルーティン化持つ仕事で，明らかに，この産業において最も悪い仕事である。警備員は，通常は，持ち場に行き，建物の巡回と報告を行い，翌日同じことをするような一連のいつも同じ手続きに従う。彼らの威信得点は30であり，その産業では最も低い。警備員は，外部の人々としばしば相互作用するが，それは，狭い課題に限られている。警備員は，マンションの住人に挨拶したり，小包に気を配ったり，あるいは，ショッピングセンターの買い物客にトイレを教えたりするような小さなサービスで人々を助ける。

　表6-1と威信得点は，警備の仕事は，どれくらい望ましいのかにおいてかなり異なっている。上記の職務の記述は，より望ましい仕事は，相対的に多大な努力を要する　企業外部の人々との結果をもたらす形態の仕事に対する責任を多く含む傾向がある。

採用要件
　雇用主の採用要件を評価するために，面接者は，上記の会社代表（所有者か管理職のトップ）にこの産業で8つの重要な仕事の各々について採用要件を記述するように依頼した。雇用主は，採用についてはっきりと言わない傾向があ

り，雇用に関する情報のために圧力をかける必要があるので（Bills, 1992：23），質問の語法が重要である。本研究では，全ての3つの形態の資本のために，私たちは雇用主に同じように徹底的に質問した。

　　私たちは，あなたの会社における様々なタイプの従業員に必要とされる資格に関心があります。これらの仕事のために最低限の教育が必要とされていますか。必要とされるなら，どれくらいの教育で，どんなタイプの教育ですか。
　　これらの仕事のために，特定の種類の以前の就業経験が必要とされていますか。必要とされるなら，その要件について簡単に記述してください。
　　あなたの会社では，これらの仕事のために従業員が良いコンタクトを持っていることが必要とされますか。コンタクトが必要とされる場合に，どんな種類のコンタクトが役に立ちますか。

161の会社代表が面接に応じたが，彼らは，彼らの会社が採用するための仕事に関する採用要件だけを記述したので，各タイプの仕事のための回答者の数は，警備員の仕事53から管理職の仕事116までの範囲がある。

従業員のソーシャル・キャピタル

リンとデューミン（Lin and Dumin, 1986）の様式と類似する様式を用いて，私は，人がコンタクトを持つ様々な異なる社会的位置（social location）という点からソーシャル・キャピタルを測定する。面接者は下記のように尋ねた。

　　さて，あなたが特定の仕事に就いている誰かを知っているかどうかについてお聞きします。例えば，トロント地域で，誰か弁護士を知っているかどうか教えてください。その人と親しくなくても，話しかけることができる知り合いなら誰でも加えてください。

その測度は，19カテゴリーを含んでいる。これらは，あなた自身の会社の外部の事業主，あなたの自身の会社以外の事業所を経営する管理職，弁護士，医師，エンジニア，教授，教員，銀行家，証券取引者，会計士，大工，電気技師，

鍵師，配管工，そして，4つの階級の警官（巡査，巡査部長，刑事，警視）である。ソーシャル・キャピタルは，回答者が誰かを知っていると報告した異なるカテゴリーを数えた数である。

カテゴリーは，一般的に多様であるので，測度が，リンとデューミン（Lin and Dumin, 1986），そして，ライ，リン，レング（Lai, Lin, and Leung, 1998）の測度のように，職業威信において幅広い職業への接近の測度として読むことができる。他の一般的な解釈は，カテゴリーが異なる階級と階級分派を示し，会社の所有，会社の管理，専門的スキル，準専門的スキル，そして，ブルーカラースキルによって定義される（Wright, 1985）。しかしながら，ネットワーク多様性というこれらの一般的な観念には，警備産業において特に価値がある情報，資源，そして，スキルへの接近の特定の指標が与えられてきたことを指摘することが重要である。事業経営者と管理職，そして，多くの専門職は，会社，あるいは，オフィスの警備の契約にとっての貴重な将来の顧客である。それらのカテゴリーのどれでも住宅用警報装置のための顧客を提供できるだろう。それは，それらのカテゴリーが，高い階層で高い収入の集団を強調し，そのほとんどが，多くの場合，家庭の安全警備を購入するからである（Hagan, 1992）。ブルーカラー労働者は，警備のハードウェアに必要なスキルを持ち，警察や専門職と準専門職のいくつかは調査の仕事にとってかけがえのない情報を提供できるのである。従って，これは，ソーシャル・キャピタルの測度であり，広い範囲の役に立つ資源への接近という一般的な意味，そして，また（さらにもっと），従業員が働いている産業内部において役に立つ資源への接近という意味，それらの両方の意味においてである。

従業員の人的資本

人的資本は，教育と就業経験の両方を含んでいる。教育の一般的測度は，公式の学校教育の年数である。回答者は，また，警備の仕事に潜在的に関連する3つの種類の職業訓練を受けたかどうかを報告した。それらは，法的処置（警備や調査に役に立つ），電子機器（ハードウェア労働者に役に立つ），そして，ビジネス（管理職と事務職に役に立つ）である。多くのものとは異なり，就業経験のほとんどとは言わないが，ここで使われた測度は，労働力の年数のようなあまりにも一般的なものに限られていない。代わりに，一般的な測度は，現在の職

業を始める前の警備産業における経験年数と現在の職業における在職年数である。回答者は，また，警備の仕事の関連する特定の種類の仕事における経験があるかどうかについて報告した。それらは，管理における以前の経験，そして，販売，警察，電子機器，そして，コンピュータである。

従業員の他の特性

私は，従業員のレベルと収入を予測する時，3つの重要な統制変数を導入した。それらは，年齢（年），性別（1＝男性，0＝女性），そして，人種である（人種について，回答者は次のようにコード化された。回答者が自分の一部であると感じるエスニック集団が中国，日本，カナダ先住民，西インディアン，アフリカ，韓国，ベトナム，東インディアン，あるいは，パキスタンである場合には，1＝非白人，そして，それ以外は0＝白人としてコード化された）。

仕事を得る

回答者は，どのようにして自分の現職を得たのかについて報告した。もし彼らが仕事を得るために誰かに助けてもらったと報告した場合に，人的つながりを用いたとしてコード化した。

結　果

雇用主が必要とするもの——警備の仕事のための採用要件

表6-2は，雇用主が，8つの各職業について，コンタクト，経験，そして，教育の可能な各組み合わせを要件として報告した頻度を示すものである。例えば，最初の行は，116の企業の代表が管理職のための彼らの会社の採用要件を報告した。33％の雇用主がコンタクト，経験，そして，教育を要件としたと報告した。9％がコンタクトと経験を要件とし，教育は要件としなかったと報告した。1％がコンタクトと教育を要件とし，経験は要件としなかったと報告した。

採用要件を分析するために，私たちは，どの種類の職業が多少類似する要件を持つのか，そして，どの組み合わせの要件が類似する職業の特定化において相関するのかの両方について知る必要がある。それは，私たちが職業間の差異，

第❻章　良いネットワークと良い仕事

表 6-2　雇用主の採用要件

行		列								行（実数）
		1	2	3	4	5	6	7	8	
	コンタクト	Y	Y	Y	Y	N	N	N	N	
	経　験	Y	Y	N	N	Y	Y	N	N	
	教　育	Y	N	Y	N	Y	N	Y	N	
1	管理職	33	9	1	1	22	21	3	10	116
2	販売員	26	23	5	8	7	16	3	11	87
3	コンサルタント	20	20	2	5	20	16	2	15	55
4	調査員	14	13	6	7	26	12	7	14	69
5	監督者	11	6	0	0	39	21	6	16	80
6	ハードウェア	9	5	0	3	36	20	14	14	66
7	事務職	2	4	2	1	36	24	12	23	110
8	警備員	0	2	0	6	21	8	26	38	53
列（実数）		99	63	12	22	164	115	54	107	636

注：表中の数字は，行パーセントであり，8つの各職業について，3つの可能な要件の各組み合わせが要件として報告された頻度を示している。Y＝要件である，N＝要件でない。
さらなる説明は，本文を参照。

そして，異なる資本が雇用主の慣行において一緒にまとまっている異なる方法の両方に関心があるからである。幸運なことに，ブライガー（Breiger, 1994）が適切な手続き，COMBINE を開発した。要するに，COMBINE は，（ここでは，表6-2の基になっている未加工データの）数を数え，クロス集計したものから始まり，類似する分布を持つ行と類似する分布を持つ列を組み合わせるのである。COMBINE は，まず，最も類似する分布を持つ一対の行を融合させ，次に，最も類似する分布を持つ列を融合し，分解された表における全ての残りの列が統計的に異なり，従って，組み合わせることができなくなる。COMBINE は，列についても同じことを行い，最後には，行と列の両方の最良の分解を見つけることができる。従って，私たちは，どのセットの行と列が有意に異なる分布を持ち，どの差異が最も有意であるのか，その両方を理解することができる（COMBINE のさらに詳細な記述は，ブライガーの1994年の論文を参照。表6-2の統計分析の詳細については著者に連絡のこと）。

　表6-2は，COMBINE の結果を視覚的に要約している。4行と5行の間の水平な太線は，1行〜4行，そして，5行〜8行という採用要件の最もはっき

りしたパターンを持つ職業間の分割を示している。この大きな分割の内部には，水平な細線が多少の差異があるが，採用要件の有意に異なるパターンを持つ職業（1行対2行〜4行，そして，5行〜7行対8行）を分割する。線によって分割されていない行は，採用要件の類似するパターンを持つ。表6-2における列の類似性と差異を理解することが容易である。それは，より類似する列が相互に接近し，そして，表が列パーセントを報告するからである。同様に，表6-2は，垂直の太線を示し，職業に対して最も異なる分布を持つ採用要件の組み合わせ（1列〜4列対5列から8列）を示し，細線はそれほど差異がない組み合わせ（1列対2列〜4列，そして，5列〜7列対8列）を示している。

　全体として，表6-2は，ソーシャル・キャピタルが職務要件（job requirement）として非常に頻繁に必要とされるが，よく知られている人的資本の要素ほど頻繁に必要とされていないことを示す。全ての職務要件の636の記述のうち，31％がコンタクト，52％が教育，そして，69％が経験を含んでいる。職務要件の3分の1がコンタクトを含むことが特筆すべきであり，重要であるが，表6-2は，ずっと重大なことを示している。すなわち，ソーシャル・キャピタルが職業と要件の二重構造という点から最も重要な形態の資本である。表6-2の垂直の太線は，ソーシャル・キャピタルを含む，あるいは，含まないという最も異なる要件の束を分割する。この深い構造的な分割は，採用要件において最も異なる2つのセットの職業間の分割と連結している。この職業間の分割とは，管理職，販売員，コンサルタント，そして，調査員に対する，監督者，ハードウェア労働者，事務職，そして，警備員である。これは，良いホワイトカラー職と他の職業である。それは，ほとんど，良い仕事と悪い仕事の分割であるが，例外は，良い仕事ではあるが，ブルーカラー職であるハードウェア労働者である。職業と要件の間の深い分割の連結は複雑なものではない。それは，雇用主が，多くの場合，良い上位の仕事にコンタクトを必要として，他の仕事にコンタクトをめったに必要としないからである。雇用主がコンタクトを必要とする頻度（人的資本を持つ，持たないにかかわらず）は，管理職で44％，販売員で62％，コンサルタントで47％，そして，調査員で40％，対照的に，監督者で17％，ハードウェア労働者で17％，事務職で11％，そして，警備員で8％である。

　従って，雇用主は，会社の外部の出来事に対して結果をもたらす形態を含む

第 6 章　良いネットワークと良い仕事

表 6-3　雇用主が必要とするコンタクトの種類

	警備産業	現在の顧客	将来の顧客	サプライヤー	警察	政府	情報提供者	多様な紐帯	自分の企業	実数
管理職	25	16	21	11	18	5	0	5	0	57
販売員	15	25	48	8	5	0	0	0	0	40
コンサルタント	14	14	43	21	7	0	0	0	0	14
調査員	7	0	13	0	27	13	13	27	0	15
監督者	14	29	0	29	0	0	0	0	29	7
ハードウェア	33	0	0	67	0	0	0	0	0	6
事務職	0	0	0	0	0	0	0	100	0	1
警備員	0	0	0	0	0	0	0	0	0	0

注：最終列の行の実数を除いて，表中の数字は，行パーセントである。

仕事をする上記の人々にコンタクトが必要であるように思われる。この解釈は，雇用主が必要とした種類のコンタクト，そして，なぜ雇用主が彼らを必要としたのかに関する彼らの詳細なコメントによって支持される。以下の理由で，彼らは，コンタクトを必要とする。一般的に，環境を観察する（「あなたの仕事は，環境において何が起こっているのかについて常に見聞きすることであり，そして，着手し，取り組むことである」事例136），特に，警備産業を観察する（「その産業で何が起こっているのかについて聞く」事例306），サービスと資源に接近する（例えば，紐帯を通じて，「借りを作る」事例102），昔からの顧客の忠誠心を維持するだけでなく，新しい顧客を募る（「新しいビジネスのために」事例306），一般的に情報を収集する（「あなたが通常は手に入らない，あるいは，大金を支払わなければならない情報を得る」事例364），そして，影響力のある外部の組織と良い関係を維持する（「警察と地方自治体との良いラポール」事例141）。

　コンタクトの要件の重大さは，それらの頻度，重要な外部の責任がある仕事とのそれらの密接なつながり，そして，雇用主が求めた特定の種類のコンタクトを記述する時の配慮（表6-3）から明らかであった。管理職と販売員のためのコンタクトは，特に，重要にみえた。それは，雇用主がこれらについて詳細に記述する頻度が最も多かった（価値あるコンタクトを記述したのは，管理職のためには57人，販売員のためには40人）。雇用主は，警備産業，顧客，サプライヤー，警察，そして，政府との紐帯を含む，広範な特定のコンタクトを持つ管理職を必要とすると報告する。さらに，そのような多様性を必要とする雇用主もいれば，警備の必要性を持つ組織を対象とする雇用主もいる（「上級の管理職のコン

169

タクトが結局到達したい人である。ゴルフクラブの会員が役に立つだろう」事例19)。言及の5％は，多様性を明確に含んでいた。例えば，「全ての入手可能なもの」[366]。従って，多様化されたネットワークの形態におけるソーシャル・キャピタルは，多くの管理的地位にとって資源である。販売員は，現在と将来の顧客に焦点をおくことが期待されるが，そうするために広範な紐帯が必要である。ほとんど同様なことが（多くの場合，販売員でもある）コンサルタントに当てはまるが，彼らには，サプライヤー（特に，警備ハードウェアのサプライヤー）との紐帯が必要である。調査員のためには，必要とされる紐帯のほとんどが重要な情報への接近のための経路であり，警察，政府，あるいは，様々な他の源泉への紐帯である。役に立つ多様性の特定の形態は異なるが，ネットワーク多様性は，これらの比較的良い仕事の全てにとって資源である。

　著しく対照的なことに，雇用主は，他の仕事に必要な種類のコンタクトについてほとんど語るべきことがなかったし，彼らが語ったことといえば，同僚から学ぶ（「この仕事はどうやったのかということ」事例136)，あるいは，情報を共有できるなどのような自分自身の企業の内部の紐帯に関するものであった。外部の紐帯の例は，多くの場合，補給を日常的に注文するような下位の作業であった。数人の雇用主は，なぜ彼らが下位の地位のためにコンタクトを必要としないのかを説明した。その仕事が外部の人々と会う非常に限定された方法しか含んでいないからである。例えば，ハードウェア労働者は，(「顧客と接触するが，販売やそのような種類の理由で彼らと取引しない。彼らは，行って，顧客に会って，彼らは，仕事に行って，仕事をする」事例13)。

　下位の従業員がコンタクトを持つ必要を認めないだけでなく，彼らのコンタクトを実際には制限することを望む雇用主もいる。1つの理由は，安全である。秘密調査においては，広く知られている調査者は，簡単に他の誰かのふりをすることができないし，彼／彼女が刑務所に送り込んだ人々からの報復を簡単に避けることができない。警報信号を観察するような当たり障りのない仕事でも，懸念をもたらす(「彼らがどこで仕事をしているのか，……誰が侵入し，誰が従業員に対して素晴らしいこと（wonderful stuff）をしようとするのかを誰が知るのかについて誰にも知らせてはならない」事例136)。しかし，もう1つの理由は，競争についての将来の脅威に対して雇用主の自分の利害を守ることである。雇用主は，従業員がそのビジネスを学び，コンタクトを作り，自分で創業するという可能性

第6章　良いネットワークと良い仕事

に常に直面している（「このビジネスの最も大きい問題の1つは，誰かを訓練し，彼らに彼らのトラックを使って小さな会社を始めさせるのに2年しかかからないことである」事例142）。もし雇用主が従業員のコンタクトを制限させられれば，彼らは，構造的空隙（Burt, 1992）を維持するので，従業員はライバルになるためのコンタクトの基盤を発達させることができず，サービスを割引料金で提供するように顧客が従業員を採用することができない。上位の仕事のためのコンタクトの価値を否定する雇用主さえ存在する。彼らは，自分たちで全ての役に立つコンタクトを供給すると論じる（「自分にはコンタクトがいる」事例15）。そのような雇用主が意図的に従業員のコンタクトを制限しようとしまいと，彼らの戦略はその効果を持つだろう。

　人的資本の要件の役割，そして，それらがソーシャル・キャピタルの要件と組み合わさるのかを理解するために，私たちは，表6-2のそれほど有意でない分割についてみてみよう。まず，表6-2の左上の象限から始めよう。これは，外部に志向している職業の領域（1行〜4行），そして，ソーシャル・キャピタルを含む仕事の要件（1列〜4列）である。この領域の内部では，管理職と他の上位の仕事（1行〜4行）の間の有意な差異，そして，全ての3つの形態の資本を必要とするかしないか（1列対2列〜4列）の間の差異の連結がみられる。ここでの特徴付ける差異は，雇用主が，多くの場合，管理職には全てを必要とすること（33％の確率で，雇用主がコンタクト，そして，経験，そして，教育を必要とする），しかし，雇用主は，多くの場合，販売員，コンサルタント，あるいは，調査員には，教育という構成要素を省くことである。表6-2全体は，管理職には教育がほとんどの場合に必要とされることである。従って，教育が管理職レベルの仕事にとってのみ価値ある形態の人的資本であるだろう。さらに，上位の仕事の全ての4つが共通している1つの点，そして，それらを他の仕事から区別する1つの点は，それらが，多くの場合，コンタクトを必要とするだけでなく，ほとんど常に経験と組み合わせてコンタクトを必要とすることである（1列と2列の中くらいのパーセントを3列と4列の小さいパーセントと比較してほしい）。これは，雇用主がコンタクトを探しているだけでなく，経験が提供される可能性がある特に役に立つコンタクトを探していることを意味する。従って，経験の一部は，特に，上位の仕事のために，コンタクトを生み出すその能力である。

第Ⅱ部　労働市場におけるソーシャル・キャピタル

　4つの上位の仕事について継続すると，表6-2の右上の象限は，ソーシャル・キャピタルを含まない採用要件についての結果を示している。多くの雇用主は，コンタクトを必要とすると報告しなかったが，おそらくその理由は，彼らの上位の仕事が限られた外部の責任を持っていたからである。かさねて，ソーシャル・キャピタルは，全ての上位の仕事ではなく，いくつかの上位の仕事のための資源である。左上と右上の象限を組み合わせると，雇用主が非常に多くの場合に上位の仕事に経験を必要としたが，時折，教育も要件に加えたので，雇用主は，教育よりも経験に価値を置いていることを示唆することが分かる。私は，下記において，雇用主が必要とする教育と経験の特定のタイプについて記述する時に，これについて再び論じる。

　表6-2の左下の象限は，初期に論じた点をもう一度反映するものである。雇用主は，下位の仕事にはほとんどコンタクトを必要としない。右下の象限において，下位の仕事の間の興味深い差異が現れる。そこでは，雇用主は，大半の場合，下位の仕事のために経験を必要とするが，例外として，警備員には，ほとんど経験を必要としない。大部分の警備員の仕事は，学習するのが容易であり，賃金が良くないので，雇用主は，いかなる種類の豊富な資格の必要性も理解せず，それらに対して支払う気もない。実際に，警備員に中くらいの束の要件は，コンタクト，教育，あるいは，経験のどれでもない。しかし，雇用主は，監督者，ハードウェア労働者，そして，事務職がより高いスキルの要件を持つと考えている。これらの仕事に，雇用主の大多数は経験が必要であると報告している。上記の仕事として，教育がそれほど一般的な要件ではなく，経験なしでそれ自体が必要とされることがほとんどないし，繰り返すが，経験にもっと価値が置かれていることを示唆している。

　経験の明らかな重要性を考えると，雇用主が求める特定の種類の経験について考え，そして，後で，下記のように，そのような要件と雇用主にとっての実際の結果を比較することが大切である。雇用主は，彼ら自身の警備産業におけるスキルを求めたのか，あるいは，彼らがその産業の外部の経験から入手可能な職業的スキルを求めたのかどうかに集中して，経験に関してコメントしている。全体として，雇用主は，警備に特定化した経験が重要であると感じていた。役に立つスキルは，「職務中の経験（事例136）」，「それぞれの分野（事例143）」から生じる。しかしながら，あるスキルは，他のスキルよりも産業間で転移可

能に思われるものもある。事務職は，どこでも入手可能な全体的な事務スキルとして理解される。ほとんど全ての雇用主（27人中26人）は，事務職について，彼らの産業の外部の事務職の経験を受け入れるだろう。販売は，警備製品と市場に関する特定の知識が価値あるものであるが，また，全体的なスキルであるので，半数（30人中15人）の雇用主が警備産業の外部の販売経験を受け入れている。大多数（79％から88％）の雇用主が管理職（45人中38人），監督者（26人中23人），そして，ハードウェア労働者（19人中15人）に警備の経験を必要とした。外部の経験が受け入れられる場合は，管理職のスキル，あるいは，ハードウェアに関与する中核的なブルーカラー職のスキルが，管理，電子機器，あるいは，コンピュータとの他の経験を通じて警備の外部で獲得できる全体的なスキルとして理解されるからである。調査に対して外部において相当するものは実際には存在しないが，警察の経験が何とか使える程度の開始とみなす雇用主もいるが，全て（14人中14人）の雇用主が調査員には警備に特定化した経験を必要とした。全体としては，警備の雇用主は，経験を真剣に受け止めている。雇用主は，多くの場合，経験を必要とし，彼らが異なる仕事に必要な種類の経験を注意深く識別する。

　3つの要件の最後，すなわち，教育について驚くべきことは，雇用主が管理職レベル以下の仕事では教育を重視していないということを表6-2が意味していることである。管理職と他の上位の仕事の間の第二の分割を除いて，教育は表の構造において何の役割も果たしていない。採用要件の組み合わせが明確な場合は，コンタクトの存在や不在，あるいは，経験の存在や不在における差異であり，教育の存在や不在においてではない。これは，奇妙に思われるかもしれない。教育は，現代の労働市場において一般的に重要であるし，警備の雇用主は，多くの場合，それが必要であると主張している。しかし，雇用主が教育について詳細に検討すると，彼らの真剣さの欠如が明らかになった。彼らは，教育の要件を持っていると語る雇用主が次には不明瞭なことを記述している（少なくとも15人が，特定のレベルの教育が「好まれる」，あるいは，「あれば結構」であったが，実際には，厳密には必要ではなかった）。基準を非常に低く設定した雇用主もいたが，応募者のほとんどを除外できなかった。13人の雇用主だけがどの仕事にも大学レベルの訓練を必要としているが，管理職にそれを必要とするのは4人だけである。高校，あるいは，高校と職業訓練が全体として最も人気の

ある選択であり，要件は，警備員を除く全ての仕事について同様に控えめなものである。警備員については，基準がさらに低く設定され，基本的な読み書き能力を要求するにすぎない。一人の雇用主が小学校，3人が10学年，3人が高校，そして，1人がコミュニティ・カレッジを要求した。多くの雇用主は，公式の教育が警備の仕事に役に立つスキルを教えていないと説明した。経験が優れた先生であるか，あるいは，唯一の先生である。警備産業のために企画されたいくつかのプログラムにさえ価値を置かない雇用主もいる。「若い人々は，しばしば，警備産業のためのプログラムやコースに登録するが，それらには，本当の価値がない。彼らは，時間とお金を浪費している（事例328）」。雇用主は，ハードウェアの仕事のために電子機器やコンピュータのように，特定の仕事のために役に立つ特定の職業訓練については最も肯定的なコメントを与えた。

　それでは，雇用主は何を必要としているのか。彼らは，教育を必要とすると主張するが，実際は，あまり真剣に必要としていない（多くの他の産業にも当てはまる，Bills, 1988, 1992）。管理職だけのために教育という要件が重要であるように思われる。重大な外的な責任のある上位の仕事には，雇用主は，多くの場合，経験，そして，経験がもたらす役に立つコンタクトの組み合わせを必要とする。そのような外的な領域のない下位の仕事には，彼らは，コンタクトを全く必要としないが，多くの場合，教育の代わりに，経験，そして，経験から生じると彼らが信じるスキルを必要とする。下位の仕事である警備員には，ほとんど何も必要としない。ソーシャル・キャピタルは，重大な構造的な役割を果たす。ソーシャル・キャピタルに関する採用要件の有無は，結果をもたらす外部の機能を持つ仕事と持たない仕事の間の分割を際立たせる。これは，また，良い仕事と悪い仕事の分割とほとんど同じである。雇用主の観点からは，教育が時折管理職のためには価値ある資本であるが，他の仕事にはほとんどそうではない。経験は，低位の警備員の仕事以外の全ての仕事について価値ある資本であり，それが仕事に直接関連するものであれば，特に価値があり，それがコンタクトに至る場合には，多くの場合価値がある。そして，ソーシャル・キャピタルは，上位の仕事の多くの場合のように，結果をもたらす企業外部の責任がある仕事にとって価値がある。

雇用主が得るもの——従業員によって報告された実際のソーシャル・キャピタルと人的資本

上記に記述したように，人的資本とソーシャル・キャピタルが雇用主にとって重要であるなら，雇用主が採用の際にその両方に対応する注意を払うので，従って，これが従業員の間に見られる資本の分布における予測された差異に至る。本節では，私は，ネットワーク多様性，そ

表6-4 実際の従業員の資源：ソーシャル・キャピタル，すなわち，従業員が誰かを知っている職業の平均数

従業員の職業	ネットワーク多様性の平均値
管理職	13.1
販売員	13.5
調査員	12.8
監督者	10.4
ハードウェア	11.1
事務職	9.0
警備員	9.2

注：表6-1の注を参照。

して，雇用主が価値付けると報告する，特定の種類の教育と就業経験に関する一変量の結果について考察し，その後，良い仕事と収入への従業員の接近に対する資本の影響を評価する多変量解析の結果を分析する。

雇用主の説明によれば，ソーシャル・キャピタルは，重大な外部の領域が関係する上位の仕事のためだけに役に立つ。表6-4は，管理職，販売員，そして，調査員では，ネットワーク多様性が高く，雇用主が多くの場合に，それらの仕事には良いコンタクトを必要としている。そのような上位の仕事の人々は，平均して，およそ13の職業の誰かを知っているが，監督者とハードウェア労働者は10の職業の誰か，そして，事務職労働者と警備員はおよそ9の職業の誰かを知っている。尋ねられた仕事の全体数は19であったので，異なるレベルの従業員が広範で多様な社会的位置から情報と資源に接近できる程度において，かなり大きい差異が存在するように思われる。

雇用主は，（オフィス外部の経験で構わない）事務職と（ほとんど何も必要とされていない）警備員には，警備経験が必要であると報告する頻度が最も少ない。表6-5は，これらの従業員の警備産業の経験期間が最も短いことを示している。雇用主は，時折，その産業外部の販売経験が役に立つし，警備産業の内部の調査経験が不可欠であると言っているが，結果は，これらの微妙な差異を支持していない。その代わり，仕事のレベルが高ければ，警備産業の内部での従業員の経験が多い。雇用主は，また，従業員が働く特定の領域に特定の経験を必要とした。そして，管理職は管理経験，販売員は販売経験の最も高い割合，そして，調査員は警察経験の2つの最高の割合のうちの1つを持ち，ハードウ

第Ⅱ部　労働市場におけるソーシャル・キャピタル

表6-5　実際の従業員の資源：就業経験

従業員の職業	警備産業の平均年数	仕事を経験した割合				
		管理	販売	警察	電子機器	コンピュータ
管理職	10.0	.76	.73	.20	.33	.47
販売員	8.4	.67	.90	.22	.45	.43
調査員	6.2	.50	.50	.21	.19	.34
監督者	4.4	.36	.57	.02	.30	.42
ハードウェア	5.0	.50	.71	.08	.74	.65
事務職	3.8	.26	.41	.00	.07	.56
警備員	2.8	.33	.56	.07	.23	.30

注：表6-1の注を参照。

表6-6　実際の従業員の資源：教育

従業員の職業	教育の平均年数	職業訓練の割合		
		法的執行	電子機器	ビジネス
管理職	14.7	.25	.31	.80
販売員	14.5	.42	.21	.83
調査員	14.1	.71	.05	.62
監督者	13.1	.36	.18	.61
ハードウェア	14.8	.18	.50	.45
事務職	13.3	.15	.00	.60
警備員	13.9	.44	.07	.44

注：表6-1の注を参照。

ェア労働者は，電子機器とコンピュータにおける経験で最高の割合を持っている。

　雇用主は，多くの場合，教育を必要とすると言ったが，詳細な分析はこれが真剣な必要性ではないことを示唆した。表6-6は，全ての7つの職業の従業員は非常に類似する，控えめなレベルの公教育を受けており，平均すると13年から14年の高校の学位とほぼ等しいものである（本調査が行われていた時は，オンタリオでは，13年生が高校卒業であった）。特定の職業訓練について良く言う雇用主もいた。表6-6は，また，職業と直接に関連する訓練の間の適合性を示している。調査員と警備員は，法的執行の訓練の最高の割合を持ち，ハードウェア労働者は電子機器，管理職と販売員はビジネスの訓練における高い割合を持つ。雇用主は，管理職にとっての教育について真剣であるように思われたので，最初は，管理職が他の職業の人々と類似する学校教育のレベルを持ってい

ることは驚くべきことである。しかし，教育の役割は，年齢によって隠されている。それは，管理職は他の労働者よりも年長である傾向があり，従って，教育の平均レベルが低いコーホートに属しているからである。下記の多変量解析の結果は，年齢を含む他の要因を統制すると，管理職が実際は高い教育を持っていることを示している。

　全体として，従業員の資本の分布は，各種類の資本が，採用要件について検討する雇用主の主張するように，雇用主にとって価値あることを示している。次に，私は，良い仕事や良い収入に与える従業員の人的資本やソーシャル・キャピタルの影響に関する多変量解析に移る。

ソーシャル・キャピタル，人的資本，そして，従業員の成功

　従業員が到達した地位のレベルに資本と統制変数が与える多変量の効果を分析するために，私は，管理レベルに到達した人々と到達しなかった人々を比較する。管理職の仕事は，最も高い権威のレベル，そして，収入と自律性において高く，ルーティン化において低いものである（表6－1）。さらに，管理職は，雇用主が教育に真剣な関心を示す唯一の種類の仕事である（表6－2）。従って，管理職に焦点を絞ることは，伝統的な人的資本変数に最も大きい余地を与え，ソーシャル・キャピタルの可能性がある独立した貢献に関する多少控えめな検証を行う。ここでは，人的資本が公式の学校教育の年数と，上記の作業が示した，管理職に関連する経験についての両方の形態，すなわち，警備産業における経験年数と以前の管理職の経験を含んでいる。表6－7は，管理職レベルを予測するロジスティック回帰を示している。表6－7と表6－8では，いくつかの変数が非対称を補正するために変換され（年齢と在職年齢が平方根化され，以前の警備経験が対数変換され），いくつかの変数（年齢，ネットワーク多様性，そして，誰かの助けを通じて職を得たかどうか）が二次項や交互作用項の多重共線性の問題を防ぐために中心化（centered）されている。

　表6－7のモデル1は，ソーシャル・キャピタルを除いて統制変数と人的資本を投入した結果を示してある。全ての人的資本変数が管理職である確率を増加させる。すなわち，公式の学校教育の年数，現職の前の警備経験，そして，以前の管理の経験は全てが，管理レベルにあることの大きな確率と相関している。雇用主は，年齢，人種，そして，性別についてほとんど言うべきがな

表6-7 資本と地位:どの従業員が管理職かを予測するロジスティック回帰式

予測因子	モデル1	モデル2	モデル3
年齢	.78**	.86**	.86**
年齢(二乗)	-.57**	-.60**	-.60**
非白人	-1.27*	-1.07*	-1.07+
男性(性別)	1.16*	1.24*	1.24*
教育	.28**	.28**	.28**
以前の警備経験	.97**	.76+	.76*
以前の管理経験	1.15**	.85**	.85*
ネットワーク多様性		.14**	.14**
コンタクトを通じて職を得る			.01
多様性×コンタクト			-.01
定数	-6.34**	-6.12**	-7.77**
モデルカイ二乗	87.51**	96.03**	96.04**
実数	237	237	237

注:**$p<.01$
*$p<.05$
+$p<1.0$
多様性×コンタクト=交互作用効果,ネットワーク多様性とダミー変数(回答者が現職を人的つながりを通じて得たがどうか)を掛け合わせたもの。

いが,これらの全ても重要である。管理職である確率は,30歳代半ばまで年齢とともに増加し,そして減少する。白人は,非白人よりも管理職になる確率が高く,男性は,女性よりも管理職になる傾向がある。

モデル2は,ネットワーク多様性というソーシャル・キャピタルが,また,管理職の地位と相関することを示している。ソーシャル・キャピタルを導入することによって,両方の経験に関する変数の係数の値を減少させ,部分的には,経験がもたらす役に立つコンタクトのために従業員が経験に価値を置くという観点と一致している。様々な形態の資本の相対的な効果を理解するために,私たちは,指数化された係数を比較し,管理職であるという確率がどれくらい特定の変数の1単位あたりの変化と共に変化するのかを分析する。ソーシャル・キャピタルについては,1つの職業領域の誰かを知っていることを加えると,管理職である確率が1.15倍になる。2つの職業領域の誰かを知っていることを加えると,管理職である確率が1.32倍になり,教育年数を1年加える効果(1.33)と基本的に同じである。6つの職業領域の誰かを知っていることを加えると,管理職である確率が2.26倍になり,以前に管理の経験があることとほぼ同じ効果を持ち,それは,現職で管理職である確率の2.34倍である。従って,

表6-8　資本と収入：標準化多変量回帰式

	モデル1	モデル2	モデル3
年齢	.19**	.20**	.20**
年齢（二乗）	-.32**	-.33**	-.32**
非白人	-.09	-.08	-.08
男性（性別）	.13*	.14*	.14*
教育	.14*	.13*	.14*
以前の警備経験	.16**	.12+	.12+
在職年数（二乗）	.22**	.20**	.20**
ネットワーク多様性		.14**	.15*
コンタクトを通じて職を得る			-.04
多様性×コンタクト			-.06
調整済み R^2	.312**	.327**	.325**
実数	237	237	237

注：** $p<.01$
    * $p<.05$
    + $p<.10$
多様性×コンタクト＝交互作用効果，ネットワーク多様性とダミー変数（回答者が現職を人的つながりを通じて得たがどうか）を掛け合わせたもの。

　ソーシャル・キャピタルの効果は，かなりのものであり，それは，人的資本，年齢，そして，性別を注意深く適切に統制しても変わらない。

　モデル3は，回答者が誰か他の人の助けで職を得たかどうか，そして，コンタクトを用いることとソーシャル・キャピタルの交互作用を加えたものである。両方の新しい変数は，有意レベルに近づくことは全くない。コンタクトを用いることは，管理レベルに上昇する際に助けにならない。それは，警備の仕事の全ての種類に従事する人々は，多くの場合，コンタクトを通じてそれらの職を手に入れたからである。ここで，さらに重要なのは，交互作用効果が有意ではないことが，ソーシャル・キャピタルが誰かがコンタクトを用いたかどうかにかかわらず，管理職の地位に就くことと相関することである。従って，ネットワーク多様性は，それ自体で，従業員の序列を上昇することを助けるのである。それは，良いネットワークを持つ人々がコンタクトを使う確率が高いので，良い仕事を得る確率が高くなるというだけではない。これは，雇用主が，多くの場合，彼らの会社の対外関係を管理するための良いネットワークを持つ管理職を必要とするという初期の結果と一致するものである。

　表6-8は，従業員が管理職かどうかから，従業員の収入がどれくらいかと

いうことを分析した結果である。適切な経験変数が，（管理職の地位を予測するための）現職の前の警備産業の経験の長さと管理職としての以前の経験から（収入を予測するための）以前の警備産業の経験と現職の在職年数へと変わっている。非白人であることの有意な効果は存在しないが，他の結果は，管理職の地位のための結果と非常に類似している。収入は年齢とともに増加し，若年労働者ではそれが速い。女性よりも男性の収入が多い。そして，全ての形態の人的資本とソーシャル・キャピタルは，高い収入によって報われている。採用の際に雇用主が教育に注目していないにもかかわらず，教育が収入と相関することは興味深い。この産業では，たとえ雇用主が教育を必要としたり，それに報酬を与えたりしなくても，多分，彼らは，教育が作り出すいくつかの資源，例えば，言語スキル，文化資本，個人的自律性などの資源に価値を与えるのだろう。

収入に対するソーシャル・キャピタルの効果は，教育，以前の産業の経験，あるいは，現職の在職年数の効果と同じぐらいの強さである。従業員にとってのソーシャル・キャピタルの価値をドルで評価するために，非標準化された係数.08について考えてみよう。ほとんどの従業員は，私たちの収入の尺度の中程度の範囲の収入を得ている。各レベルは，1万ドルの範囲を持つので，誰かを知っている職業領域を加えると，従業員が各領域について付加的な800ドル得ることになる。この数字に具体的な意味を与えると，管理職は平均して警備員よりも4つ多くの職業領域のコンタクトを持つ（表6-4）ので，ソーシャル・キャピタルにもとづく収入の利点は，4×800ドル＝3,200ドル，あるいは，管理職（5万5,260ドル）と警備員（2万5,194ドル）の平均収入における差の10分の1に相当する。従って，ソーシャル・キャピタルは，管理職という地位に就く機会だけでなく，従業員の収入にもかなりの影響を与える。この効果は，ネットワークにもとづく採用の結果だけではなく，ソーシャル・キャピタルへの報酬である。それは，現職を誰かの助けで得たと報告しようとしまいと，ソーシャル・キャピタルが高い収入と相関するからである（表6-8のモデル3を参照）。

故に，仕事のレベル，あるいは，仕事の収入，どちらを考えても，ソーシャル・キャピタルは，労働者の見解からは，より親しみのある人的資本という資源とは異なり，そして，それに比較できる資源である。人的資本の十分に裏付けられた価値は，実際には，ソーシャル・キャピタルへのその貢献であり，特

に，産業特定的な就業経験がその産業で役に立つコンタクトを生み出す能力である。

考　　察

　上記の結果は，将来の調査への重要な問題の豪華な集まり（banquet）を示唆する。ソーシャル・キャピタルが採用といくつかの仕事への報酬において重要な役割を果たすとしても，私たちは，過程（ソーシャル・キャピタルがどのように作用するのか）と市場の多様性（ソーシャル・キャピタルが異なる産業でどのように作用するのか）についてもっと知る必要がある。

　過程の問題は，ネットワークの厳密な調査と採用におけるシグナリングを含む。雇用主が外部のコンタクトの要件を持つ仕事のために採用する時，彼らはこれらについてどのようにチェックするのか，そして，将来の従業員はどのような戦略を用いて彼らのソーシャル・キャピタルを誇示するのだろうか。いかなる産業における人々も（あなたはどんな新しい顧客をこの企業にもたらすことができるだろうかのような）直接のアプローチを使うだろうが，産業は情報交換についてそれら自体の文化的に特定のスクリプトも持つだろう。おそらくよく知られている1つの形態は，地域文化の点から説得力のある，また，物語られたドラマの行為者としてのコンタクトについて言及する機会において豊富である良い話，物語である。警備産業において，私は，管理レベルの採用の面接と産業会議の廊下の会話において「苦労話（war stories）」の使用を観察した。調査，あるいは，警備の仕事における人々は，彼らが生き延びたリスク，彼らが調査した重大な犯罪　あるいは，彼らが行った大きな逮捕の話を交わすのである。これが彼らの勇気，経験などの個人的な資格を確立するだけでなく，良い話をしながら自慢話をする方法でもある。ハードウェアの人々は，技術的に挑戦的な警報問題，あるいは，困難な作業条件だけでなく，彼らが一緒に仕事し，知っている人々の種類を確立する物語も用いるのである。物語は，糸であり，良い糸は，語り手のネットワークのより糸も含む多くのより糸をぴったりと編み込むのである。

　採用されると，労働者たちは，自分のキャリアと彼らの企業の富を促進させるために，どのようにソーシャル・キャピタルを実際に使うのだろうか。良い

ネットワークが多くの上位のレベルの労働者にとって違いを生み出すという報告が相次いでいるが，その違いがどのように作られているのかについての研究は比較的少ない。ネットワークのどんな側面が作用するのか，そして，それらはどのように作用するのか。多様なネットワークは，それが将来の顧客や情報の源泉のような役に立つ様々な資源を持つ人々との紐帯を含むので，価値があるだろう。これは，雇用主の説明ではっきり見られる使用であり，そして，本章で最も強調される使用である。しかしながら，ネットワーク多様性は，また，ネットワーク構造の代理である可能性もある。労働者が多くの全く異なる社会的位置にいる人々を知っているならば，これらの人々が構造的に相互に分離し，その労働者を通じてのみ連結している傾向があり，彼や彼女に強力なブローカーとしての位置，あるいは，バート（Burt, 1992, 1997a）の意味におけるソーシャル・キャピタルを与えるだろう。そして，多様なネットワークの価値の一部は，紐帯それ自体に存在するだけではなく，それらの役に立つ副産物にも存在する。例えば，多様なネットワークを持つ人々は，多様な文化的な範囲を持ち，それが，彼ら自身の企業の異なるレベルの人々（Erickson, 1996）を含む広範で多様な他の人々との円滑な仕事関係を構築する手助けになる。私たちは，有益なネットワークの多くの異なる役立つ側面が，人々が働く時に，どのように実行されるのかに関する集中的なフィールドワークを必要としている。

　また，ソーシャル・キャピタルが何をしているのかについて私たちがもっと考えれば，それをどのように概念化し，測定するのかについての私たちの考えをもっと精緻化することができるだろう。例えば，本章では，私は，人が接近できる異なる社会的位置の数の測度を使用している。これは，尋ねるべき最も重要な1つの質問である。誰かに接近できるのと誰にも接近できないのとでは，雲泥の差がある。しかし，ソーシャル・キャピタルが（例えば）顧客の基盤を豊かにするために使われるならば，接近の量も重要である。保険金詐欺に専門化している調査会社の販売員が保険ブローカーを知っていることから確かに利益を得るが，30人のブローカーを知っていることからはさらに多くの利益を得るだろう。特定の種類の職業のために最も役に立つ形態のソーシャル・キャピタルが何であろうと，ソーシャル・キャピタルの潜在的な価値はどのようにして実際の利益に転換されるのだろうか。ある種のネットワークが作用するという両方の証拠，そして，衣服企業のソーシャル・キャピタルに関するウズィー

(Uzzi, 1996) の分析のように，それらがどのように作用するのかを示すための詳細なエスノグラフィックな研究を含む研究はほとんどない。

さらに，役に立つソーシャル・キャピタルの性質と仕組みは，異なる種類の職業においてどのように異なるのか，そして，そのような質問は，どんな「種類」の作業を明らかにするのか。例えば，私たちは，いかなる種類のソーシャル・キャピタルも，産業間で (Geletkanycz and Hambrick, 1997)，そして，同じ企業の異なる管理の仕事の間で (Burt, 1997a) 変化する，多様な値を持つことを知っている。一方で，私たちは，そのような多様性についての私たちの描写を豊かにし，ソーシャル・キャピタルの異なる解釈の関連性のための条件を理論化する必要がある。他方で，これは，私たちを新しい種類の仕事のタイポロジーに導くことになり，それは，企業の内部と外部の仕事関係の網における仕事の社会的位置を含むだろう。本章のために，私は，戦略的に重要な種類の外部の関係的な職務がある仕事とない仕事の間の広範な対照を用いてきたが，これは，単なる始まりにすぎない。1つの産業に関する本研究でさえも，ネットワークの構造（例えば，管理職が最も多くのネットワーク多様性を必要とする），ネットワークが到達する人々の種類，そして，外部の紐帯の脈絡（例えば，顧客のニーズ，あるいは，調査のための情報を得ることに焦点を置くか）などの点から，外部に志向する仕事のための要件における多様性を私たちは見てきた。外部に志向されるよりも，内部に志向される良い仕事もあり，それらのためには，最も関連する形態のソーシャル・キャピタルは，外部の世界への多様な紐帯よりも，むしろ，企業自体のネットワークの内部における戦略的位置でなければならない。内部と外部の間の境界をまたがる仕事もあり，それには内部と外部の紐帯の戦略的な混合が必要であり，内部と外部の二重の強さのネットワークが管理職には最も利益をもたらすだろう (Burt, 1997b) ということを示唆するデータもある。

最後の過程に関して取り組むべき問題は，秩序と因果性に関する非常に大きな問題である。ソーシャル・キャピタル，人的資本，そして，他の相互に関係する変数は時間とともにどのように相互に影響するのだろうか。一回限りの研究のように，ここで報告した研究は，これらの重要な問題について本当に言及することはできない。例えば，警備の管理職が良いソーシャル・キャピタルを持っているのは，彼らが彼らのソーシャル・キャピタルのために採用されたか

補論：1991年国勢調査と調査サンプル

	1991年カナダ国勢調査	トロントサンプル
男性（％）		
調査員	77	84
警備員	76	76
パートタイム労働者（％）		
調査員	14	7
警備員	26	25
高校卒業（％）		
調査員	81	82
警備員	66	88
平均年収		
調査員	33,530	48,940
警備員	21,263	25,194

らであるのか，あるいは，彼らが管理職として役に立つコンタクトを作ったからなのか，それを見分けるのは難しい。おそらく，よく分からないが，ある程度，両方が本当であろう。また，管理職は，管理職になりたかったが，採用されなかった人々よりも，良いソーシャル・キャピタルを持つかどうかを見分けるのは不可能である。私たちは，縦断的な研究を必要とし，こういう種類の私たちの重要な問題を選び出すために，将来の労働者の集団について彼らの就業の軌跡を追跡するのである。

　最後に，異なる労働市場間では，人的資本とソーシャル・キャピタルの一般的役割がどのように変化するのだろうか。私たちは，その詳細が非常に多様であることをすでに知っている。労働市場は，それらが，教育，経験，そして，ネットワークの特定の組み合わせに報酬を与えるかどうか，それらが報酬を与える資本の特定の種類，採用の戦略，そして，入手可能な職業の混合において多様である。しかしながら，私は，いくつかのことがもっと一般的であることが判明するだろうと論じる。広範囲の多様性という意味におけるソーシャル・キャピタルの価値は，常に，仕事が対外関係に関する企業の非公式の部門であるという程度に依存し，従って，外部の紐帯の豊富なネットワークが採用要件であるという程度に依存するのである。内部に志向したネットワークを必要とする良い仕事が他にもあるが，対外関係は企業の結果をもたらすので，外部のソーシャル・キャピタルを必要とする仕事は，良い仕事である傾向がある。従って，特定の産業に適合する「良い」ネットワークの定義を考慮し，内部に志

向する良い仕事が広範な外部のネットワークを必要としないことを覚えておけば，良いネットワークは，人々が良い仕事を得る手助けをするのである。

参考文献

Bills, David B. 1988. "Educational Credentials and Hiring Decisions: What Employers Look for in New Employees." *Research in Social Stratification and Mobility* 7: 71-97.

Bills, David B. 1992. "A Survey of Employer Surveys: What We Know about Labor Markets from Talking to Bosses." *Research in Social Stratification and Mobility* 11: 3-31.

Bridges, William, and Wayne Villemez. 1986. "Informal Hiring and Income in the Labor Market." *American Sociological Review* 51: 574-582.

Breiger, Ronald L. 1994. "Dual Aggregation on the Basis of Relational Homogeneity." Paper presented at the International Social Networks Conference, New Orleans, February 17-20, 1994.

Burt, Ronald S. 1992. *Structural Holes*. Cambridge, MA: Harvard University Press.（2006年，ロナルド・S・バート著，安田雪訳，『競争の社会的構造――構造的空隙の理論』新曜社）

Burt, Ronald S. 1997a. "The Contingent Value of Social Capital." *Administrative Science Quarterly* 42: 339-365.

Burt, Ronald S. 1997b. "A Note on Social Capital and Network Contents." *Social Networks* 19: 335-373.

Campbell, Gayle, and Bryan Reinhard. 1994. "Private Security and Public Policing in Canada." Canadian Centre for Justice Statistics Juristat Service Bulleting vol. 14 no. 10 (March 1994), Pp. 1-19.

Erickson, Bonnie H. 1996. "Culture, Class, and Connections." *American Journal of Sociology* 102: 217-251.

Erickson, Bonnie H. 2000. "Social Networks." In Judith R. Blau (ed.), *The Blackwell Companion to Sociology*.

Ganzeboom, Harry B., and Donald J. Treiman. 1996. "Internationally Comparable Measures of Occupational Status for the 1988 International Standard Classification of Occupations." *Social Science Research* 25: 201-239.

Geletkanycz, Marta A., and Donald C. Hambrick. 1997. "The External Ties of Top Executives: Implications for Strategic Choice and Performance." *Administrative Science Quarterly* 42: 654-681.

Granovetter, Mark. 1974. *Getting a Job: A Study of Contacts and Careers.* Chicago: University of Chicago Press.

Granovetter, Mark. 1995. *Getting a Job: A Study of Contacts and Careers. Second Edition.* Chicago: University of Chicago Press.（1998年，マーク・グラノヴェター著，渡辺深訳，『転職――ネットワークとキャリアの研究』第二版，ミネルヴァ書房）

Hagan, John. 1992. "Class Fortification against Crime in Canada." *Canadian Review of Sociology and Anthropology* 29: 126-139.

Lai, Gina, Nan Lin, and Shu-Yin Leung. 1998. "Network Resources, Contact Resources, and Status Attainment." *Social Networks* 20: 159-178.

Lin, Nan. 1999. "Social Networks and Status Attainment." *Annual Review of Sociology* 25: 467-487.

Lin, Nan, and Mary Dumin. 1986. "Access to Occupations Through Social Ties." *Social Networks* 8: 365-385.

Marsden, Peter V. 1994a. "The Hiring Process: Recruitment Methods." *American Behavioral Scientist* 37: 979-991.

Marsden, Peter V. 1994b. "Selection Methods in U.S. Establishments." *Acta Sociologica* 37: 287-301.

Portes, Alejandro, and Patricia Landolt. 1996. "The Downside of Social Capital." *The American Prospect* 26: 18-21.

Uzzi, Brian. 1996. "The Sources and Consequences of Embeddedness for the Economic Performance of Organizations: The Network Effect." *American Sociological Review* 61: 674-698.

Wright, Eric Olin. 1985. *Classes.* London: Verso Editions.

第7章
開始する
―― 職業キャリアの開始へのソーシャル・キャピタルの影響 ――

ヘンク・フラップ／エド・ボックスマン

　世論は，ネットワークの有用性を職業上の成功にとっての秘訣として高く評価している。「ネットワーキング」は動詞となり，それは，「誰かに助けを直接求めることなく，できるだけ多くの人々と話す技術」(New York Times, 1991)である。しかし，この引用は，また，出世するために人的つながりを用いることを禁止する公式的で，普遍的なイデオロギーをそのまま伝えている。

　少なくとも1950年代から社会科学において，多くの人々がある種の非公式の関係を通じて仕事を見つけることが広く受け入れられている (Lipset, Bendix, and Malm, 1955) が，その十分な意味はすぐには認識されていなかった。経済学の職探し理論がその知見に理論的な意味を与えた。情報は，コスト，すなわち，探索のコストを支払って購入する財である。非公式の探索は，公式の経路を利用することと比較して，探索コストを節約するので，それが仕事を見つけることに貢献するのである (Stigler, 1961, 1962)。人々が十分に情報を入手しているという最初の想定は捨てられてきた。それは，少なくとも労働市場においては強すぎる想定であるからである。

　お互いを見つけることの困難さというよりは，申し出の質を確立することの困難さである。非公式の経路は，次の両方を提供する。すなわち，多くの申し出に関する外延的情報と特定の申し出に関する集約的情報である (Rees, 1966)。しかし，ネットワーキングはうまく作用するのだろうか。経済学者は，仕事を見つける過程における非公式の社会関係の正確な役割について経験的な調査をあまり行ってこなかった (Devine and Kiefer, 1991)。

　その検討は，社会学者によって新しい視点が与えられ，労働市場におけるネットワークの役割に関する詳細な研究が行われた。彼らは，労働市場における個人的関係の重要性についての初期の調査を反復した。多くの人々が実際に自分の仕事を非公式の経路を通じて見つけている。1981年，オランダの男性従業

員の34％が彼らの初職を非公式の経路を通じて見つけ，彼らの最後，あるいは，現在の職を32％が同様に見つけ，その数は，1991年には45％と52％に増加した（De Graaf and Flap, 1988 ; Moerbeek, Flap, and Ultee, 1995）。ほぼ同じ割合が他の西欧の産業国家において報告されている（Granovetter, 1974/1995 : 140）。グラノヴェター（Granovetter, 1974/1995），リン，ヴォーン，そして，エンゼル（Lin, Vaughn, and Ensel, 1981），そして，バート（Burt, 1992）がそのような知見を用い，ソーシャル・ネットワークにおける探索と採用の埋め込みを強調することによって，私たちの労働市場の視点を社会学的なものにした。彼らは，全ての市場が特定の紐帯によって社会的に組織化されていると主張する。

　この社会学的調査は，また，ネットワークが職探し理論が予測するようには機能しないことを示した。例えば，非公式の探索が常に良い仕事をもたらすわけではないというかなりの量の調査が存在する。さらに，規模の大きいネットワークが常に非公式の探索に至るわけではないし，また，規模の大きいネットワークが人々に良い仕事を見つけることを保証しない（Flap, 1991 と Lin, 1999 のレビューを参照）。

　問題は，労働市場の結果に対する個人的関係のネットワークの効果についてよく理解することである。この目的のために，私たちは，職探し理論に２つの理論的想定を加える。第一に，私たちは，職探しと労働市場の結果に対する個人的関係の影響を特定化する。それは，個人的関係，そして，それらの関係によって接近できる資源を，職を得るような目標達成において手段的であるソーシャル・キャピタルとして概念化することによって特定化する。ソーシャル・キャピタルという概念の多次元的な特性を考慮し，情報や援助を受け取ることは互酬性のコストを被ることを考慮する。第二に，私たちは，職探し過程におけるソーシャル・ネットワークの使用を複雑にする主要な社会的条件が雇用主の選抜行動である，あるいは，それ以上に，彼らに詳細な情報の探索に向かわせる条件であると論じる。しかし，ネットワークと労働市場の結果に関する既存の調査は，労働市場の供給サイドに主に集中している。

　仕事を見つける過程についてもっと深く追求するために，私たちは，一種のパネルデザインを用いた。私たちのサンプルの規模は，それほど大きくないが，デザインは強力なものである。データは，t_1の時点で高等職業訓練をほとんど修了した，初職に就く段階の若い人々の集団について収集された。t_2の時点で

彼らの大多数は職業生活に入った。私たちは，彼らが働き始めた組織の雇用主，そして，コンタクトと考えられる人にも面接することによって，複数行為者（multiactor）データセットを作成した（Parcel, Kaufman, and Jolly, 1991）。

理論的モデル

私たちは，職探し，選抜行動，そして，それらの適合性（match）の結果の説明を緩やかに概念化された合理的選択モデルにもとづかせる。そのモデルは，各行為の相対的魅力が将来の仕事の応募者や雇用主が存在する社会的条件にどのように依存するのかに関する補助的な想定を含んでいる。選択肢となる行為の期待されるコストと利益に関するこれらの補助的な想定は，関連する研究領域にもとづくものである。私たちは，職探し理論（McKenna, 1985を参照），地位達成研究（例えば，Ganzeboom, Treiman, and Ultee, 1991），そして，階層研究の内部にある新しい構造主義（例えば，Farkas and England, 1994），そして，私たち自身のいくつかの想定を加える。私たちは，この合理的社会学的モデルを使って仮説を設定し，私たちの議論を組織化する。補助的な想定は，予測された結果を見ることによって，間接的に検証される。

従業員

まず，仕事を探している人々から始める。単純にするために，私たちは，職を探す時に，彼らは，公式の経路を使うか，非公式の経路を使うかのどちらかという2つの選択肢だけを持つと想定する。私たちは，非公式な探索の直接のコストが非常に低いので，それらは考慮されないと想定する。しかしながら，私たちは，また，非公式の探索が実際には互酬性のコストをもたらすと想定する（Grieco, 1987）。助けを求めることによって，行為者は将来のサービスとして返済される借りを抱えることになる。

ソーシャル・キャピタルという考えは，職を探す間の社会関係の影響を特定化する手助けとなる。ソーシャル・ネットワークは，ソーシャル・キャピタルである。それは，それらが，例えば，職を得ることのような目標達成における手段であるからである。ソーシャル・キャピタルは，ネットワークの規模，ネットワークの構造，ネットワークの構成員への投資，そして，これらのネット

ワークの構成員の資源の結果であるからである（Burt, 1992, 2000；Flap, 1999, 2001）。将来の求職者は，彼らがソーシャル・キャピタルを持つならば，非公式の探索を試みる傾向がある。初期の調査（Lin et al., 1981；De Graaf and Flap, 1988；Marsden and Hurlbert, 1988）は，高い地位のコンタクトが良い仕事を見つける機会を高めることを一貫して示している。ソーシャル・キャピタルは，また，自己（ego）の個人的ネットワークの構造の特性である。もし自己が他者たち（alters）と排他的な関係を持てば（自己が彼の他者たちの間に位置し，彼らに他の選択肢となる関係がなければ），彼らは，情報や他の援助を提供する態勢ができている。その関係が強ければ，そして，焦点の行為者にとって交換率が有利であれば，助けを求めることによって誰かが被る互酬性のコストは低いだろう。

　いくつかの労働市場の特性が非公式な職探しに従事する意思決定に影響を与えると期待されるが，例えば，仕事を見つけようとしている特定の労働市場における閉鎖性（closure）の程度などがある。その市場における作業組織内部において比較的多くの内部昇進が存在すれば，部外者が非公式の経路を通じて以外に仕事を見つけることは困難であろう。さらに，誰かが探索するセクター内部の労働力の供給が多ければ，自分の労働力の質を目立たせるのは難しいだろう。ネットワーク構成員の動員は，自分の労働力の質に対して，多くの知人からの注目を集めるだろう。セクター市場内部の異なる組織における人々の間の個人的な社会的接触が非常に多ければ，また，非公式の経路を通じて仕事が見つかることが容易になるだろう。最後に，雇用主が非公式の経路を通じて採用することが知られていれば，仕事を探している人々が非公式のコンタクトを通じて探すことによって適応するだろう。それは，そうすることで仕事を見つける機会が高まるからである。

　職務要件が測定することが困難であるような職務の特性，そして，企業特異的なスキルの必要性は，応募者が彼の能力を自分だけで，あるいは，彼の卒業証書を見せるだけで，雇用主に納得させることを困難にするだろう。保証人なしに，その人がその仕事に必要とされる能力を持つことを雇用主に確信させることは難しいだろう。

　個人的な状況がいくつかの点で非公式の職探しの程度に影響を与えるだろう。例えば，若い人は，これからの全ての就業生活が目の前にあるので，仕事に比

較的高い価値を置くと想定できるだろう。彼の生涯収入は、職業キャリアにおいて好スタートを切るかどうかに依存している。男性なのか、女性なのかは、また、非公式の探索を行為者に選ばせる原動力となる。仕事のコミットメントに対するジェンダーの効果に関する調査結果は曖昧ではないが（Bielby, 1992）、女性は男性よりも仕事の価値を低く評価すると時折想定されるが、それは、女性が、また、良き母や専業主婦であることに満足や社会的是認を見出すからである。個人の財政状況は、仕事を持つことの価値に影響を与え、例えば、生活のために自分の稼ぐ力に依存する仕事を持たない配偶者と子供がいれば、仕事を持つことに大きな価値を置く。人々が持つ人的資本は、また、仕事に人々が置く価値に影響を与えるだろう。多くの人的資本を持つ人々は、仕事を持つことに少々高い価値を置く。それは、仕事が彼らに比較的多くの収入と他の報酬をもたらすからである。最後に、社会的スキルが非公式の探索を通じて職を得る機会を増やすだろう。

雇用主

雇用主は、時折、2つの連続する段階、採用と選抜を区別する。私たちは、私たちの調査を行っていた時には応募者の数が一般的には西ヨーロッパの労働市場においては問題ではなかったので、選抜の段階に集中する。しかしながら、この区別をあまり重く見過ぎるべきでない。なぜなら、その2つを実際に分離するのはそれほど簡単ではないからであり、両方の段階で用いられる方法はだいぶ類似し、すなわち、採用の非公式の方法は、多くの場合、選抜の非公式な方法を必然的に伴うのである（Windolf and Wood, 1988）。

良い応募者を選抜したい雇用主は、2つの選択肢しかない。公的な基準、例えば、教育だけによって、あるいは、非公式な方法や心理学的テストを通じて、応募者に関する詳細な情報、例えば、彼の能力と信頼性について情報収集することによって、応募者を選抜するのである。もし雇用主が労働力の提供の質について自信がなければ、探索コスト理論の後の発展であるシグナリング理論によって論じられるように、質について伝える代理となるものを探す（Spence, 1974 ; Rosenbaum, Kariya, Settersten, and Maier, 1990）。いくつかの社会的条件が雇用主にとって詳細な探索が持つ魅力に影響することが期待されている。

他の組織と多くの接触を持つ雇用主、特に、彼自身と類似する地位の人々と

接触を持つ雇用主は,将来の仕事の応募者に関する集約的な情報を集めるために,これらのコンタクトは使いやすいだろう。もし雇用主が自分の所属する,あるいは,訪れる協会やクラブの多くの人々を知っているなら,そして,彼が,自分と類似する地位にある,多くの友人,知人,そして,家族の成員を持つならば,彼は,また,将来の応募者に関する詳細な情報にうまく接近できる。

いくつかの職務には,企業特異的な人的資本が主に重要である。教育上の証明書は,必要とされる情報を提供しない。さらに,雇用主は,特定の職務における従業員の生産性を測定するのが難しければ,良い応募者を見つけることに高い価値を置くだろう。訓練コストがもう1つの関連する要因であるが,私たちは,これらのコストを測定していないので,それらの影響を分析することができない。高い上級職に到達する可能性がある出世コースの職務のための良い応募者は,雇用主にとって非常に重要である。そのような職務は多くないので,それらが成長する可能性のある人々によって埋められることが雇用主にとって重要である。これら全ての場合に,詳細な情報が間違った採用のリスクを低減するだろう (Windolf and Wood, 1988)。

非常に重要な条件は,間違った採用の損害可能性 (damage potential) である。それは,特定の地位の従業員が組織に多くの損害を与える場合である。作業組織に対して損害を与える可能性 (Jacobs, 1981) は,以下の場合に大きい。(a)生産技術が十分に頑丈でないので,従業員がコストのかかるミスをする,(b)従業員が自分の本当の質を明らかにせず,採用された後で,最初に考えられていたほど十分でないことが判明するが,解雇することが難しい,あるいは,(c)従業員が自分勝手に行為し,会社の資源を自分の私的な目的のために使い,会社と自分の給料が支払われている課業を危険にさらす。後者の2つの問題は,プリンシパル―エージェント論において隠された情報と隠された行為として知られている (Petersen, 1995)。雇用主は,また,従業員が「自発的」に雇用主の計画と望みに従って行為するような誘引構造 (incentive structure) によって損害のリスクを減らそうとする。職務の階層性と支払い計画のある内部労働市場は,そのような考案物である。私たちは,内部労働市場の直接の指標,すなわち,特定のセクター市場内部の作業組織における内部昇進の割合という指標を1つだけしか持たないので,この問題に軽く触れることにする。

今度は,私たちは,組織の特性の影響について考える。既存の調査は,この

影響はそれほど大きくないことを示唆する。企業は，通常，採用方法を混合して用い，それは，大部分は企業特異的であり，各企業がその全ての空席のために採用する際に特定の方法を用いるという意味においてである（Marsden, 1994a）。組織は，それらの人事部を組織化する方法において異なっている。特に，規模の小さい企業では，人的資源の管理はたった一人の人の手中に委ねられている。組織が大きくなると，多くの場合，特定の人々が社員を選抜し採用するために任命され，政策決定，職務分類，あるいは，訓練と教育を行う。人事部がある組織に，多くの場合，集約的に紹介された人を探し，彼らのチェックを行う，あるいは，応募者自身をテストすることができる（Marsden and Campbell, 1990：64；Marsden and Gorman, 1999：194）。規模の大きい企業は，詳細な探索を行うための財政的手段と他の間接費を持っている。また，大きな企業は，結局のところそれほど良くないことが判明する応募者を選抜しても差し支えないと論じることができるかもしれない。それは，それらの企業には多くの選択肢となる職務があり，他の人々が間違った採用を補うことができるからである。

さらに，組織がその作業活動を別のセクターに分権化したなら，人事の課業はそれほど公式化されないだろう。また，各セクターの内部では従業員が相互を知る機会が大きくなるだろう。これは，内部や外部からの応募者の正確な評価を提供できる人が周りに存在する機会を増加させるだろう。組織のネットワーク内部の中心の位置は，また，非公式の経路を通じて詳細な情報を獲得しやすくする。

加えて，組織が選抜と採用に関する公式の規則を持っていれば，非公式の経路を通じて詳細な情報を得るのはコストがかかるだろう。少数派集団や女性のための積極的差別是正措置の規制の影響についても類似する議論を行うことができる（Marsden, 1994b：293）。詳細な情報にもとづく選抜は，一時的期間，例えば，見習い期間のための社員を持つ組織にとって容易であろう。応募者は，その最初の段階で彼の能力と性格を示すからである。

労働力の供給が十分であれば，雇用主は，非公式の経路が主に候補者の数を制限するためのものであっても，それを通じて，情報を蓄えることも好むだろう。

適合性

最後に，適合性について論じる。良いソーシャル・ネットワークと非公式の探索はいつ良い仕事を生み出すのだろうか。職探し過程におけるソーシャル・キャピタルの利益は，雇用主が入手可能な応募者に関する集約的情報を必要としているかどうかを条件とする。（求職者の視点からの）適合性は，以下の場合に良いだろう。(a)職を探している人が多くのソーシャル・キャピタルを持ち，特に，彼が生産的であるための多くの人的資本も持つならば，(b)仕事を探している人が多くのソーシャル・キャピタルだけでなく，彼のソーシャル・キャピタルを実行に移す，すなわち，彼のネットワークの構成員を動員すれば，(c)雇い主が詳細な情報を通じて選抜し，特に，求職者が多くのソーシャル・キャピタルを持つならば，(d)コンタクトが多くの資源を持ち，特に，彼が将来の従業員による非公式の探索活動に動員されれば，(e)コンタクトが求職者のために口添えし，特に，コンタクトが多くの資源を持つならば，そして，(f)求職者が仕事に応募している組織におけるコンタクトと雇用主，あるいは，従業員の関係が強ければ，適合性が良いだろう。

調査企画，データ，そして，測定

調査企画とデータ

ソーシャル・ネットワークと労働市場の位置の間の因果関係を調べ，上記の仮説の含意を検証するために，縦断的調査が行われ，高等職業訓練を修了する過程にある人々のソーシャル・ネットワークと職探し行動が測定された。加えて，採用手続きと求職者が接触した人々の支援について調べられた。

私たちの2波（two-wave）パネル調査は，1989年の5月に開始された。測定の最初の時点（t_1：1989年5月）では，高等職業訓練（経済学，エンジニアリング，そして，小学校教育の教員訓練）を修了する段階の365人（男性197人［54％］と女性168人［46％］）のネットワークが図表化された。回答者の性別に関する分布は非対称である。技術的な訓練を持つ回答者では，6％が女性であり，教師として教育された回答者の80％が女性である。1年後（t_2：1990年5月），彼らのうち303人が労働市場への参加，彼らが得た職業のタイプ，そして，仕事を見つける過程における個人的なソーシャル・ネットワークの役割について再び面接

された。

　1990年6月に，私たちは，また，雇い主の採用方法について郵送調査を行った。それは，将来の従業員が現職に就く前に働いていた，あるいは，接触した，雇用主に関するものであった（実数＝139人）。さらに，1990年9月に，私たちは，コンタクトによって提供された情報を含む援助の性格と目的について再び郵送調査を行った（実数＝88人）。最後に，1991年5月に，地域の職業センターの管理職，オランダの大規模な会社の人的資源の管理職，あるいは，民間の職業紹介のための職業リクルーターとして働く労働市場の専門家（実数＝14）は，回答者が得た68の職業を4つの職業特性に従って尺度化した。

　私たちは，この調査企画を決めた理由は以下のとおりである。(a)その調査企画では，私たちが求職者，雇用主，そして，コンタクトのネットワーク特性と労働市場行動の両方を1つのプロジェクトで調査することができる，(b)どのように因果の順序（例えば，コンタクトが仕事をもたらしたのか，あるいは，仕事がコンタクトをもたらしたのか）について決定するかについて何の問題も存在しない，(c)求職者の学校教育の継続期間が皆同じである，(d)既存の研究に示されるように，入口の職業（初職）が最終的に達成した地位における多くの部分の分散の大きな部分を，統計的にいえば，説明する，(e)ほとんどの既存の研究と対照的に，職業を得るのに成功した人々だけでなく，職が見つからなかった人々も研究された，(f)求職者の母集団は，同じ地理的な境界内にある労働市場に位置している（同じ時点で同じ地域で測定されている），(g)ネットワーク特性の測定に関する過去に遡っての質問に対する異議（Bernard et al., 1984）がこの調査企画ではそれほど重大ではない。

　t_1の面接の回答率は78％であり，t_2の面接の回答率は83％であった（t_2で面接されなかったのは，職業訓練を修了しなかった人々，そして，他の理由で，労働市場のために入手できない人々であった）。両方の面接は，約1時間30分続いた。

　私たちは，回答者のソーシャル・キャピタルを測定するために3つの方法を用いた。第一に，リンとデューミン（Lin and Dumin, 1986）によって開発された地位想起法を月いて，回答者に彼らが特定の職業の人々を知っているかどうかを尋ね，知っている場合は，名前を挙げられた人が友人，知人，あるいは，親族なのかどうかが尋ねられた。これら（40）の職業は，オランダの職業威信得点の全体の範囲を反映している（Sixma and Ultee, 1984）。この方法は，誰か

の個人的ネットワークの社会経済的威信の指標を提供する。第二に，私たちは，フィッシャー（McCallister and Fischer, 1978）の名前想起法アプローチを用い，ネットワークの構成員の名前を生み出す名前想起法の質問から開始する。いくつかの質問がこれらの人々について聞かれ，彼らの名前を解釈する。私たちは，2,150人のネットワーク構成員の情報を得た。第三に，役割アプローチが用いられ，もし存在すれば，家族構成員と回答者の配偶者を明らかにした（実数＝1,009人）。上記の2つのアプローチを通じて明らかにされたネットワーク構成員について，彼らの個人的特性，回答者との紐帯の性質に関するデータ，そして，回答者の個人的ネットワークの相互連結性（interconnectedness）に関するデータを収集した。全体で，私たちは，3,159人のネットワーク構成員の情報を入手することができた。

 t_2 の時点で，私たちは，回答者に彼らの職探しについて尋ね，彼らが仕事を見つけたかどうか，その仕事の質，そして，彼らのネットワーク構成員が探す際に助けたかどうかについて聞いた。また，私たちは，回答者から338人の雇用主の名前を入手した。彼らは，成功しなかったが，仕事に応募した最初の雇用主の名前，そして，現在の雇用主の名前について尋ねられた。これらの雇用主に調査票が送られ，彼らの採用と選抜行動について情報が集められた（回答率41％，実数＝139人）。調査票は，回答者が仕事を得るのに成功した103人の雇用主，そして，回答者が仕事に応募したが成功しなかった36人の雇用主に関するものである。もちろん，雇用主のサンプルは，経済学，エンジニアリング，そして，小学校教育のための教員訓練の領域において高等職業訓練を持つ回答者によって名前を挙げられた雇用主であり，回答した雇用主だけであるという点で選択的である。さらに，総学校教育の学校の校長である雇用主が過剰にサンプルとして抽出されている。母集団の代表性のこの欠如は，しかしながら，それほど重要ではない。それは，私たちの主要な目標が私たちの理論的な想定を検証することであったからである。最後に，第二の面接で，求職者と雇用主の間の情報伝達，あるいは，仲介者として行為したコンタクトについて質問した（実数＝125人）。これらのコンタクトは，短い調査票を受け取った。コンタクトの回答率は58％（実数＝88人）であった。

第 7 章　開始する

測　定

モデルの記述と検証において私たちが使った重要な概念は，次のように測定された（次のセクションを参照）。

求職者

非公式の探索は，学校を卒業した時から仕事を見つけるのに成功した時（あるいは，成功しなかった時）までに，仕事の空席についての他の人々との会話の頻度（月平均）と長さ（分平均）によって測定された。私たちは，これらの（正規化された）連続変数の積——従って，これも連続変数である——を意欲的な求職者が非公式に探索した時間の長さの指標とした。さらに，回答者は，彼らの様々な公式的，非公式の求職方法の経路，そして，そのうちのどれを過去10ヶ月の間に彼らが使ったのかについて尋ねられた。

上述のように，良い仕事を見つけるために関連する回答者のソーシャル・キャピタルを特徴付けるために，私たちは，地位想起法と名前想起法の両方を使った。後者に関しては，私たちは，回答者に（t_1の時点で）6つの名前想起法の質問において関連する他者の名前を，例えば，仕事の空席や個人的問題について話した人の名前を列挙するように依頼した。私たちは，列挙された6人と彼らの親，長男，妹，そして，配偶者，そして，まだ，述べていなければ，彼らの職業，教育，そして，彼らと回答者との関係についての情報を収集した。総合すると，私たちは，3,159人のネットワーク構成員，最大回答者1人当たり11人のネットワーク構成員に関する情報を入手した。

ソーシャル・キャピタルが多次元の概念であるという考えを真剣に受け取るならば，私たちは，また，多次元の測定手段を必要とする（Flap, 1999；Snijders, 1999）。私たちは，ソーシャル・キャピタルの3つの測定を行った。第一の測定は，助ける準備ができている人の数，彼らが助ける準備の程度，そして，資源の組み合わせである（De Graaf and Flap, 1988）。ネットワーク構成員の支援を提供しようとする意欲の指標として，私たちは4つの指標を用いた。(a)回答者とネットワーク構成員が知り合った時間の長さ（年数），(b)ネットワーク構成員との接触頻度，(c)接触の強度，そして，(d)回答者がネットワーク構成員にサービスを提供する頻度。これらの4つの変数は，ほぼ一次元である（クロンバックのアルファ = .76）。従って，私たちは，4つの変数のウェイト付けしない

合計をネットワーク構成員との紐帯の強さの指標とした。さらに,私たちは,これをネットワーク構成員が求職者(ego)を助ける準備ができている程度の指標とした。ネットワーク構成員の資源は,シクスマとウルテー(Sixma and Ultee, 1984)のオランダの職業威信尺度(13.4から89.1までの範囲の尺度)によってネットワーク構成員の職業の得点を用いて評価した。紐帯の強さと紐帯を通じて入手できる資源についての私たちの測度から,ソーシャル・キャピタルの私たちの測度を,(1)紐帯の強さ,そして,(2)コンタクトの資源の積を全てのネットワーク構成員について合計したものと定義する。乗法に関しては,紐帯の強さとコンタクト(alter)の資源についての私たちの測度の尺度の値を0と1の値に変換した。

　ソーシャル・キャピタルの第二の測定は,また,求職者(ego)のネットワークの構造,すなわち,彼／彼女のネットワークにおける彼／彼女の構造的自律性(structural autonomy)を含んでいる。上記のように,私たちは,t_1の時点で「フィッシャーの質問」において列挙された6人に関する広範囲のデータを収集した。また,これらの人々がお互いを知っていたかどうか,そして,どの程度知っていたかについて回答者に尋ねた。私たちは,365のエゴを中心としたネットワーク(ego-centered network)についての情報を得た。「STRUCTURE」(Burt, 1989)を用いて,回答者のネットワーク内部における回答者の相対的自立性(1からネットワーク拘束を引いた数)を計算した。ソーシャル・キャピタルの私たちの2つ目の測度は,最初の測度と類似しているが,二者の違いは,紐帯の強さが人の自律性によって仲介されている点である。

　私たちは,また,リンとデューミンの地位想起法を用いた。それは,ソーシャル・キャピタルのもう1つの多次元の測度であり,ソーシャル・キャピタルの3つの基本的次元に関する情報を提供するものである。フィッシャーの名前想起法にもとづく測度の代わりに,この測度を分析に使っても結果はかなり類似していた。さらに,私たちのソーシャル・キャピタルの測度は,自律性を含み,最善のソーシャル・キャピタルの多次元的性質を示し,私たちの「フィッシャー」の測度の拡張として構成されるものである。

　雇用主の採用方法に関する郵送調査では,彼らは,内部の任命を通じて仕事を得る組織内部の上位の従業員の割合を見積もるように依頼された。識別されるセクター市場の閉鎖は,そのような市場の内部における内部の任命の割合を

第**7**章　開始する

雇用主で平均したものとして，見積もられた。私たちは，全体で24のセクターを識別した。農業を別にして，製造業 4，商業サービス10，主に政府を含む他のタイプのサービス 9 である。将来の雇用主が 1 つ以上の市場において探索した場合には，私たちは，これらの市場の閉鎖性の平均をとった。雇用主の私たちのサンプルでは，いくつかのセクターが示されていなかったが，従業員の私たちのサンプルのある部分（11％）は，そのようなセクターで仕事を見つけていた。これらの従業員については，私たちは，彼らが全てのセクターの平均の閉鎖性，すなわち，37％の内部任命を持つセクター市場に存在すると想定した。

　回答者が望む仕事の空席に関する競争相手の数として回答者が見積もったものを特定のセクター内部の労働力の供給の指標とみなす。求職者は，探索戦略を選択する時に，実際の労働力の供給ではなく，この知覚された労働力の供給を考慮することは妥当である。

　特定のセクターにおける雇用主同士，あるいは，組織間に社会関係が存在する程度は，雇用主の調査からの情報によって推定された。まず，私たちは，空席のために適切な応募者について紹介してもらうために接触できる特定の人々を雇用主が知っている組織がいくつあるのか尋ねた。次に，彼らは，列挙された組織——のうち，最大 4 つ——の間に人的つながりがあるのかどうか問われた。特定のセクターにおける組織間のコンタクトの数の指標を作成するために，私たちは，分析をこれらの 4 つの組織に限定した。従って，雇用主は，組織との接触の数が最大 4，最小 0 を持つことができる。その 4 つの組織は，最大 6 の関係，最小 0 の関係によって，相互に関係することができる。私たちは，私たちのサンプルの中で，特定の労働市場セクター内部に存在した全ての雇用主について関係の平均数を計算し，これらの得点を求職者が探索したセクターに加えた。彼らが 1 つ以上のセクターで職探しをした場合には，再び，これらのセクターの平均値をとった。

　損害可能性，職務要件の測定，企業特異的スキル，そして，キャリアの可能性のような職務特性は，職業紹介所の所長や人事管理職のような14人の労働市場の専門家の小さな研究集団において測定された。68の異なる職務が求職者によって見つけられた。これら68の職業の 4 つの特性は，その14人の専門家によって 5 点法の基準によって尺度化された。 4 つの尺度の信頼性は，それぞれ0.92，0.86，0.87，0.93（クロンバックのアルファ）である。 4 つの職務特性の

因子分析は，結果として，2つの因子がデータの分散の大部分を説明していることを明らかにした。必要とされる企業特異的スキル，そして，職務資格の測定可能性が最初の因子に負荷する値が高く（両方0.91），そして，損害可能性とキャリア視点が第二の因子に同じく負荷している（0.94と0.75）。これらの因子を分析に用いても，次節で報告される結果と異なる知見をもたらさなかった。

個人的状況に関しては，年齢と性別の測定は，それ以上の説明を必要としない。将来の従業員の財政状況は，回答者が自分の収入がある配偶者を持っているかどうかという事実によって示された。これが不完全な指標であることは私たちも分かっているが，世帯の正確な規模のような財政状況に関するさらなる情報を私たちは持たなかった。

訓練年数によって示される人的資本は，全ての回答者においてほとんど同じであった。しかし，回答者はスキルと知性において異なっている。これらの差異の指標として，私たちは，学生が高等職業訓練を修了した時の成績の平均を用いた。教育のタイプにおける差異は，1つの分析だけで考慮され，そこでは，技術教育かその他か，そして，経済学の教育かその他かについてダミー変数を使用した。さらに，回答者が学生である時に掛け持ちの仕事をした，ボランティア団体で仕事の経験があった，あるいは，研修生であった場合には，これらも人的資本の指標（月数）として考慮された。

回答者の社会的スキルを測定するために，私たちは，面接者によって記録された2つの質問と3つの判定（judgment）質問にもとづく尺度を用いた。これらの質問の得点は，モッケン尺度（Mokken-scale）の基準（$H = 0.45$, $rho = .79$）を満たした。

雇用主

雇用主が詳細な情報にもとづいて応募者を選抜する付加的な方法を用いる程度（連続変数）は，4つの質問によって示された。最初の質問は，「社員を採用する時，あなたは心理テストを使いますか」である。33％の雇用主がこの方法を時々使用し，9％が通常使用した。具体的な空席に関して，雇用主は，過去12ヶ月の間に次の非公式の方法の1つ以上を使ったかどうか尋ねられた。(1)紹介できる人々の名前を応募者に尋ねる，(2)応募者に関する実際の情報を紹介者に尋ねる，そして，(3)紹介者によって提供された情報を考慮する。これらの4

つの項目に関する二分された得点（はい，時々，そして，しばしば=1；一度もない，非該当=0）は，「詳細な情報にもとづく選抜」の一次元の尺度を構成する（クロンバックのアルファ=0.78；実数=103）。

　雇用主のパーソナル・ネットワークの規模の指標として，私たちは，彼がクラブやボランティア団体の会員である数を加算した。彼の職業的ネットワークは，応募者について紹介を依頼できる人々を雇用主が知っている作業組織の数によって見積もられた。その企業の規模は直接尋ねられた。作業組織内部の一時的契約社員や研修生の数の指標として，組織の全体の労働力に対する，雇用者が1年間契約した高等職業訓練の研修生の数を用いた。人事の職務が組織内部で分化されている程度は，その人事部の規模によって示された。採用手続きの公式化は，女性のための差別是正措置の政策の存在によって示された。組織内部の人事の職務の中心性は，組織が大きな規模の企業の一部であるかどうかによって見積もられ，想定としては，それが分離している時は，組織内部において中心性がそれほど存在しないだろうということである。組織のネットワーク内部の作業組織の中心性は，雇用主が仕事の応募者について紹介を依頼できる他の組織内部の人々の間の個人的紐帯の存在に関する質問によって測定された。列挙できる組織の数は4である。さらに，私たちの測度のために，私たちは，雇用主自身の組織と同じ市場セクターに存在する組織だけを選択した。求職者のネットワークの分析と類似して，私たちは，雇用主の組織の中心性を計算した。最後に，高等職業訓練が要件である仕事の空席にどれくらいの数の人々が応募するのかという問いに対する答えは，雇用主が選択できる労働力の供給の指標とされた。

コンタクト

　コンタクトが口添えをしたか，あるいは，紹介したかは，一種の与えられた援助の指標とされた。コンタクトの職業威信は，ウルテーとシクスマの威信尺度にもとづく得点によって示された。コンタクトと雇用主の間の紐帯の強さは，コンタクトが友人，親族，あるいは，何か別の人であったかによって示された。この全ての情報は，将来の従業員によって提供された答えにもとづいていた。

結　果

収入は，オランダのギルダー（付加給付は含まれない）の総月収入によって示された。職業威信は，ウルテーとシクスマの威信尺度に列挙されている職業の平均威信得点として測定されている。

変数の欠損値の数が比較的少なかったので，分析において，欠損値は，当該の変数の平均得点によって取り替えられた（欠損値のリストワイズ削除を用いても結果に大きな影響はなかった）。

分析と結果

求職者

本項では，職探し行動の説明モデルを検証する。（t_1とt_2の間に）4分の3の回答者は，1つ以上の公式の経路を使った。類似する割合（70％）が非公式の経路を使った。従って，質問が直接尋ねられると，求職者がいつも公式の経路を使うという私たちの想定の本当の確証は存在しない。しかしながら，私たちは，もう1つの質問に対する答えを調べると，それほど見当違いというわけではない。回答者の92％がt_1とt_2の間に空席についての広告を読んでいたのである。

私たちは，線形回帰分析という標準モデルによって職探し行動の説明モデルを検証した。表7-1は，3つのモデルの推定を含んでいる。モデル M1 と M2 は，非公式に探索する確率を予測し，職探し行動の理論的モデルによって意味されている全ての変数が導入されている。モデルは，ソーシャル・キャピタルの測定において異なるだけである。モデル3は，標準的な「前方（forward）」選択法によって得られたものである。「後方（backward）」選択法の結果も全く同じである。

表7-1の結果は，次のような結論に至る。人々は，ソーシャル・キャピタルをより多く持つ時に，より頻繁に非公式に職探しをする。それは，ソーシャル・キャピタルの2つの測定のどちらを使っても差が生じないのである。従って，紐帯の強さとコンタクト（alters）の社会的資源に加えて，構造的自律性を考慮しても以前の結果は変わらない。雇用主の選抜行動が求職者の探索行動に影響を与える。前者による集約的行動にもとづく選抜は，後者による非公式

第 7 章　開始する

表 7-1　非公式の職探しの回帰分析の結果：将来の従業員（実数＝303）

変　数	M1 β	M2 β	M3 β
ソーシャル・キャピタルの側面			
ソーシャル・キャピタル（バージョン 1）	.24***		.24***
ソーシャル・キャピタル（バージョン 2）		.24***	
労働市場の特性			
セクター市場の閉鎖性	.18**	.19**	.18**
応募者の数	.23***	.22***	.24***
セクター市場内部のコンタクトの数	.13*	.12*	.14**
詳細情報に基づく選抜	.13	.12	.15**
職務特性			
職務要件の測定	－.07	－.01	
企業特異的スキル	.05	.05	
個人的状況			
年　齢	.03	.04	
性　別	.00	－.00	
財政的状況（収入のある配偶者）	－.05	－.02	
人的資本（成績）	.21***	.21***	.21***
社会的スキル	.07	.07	
R^2	.25	.25	.24
F 値	8.03***	8.11***	15.61***

注：*$p<.05$，**$p<.01$，***$p<.001$

な探索を促進する。職務特性が求職者の探索行動に影響するという表示は存在しない。雇用主が新しい人々を非常に注意深く選抜し採用すると私たちが期待する職務でさえも，例えば，相対的に高い企業特異的なスキル，そして，応募者が職務要件を満たすかどうかを確立することが困難である仕事でさえも，私たちは，求職者たちが非公式なコンタクトをより頻繁に使うことを見出さなかった。さらに，セクター市場の閉鎖性が高ければ，そして，競争する応募者が多ければ，それだけ多くの非公式の職探しが存在する。誰かが仕事を探しているセクター市場内部の組織がコンタクトによって連結していれば，また，それだけ多く非公式の職探しが存在する。

　非公式の探索の使用頻度に対する個人的状況の影響に関する私たちの仮説への支持は限定的である。予測に反して，年長者は若者よりも非公式な探索を多くしていない。男性は，また，女性よりも多く非公式に探索しないし，配偶者が収入のある仕事を持つ人々も多く非公式の職探しをしない。しかしながら，

203

表7-2 詳細情報にもとづく選抜の回帰分析の結果:雇用主(実数=103)

変数	M1 β	M2 β	M3 β
ネットワークとネットワーク構成員の特性			
雇用主仲間のコンタクトの数	.05		.24***
ネットワークの規模(会員として所属する数)	.02		
職務特性			
企業特異的スキル	.24	.20*	
職務要件の測定	−.08		
損害可能性	.28*	.27**	
キャリア可能性	−.05		.34***
組織特性			
規　模	−.01		
研修生の数	−.03		
人事職務の分化	.34*	.36***	.24**
選抜手続の公式化	−.19	−.18	
組織内部の中心性	−.03		
組織のネットワーク内部の中心性	.07		
労働市場の特性			
応募者の数	.22*	.21*	.21*
セクター市場の閉鎖性	.05		.18**
R^2	.37	.36	.31
F値	3.74***	10.98***	14.86***

注:*$p<.05$, **$p<.01$, ***$p<.001$

多くの人的資本を持つ人々は,多くの非公式の探索を行う。最後に,多くの社会的スキルを持つ人々が非公式に探索するという考えに対する確証は存在しない。しかし,社会的スキルとソーシャル・キャピタルの間には統計的に有意な正の関係(.13)が見られる。

雇用主

最小自乗法(OSL)回帰分析が行われ,どのように仕事の応募者を選抜するのかについての雇用主の選択の効果が予測されたとおりであるかどうかについて検証した。同じことが将来の従業員の選択について行われた。

表7-2の最初のモデルM1では,詳細情報にもとづく選抜の確率が,私たちが測定の手段を持たなかった職務の訓練コストという変数以外は,理論モデルに含まれる全ての条件によって予測された。モデルM2とM3は,標準の逐

次選択法，後方と前方それぞれの選択によって得られた。

　雇用主のネットワーク特性のどれも雇用主の選抜行動に予測されたような効果を持たない。一方，職務特性には，期待された効果がみられる。職務の性格から生じるエージェンシー問題は，雇用主に付加的な選抜方法を用いることを促す。考慮されている４つの職務特性のうちどれが最も重要なのかを決めるのは難しい。それに，これらの特性の間に強い相関が存在するからである。職務要件の測定と必要な企業特異的スキルは，モデルの完全な分析ではなく，二変数間の分析において，集約的選抜の非公式な方法に影響を与えるように思われる。

　内部労働市場は，内部昇進の程度によって示されるが，集約的選抜の手続きと等しいものとして機能しない。しかしながら，効果の符号は，仮説が予測するように，実際に負であることに留意してほしい。採用する組織が大規模な組織の複数の場所にある事業所であるかどうかは，効果を持たない。分化された人事職務を持つ組織は，より集約された方法使うように思われる。しかし，組織の規模と分離する人事部の存在との間には強い関係（r=.66）がある。従って，これらの特性は，両方が分析に同時に含まれると，予測されたような独立の効果を持たない。

適合性

　探索と選抜の過程が求職者にとって最適であるのはどのような時か。あるいは，言いかえれば，どのような条件のもとで求職者が高い収入と高い職業的地位の仕事を見つけるのに成功するのだろうか。本項では，私たちは，上述の異なる条件の重要性に関する予測について分析する。

　私たちが異なる仕事を見つける方法を組み合わせて公式と非公式の経路に分けると，284人（44％）の回答者が非公式な経路を通じて職を見つけた。これに関して，回答者が受けた高等職業訓練のタイプの間には有意な差はない。また，男性と女性の間にも有意差が見つからない。

　適合性が起こる異なる方法が収入と職業威信に対して想定される効果を検証するために，私たちは，最小自乗法回帰分析を用いた。表７‐３は，教育／人的資本，個人的状況，非公式の側面／雇用主の選抜行動，そして，職務の特性／組織／労働市場が収入と地位に対して与える予測された効果に関する結果を

第Ⅱ部　労働市場におけるソーシャル・キャピタル

表7-3　従業員の収入と職業威信の回帰分析の結果：独立変数（人的資本，個人的状況，探索行動，雇用主の選抜行動，そして，職務の特性，組織）実数＝284

独立変数	収入 I1 β	収入 I2 β	収入 I3 β	職業威信 P1 β	職業威信 P2 β	職業威信 P3 β
教育／人的資本						
経済学教育	.47***	.40***	.12	-.00	-.06	-.27*
技術教育	.42***	.38***	.02	.12	.10	-.21
成績	.08	.08	.08	.05	.07	.06
訓練期間（月数）	.04	-.00	-.04	.06	-.00	-.03
副業	-.05	-.02	-.02	-.06	-.03	-.02
会員である委員会の数	.04	.04	.03	.11	.12**	.12**
個人的状況						
性別（男＝1）	.17**	.13**	.18**	-.00	.00	-.04
父の職業威信	.02	-.00	-.01	-.00	-.01	.01
非公式の側面／雇用主の選抜行動						
ソーシャル・キャピタル		.16**	.12*		.12	.08
ソーシャル・キャピタル×人的資本		-.00	.02		-.10	-.05
非公式の探索		-.12	-.11		-.00	.03
非公式の探索×ソーシャル・キャピタル		.10	.07		.07	.07
コンタクトの職業威信		.06	.01		.20**	.14**
コンタクトの口添え		-.07	-.06		-.13*	-.13*
非公式の探索×コンタクトの職業威信		-.03	-.02		-.07	-.02
コンタクトの口添え×コンタクトの職業威信		.04	.03		-.14*	-.16**
紹介×コンタクトの職業威信		-.03	-.01		.13*	.14**
詳細情報に基づく選抜		.16*	.14		.05	.00
詳細情報に基づく選抜×非公式の探索		-.09	-.05		-.05	-.04
雇用主とのコンタクトの関係		.12	.09		.07	.04
職務特性／組織／労働市場						
損害可能性			.04			.09
キャリア可能性			.26*			.61***
測定			.10			.07
企業特異的スキル			.22*			-.21
セクター市場の閉鎖性			-.11			-.11
応募者の数			.08			-.08
セクター市場内部のコンタクトの数			.09			.12
組織の規模			.00			.04
R^2	.31	.38	.47	.05	.17	.35
F値	15.70***	7.95***	8.14***	1.69	2.61***	4.90***

注：*$p<.05$，**$p<.01$，***$p<.001$

示している。それは，段階ごとに変数を分析に加えながら，性別，ソーシャル・キャピタル，そして，職務特性が収入に有意な効果を持つことを示している。職務特性が分析においてモデルI3に含まれると，雇用主の選抜行動の効果が消失することに留意してほしい。収入に対する技術的，あるいは，経済学的教育の正の効果も，職務特性が分析に含まれるとすぐに消滅する。

職業威信に対する想定された効果について，非公式の探索が地位に与える効果は，職務特性が加えられても，有意なままである。高い威信のコンタクトを持つことは，また，獲得された威信という点からは資産である。口添えをすることは，期待されたとおりではなく，達成された職業の威信に対して，逆の負の効果を持ち，その効果は，口添えが高い威信を持つコンタクトによってなされると，その効果が増幅される（これは，交互作用項が当該の複数の変数のＺ得点をかけ合わせることによって確立された）。詳細情報にもとづく選抜は，職業威信に対する独立の効果を持たない。

　私たちは，収入と地位に対する4つの職務特性（キャリア可能性，必要な企業特異的スキル，職務資格を測定することの困難さ，そして，損害可能性）の別々の効果について解釈することはしない。それは，これらの特性が高度に相互に関係しているからである。これは，それらが従属変数における同じ変動を説明することを意味する。例えば，キャリア可能性が収入や地位に対して及ぼす強い効果は，それ自体では，あまり意味をなさない。その理由は，他の職務特性の効果がこの効果に部分的に隠されているし，その逆もあるからである。

結論と考察

　私たちの研究は，以下のことを明らかにしている。(1)ソーシャル・キャピタルがマッチング（matching）過程において使われているかどうか決定するために雇用主と応募者の両方の特性を考慮することが重要である。(2)ソーシャル・キャピタルの利益は，職業の種類によって変わる。(3)この変動に対する説明は，雇用主と従業員の適合性の雇用主側に存在する。それは，非公式な経路を通じて採用することによって，雇用主がリスクと損害可能性を最小化し，企業とともにキャリアを発達させるというコミットメントを促進しようとするからである。そして，(4)この二方向の過程の結果として，非公式な職務過程を用いる応募者が自動的にうまくいく，例えば，良い仕事と収入を得る，と期待するのは賢明でない。

　私たちの研究の企画は，非常に強力であるが，それは，いくつかの願いが叶わないままになっている。私たちは，2つの点について述べる。まず，私たちは，私たちの結論を偏らせるかもしれない，特定の職業や労働市場についての

私たちの将来の従業員による可能な自己選択（self-selection）を無視した。私たちは，特定のタイプの教育を持つ人々が，彼らの資格を持つ応募者が求められる仕事を探すと単に想定しただけである。

さらに，私たちは，従業員が契約を果たすことを保証するために雇用主によって使われる組織内の誘引構造に関する広範囲な情報を持たない。厳重な管理，効率賃金，あるいは，雇用主との高い信頼の個人的関係のような誘引は，応募者に関する詳細な情報のニーズを低減させるだろう。

私たちの研究は，また，調査のためのいくつかの方針を示唆している。その研究は，誰かのキャリアの最初の段階におけるソーシャル・キャピタルに集中したものである。他の調査は，後の職業移行におけるソーシャル・キャピタル（Lin, 1999）を扱い，最近では，組織内部の移動に対するソーシャル・キャピタルの効果に関する研究が相次いでいる（例えば，Podolny and Baron, 1997；レビューは Burt, 2000 を参照）。これらの研究領域をいくつかの知見から組み合わせることが興味深いだろう。例えば，もし，誰かが同じ組織内部の特定の仕事から別の仕事に移動するのではなく，特定の組織から別の組織に移動するならば，誰かのキャリアにおいて最も大きなステップが取られることになる（Blossfeld and Mayer, 1988）。さらに，自分の職業キャリアの間に，自分のネットワークが生得的でなく，達成的なものになる，すなわち，家族関係が仕事上のコンタクトや知り合いほど重要なものでなくなる（Moerbeek et al., 1995）。最後に，誰かの職業キャリアの後の段階において——個人がネットワークを築き，ある程度の労働経験を獲得した時——，人的資本とソーシャル・キャピタルの間の相互作用がもっと重要になるように思われる（本研究，そして，Boxman, Flap, and De Graaf, 1991）。

さらに，コンタクトは，ネットワークと労働市場の結果に関する理論と調査に明示的に統合されるべきである。コンタクトは，無差別に，誰に接触するのかを考えずに，情報を伝えるのではない。彼らは，情報の提供や何らかの援助を投資や未払いの負債の支払いとして考えている（Grieco, 1987：41-49）。さらに，彼らは，彼らが雇用主に紹介した人々と採用された人々に対してある程度の責任を負わされるだろう。雇用主は，彼ら自身の現職の社員からの紹介によって提供される応募者の頼りになる質に関する情報を信頼する（Fernandez and Weinberg, 1997；Marsden and Gorman, 1999）。弱い紐帯は，急な労働力不足

が存在し，訓練が公式の資格とつながっている場合だけうまく作用する（Völker and Flap, 1999 を参照）。調査は，従業員，可能性のあるコンタクト，そして，雇用主という三者に関する完全なデータセットを得る困難さによって阻まれる。例えば，私たちが最善を尽くしても，三者のうち，一人か二人による非回答のために，私たちに，将来の従業員のサンプルによってうまく動員された三者の20％しか回答するのに成功しなかった。

　私たちの研究の主要な含意は，特殊主義（particularism）が浸透していることである。技術的な発展，増大する分業，増加するチームの製造，短い製品サイクル，より自律的な仕事，公式的ではないハイアラキーなどが人々を他の人々と協同させる。これらの過程は，技術と従業員の様々な部分の間の緊密な連結を作り出すので，個人の業績の質を確立することが困難になり，間違えた採用の損害可能性を拡大させる。私たちの研究は，労働市場における現在の特殊主義が入手可能な応募者の質に関する情報を促すために役に立つのであり，特定の従業員や第三者に対するえこひいきをするために役立つわけではない。口添えをすることは，仕事を得ることはできるが，良い仕事ではないという点で望む結果をもたらさないことが示された。特殊主義的な紐帯は，最良の仕事や最良の入手可能な応募者を見つけるという普遍主義的な目標を促進させるために用いられる。

注

　私たちは，ラインハルト・ウィプラ（Reinhard Wippler）とジェロエン・ウェシィ（Jeroen Weesie）による本研究への貢献に心から感謝する。本研究は，第一著者に対するオランダ科学財団の助成金によって可能になった。

参考文献

Bernard, H. R., P. D. Killworth, D. Kronenfeld, and L. Sailer. 1984. "The Problem of Informant Accuracy: The Validity of Retrospective Data." *Annual Review of Anthropology* 13: 495-517.

Bielby, D. D. 1992. "Commitment to Work and Family." *Annual Review of Sociology* 18: 281-302.

Blossfeld, H. P., and K. U. Mayer. 1988. "Labour Market Segmentation in the Federal Republic of Germany: An Empirical Study of Segmentation Theories from a Life Course Perspective." *European Sociological Review* 4: 123-140.

Boxman, E. A. W., H. D. Flap, and P. M. De Graaf. 1991. "The Impact of Social and Human Capital on the Income Attainment of Dutch Managers." *Social Networks* 13: 51-73.

Burt, R. S. 1989. *Structure, Version 4.1.* New York: Center for the Social Sciences. Columbia University Press.

Burt, R. S. 1992. *Structural Holes. The Social Structure of Competition.* Cambridge: Harvard University Press.

Burt, R. S. 2000. "The Network Structure of Social Capital." In B. M. Staw and Sutton, eds, *Research in Organizational Behavior* 20 (forthcoming).

De Graaf, N. D., and H. D. Flap. 1988. "With a Little Help from My Friends." Social Resources as an Explanation of Occupational Status and Income in the Netherlands, the United States and West Germany. *Social Forces* 67: 453-472.

Devine, T. J., and N. M. Kiefer. 1991. *Empirical Labor Economics. The Search Approach.* New York: Oxford University Press.

Farkas, G., and P. England. 1994. (first ed. 1988) *Industries, Firms, and Jobs. Sociological and Economic Approaches.* New York: Plenum Press.

Fernandez, R. M., and N. Weinberg. 1997. "Sifting and Sorting: Personal Contacts and Hiring in a Retail Bank." *American Sociological Review* 62: 883-902.

Flap, H. D. 1991. "Social Capital in the Reproduction of Inequality, a Review." *Comparative Sociology of Family, Health and Education* 20: 6179-6202.

Flap, H. D. 1999. Creation and Returns of Social Capital. *A Revue Tocqueville* 20: 5-26.

Flap, H. D. 2001. "No Man is an Island." Forthcoming in E. Lazega and O. Favereau, eds., *Markets and Organizations.* Oxford: Oxford University Press.

Ganzeboom, H. B. G., D. J. Treiman, and W. C. Ultee. 1991. "Comparative Intergenerational Stratification Research: Three Generations and Beyond." *Annual Review of Sociology* 17: 277-302.

Granovetter, M. S. 1974/1995 (2nd ed.). *Getting a Job.* Cambridge: Harvard University Press.（1998年，マーク・グラノヴェター著，渡辺深訳，『転職──ネットワークとキャリアの研究』第二版，ミネルヴァ書房）

Grieco, M. 1987. *Keeping It in the Family: Social Networks and Employment Chance.* London: Tavistock.

Jacobs, D. 1981. "Toward a Theory of Mobility and Behavior in Organizations." *American Journal of Sociology* 87: 684-707.

Lin. N. 1999. "Social Networks and Status Attainment." *Annual Review of Sociology* 25: 467-487.

Lin, N., and M. Dumin. 1986. "Access to Occupations through Social Ties." *Social Networks* 8: 365-385.
Lin, N., J. C. Vaughn, and W. M. Ensel. 1981. "Social Resources and Occupational Status Attainment." *Social Forces* 59: 1163-81.
Lipset, S. M., R. Bendix, and T. Malm. 1955. "Job Plans and Entry into the Labor Market." *Social Forces* 33: 224-232.
Marsden, P. V. 1994a. "The Hiring Process: Recruitment Methods." *American Behavioral Scientist* 37: 979-991.
Marsden, P. V. 1994b. Selection Methods in U. S. Establishments. *Acta Sociologica* 37: 287-301.
Marsden, P. V., and K. E. Campbell. 1990. "Recruitment and Selection Processes: the Organizational Side to Job Searches." Pp. 59-79 in R. Breiger, ed., *Social Mobility and Social Structure*. Cambridge: Cambridge University Press.
Marsden, P. V., and J. S. Hurlbert. 1988. "Social Resources and Mobility Outcomes." *Social Forces* 66: 1038-1959.
Marsden, P. V. and E. H. Gorman. 1999. "Social Capital in Internal Staffing Practices." Pp. 180-196 in R. Th. A. J. Leenders & S. M. Gabbay, eds., *Corporate Social Capital and Liability*. Boston: Kluwer.
McCallister, L., and C. S. Fischer. 1978. "A Procedure for Surveying Personal Networks." *Sociological Methods & Research* 7: 131-148.
McKenna, C. J. 1985. *Uncertainty and Labor Market: Recent Developments in the Job Search Theory*. Brighton, Wheatsheaf Books.
Moerbeek, H., H. Flap, and W. Ultee. 1995. "That's What Friends are for: Ascribed and Achieved Social Capital in the Occupational Career." Paper presented at the European Social Network Conference, July 6-10, London.
Parcel, T. L., F. L. Kaufman and L. Jolly. 1991. "Going Up the Ladder: Multiplicity Sampling to Create Linked Macro-to-Micro Organizational Samples." *Sociological Methodology* 2: 43-79.
Petersen, T. 1995. "The Principal-Agent Relationship in Organizations." Pp. 187-212 in P. Foss, eds., *Economic Approaches to Organizations and Institutions*. Dartmouth: Dartmouth Publishing Company.
Podolny, J. M., and J. N. Baron. 1997. "Resources and Relationships: Social Networks and Mobility in the Workplace." *American Sociological Review* 62: 673-693.
Rees, A. 1966 "Lobor Economics: Effects of More Knowledge, Information Networks in Labor Markets." *American Economic Review* 56: 559-566
Rosenbaum, J. E., T. Kariya, R. Settersten, and T. Maier. 1990. "Market and Network

Theories of the Transitions from High School to Work: Their Application to Industrialized Societies." *Annual Review of Sociology* 16: 263-299.

Sixma, H., and W. C. Ultee. 1984. "An Occupational Prestige Scale for the Netherlands in the Eighties." Pp. 29-39 in B. F. M. Bakker, J. Dronkers, and H. B. G. Ganzeboom, eds., *Social Stratification and Mobility in the Netherlands*. Amsterdam: Siswo.

Snijders, T. A. B. 1999. "Prologue to the Measurement of Social Capital." *La Revue Tocqueville* 20: 27-44.

Spence, A. M. 1974. *Market Signalling: Informational Transfer in Hiring and Related Screening Processes*. Cambridge: Harvard University Press.

Stigler, G. J. 1961. "The Economics of Information." *Journal of Political Economy* 69: 213-225.

Stigler, G. J. 1962. "Information in the Labor Market." *Journal of Political Economy* 70: 94-105.

Völker, B., and H. Flap. 1999. "Getting Ahead in the GDR." *Acta Sociologica* 37: 17-34.

Windolf, P., and S. Wood. 1988. *Recruitment and Selection in the Labour Market: a Comparative Study of Britain and West Germany* Avebury: Aldershot.

第Ⅲ部

組織,コミュニティ,そして,制度的環境におけるソーシャル・キャピタル

第8章
社会的メカニズムと集合財としてのソーシャル・キャピタル
――同僚間の地位オークション――

エマニュエル・ラゼガ／フィリパ・E・パティソン

　本章では，ネットワークの交差（intersection）が，組織の統治に貢献する社会的で非公式な仕組みである方法について記述する。特に，それは，組織がメンバー間の地位競争の潜在的な負の効果に対処することを助けるメカニズムについてである。私たちは，私たちの主要な貢献が2つあることを明らかにする。第一に，地位競争は，「無制限の」地位オークション過程として分析される。サットンとハーガドン（Sutton and Hargadon, 1996）は，デザイン企業における「制限された」，あるいは，「分離された」[1]オークション過程に関する豊富な記述を提供した。彼らが記述する地位オークションは，ブレインストーミング（意見を出し合う）室と指定されたブレインストーミングセッションに限定されている。本研究では，私たちは，「無制限の」，そして，広範な地位オークションを観察し，そこでは，地位の表示と挑戦が組織全体において生起するのである。地位オークションが日常的な作業から制限されるか分離されることができない時は，それらは，他の方法によって統治される必要がある。私たちは，関係の交差する性質がどのようにその目的に役立つのかについて報告する。言いかえれば，私たちは，メンバーのネットワークにおける特定の種類の複紐帯性（multiplexity）が，どのようにそのようなオークションの潜在的な負の効果に対処することを助ける社会的メカニズムを提供するのかについて記述する。第二に，私たちは，この非公式な統治メカニズムを再構成することが重要であるので，特定のデータ分析法を用いる。それは，特に，このメカニズムがもとづいているメンバー間の複紐帯の下位構造を分析するのにその方法が役立つからである。

　組織化された状況では，集合行為への参加――例えば，チーム生産，規制活動，あるいは，以前の合意の施行――は，他の人々との協同が必要であり，様々な種類の資源の移動や交換を通じて表現される（Crozier and Friedberg,

1977)。これらの資源は，情報，同僚の善意（goodwill），助言，そして，時折，情緒的支援，そして，個人と集合的目標に役立つ多くの他の手段を含む。構造的視点から，これは，メンバーが組織のような広範な集合的行為者の脈絡において，進行中の基礎にもとづき協力し交換するために，社会的紐帯の特定の局所の（local）（単紐帯や複紐帯の）下位構造が組織化されねばならないことを意味する。

　これらの様々な種類の資源と社会的紐帯は，多くの場合，個人の達成のための個人のソーシャル・キャピタルを構成するとみなされてきた。本章では，私たちは，競争的な領域（Burt, 1992）における個人の業績の最大化に対するそのような社会的紐帯（そして，それらの構造）の相対的貢献を測定することに焦点を置かない。その代わりに，メンバーが，どのようにして，彼らの社会的資源を管理して，広範に理解されている労働契約に対する彼らの責任を果たすのかに関心がある。これは，集合財（collective asset）としてのソーシャル・キャピタルという概念の理解が必要であり，統治問題が何であるのかを特徴づけて，その問題を企業の担い手が解決するのを助ける社会的メカニズムを含むものである。

　スティンチコム（Stinchcombe, 1991：367）を引用し，ヘッドストロムとスウェッドバーグ（Hedstrom and Swedberg, 1998）は，社会的メカニズムについて次のような定義を提供している。「理論におけるメカニズムは，理論化されている主要な存在（entities）（例えば，集団）とは異なるレベルの存在（例えば，個人）に関する理論の小部分（bits）として定義され，その存在が高次の理論をより柔軟に，より正確に，あるいは，より一般化させるのを助ける」。従って，社会的メカニズムは，本質的に複数のレベル（multilevel）から成るものである。この定義に従うと，私たちは，また，現在十分に確立されたソーシャル・キャピタルへのネットワーク・アプローチのように，そのようなメカニズムは，組織内部のメンバーの紐帯のソーシャル・ネットワークに関する分析を通じてのみ観察が可能である。単紐帯や複紐帯から成る繰り返す構造的，そして，下位構造的なパターンは，集合的行為に対して利益をもたらすと想定される。それは，それらが（例えば，個人の取引コストを低減する，あるいは，成功することによる）個人の行為の問題だけでなく，調整の問題も解決するからである。

　ここで，私たちは，同僚が平等に権限を有する（collegial）「知識集約的」組織

におけるそのような統治メカニズムを明らかにする（Lazega, 1992b；Starbuck, 1992；Waters, 1989）。私たちは,「局所の複紐帯（locally multiplex）」交換システムを記述する。そのシステムは，メンバー間の複紐帯（multiplex ties）の特定のパターンを持つので，それは，地位オークションを奨励し，そして，それらを統制するという両方を助けるこのメカニズムの存在を示唆するのである。言いかえれば，一緒に働く同僚たちの間の地位競争を促進し，軽減するという両方を行い，従って，「多すぎる料理人」問題を解決する。技術的には，交換パターンというこの観念は，複数の資源の集合的管理にもとづく社会的メカニズムを明らかにする二者間，三者間，そして，高次の下位構造に言及するものである。

会社法を扱う法律事務所のネットワーク研究という事例研究を用いて，私たちは，3つの重要な生産に関連する資源（善意，助言，そして，友情）がメンバーたちによってどのように移動され交換されるのかを観察する。特に，私たちは，メンバー間の紐帯の連結（interlocking）を分析し，そのような紐帯の間の期待される相互依存の限定された数を定義する。私たちは，典型的な移動と交換を創造することによって，これらの下位構造における規則性が企業のソーシャル・キャピタルに貢献し，そのようなものとして，集合行為における彼らの参加という問題に対する構造的な答えを提供すると論じる。これらの規則性は，専門的な地位オークションを統制するために役立つ社会的メカニズムを構成する。

統治メカニズムにおけるこれらの下位構造の役割を理解するために，この組織における専門的メンバーに典型的である作業過程，そして，相互依存する個人たちがそれを実行するために必要とする資源について理解することが役に立つ（Crozier and Friedberg, 1977）。その企業は小さな，柔軟な，そして，異質なタスクフォース（作業部会）に分解され（Lazega, 1992a），複雑で標準化されていない問題に対応するために迅速かつ効率的に協力することができなければならない。この状況では，パートナーとアソシエイトから成るそのような一時的なタスクフォースは，多機能であり，時折，多くの専門領域（例えば，訴訟，会社法）にわたるものである。効果的な個人の参加に対するこれらのタスクフォースにおける協同の重要性は，個人の経済的業績がタスクフォースのメンバーシップと拘束と正の有意な関係を持つという事実から明らかである（Lazega,

1999b)。そのような同僚が平等に権限を有する企業における協同の特別な側面は，知識集約的な作業が地位ゲームと密接に混合されていることである(Bourricaud, 1961)。パートナーとアソシエイトのチームにおける作業のタイプは，非常に「協議的（deliberative）」である。それは，地位オークションにおける地位競争を奨励する（Sutton and Hargadon, 1996)。しかし，ある時点で，誰かが，通常は，担当のパートナーが協議に介入し，それを止める必要がある。ハイアラキーの権威は，専門職の間では損害を与えるものである。また，他のメンバーがこの介入の負の効果を軽減する必要がある。

事例に動かされるタスクフォースというこの描写は，従って，協同への構造的アプローチが，そのような集団が機能することにおいて中心的なものである資源の移動と交換について，なぜ，そして，どのように分析するのかを説明する。ここでは，これらの専門職の間の相互作用を形成する3つの社会的資源の間の相互作用分析することによって，このメカニズムを引き出すために P^* モデルが用いられる（Frank and Strauss, 1986 ; Pattison and Wasserman, 1999 ; Wasserman and Pattison, 1996 ; Robins, Pattison, and Wasserman, 1999)。事例研究をより詳細に記述した後で，私たちは，そのモデルについて記述し，そして，この協同の組織に貢献する特定の局所の複紐帯の交換下位構造を明らかにする。

会社法の法律事務所におけるブレインストームと地位オークション

このアプローチを確立し，弁護士間のこのタイプの協同に最小限かかわる関係の種類を記述するために用いられる事例研究は，この組織とその機能についての短い記述によって描かれる。フィールドワークは，1991年にスペンサー，グレイス，そして，ロビンズ（Spencer, Grace, and Robbins : SG&R）と呼ばれる，北東の会社法法律事務所において行われた。その企業は，71人の弁護士から成り，彼らは，3つの異なる市にある3つのオフィスに勤務する36人のパートナーと35人のアソシエイトである。その企業の全ての弁護士が面接された。ネルソンの用語において，この企業は「伝統的」な企業であり，より「官僚制的」なタイプとは反対に，公式に定義された部門が存在しない。1つのファイルについて協同する弁護士の間の相互依存は，数週間強く，そして，数ヶ月弱いだろう。顧客志向の知識集約的組織として，混じり合うパートナーの財（顧客，

経験，革新，Gilson and Mnookin, 1985 を参照）という通常の方針を通じて，そして，同僚性というイデオロギーの維持によって，その人的資本，そして，顧客のネットワークのような社会的資源を保護しようとする。協同の非公式のネットワーク，助言，そして，「友情（friendship）」，（すなわち，職場の外で交流すること）が企業の統合にとって非常に重要である（Lazega, 1992b）。

それは，比較的分権化された組織であり，合併から生じた企業であるが，プロフィット・センターの間には公式的で一般的に認められた区別がない。その企業は，部門化されていないが，「訴訟」（この企業の弁護士の半数）と「会社法」（訴訟以外の領域）という２つの一般的な活動領域に分割される。パートナー間の作業の共有と抱き合わせ販売（cross-selling）は，多くの場合，非公式に行われる。そのような企業の古典的な階層を考えると，作業は，特定のパートナーを通じて，アソシエイトに供給されることが想定されるが，この規則は，部分的にだけ尊重されている。

弱い管理は，情報を提供するが，施行するための公式の規則はあまり多くない。その企業には，一人の代表取締役パートナーと二人の副取締役パートナーから成る役員会がある。代表取締役は毎年選挙で選ばれ，一回は更新可能であり，その後は，管理職の課題を遂行し，自分の顧客の何人かを一時的に他のパートナーに任せる準備ができているパートナーから選出される。この構造は，より効率的な日々の管理と意思決定のために1980年代に採用された。現在の代表取締役パートナーは，「奇跡を呼ぶ人（rainmaker）」ではなく，強い権力を集中させていない。彼は，日々の管理者であり，職能常任委員会（財務，アソシエイト，マーケティング，採用，その他）とパートナーシップへ提言している。

パートナーの賃金は，年功序列制度のみにもとづき，貢献と報酬の間には直接のつながりはない。その企業は，パートナーになるアソシエイトを選抜する時に，できるだけリスクを少なくし，「自分の職務を果たす」ことがないパートナーを選ぶことを回避するために労をいとわない。パートナーは，どんな貢献が自分の利益に「かなり」適合するのかについて非公式に論じるかもしれないが，一年に一度年功制度が機械的に報酬を各自に分配する。多くの管理的な資源が各パートナーの業績の測定に当てられ（タイムシート，取引高，集金，経費，その他），この情報は全ての共同経営者にとって入手可能である。低い業績は，長期にわたって隠すことはできない。しかしながら，そのような企業は，

通常，かなりの利益を上げているので，これによって，共有された利益に対する自発的な貢献が狭い自己利害の成功を収めた追求と常に一致するわけではないという事実をパートナーたちは見落とすのである。

その企業には，水平の統制と公式の裁判手続きの間の中間の段階を提供する公式の相互評価（peer review）制度がない。除籍の前に，パートナーたちは，賃金システムにおける次の年功レベルにパートナーが到達することを阻むことによって，相互にひどく「罰する」権力を持つ。上述のように，パートナーは，彼／彼女への反対においてほぼ全員の一致がある時にだけ追放することができる。パートナーを除籍することは大変難しくコストがかかる。従って，直接的で財務的な統制の存在にもかかわらず，その企業は，たかり行為（freeloading）に対処する公式の方法を多く持っていない。一人のパートナーが他の人々に与える被害は，長期的に見れば，相当量になるだろう。反対に，パートナーは，少なくとも，顧客を紹介しない，アソシエイトを「貸す」ことをしない，あるいは，情報や助言を与えないことによって，自分と同じ同僚の一人を非公式的に孤立させようとすることができる。

この状況では，上述のように，一時的なパートナー―アソシエイトのタスクフォースは，多機能で，時折，多くの専門分野にわたる（訴訟，会社法）チームの中核を構成する。活動は，そのような一時的なチームで行われ，パートナーが目的と手段の交渉において自律性を持ち，アソシエイトは，多くの場合，高い地位のメンバーと一緒に，ブレインストームする（意見を出し合う）ことが期待されている。これは，類似する，そして，異なる階層の地位を持つメンバーの間の強い協同のための擬似市場だけでなく，サットンとハーガドン（Sutton and Hargadon, 1996）が地位オークションと呼ぶものも作り出す。事例についてじっくり考える時，アソシエイトとパートナーは，多くの場合，一時的に同僚であり，そして，平等主義的なゲームを演じ，そこでは，全ての議論が同等の重要性を持つのである。しかしながら，ある時点で，パートナーの豊富な経験，卓越したスキルと判断力，あるいは，顧客への責任がこれらの交換を停止し，その事例がどのように扱われ，どのように努力が分配されるかについて決定することを正当化するための理由となる。これは，多くの場合，苛立ったアソシエイトに対して適切な運営への特有な基準を押し付けるパートナーによる専制的な行動と知覚されるが，アソシエイトはめったにそれを口に出さない。

彼らは，アソシエイトのピラミッドのトップまで昇進し，パートナーになることを望んでいる。パートナーにとっては，アソシエイトとともに，最終決定権を持つことが，サービスの提供者，あるいは，専門的な教育者としての明白な義務のように思われる。しかし，パートナー間の差異は，スタイルの差異として扱われるか，あるいは，一時的なタスクフォースの外部に助言を求める行動を引き起こすかのどちらかの可能性がある。助言が求められるパートナーは，通常，年長者である（Lazega, 1995；Lazega and Van Duijn, 1997）。

地位競争を促進し軽減する

この形態の（アソシエイト間，パートナーとアソシエイト間，そして，パートナー間の）地位競争は，職場の専門職を動機付けるための効率的なメカニズムである。仲間から社会的是認（social approval）を受けることが，ウェーバー流の価値志向の行為者の目標の1つであるなら，名誉と認知を通じてのこの是認の分配――上下関係における序列の特権とともに――は，実際に，強力な動機付けの道具である。しかし，地位競争は，また，手に負えなくなる場合がある。地位は，特に，「専門性（professionalism）」についての異なる観念のために，際限なく挑戦される可能性がある。この企業では，地位ゲームと紛争が尊大になったパートナーによって個人に向けられたと捉えられ，従って，「多すぎる料理人」の問題を作り出す。それらは，その後，学習と知識と経験の循環に対して負，あるいは，破壊的な影響を与える（Lazega, 1992b；Lazega and Katz, 2000）。もちろん，仲間の間の合意を維持する道徳的な説得が常に存在するが，これらは，見せかけで口先だけのままである。競争を刺激することは容易に協同の妨げになるので，専門職は，彼らがこの過程の統制を失う可能性があることを知っている。地位競争は，従って，両刃の剣である。それは，奨励され，抑制される。

地位競争は，専門職の組織と企業にとっての管理上の問題を生じさせる。それは，常に，破綻をきたす危険性があるからである（Olson, 1965）。労働市場に対する経済学的アプローチは，特定の給与制度のような誘引が地位の差異の負の効果に対処すると主張する（Frank, 1985）。従って，低い業績のメンバーと低い地位のメンバーは，彼らが生産する価値に比べて，過剰に給与をもらう傾

第8章 社会的メカニズムと集合財としてのソーシャル・キャピタル

向がある。高い業績，そして，高い地位のメンバーは，彼らが生産する価値に比べて，過小に給料をもらう傾向があるが，彼らは，高い地位のメンバーとして認知されるコストを支払う。その企業の年功序列制度は，従って，パートナーの間の地位競争に対する軽減装置として考えられる。大部分のパートナーがそれを支持している。それは，それが，特に，その企業にとっての各メンバーの価値について，彼らの間の毎年の紛争を防ぐと彼らが信じるからである。

　この企業の給与が年功に関係し，年功尺度における各メンバーの序列が決定的に定義されているので，地位競争は，その最も危険な問題の1つ，すなわち，金銭の問題を逃れる。しかしながら，それは，作業集団における専門職の評判と権威というような他の問題に再び焦点が置かれるのである。例えば，パートナーは，アソシエイトの評価を通じてアソシエイトをけなす可能性があり，それは，また，プライドを傷つける儀式と考えられ，作業過程においてパートナーの地位に対する挑戦には許容範囲が存在することをアソシエイトに説明している（Bosk, 1979；Nelson, 1988；Lazega, 1993）。これらのプライドを傷つける儀式の効果は，他のアソシエイトとの比較，あるいは，別のやり方で行動した，あるいは，事例を別の方法で扱ったことを示す他のメンバーによって，和らげられる。しかし，それらは，「彼らの序列の間の地位の差異を明確に示す」（Bosk, 1979：143）。

　知識集約的作業が地位ゲームと密接に混合しているなら，同僚が平等に権限を有する組織は，厄介なことになる。地位オークションは，両刃の剣である。それらは，建設的であるだけでなく，破壊的であり得る。同僚が平等に権限を有する組織は，従って，それらの専門職の間の地位競争を促進し，軽減するという両方を行う必要がある。地位ゲームは，時折，友情の紐帯によって軽減されることを検証できたラゼガとヴァン・デュイン（Lazega and Van Duijn, 1997；Van Duijn, 1995；Van Duijn and Snijders, 1995）に従えば，私たちは，そのような状況では，社会的メカニズムが「討議的な」作業過程を構造化し，地位競争ゲームを軽減するのを助けるという両方を行うことが期待されるだろう。次の節では，私たちは，この企業のソーシャル・キャピタルを社会的紐帯の1つのパターンとみなし，その機能的な次元に関して，より特定で検証可能な仮説を提供する。特に，メンバー間の連結に関する分析が，この構造的な問題に対する構造的な答えを提供するために示される。

第Ⅲ部　組織，コミュニティ，そして，制度的環境におけるソーシャル・キャピタル

多すぎる料理人？　2段階の軽減メカニズムに関する仮説

　事例に動かされる法的なタスクフォースというこの描写は，従って，集合行為への参加に対する構造的アプローチがそのような作業集団と企業が機能することにおいて中心であり，地位競争の軽減に関与する，資源の移動と交換を分析することを示唆する。この言明は，協同と様々な種類の資源の交換に関する以前の研究と一致している（Bearman, 1997；Breiger and Ennis, 1997；Burt, 1982；Cook, 1987, 1990；Coleman, 1990；Crozier and Friedberg, 1977；Ekeh, 1974；Flap, Bulder, and Völker, 1998；Galaskiewicz and Marsden, 1978；Gouldner, 1960；Han and Breiger, 1999；Lazega, 1994, 1999a；Lazega and Pattison, 1999；Lin, 1995；Lindenberg, 1997；Lévi-Strauss, 1949）。ここでは，私たちは，そのような資源の3つのタイプについて考察する。これらは，同僚の善意，助言，そして，「友情」である。いかなる組織と同様に，この企業のメンバーの間におけるそのような資源の不平等な分布が存在する。しかしながら，私たちは，これらの資源の連結が地位競争を軽減するためのメカニズムを作り出すように構造化されていると主張する。それらの構造は，企業のソーシャル・キャピタルとして構成され，企業の方向付けに貢献する。

同僚の善意，助言，そして，「友情」

　最初のタイプの資源は，仕事に対する同僚のコミットメント，あるいは，協同に関係する善意である。顧客のニーズに合わせるために必要な柔軟性を考慮して，いくつかのファイルの量と複雑性を仮定すると，十分に力があり，仕事に熱心に取り組む同僚は，個人の弁護士にとって重要な資源である。上記のように，公式の構造が作業過程に制約を課している。一般的には，ファイル（あるいは，事例）は，少なくとも二人の弁護士，すなわち，一人のパートナーと一人のアソシエイトによって扱われる。1つのファイルについて協同する弁護士間の相互依存は，数週間は強く，そして，数ヶ月間は弱いだろう。作業の機会への接近は，受け入れと割り当ての方針に依存し，それらは，パートナーが，彼ら自身の間での可能性のある（倫理的，そして，ビジネスの）紛争を防ぐために，頼りにするものである。

第8章　社会的メカニズムと集合財としてのソーシャル・キャピタル

　法曹における徒弟の哲学に従えば，パートナーが複雑な問題を分析し，それをいくつかの部分に分解し，彼らの遂行する課題の小さな部分は，彼らと一緒に仕事をし，この訓練を観察している各アソシエイトの結果であると考える(Nelson, 1988)。強制的な協同は，しかしながら，多くのパートナーとほとんどのアソシエイトにとって日常的なことであるが，メンバーは，また，同僚の選択において，戦略的にうまく立ち回るための余地を自分自身に与える。この構造においては，パートナーとアソシエイトはお互いを必要としている。特に，パートナーは，多くの理由によって相互に依存するだろう。彼らは，同じ顧客を持ち，大きくて複雑なファイルを担当するだろう。従って，協同の形態は，市場の要請によって規定されている。加えて，顧客を維持する1つのよく知られた方法は，異なる専門のパートナーによって提供されるサービスを抱き合わせ販売することである。その結果，最初は特定の問題，例えば，ショッピングモールを買うための助言を必要とする顧客は，また，その企業の税金や訴訟サービスも提供されるだろう。これは，収益を増加し，顧客との関係を確立する助けになる。パートナー間の作業と抱き合わせ販売は，ほとんど非公式的に行われるが，一般的には，アソシエイトを含む時には，弁護士間ではそれほど行われない。

　そのような組織的，そして，職業的規則の下で，企業のメンバーには2つの関心事がある。それは，興味深い仕事を見つけること，そして，それを実行するために同僚からの協力を得ること，特に，長期的な関係に関心があり，そして，彼らを利用しない同僚である。ほとんどのメンバーは，自分の役割を十分に果たし，特に，成功した事例において，全ての功績を横取りしない，道理をわきまえた人々と一緒に共有された仕事をしたいと思っている。従って，個人のメンバーの最初の関心事は，他の人々との強い，しっかりした，継続できる関係を築くことである。パートナーは，他の広い人脈を持ったパートナーと信頼できるアソシエイトを必要とする。アソシエイトは，報酬をもたらすパートナーを必要とする。職場の強い紐帯は，一種の保険契約である。それらは，短期の保証を超えて拡大する。

　第二のタイプの資源は，助言である。SG&R組織は，多くの場合，抽象的な法的知識に言及する専門家の間で作業を組織化する。知識集約的作業の性質は，知識と経験の蓄積，移動，そして，交換である。この文脈では，メンバー

間の助言の移動と交換が，実際に，そのような知識集約的企業の存在のための主要な理由の1つとして，不可欠なものとみなされる。メンバーは，他の人々からの助言に絶えず頼っている。助言は，善意から生まれるものとみなすこともできるが，それは，また，強い同僚ではない誰かによって助言が提供されるという意味において，善意とは異なる。このタイプの法律事務所では，助言は，助言を求める人に請求書が渡されるわけではない。それは，弁護士のタイムシートや企業の収支計算書に記録されるわけではない。助言者は，成功した事例において功績を主張できない。事例に割り当てられていない弁護士が助言することもできるが，彼らが功績の分け前を請求したいのなら，彼らは，その事例について公式の同僚にならねばならない。これは，特定の貢献を超えた場合のみに受け入れられ，すでに担当している弁護士と交渉しなければならない。いつ助言の提供が協同になるのかを一方的に予測することは難しい。そのような状況で，ビジネス，キャリア，そして，象徴的競争に関する助言を求めることは，従って，時折，微妙な作業である。企業の人的資本とソーシャル・キャピタルを保護し，開発するように構造化している企業において (Wilensky, 1967; Smigel, 1969; Gilson and Mnookin, 1985; Nelson, 1988)，そのような資源は，個人のメンバーによって，特に重要である。メンバーは，専門能力を企業によって蓄積されるとみなし，他の人々からの助言に絶えず頼っている。それなしでは，彼らは，通常，彼らが扱う複雑な法的問題を解決できない (Lazega, 1995)。要するに，助言を求められるメンバーは，高い地位のメンバーと考えることができる (Blau, 1964)。

　第三のタイプの資源は，友情，あるいは，「役割距離 (role distance)」，課題自体に関係しない制約のない支援の一形態である。行為者の自分自身と役割の間に一定の距離を作り出すために撤退する場所というゴフマンの考えを使えば，それは，むしろ，「舞台裏の資源」の一形態である。私たちは，この支援を「友情 (friendship)」と呼び，交流，情緒的支援，情報，そして，状況の定義のような異なるタイプの資源を提供することによって，困難な状況において援助する意欲として，それをロマンチックではない方法で理解する。友人は，例えば，自分の地位を主張したり，交渉したり，集団における自分自身の場所を作り上げる時の助けのような多くの資源の潜在的源泉として考えられる。友情についてのこの定義の重要性は，それが互酬性を想定せず，作業過程それ自体に

直接連結していないことである。弁護士は、法律事務所では、そのような紐帯が同じ階級のアソシエイトの間、あるいは、同じ法科大学院に一緒に行ったアソシエイトの間で作られ、彼らのキャリアを通して継続する傾向があると述べる。

　友情の紐帯が、競争的な企業環境において体系的に検討されている第三のタイプの資源として提案されることに驚くかもしれない。一般的な企業について話す時は、多くのメンバーが、他の人々との紐帯を築くのにビジネス以外には多くの基盤がないと知覚している。これが「ほぼ例外なく」経済単位としての企業についての会話の根底にある。友情の紐帯は、作業過程自体を動かすために必要ではない。今日の同僚性に関する一般的な会話が、多くの場合、ビジネスに志向する企業と各同僚が平等に権限を有する理想化された過去との間の対照を強調するとしても、メンバーは、実際には、企業において選択された同僚との職業的紐帯と社会的な紐帯を混合させるのである。ここで引用されるパートナーは、一般的な雰囲気について多く語り、企業における選択された友情と個人化された関係の存在については語っていない。一般に、ビジネスの頭脳の間では、共感するハートは、また、邪魔を意味する。従って、彼らは、アソシエイトと距離を置く傾向があり、ほとんどの他のパートナーとの友情の紐帯には、多くの場合、不安を感じる。しかし、選ばれた少数は、地位競争の負の結果を受け入れ、潜在的な脅威に対処する助けを提供してくれる。

二段階の社会的メカニズム

　この企業では、メンバーは、一時的な、柔軟なタスクフォースにおいて働き、一人のパートナーと一人のアソシエイトが各チームを形成していることを思い起こしてほしい。そのタスクフォースは、企業の顧客のための複雑で新しい法的問題に対処しなければならない。作業はかなりハードなもので、タスクフォースのメンバー間の相互依存は、事例が審議中である時は、非常に強い。そして、そのチームは解散し、メンバーは、他の人々と異なるタスクフォースを形成し、他の事例について作業する。パートナーは、常に統轄するが、この種類のチームワークは、アソシエイトが高い地位のメンバーと意見を出し合い、複雑な法的問題に革新的な解決策を見つける必要があることに留意することが重要である。作業の興味深い側面は、アソシエイトとパートナーが一時的な「同

僚が平等に権限を有する」平等主義のゲームを演じ，そこでは，全ての議論が同程度の重要性を持つことである。専門職の地位競争の一形態は，創造性を刺激するためにここでは意図的に使われているが，それは，専門職の間で強力な動機付けの装置として認識されているからである。メンバーは，彼らの戦略についてのある形態の合意を求めているが，常に合意が存在するわけではなく，ある時点で，パートナーは，この討議を止めて，事例がどのように扱われるか，すなわち，「戦略」について，そして，努力がどのように割り当てられるかについて決定する。しかし，合意なしに討議を止めることは微妙な問題をはらむ。地位競争は，刺激的であるが，それは，負の効果を持つ可能性がある。アソシエイトは，たとえそう言わなくても，苛立ちを示し，そして，撤退してしまう。他のパートナーは，全て公式には平等であるが，ぼやきながら，管理しているパートナーに従うか，あるいは，一時的なタスクフォースの外部の経験豊かな，あるいは，年長のパートナーからの助言を求めることを決めるかのどちらかであろう。私たちは，地位競争の軽減のメカニズム——企業のソーシャル・キャピタルの一部としてのメカニズム——の第一段階として，メンバーが第三者，外部の権威に訴えることを理解している。第三者をこのように用いることは，不確実な状況では，より多くの情報のために，高い地位の権威ある同僚に頼るという，コールマン，カッツ，そして，メンゼル（Coleman, Katz, and Menzel, 1966）の内科医のそれと類似している。第一の段階は，すでに複紐帯である。その理由として，仕事の紐帯を持つメンバーは，自分たちが助言の紐帯を持つ誰かに頼るからである。従って，この企業でそのようなメカニズムが作用するなら，仕事の紐帯が助言の紐帯と強く連結しているだろう。

　この軽減メカニズム過程の第二段階は，同僚が平等に権限を有し，組織の階層構造がかなりフラットな組織では，タスクフォースのメンバーが助言のために複数の異なる第三者を容易に頼ることができるという事実に起因するものである。その場合には，メカニズムの別の段階がなくても，地位競争によって生じた問題が単に高い地位のパートナーに，ドミノ効果の危険性を伴って，移されるだけである。従って，私たちは，メカニズムの第二段階が，第三のタイプの紐帯，すなわち，上記で定義された友情の紐帯によって連結する一人だけの助言者か，あるいは，同様に連結している複数の異なる助言者を取り込むかのどちらかに存在するのである。地位競争は，助言者たちが相互に役割距離の紐

帯を持つ時になぜ弱められるのか。メカニズムの第二段階において，二人の助言者は，その事例に関与していないことを思い出そう。彼らは，通常は，そもそも高い地位のパートナーである。(それは，人は，助言を自分よりも地位の「低い」人々には求めないからであり)，彼らの価値ある友情を危険にさらすことのないように，彼らが自分たち自身の間の地位競争を扱い，相互に従うことが容易である。地位の高いメンバーは，低い地位のメンバーよりも，合意志向であるための圧力が高いとよくいわれる。もしこれが受容できる想定ならば，助言の紐帯と役割距離の紐帯は，このシステムにおいて強く連結しているだろう。そして，加えて，実際に，このメカニズムが二段階あるのなら，仕事の紐帯と役割距離の紐帯は，強く直接連結していない。仕事は仕事。ビジネスの頭脳の間では，役割距離は邪魔を意味するし，多くの人々は，自分の同僚と距離を置き，相手が異なる地位であればなおさらである。

　要約すると，異なるタイプの資源の連結という点から，私たちのこれまでの議論にもとづいて，次のような仮説を導き出すことができる。作業過程を構造化するために，同僚の紐帯と助言の紐帯の間の相互依存がこの交換システムにおいて強いことが期待される。特に，メンバーは，仕事の紐帯と助言の紐帯を混合し，討議過程を統制するために地位を持ち込む傾向がある。加えて，地位競争を軽減するために，助言の紐帯と友情の紐帯の間の相互依存がこの交換システムでは強いと期待される。言いかえれば，メンバーは，助言の紐帯と友情の紐帯を混合し，地位競争の潜在的な負の効果を和らげる傾向がある。

　最後に，同じタスクフォースにおいて，パートナーがアソシエイトよりも常に優位に立ち，そして，同じチームのパートナーが，地位競争を解決するために，通常は年長の他の人，タスクフォース外部のパートナーを探すとすれば，私たちは，また，同僚の紐帯（多くの場合，パートナーとアソシエイトの混合）間，そして，友情の紐帯間の相互依存は相対的にありそうもない。強い同僚の紐帯と友情の紐帯の間の相互依存は，全体に弱いだろう。言いかえれば，一般に，メンバーは，彼らの紐帯を仕事と友情を直接混合しないように仕分けする傾向がある。これらの期待は，多変数ランダムグラフモデルの P^* クラスを用いて，評価される (Frank and Strauss, 1986；Pattison and Wasserman, 1999；Robins, Pattison, and Wasserman, 1999；Strauss and Ikeda, 1990；Wasserman and Pattison, 1996)。

第Ⅲ部　組織，コミュニティ，そして，制度的環境におけるソーシャル・キャピタル

データ分析

　生産に関係する資源の組織分析にもとづいて，標準的なソシオメトリックデータがその企業において収集された。ネットワーク研究を行うために使われた名前想起法は，補論Aに示してある。上記のように，この企業では，そのような紐帯は，各メンバーに対する様々なタイプの資源のための経路を示している。第一は，強い仕事のコンタクトのネットワークである。親密な同僚が彼らの協力のために頼られる。彼らは，将来の仕事，より望ましい仕事，あるいは，顧客への接近を提供する。第二は，助言者のネットワークである。助言者は，精巧な法的事例を扱う知識集約的組織における複雑な問題に対する解決策を提供し，最後の意思決定を行う。この法律事務所において，助言者と同僚の間の差異は，パートナーが，審議中のファイルに関与する同僚としての助言者を含まずに（従って，功績を共有せずに），他のパートナーの助言を求めることができるという事実にもとづいている。第三のネットワークは，役割距離，あるいは，友情のネットワークであり，仕事外の交流として認識される。友人は，情緒的，そして，象徴的な支援，あるいは，状況の定義のような役割距離に関係する多くの異なる資源を提供する。

　上記から導かれる期待を評価するために，ネットワーク紐帯の間の依存性を認識するモデルを定式化する必要がある。そのようなモデルは，メンバーが，同僚が平等に権限を有する組織の構造的問題を解決すること，すなわち，地位競争を軽減することを助ける資源間の特定の形態の相互依存性を特徴付けることを可能にする。モデルの P^* クラスは，紐帯の相互依存性の分析のために特に開発された。多変量 P^* モデルの内部のモデルは，多関係（multirelational）ネットワークのための確率モデルである（Wasserman and Pattison, 1996；Pattison and Wasserman, 1999）。それらの最も一般的な形態では，P^* モデルが，特定のネットワークの下位構造と関係するパラメーターの点から，全体の多関係ネットワーク構造の確率を表現する。下位構造とは，小さいセットのネットワークメンバーと連結するネットワーク紐帯の特定の仮説的な形態を私たちは意味する。例えば，それは，相互の同僚の紐帯によって連結している一対の弁護士，あるいは，三人の弁護士で，そのうちの二人が相互の助言の紐帯と連結し，そ

して，残りの一人がこれらの二人の一人と友情の紐帯によって連結している関係である。モデルに現れる下部構造は，研究者が行う独立性の仮定（independence assumption）によって決定される。特に，下位構造は，可能な紐帯のセットによって定義され，その各対は，残りの紐帯を所与として，条件付きで依存すると想定される（特定の下位構造における可能な紐帯の数は，下位構造のレベルと呼ばれる）。パティソンとワサーマン（Pattison and Wasserman, 1999）は，多変量マルコフ仮定（Markov assumption）によって，ネットワーク研究において提案されてきた紐帯の間の相互依存の形態の多くを分析できると論じる。これらの形態は，役割セット，交換，経路依存，構造的位置，そして，行為者効果という観念に関係している。多変量マルコフ仮定は，もし一対の可能な紐帯が一人の弁護士を共有しなければ，全ての残りの紐帯を所与として，2つの可能なネットワーク紐帯が条件付き独立であると明確に述べる。この仮定の結果は，全体のネットワーク構造をモデル化する際に，複紐帯の紐帯と複紐帯の二者と三者の形態が全て潜在的に極めて重要であることである。

モデルの選択戦略に関する説明と単変量レベルのデータ分析は，別に出版された専門的な論文において展開されている（Lazega and Pattion, 1999）。ここでは，私たちは，3つのネットワーク関係に関する同時に分析するための最終の多変量 P^* モデルだけを提示する。このモデルによって，私たちは，紐帯，二者，そして，三者のレベルにおいて評価される3つのタイプの関係間の相互依存性を探索することが可能である。もし下位構造が P^* モデルにおいて大きな正のパラメーターを持つならば，下位構造の存在が全体のネットワークの可能性を促進する。このモデルは，所与の形態の関係的下位構造（例えば，一対の互酬的な友人の紐帯，あるいは，特定の三者構造）が全体のネットワーク構造の可能性に等効果（constant effect）を及ぼし，参加する原点（nodes）の属性に依存しない。その結果，そのモデルは，可能な下位構造の各々に対応するただ1つのパラメーターを持つ。パラメーターは，擬似尤度推定（pseudolikelihood estimation）（Strauss and Ikeda, 1990；Pattison and Wasserman, 1999）を使うことによって推定される。擬似尤度推定に伴う概算の標準誤差は，適した指標に関する指針のためだけに与えられる。

同僚が平等に権限を有する関係と他の関係の混合——典型的なパターン

　3つの関係に関与する可能な区別できる二者と三者の下位構造の数は，非常に多い。その結果，最初の多変量 P^* モデルを定義するために使われる下位構造の種類は，単変量解析で明らかになったレベル4以下の二者構造，レベル3以下の三者構造，そして，レベル4の三者下位構造に限定された。(階層的減少に続く)最終モデルにおけるパラメーターの擬似尤度推定は，表8-1に示されている。パラメーターの名称は，図8-1に提示されている。推定値は，対応する構造 (configuration) に関与する紐帯のタイプに従って組織化されている。私たちは，紐帯のタイプの組み合わせに関与する構造に議論の焦点を定め，その企業における紐帯の相互依存性の形態に対してそれらが持つ含意に言及する。

　同僚の紐帯と助言の紐帯の両方を含む構造に対応するパラメーターの大きな数は，同僚の紐帯と助言の紐帯が高度に相互依存したやり方で分布していることを示唆する。私たちは，第一に，複紐帯のパラメーター(弁護士 i が弁護士 j に双方向に通信可能な二重の紐帯を送る)が大きく正であるので，2つのタイプの紐帯の共起 (co-occurrence) の可能性が高いことを示唆する。ある程度，同僚と助言が構造において並列している(同じ位置に置かれている)。第二に，交換のパラメーター(i が助言の紐帯を j に送り，今度は，j が同僚の紐帯で i に返す)は，また，正であり，その2つのタイプの紐帯が交換される傾向を反映している。第三に，並列と交換へこれらの傾向は，やや分離している。これは，パラメーター $\tau_{11\_W.AW}$ と $\tau_{11\_A.AW}$ の負の推定値から明らかである。第四に，助言の紐帯と同僚の紐帯のための三者の相互依存性の明確で興味深い形態が存在する。1つの助言の紐帯と1つの同僚の紐帯から成る2つのパス (path) が同僚の紐帯と一致するが，助言の紐帯とは一致しない。従って，助言者の同僚，あるいは，同僚の助言者であることは，直接の助言者であることの十分条件ではない。そのような間接的な紐帯は，直接の同僚の紐帯に関係する傾向がある。この意味において，助言の紐帯と同僚の紐帯は，強い紐帯と弱い紐帯の連結の特性のいくつかを持つ構造に参加し，助言の紐帯が二者のうちの強い紐帯である (Breiger and Pattison, 1978 ; Granovetter, 1973 ; Pattison, 1993)。新しい同僚の紐帯が，自分

第8章　社会的メカニズムと集合財としてのソーシャル・キャピタル

表8-1　最終多変量モデルのためのパラメーター推定値

パラメーター	PLE	パラメーター	PLE	パラメーター	PLE
同　僚		助　言		友　情	
τ_{15_W}	$-3.49(.25)$	τ_{15_A}	$-3.46(.25)$	τ_{15_F}	$-4.65(.29)$
$\tau_{11\_W,W}$	$4.45(.47)$	$\tau_{11\_A,A}$	$1.33(.24)$	$\tau_{11\_F,F}$	$2.91(.24)$
$\tau_{12\_W,W}$	$0.06(.01)$	$\tau_{12\_A,A}$	$0.06(.01)$	$\tau_{12\_F,F}$	$0.07(.01)$
$\tau_{13\_W,W}$	$-0.04(.02)$	$\tau_{13\_A,A}$	$-0.06(.01)$	$\tau_{13\_F,F}$	$-0.06(.02)$
$\tau_{14\_W,W}$	$0.10(.02)$	$\tau_{14\_A,A}$	$0.06(.01)$	$\tau_{14\_F,F}$	$0.03(.02)$
$\tau_{9\_W,W,W}$	$-0.03(.02)$	$\tau_{9\_A,A,A}$	$0.28(.02)$	$\tau_{9\_F,F,F}$	$0.28(.02)$
$\tau_{10\_W,W,W}$	$0.30(.06)$				
$\tau_{7\_W,W,W}$	$-0.09(.02)$				
$\tau_{8\_W,W,W}$	$-0.06(.02)$				
$\tau_{3\_W,W,W,W}$	$-0.11(.02)$				
$\tau_{6\_W,W,W,W}$	$0.21(.04)$				
同僚と助言		同僚と友情		助言と友情	
$\tau_{15\_W,A}$	$2.44(.13)$	$\tau_{15\_W,F}$	$0.96(.17)$	$\tau_{15\_A,F}$	$2.42(.22)$
$\tau_{11\_W,A}$	$0.61(.21)$	$\tau_{22\_W,F}$	$0.48(.18)$	$\tau_{11\_A,F}$	$1.30(.19)$
$\tau_{12\_W,A}$	$-0.01(.01)$				
$\tau_{13\_W,A}$	$-0.03(.01)$	$\tau_{13\_F,W}$	$0.01(.01)$	$\tau_{13\_A,F}$	$-0.01(.01)$
$\tau_{13\_A,W}$	$-0.04(.01)$	$\tau_{13\_W,F}$	$-0.00(.01)$	$\tau_{13\_F,A}$	$-0.03(.01)$
$\tau_{14\_W,A}$	$-0.02(.01)$	$\tau_{14\_W,F}$	$-0.01(.01)$	$\tau_{14\_A,F}$	$-0.02(.01)$
$\tau_{11\_W,AW}$	$-0.39(.17)$	$\tau_{11\_W,FW}$	$-1.113(.23)$	$\tau_{11\_A,AF}$	$-0.87(.24)$
$\tau_{11\_A,AW}$	$-0.82(.14)$			$\tau_{11\_F,AF}$	$-0.90(.27)$
$\tau_{9\_A,A,W}$	$-0.08(.02)$				
$\tau_{9\_A,W,A}$	$-0.10(.02)$			$\tau_{9\_A,F,A}$	$0.07(.02)$
$\tau_{9\_W,A,A}$	$-0.12(.02)$				
$\tau_{9\_A,W,W}$	$0.13(.02)$				
$\tau_{9\_W,A,W}$	$0.18(.02)$	$\tau_{9\_W,F,W}$	$0.07(.02)$		
$\tau_{9\_W,W,A}$	$0.03(.01)$				
		$\tau_{10\_F,F,W}$	$-0.13(.02)$	$\tau_{10\_A,A,F}$	$-0.15(.02)$
				$\tau_{13\_F,AF}$	$-0.07(.02)$
				$\tau_{11\_A,F,AF}$	$1.55(.45)$
同僚と助言と友情					
τ_{15_AFW}	$-1.00(.21)$				
$\tau_{11\_W,AF}$	$-0.30(.24)$				
$\tau_{11\_W,AFW}$	$1.51(.31)$				

の助言者の同僚，あるいは，自分の同僚の助言者と築かれるという意味において，助言の紐帯が新しい同僚の紐帯の創造を促進すると仮定できるだろう．実際に，正のパラメーター推定値を持つ2つの三者の助言と同僚の構造が，下位構造として，交換が明白でない数少ない同僚の形態（すなわち，$\tau_{12\_W,W}$ と $\tau_{14\_W,W}$）

第Ⅲ部 組織，コミュニティ，そして，制度的環境におけるソーシャル・キャピタル

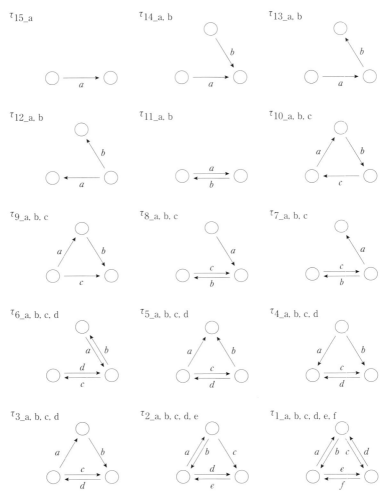

図8-1 P^* モデルのためのパラメーターに対応する構造。a, b, c, d, e, f の記号は，単紐帯，あるいは，複紐帯の関係に言及している。すなわち，W（同僚），A（助言），F（友情），WA（同僚と助言），WF（同僚と友情），AF（助言と友情），WAF（同僚，助言，そして友情）を意味する。

のうちの2つを含んでいる。従って，1つの可能性は，助言の紐帯が，そうでなければ，主に，交換によって作動しているシステムにおける作業の分布の安定しないパターンにおいて，安定化する役割を持つことである。すなわち，これらの構造における交換の欠如は，高い地位の個人と一緒に作業する機会によ

第8章 社会的メカニズムと集合財としてのソーシャル・キャピタル

って補われる．地位を伝える助言の紐帯が強く，集合的な参加の分布を統合するのを助けるのは，この意味においてである．しかしながら，仕事上の紐帯が地位の差異をまたがらせる能力はそれほど広がらない．（$\tau_{9\_A.A.W}$ の負の推定値が示すように）自分の助言者の助言者が同僚である可能性は低い．さらに，私たちは，地位を発信する助言の紐帯は，仕事の機会への接近を提供するという役割を果たすこと，そして，これが地位ゲームを軽減する助けとなることを指摘する．全体では，そして，期待されるように，この交換システムでは，同僚の紐帯と助言の紐帯の間の相互依存は強い．これが，私たちがその企業のソーシャル・キャピタルの一形態と考える交換メカニズムの独特の性質を具体化し始めるのである．

　助言の紐帯と友情の紐帯は，また，相当な複紐帯（iがjに双方向に通信可能な二重の紐帯を送る），そして，交換（iが助言の紐帯をjに送り，今度は，jが友情の紐帯でiに返す）効果と非常に強い相互依存を示す．加えて，$\tau_{11\_AF.AF}$ の正のパラメーターは，他のタイプの互酬的な紐帯の存在における特定のタイプの強化された互酬効果を示す．しかしながら，（$\tau_{11\_F.AF}$ と $\tau_{11\_A.AF}$ の負のパラメーターが示すように），他のタイプの非互酬的な紐帯の存在においては，その強化が観察されない．三者レベルでは，正のパラメーターが，弁護士iの助言者jとkの間を友情の紐帯が連結する三者構造だけと関係する．ほぼ間違いなく，助言の紐帯が同僚関係を1つにまとめるのに役立つように，（助言者の友人がまた助言者であるという構造が正のパラメーター推定値を持つので），友情の紐帯が助言の紐帯に関して1つにまとめる弱い役割を果たすだろう．負のパラメーター推定値が，2つの助言の紐帯と1つの友情の紐帯から構成される3つの循環と関係する（すなわち，助言者の助言者が助言の潜在的な源泉であるとしても，そのような人は，直接の友情の紐帯を返さないことを示唆する）．従って，助言の紐帯と友情の紐帯の相互依存は，友情の紐帯と助言の紐帯の間の1つにまとめる弱い関係も存在するが，主に，複紐帯と交換への傾向という二者の点から記述することができると論じられるかもしれない．友情の紐帯と助言の紐帯の相互依存のこれらのパターンは，また，友情が助言の紐帯に内在する地位の差異を，（複紐帯と交換効果を通じて）直接的に，（個人の助言者を連結する傾向によって）間接的に，「和らげる」ことを示唆すると解釈することができるだろう．従って，これらのパターンは，地位競争の軽減における役割距離の紐帯の役割に関する私たちの一

般的な期待と一致する。

　期待されるように，同僚と友情に関与する構造のパラメーターはずっと弱い傾向がある。複紐帯と交換のパラメーターは，弱いが正であり，相互の同僚の紐帯が非対称の友情の紐帯の存在において生起する構造のパラメーターが大きく，負であるので，これらの効果は分離させるものであるようにみえる。三者レベルでは，2つの友情の紐帯と1つの同僚の紐帯から構成される循環の可能性は低く，友情の紐帯が一人の同僚の紐帯を持つ二人の弁護士を連結する傾向がある。この後者の効果は，助言が非対称な同僚の構造の1つを持続させることを助けると主張されたパターンに類似するが，ずっと弱いものである。従って，メンバーは，自分たちの紐帯を仕分けし，仕事と友情をあまり直接的に混合しないようにする傾向がある。

　同僚，助言，そして，友情が関与する，非常に少数の二者の構造は，パラメーターの大きな推定値を持つ。特に，iからjへの三重の紐帯は負の推定値を持ち，互酬的な同僚の紐帯によって伴われる三重の紐帯は正の推定値を持つ。これは，個々の紐帯の全体の頻度が示唆するよりも一般的に二重の紐帯によって対の弁護士が連結されていても，互酬的な同僚の紐帯によって伴われるのでなければ，1対に連結する全ての3つの紐帯が観察されるのは，一般的な構造形態ではないことを示唆する。

　最後に，オークション過程の基本的構造での各可能な位置におけるパートナーとアソシエイトを持つ構造を数えることによって単純な実例数を見ることが，私たちの主要な議論に関して非常に役に立つ。(10)それらは，ブレインストーミングが助言の依頼を圧倒的にパートナーに対して向けている（対応する三者の75％），そして，この状況における友情の紐帯は，ほとんど，助言するパートナー間（対応する三者の62％）であることを確認している。地位競争過程とメンバー間の様々な種類の紐帯を混合する特定のパターンを通じての競争過程の軽減は，従って，組織の確立された公式的構造に現実に根を下ろしている。

<h2 style="text-align:center">結　　論</h2>

　組織のメンバー間の協同は，一連の決められた手順である，様々な種類の資源の移動や交換に関与するものとして考えることができる。協同と様々なタイ

第8章　社会的メカニズムと集合財としてのソーシャル・キャピタル

プの社会的資源の管理に関する構造的分析は，特定の組織における資源の重要な源泉の選択の間の関係を強調することによって，集合行為への効果的な参加に関する理解を促進する。このアプローチは，企業のソーシャル・キャピタルの一形態を構成するものとして理解される一般的な社会的メカニズムを明らかにすることを助ける (Leenders and Gabbay, 1999)。ここで分析された事例では，そのメカニズムは，同輩間の制約のない地位オークションを奨励し，そして，弱めることから成っている。法律事務所のネットワーク分析を用いて，私たちは，特定の作業環境におけるこれらの構造を再構成することができた。その環境は，「地位競争」が参加を推進する特定の強い動機付けである多機能的な，そして，時折，多くの専門分野にわたるタスクフォースによって特徴づけられる。特別な統計手段である P^* モデルが用いられ，これらの専門職間の協同を形成する3つの社会的資源の間の相互作用を分析し，地位競争のこの問題に対処するメカニズムにおけるこの相互作用の機能的な役割を明らかにした。これらのモデルは，洗練されていないデータ分析法ではわからないような下位構造レベルにおけるネットワークの交差（この統治メカニズムの重要な特性）についての洞察を提示した。この社会的メカニズムの存在を反映する構造の重要性は，ここで明らかにされた集合的ソーシャル・キャピタルの形態を具体化する。

　結論として，ソーシャル・キャピタルへのこのアプローチは，組織を統治問題に付随する一般的な社会的メカニズム (Hedstrom and Swedberg, 1998) の複数のセットとして考えることの重要性を指摘する。これらの社会的メカニズムは，この交換システムによって例示され，集合的行為の問題への構造的な解決を提供する助けになることによって，企業のソーシャル・キャピタルに貢献するのである。分析が1つの事例研究に適用されたので，私たちは，報告された知見にもとづいて，他の組織に一般化する立場にはない。このパターンが，医療における専門職のビジネス・パートナー，エンジニアリング，会計，科学的，あるいは，研究開発の研究所，そして，大学のような他のタイプの，同僚が平等に権限を有する組織，あるいは，知識集約的企業にかかわりがあるかどうかは，今後の課題である。そのような組織においては，生産過程を定型業務化することが困難であり，専門的な能力と助言は，簡単に標準化できない。その結果，企業全体のための「内部の」取引コストが集合行為の全体のコストの大きな部分であると想定できる。集合行為を可能にするために，いくつかの種類の

資源を体系的に組み合わせるニーズを見つけることが期待されるだろう。従って，ソーシャル・キャピタルの一形態としての特定のメカニズム，そして，集合行為，あるいは，協同へのメンバーの参加との間のつながりに関する私たちの一般的な言明を超えて，そのようなアプローチを他のタイプのメカニズムと組織に拡大するために，より多くの研究がなされる必要がある。

ソーシャル・キャピタルのこの観念は，デュルケーム（Durkheim, 1893）から始まり，現在，強固に確立され（Burt, 1992；Macaulay, 1963；Bourdieu, 1980；Coleman, 1990；レビューに次を参照．Flap, Bulder, and Völker, 1998；Gabbay, 1997），経済的成果を支持し，促進する社会的メカニズムに焦点を置く一般的な社会的伝統と一致している。ここでは，業績を最大化することは，技術，製品，組織の革新，管理的調整，あるいは，財務管理を向上させることだけを意味するわけではない。それは，また，社会的メカニズムの基礎であり，組織が調整の問題を解決する助けになる関係の特定の局所的な集まりを維持することも意味するのである。

補論A：同僚の紐帯，助言の紐帯，そして，役割距離の紐帯を引き出すために用いられるソシオメトリックな名前想起法

ここにあなたの企業の全てのメンバーのリストがあります。

強い同僚のネットワーク：あなたの企業のように，ほとんどの企業は，非常に非公式に組織化されているので，メンバーが実際にどのように一緒に仕事をしているのかについてはっきりした考えを得るのは難しいです。過去1年を振り返ってみて，あなたの企業の全ての弁護士について考えてください。このリストを調べて，あなたたがが一緒に仕事をしたことがある人の名前をチェックしてください。「一緒に仕事をした」というのは，少なくとも1つの事例について一緒に時間を過ごした，あなた方が同じ事例に割り当てられた，あなたの作業成果物を彼らが読んだ，あるいは，使った，彼らの作業成果物をあなたが読んだ，あるいは，使ったという意味です。これは，この企業内部でなされた専門的な仕事，例えば，弁護士協会や管理，その他の仕事を含みます。

基本的な助言のネットワーク：過去1年を振り返ってみて，あなたの企業の全ての弁護士について考えてください。あなたは誰に基本的な専門家の助言を

求めましたか。例えば，あなたが事例をちゃんと扱っているかどうか，適切な決定をしているかどうかを確かめたい，そして，あなたにとって専門的な意見が一般的に大きな価値がある誰かに相談したいと思う場合です。ここでの助言は，単なる技術的な助言を意味しません。

友情のネットワーク：このリストを調べて，仕事以外であなたが交流する人々の名前をチェックしてください。例えば，あなたが彼らの家族を知っている，彼らがあなたの家族を知っているような場合です。あなたが親しいレベルにある全ての人々，あるいは，企業の職務でたまたま会った人々を意味するわけでありません。

注

　私たちは，役に立つ示唆に関してロン・バートに心から感謝する。
(1) この用語は，役割緊張を管理するためのメカニズムとしての地位の分離に関するマートン（Merton, 1959）の観察に言及するものである。
(2) ゴフマンは，役割距離を構成することが個人の活動，多くの場合，個人のユーモアのセンスの生産物であると考えた。私たちは，それがより関係的な活動であると考える。それは，この距離を構成するために，私たちは他の人々を必要とするからである。
(3) 例えば，パートナー18の話を聞いてほしい：「私たちの企業は，もっぱら合弁経済企業である。明日の朝，新聞を取り，弁護士が車にはねられたと知れば，私はより心配するだろう。彼が私の企業の人ならば，私はさらに心配するだろう。しかし，その差は，私が彼と一緒に仕事をせずに，彼の家族と子供を知らなければ，それほど大きなものではないだろう。私のパートナーよりも私が大切に思う弁護士がこのコミュニティにたくさんいる。私は，パートナーシップを経済単位のようにみなしている。経済的な意味での相互義務と強化された善意と協力が存在する。仕事において相互に助け合う。私は，他人よりもパートナーからの善意を期待するが，ただそれだけである。『私は，そうできて喜んでいる』。しかし，私の生活全部が私のパートナーの周りを回っているわけではない。人々が親密すぎると，それは問題も作り出す。そして，パートナーシップが生き残ることが必要ではない。必要とされる信頼は，パートナーが私に害を与える状況を求めないということである。それは，認識が甘いかもしれない。私たちの給与制度は，その信用を保証するものである。それが変わることは，私が私のパートナーに感じている安心感を弱らせるだろう」。
(4) これは，パートナー13の次の観察において理解される：「企業が小さい時は，特に，全てのパートナーが他のパートナーが何をしているのかについてよく分かって

いた。私が思うには，企業全体において，ずっと高いレベルの社会的統合が存在し，家族から離れた一種の家族として，企業のずっと内部に目を向ける傾向が存在した。私たちの場合は，多分30年前この企業のパートナーたちは，彼ら自身で最も中心的な社会集団を表す傾向があった。この企業がこの規模までになっても，企業の内部に目を向ける傾向がまだ存在する傾向があるが，それは，明らかに，もはや緊密に連結した家族ではない。それは，数週間一度も会わないたくさんのパートナーがいるからである。従って，それどころか，パートナーが企業の内部とは反対に，企業から外部を見始める傾向が存在する。親密性が削減される傾向がある。現在あなたが持つのは，主要な社会集団が企業内部の他の弁護士を含んでいるだろうが，おそらく，企業の外部の多くの人々も含むだろう。それは，健全な発達であり，不健全な発達ではない」。

(5) 同僚，助言，そして，役割距離（あるいは，友情）のネットワークの全体の密度は，それぞれ0.22，0.17，そして，0.11である。

(6) 多変量マルコフ仮定の場合には，ネットワークのモデルが，多変量の三者，あるいは，n−1次の多変量のスター（n原点のネットワークのため；Pattison and Wasserman, 近刊）の下位構造に関して表現される。私たちは，3次以上の高次のスター（すなわち，企業のメンバーへ，あるいは，企業のメンバーから発せられる3つ以上の紐帯から構成される下位構造）の役割の分析について報告しなかった。それは，予備調査が示唆するところでは，高次のスターが，ここで私たちが焦点を絞っている多変量三者構造ほど，重要な役割を果たしていないからである。

(7) 減少（elimination）の手続きの階層的モデルが使われた。どの段階であっても，高次の下位構造に対応するパラメーターが減少（すなわち，ゼロにする）の対象として考えられた。従って，いかなる段階においても特定の下位構造がモデルにおける別の下位構造の部分集合ならば，第二の下部構造のみがその段階における減少の対象と考えられる。

(8) 二変数の分析は，2つの構造に関与するレベル4の三者構造を付加しても，モデルの適合性に対する実質的な貢献がないことを確認した。

(9) 表8-1では，各タイプの紐帯への負のパラメーターは，二人の行為者間の紐帯が二者間に紐帯が存在しないこととほぼ同じことを意味する（そして，パラメーターの相対的強さが，例えば，仕事の紐帯が最も頻繁であり，友情の紐帯が最も頻繁でないことを確認する）。

(10) （iとjの間の互酬的な仕事の紐帯とiからkへの助言の紐帯を持つ）段階1の構造，そして，（iからj，iからkへの助言の紐帯とjからkへの友情の紐帯を持つ）段階2の構造：

第8章 社会的メカニズムと集合財としてのソーシャル・キャピタル

| ~の地位 ||| 段階1の構造の数 | 段階2の構造の数 |
i	j	k		
A	A	A	508	503
A	P	A	1179	209
A	A	P	646	251
A	P	P	1470	693
P	A	A	456	57
P	P	A	535	105
P	A	P	2852	122
P	P	P	2921	1414

注:A アソシエイト;P:パートナー

参考文献

Bearman, Peter. 1997. "Generalized Exchange." *American Journal of Sociology* 102: 1383-1415.

Blau, Peter M. 1964. *Exchange and Power in Social Life*. New York: John Wiley. (1974年, ピーター・M・ブラウ著, 間場寿一ほか訳, 『交換と権力——社会過程の弁証法社会学』新曜社)

Bosk, Charles. 1979. *Forgive and Remember*. Chicago: University of Chicago Press.

Bourdieu, Pierre. 1980. "Le Capital Social. Notes Provisoires." *Actes de la Recherche en Sciences Sociales* 3: 2-3.

Bourricaud, François. 1961, *Esquisse d'une theorie de l'autorité*. Paris: Plon.

Breiger, Ronald L. 1974. "The Duality of Persons and Groups." *Social Forces* 53: 181-90.

Breiger, Ronald L., and J. Ennis. 1997. "Generalized Exchange in Social Networks: Statistics and Structure." *L'Année Sociologique* 47: 73-88.

Breiger, Ronald L., and Phillippa E. Pattison. 1978. "The Joint Role Structure in Two Communities' Elites." *Sociological Method & Research* 7: 213-226.

Burt, Ronald S. 1982. *Toward A Structural Theory of Action*. New York: Academic Press.

Burt, Ronald S. 1992. *Structural Holes: The Social Structure of Competition*. Cambridge: Harvard University Press. (2006年, ロナルド・S・バート著, 安田雪訳, 『競争の社会的構造——構造的空隙の理論』新曜社)

Coleman, James S. 1990. *Foundations of Social Theory*. Cambridge: Harvard University Press. (2004年~2006年, ジェームズ・S・コールマン著, 久慈利武監訳, 『社会理論の基礎』青木書店)

Coleman, James S., Elihu Katz, and Herbert Menzel. 1966. *Medical Innovation: A*

Diffusion Study. Indianapolis: Bobbs-Merrill.

Cook, Karen S., ed. 1987. *Social Exchange Theory*. London: Sage.

Cook, Karen S. 1990. "Linking Actors and Structures: An Exchange Network Perspective." In Calhoun, Meyer and Scott, eds.

Crozier, Michel, and Erhard Friedberg. 1977. *L'Acteur et le Système*. Paris: Seuil.

Durkheim, Emile. 1983. *De la Division du Travail Social*. Paris: Presses Universitaires de France. (1989年, E・デュルケム著, 井伊玄太郎訳, 『社会分業論』講談社学術文庫873, 874)

Ekeh, Peter. 1974. *Social Exchange Theory: The Two Traditions*. Cambridge: Harvard University Press. (1980年, ピーター・P・エケ著, 小川浩一訳, 『社会的交換理論』新泉社)

Flap, Hendrik D., Bert Bulder, and Beate Völker. 1998. "Intra-organizational Networks and Performance: A Review." *Computational and Mathematical Organization Theory* 4: 1-39.

Frank, Robert H. 1985. *Choosing the Right Pond: Human Behavior and the Quest for Status*. Oxford: Oxford University Press.

Frank, O., and D. Strauss. 1986. "Markov Graphs." *Journal of the American Statistical Association* 81: 832-842.

Gabbay, Shaul M. 1997. *Social Capital in the Creation of Financial Capital: The Case of Network Marketing*. Champaign, IL: Stipes Publishing.

Galaskiewicz, Joseph, and Peter V. Marsden. 1978. "Interorganizational Resource Networks: Formal Patterns of Overlap." *Social Science Research* 7: 89-107.

Gilson, Robert J., and Robert H. Mnookin. 1985. "Sharing among Human Capitalists: An Economic Inquiry into the Corporate Law Firm and How Partners Split Profits." *Stanford Law Review* 37: 313-392.

Goffman, Erving. 1961. *Encounters: Two Studies in the Sociology of Interaction*. Indianapolis: Bobbs-Merrill. (1985年, E・ゴッフマン著, 佐藤毅・折橋徹彦訳, 『出会い——相互行為の社会学』誠信書房)

Gouldner, Alvin. 1960. "The Norm of Reciprocity." *American Sociologica Review* 25: 161-178.

Granovetter, Marc. 1973. "The Strength of Weak Ties." *American Journal of Sociology* 78: 1360-80. (2006年, マーク・グラノヴェター著, 大岡栄美訳, 「弱い紐帯の強さ」, 野沢慎司編・監訳『リーディングス・ネットワーク論』勁草書房)

Han, Shin Kap, and Ronald L. Breiger. 1999. "Dimensions of Corporate Social Capital: Towards Models and Measures." Working Paper in Networks and Interpretation, Department of Sociology, Cornell University, No. 97-2. Forthcoming

in Leenders, R., and S. Gabbay, eds.
Hedstrom, Peter, and Richard Swedberg, eds. 1998. *Social Mechanisms: An Analytical Approach to Social Theory*. Cambridge: Cambridge University Press.
Lazega, Emmanuel. 1992a. "Analyse de réseaux d'une organisation collégiale: les avocats d'affaires." *Revue Française de Sociologie* 33: 559-589.
Lazega, Emmanuel. 1992b. *The Micro-politics of Knowledge: Communication and Indirect Control in Workgroups*. New York: Aldine-de Gruyter.
Lazega, Emmanuel. 1993. "Bureaucratie et collégialité dans les firmes américaines d'avocats d'affaires." *Droit et Société*. 23/24: 15-40.
Lazega, Emmanuel. 1994. "Analyse de réseaux et sociologie des organisations." *Revue Française de Sociologie* 35: 293-320.
Lazega, Emmanuel. 1995. "Concurrence, coopération et flux de conseils dans un cabinet américain d'avocats d'affaires: Les échanges d'idées entre collègues." *Revus Suisse de Sociologie* 21: 61-84.
Lazega, Emmanuel. 1999a. "Generalized Exchange and Economic Performance: Multilevel Embeddedness of Labor Contracts in a Corporate Law Firm." In R. Leenders and S. Gabbay, eds. *Corporate Social Capital and Liabilities*. Boston: Kluwer.
Lazega, Emmanuel. 1999b. "Teaming Up and Out? Cooperation and Solidarity in a Collegial Organization." *European Sociological Review*. Forthcoming.
Lazega, Emmanuel. Forthcoming. *The Collegial Phenomenon: A Structural Theory of Collective Action Among Peers*. Oxford: Oxford University Press.
Lazega, Emmanuel, and Marijtje Van Duijn. 1997. "Position in Formal Structure, Personal Characteristics and Choices of Advisors in a Law Firm: A Logistic Regression Model for Dyadic Network Data." *Social Networks* 19: 375-397.
Lazega, Emmanuel, and Philippa E. Pattison. 1999. "Multiplexity, Generalized Exchange and Cooperation in Organizations: A Case Study." *Social Networks* 21: 67-90.
Lazer, David, and Nancy Katz. 2000. "Putting the Network into Teamwork." Paper presented at the Sunbelt INSNA Meeting, Vancouver, Canada.
Leenders, Rober, and Shaul Gabbay, eds. 1999. *Corporate Social Capital and Liaility*. Boston: Kluwer.
Lévi-Strauss, Claude. 1949. *Les Formes élémentaires de la parenté*. Paris: Plon.
Lin, Nan. 1995. "Les Ressources sociales: une théorie du capital social." *Revue Française de Sociologie* 36: 685-704.
Lindenberg, Siegwart. 1997. "Grounding Groups in Theory: Functional, Cognitive,

and Structural Interdependencies." Vol. 14, pp. 281-331 in *Advances in Group Processes.* Greenwich, CT: JAI Press.

Macaulay, S. 1963. "Non-Contractural Relations in Business." *American Sociological Review* 28: 55-66.

Merton, Robert K. 1959. *Social Theory and Social Structure.* Glencoe: The Free Press.(1961年,ロバート・K・マートン著,森東吾ほか訳,『社会理論と社会構造』みすず書房)

Nelson, Robert. 1988. *Partners with Power: The Social Transformation of the Large Law Firm.* Berkeley: University of California Press.

Olson, Mancur. 1965. *The Logic of Collective Action.* Cambridge: Harvard University Press.(1996年,マンサー・オルソン著,依田博・森脇俊雅訳,『集合行為論――公共財と集団理論』ミネルヴァ書房)

Pattison, Philippa E. 1993. *Algebraic models for social networks:* New York: Cambridge University Press.

Pattison, Philippa and Stanley Wasserman. 1999. "Logit Models and Logistic Regressions for Social Networks: II. Multivariate Relations." *Journal of Mathematical and Statistical Psychology* 52: 169-193.

Robins, Garry, Philippa Pattison, and Stanley Wasserman. 1999. "Logit Models and Logistic Regressions for Social Networks: III Valued Relations." *Psychometrika* 64: 371-394.

Smigel, Erwin. 1969. *The Wall Street Lawyer: Professional Organizational Man?* 2nd ed. Bloomington: Indiana University Press.

Starbuck, William H. 1992. "Learning by Knowledge-Intensive Firms." *Journal of Management Studies* 29: 713-740.

Stinchcombe, Arthur L. 1991. "The Conditions of Fruitfulness of Theorizing about Mechanisms in Social Science." *Philosophy of the Social Sciences* 21: 367-388.

Strauss, D., and M. Ikeda. 1990. "Pseudolikelihood Estimation for Social Networks." *Journal of the American Statistical Association* 85: 204-212.

Sutton, Robert I., and Andrew Hargadon. 1996. "Brainstorming Groups in Context: Effectiveness in a Product Design Firm." *Administrative Science Quarterly* 41: 685-718.

Van Duijn, Marijtje. 1995. "Estimation of a Random Effects Model for Directed Graphs." In *Toeval zit Overall, Programmatuur voor Random-Coëfficiënt Modellen.* Zevende Symposium Statistische Software. Groningen: ProGAMMA.

Van Duijn, Marijtje and Tom A. B. Snijders. 1995. "The P2 model." Internal publication, Department of Statistics, University of Groningen.

Wasserman, Stanley, and Katherin Faust. 1994. *Social Network Analysis: Methods and Applications*. Cambridge: Cambridge University Press. (2022年, S・ワッサーマン, K・ファウスト著, 平松闊・宮垣元訳, 『社会的ネットワーク分析——「つながり」を研究する方法と応用』ミネルヴァ書房)

Wasserman, Stanley, and Philippa Pattison. 1996. "Logit Models and Logistic Regressions for Social Networks: I. An Introduction to Markov Graphs and p^*." *Psychometrika* 60: 401-425.

Waters, Malcolm. 1989. "Collegiality, Bureaucratization, and Professionalization: A Weberian Analysis." *American Journal of Sociology* 94: 945-972.

Wilensky, Harold L. 1967. *Organizational Intelligence*. New York: Basic Books.

第⑨章
非常に厳しい環境におけるソーシャル・ネットワークとソーシャル・キャピタル

ジーン・S・ハルバート／ジョン・J・ベッグズ／ヴァレリー・A・ヘインズ

　ソーシャル・キャピタルは，現代社会学における主要な概念となった。その事実にかかわらず，その意味は，理論的議論と経験的適用の両方における進行中の論争の主題のままである。本章では，ブルデュー（Bourdieu, 1986：248）を活用し，ソーシャル・キャピタルを「実際の，あるいは，潜在的な資源の集合であり，それらの資源は，相互の知り合い，あるいは，相互の認識の，多少とも制度化された諸関係の永続的なネットワークと連結している」として定義する。ポルテス（Portes, 1998：1）が指摘するように，この定義は，「ソーシャル・キャピタルが2つの要素に分解可能である。第一に，個人が彼らの仲間によって所有される資源への接近を可能にする社会関係それ自体である［ソーシャル・ネットワークとそれらを構成する紐帯］，そして，第二に，それらの資源の量と質［社会的資源］である」。私たちは，その定義を用いて，2つの非常に厳しい環境（ハリケーン・アンドリューと最下層の人々）におけるソーシャル・ネットワークと社会的資源に関する私たちの調査と結びつける。

　ソーシャル・ネットワークとそれらを構成する紐帯がソーシャル・キャピタルを提供する方法に関する研究は，一般的に，重要な状況をなおざりにしてきた。ソーシャル・サポートのネットワーク研究は，日常の対人的環境，あるいは，中核となるネットワーク構造と，非公式なサポートの受け取りの間の相関に焦点を置き，非日常的な状況においてこれらの環境がどのように資源を割り当てるかについて尋ねることをしてこなかった（例外として，Hurlbert, Haines, and Beggs, 2000）。社会的資源の研究者は，非日常的な状況，職業を見つけることにおいて，どのように，ソーシャル・ネットワークから選び出された紐帯がソーシャル・キャピタルを提供するのかについて尋ねてきたが，低収入（特に最下層）の人々のネットワークが職業を見つけるための資源の割り当てをどのように制約し，促進するのかについてほとんど情報を提供してこなかった

第❾章 非常に厳しい環境におけるソーシャル・ネットワークとソーシャル・キャピタル

(例外として, Ferrandez and Harris, 1992；Green, Tigges, and Browne, 1995 を参照)。

本章では, ネットワーク構造, そして, それらの構造から選び出された紐帯が, 2つの非常に厳しい環境(ハリケーンと最下層の人々)において, どのようにソーシャル・キャピタルへの接近を促進し, 制約するのかを問うことによって, これらの顧みられなかった状況について考察する。私たちは, 最初の状況についての分析を始め, ハリケーン・アンドリューに関する私たちの過去の調査をレビューし, 手段的な援助の受け取りを促進するネットワークのタイプに焦点を当てる。そして, その調査を拡大し, 誰がこれらのネットワークに接近するのかについて探索し, 地位の特性(例えば, 社会的地位)とコミュニティの統合(例えば, その地域における在住年数, ボランタリー組織への参加)がどのようにネットワーク構造に影響を与えるのかについて問う。

次に, 私たちは, 焦点を最下層の状況に移し, 社会的孤立の次元である, ネットワーク構造とネットワーク資源を最下層の人々において分離して分析しなければならないという議論をレビューする。その区別を使って, 私たちは, 最下層のサンプルにおける仕事を見つける非公式な方法の普及と性質について探索し, 3つの問題に取り組む。第一に, 仕事を見つける際にソーシャル・ネットワークの紐帯からソーシャル・キャピタルを受け取ることが, より裕福な地域とは反対に, 最下層の住民の間では普及しているのかどうかについて探索する。第二に, 私たちは, 現在の仕事を見つけるために, ソーシャル・ネットワークの紐帯からソーシャル・キャピタルを受け取った個人において, 求職者―コンタクトの紐帯の性質, そして, コンタクトと資源の特性が貧困な地域の住人と富裕な地域の住人の間で異なるかどうかについて問う。第三に, 私たちは, 各タイプの地域の住人における, 仕事を見つける紐帯の性質とコンタクト／資源の特性の間の相関について探索する。結論として, 私たちがハリケーン・アンドリューという非常に厳しい環境に関する研究で用いたソーシャル・キャピタルのためのネットワーク紐帯の活性化への焦点を導入することによって, どのようにこの非常に厳しい環境の分析が拡大されることが可能なのかについて考察する。

ハリケーン・アンドリューにおけるソーシャル・ネットワークとソーシャル・キャピタル

ソーシャル・ネットワークとソーシャル・サポート

　ハリケーン・アンドリューの間におけるソーシャル・サポートの相互作用に関する私たちの以前の調査は，ポルテスが明らかにしたソーシャル・キャピタルの最初の要素に焦点を置き，この非常に厳しい環境においてどのような種類のネットワークがソーシャル・サポートへの接近を提供するのかを問うものであった。私たちは，ネットワーク構造がどのように4つのサポート結果に影響を与えたのかについて分析することによって，その問いに答えた。それらは，非公式のサポートの受け取り，公式のサポートの受け取り，非公式のサポートの提供，非公式のサポートのための中核のネットワークの紐帯の活性化である。私たちは，ソーシャル・ネットワーク分析によるソーシャル・サポートと社会的資源からの理論的議論と経験的知見，そして，自然災害の援助行動に関する研究を利用して，私たちの予測を発達させた。私たちの知見のこの検討のために，私たちは，ハリケーン・アンドリューの準備段階と回復の段階の期間に個人が受け取った手段的な形態のソーシャル・サポートだけに焦点を絞る。

　災害状況以外の調査は，非公式のサポートへの接近が弱いよりもむしろ強く，異質的よりもむしろ同質的な紐帯と相関すること（本書第10章；Lin, Woelfel, and Light, 1985），そして，これらの紐帯が存在する傾向がある，密度が高く，同質的なネットワークと相関すること（Campbell, Marsden, and Hurlbert, 1986；Fischer, 1982；Haines and Hurlbert, 1992）を立証してきた。従って，中核のネットワークは，異なるタイプのネットワークへの埋め込みがどのように非公式のサポートへの接近に影響を与えるのかを研究するために適切な領域を提供する。そして，情報的な有利さが公式のサポートの受け取りにとって非常に重要であるので，中核のネットワークに焦点を絞ることによって，また，私たちは，自然災害の環境において1つの資源（非公式のサポート）への接近を提供するネットワーク構造と紐帯が他の資源（公式のサポート）への接近を妨げるかどうかという問題を分析することができた。

　非公式のサポートを受け取るという最初のサポート結果についての私たちの

第❾章　非常に厳しい環境におけるソーシャル・ネットワークとソーシャル・キャピタル

結果は，それが中核のネットワーク構造と相関するというさらなる証拠を提供した（Beggs, Haines, and Hurlbert, 1996a；Hurlbert, Haines, and Beggs, 2000）。密度，規模，そして，（年齢と教育の）同質性は，ハリケーン・アンドリューの被害者にとってのソーシャル・キャピタルとして役立った。親族の割合が高く，教育程度の低い個人の割合が高い中核のネットワークに埋め込まれている個人は，また，非公式のサポートを多く受け取った。災害状況においては，これらの結果はどれも驚くべきものではない。ネットワークの密度，同質性，そして，彼らの二者の対応相手，強い同質の紐帯は，高いレベルの社会的統合と相関し（Marsden, 1987；Pescosolido, 1991），中核のネットワークにおいてネットワーク規模がこの属性を示している（Marsden, 1987；Pescosolido, 1991）。高いレベルの社会的統合に相関する所属感と高度な規範的合意は，中核のネットワークメンバーの間のサポートの交換の日常化を反映し，それに貢献している（本書第10章）。

　これらの環境に埋め込まれている人々にとって，過去にソーシャル・サポートの経路として役立ったネットワークの紐帯は，たとえ非常に厳しい環境に現在が存在しても，現在においても頼りになるだろう。その議論は，また，親族構成に関する私たちの結果においても支持されている。それらは，義務と責任の規範によって統治されているので，親族の間の関係が非公式のサポートの重要な源泉として役に立つ（Haines and Hurlbert, 1992）。最後に，教育程度が低い人々は，災害に関連するスキルを発達させる，あるいは，使う職業（例えば，建築業）に就いている傾向があるかもしれない。従って，教育の構成に関する私たちの知見は，自然災害の間の援助に関する調査と一致する。

　非公式のサポートの受け取りに対するネットワークの構成（composition）と範囲（range）の効果は，これらの特性を持つ中核のネットワークに埋め込まれている個人は，典型的ではない中核のネットワークに埋め込まれている個人よりもサポート資源に接近できたことを示している。サポート状況以外のソーシャル・キャピタルに関する調査は，自己充足という選択肢がない場合には，ネットワーク構造に備わっている様々な形態のソーシャル・キャピタルへの接近が低下することによって，個人は，社会的資源（Coleman, 1990）のために政府機関を頼りにするようになることを示唆する。自然災害の非常に厳しい環境におけるその可能性を調べるために，私たちは，公式組織からの援助に対する

ネットワーク構造の影響について探索する。

　自然災害の間に公式のサポートを受け取るために，個人は，何が入手可能であり，どのようにしてそれを手に入れるかについての情報を得なければならない。この資源のために，弱い紐帯，異質性，そして，範囲がソーシャル・キャピタルとして役立つだろう（Lin, Ensel, and Vaughn, 1981；Campbell et al., 1986）。同様に，高い地位の個人の割合が多いネットワークに埋め込まれていると公式のサポートを受け取る傾向がある（Lin and Dumin, 1986）。私たちは，7つの結果についてこれらの予測を検証した。それらは，公式の援助の受け取り，公式の援助の源泉の数，連邦緊急事態管理庁（Federal Emergency Management Agency），赤十字社からの援助，教会からの援助，他の組織からの援助，そして，フードスタンプである。私たちの結果は，私たちの予測を一般的に支持した（Beggs et al., 1996a, 1996b）。フードスタンプの受け取りに関して，4つの有意なネットワークの効果のうち，3つがネットワークの構成に関与していた。平均年齢が高い，平均教育程度が高い，そして，男性の割合が多いネットワークに埋め込まれている個人は，これらの特性を欠くネットワークに埋め込まれている個人よりも，フードスタンプを受け取る可能性が低かった。他の結果については，ネットワークの範囲がネットワークの構成よりも重要であった。規模が大きく，密度が低く，そして，地理的な範囲が大きいネットワークに埋め込まれていることが公式のサポートの受け取りに正の効果を与えた。

　非公式，公式のサポートのネットワークによる決定因に関する私たちの分析は，特定の行為を促進するソーシャル・キャピタルの形態が他の行為にとっては役に立たない，あるいは，害を与えるという議論を強化する（Coleman, 1990；Podolny and Baron, 1997；Portes, 1998；Young, 1999）。より典型的な中核のネットワークへの埋め込みは，非公式のサポートの受け取りを促進するが，公式のサポートの受け取りは促進しない。非公式のサポートに関する私たちの結果は，また，必要な時に，ネットワークのメンバーが援助を提供することを確かにするための信頼の役割，規範的義務と期待を強調するソーシャル・キャピタル研究（Coleman, 1990；本書第10章）における議論と共通している。これらの過程の作用は，より典型的な中核のネットワークに埋め込まれている個人が，なぜ典型的ではない中核のネットワークに埋め込まれている個人にとって入手可能ではないソーシャル・キャピタルに接近できたのかについての説明の助けになる

第❾章　非常に厳しい環境におけるソーシャル・ネットワークとソーシャル・キャピタル

だろう。それらは，また，ハリケーン・アンドリューの準備段階と回復段階において，これらの中核のネットワークに埋め込まれている個人が，なぜ非公式のサポートのための彼らの中核のネットワークの紐帯を活性化したのかについての説明の助けになるだろう。

　非常に厳しい環境における資源の割り当てに関する2つの予測は，日常的なサポート交換の歴史的過程が非日常的な状況におけるサポートの入手可能性についての知覚を形成するという議論から得られる。第一に，サポートの受け取りを促進することが示されている中核のネットワークの種類に埋め込まれている個人は，これらの特性を欠く中核のネットワークに埋め込まれている人々よりも，彼らの中核ネットワーク紐帯の多くの割合を活性化させるだろう。第二に，これらの個人は，彼らの中核のネットワークの外部よりもむしろ内部の個人から彼らの非公式のサポートの多くの割合を受け取るだろう。

　ハリケーン・アンドリューの非常に厳しい環境において，中核のネットワーク構造は，個人が非公式のサポートのために活性化する中核のネットワークの割合，そして，活性化された紐帯が中核のネットワークの外部よりもむしろ内部から来る程度，それらの両方に影響を与えた。密度が高く，そして，性別の多様性の中核のネットワークに埋め込まれていること，そして，男性，親族，若い個人が多い中核のネットワークが中核のネットワークの紐帯の活性化を促進した。中核のネットワークメンバーである非公式のサポートの提供者の割合に対するネットワーク規模の効果は，また，正であった（Hurlbert et al., 2000を参照）。

　総合すると，中核のネットワーク構造がどのように非公式のサポートの受け取り，公式のサポートの受け取り，非公式のサポートのための中核のネットワークの紐帯の活性化に影響を与えたのかに関するこれらの分析は，典型的なネットワークへの埋め込みが，典型的でない中核のネットワークに埋め込まれている個人に入手可能ではないソーシャル・キャピタルを提供し，逆の場合も同じであることを示唆する。非公式のサポートの受け取りと非公式なサポートのための中核のネットワークの紐帯の活性化は，両方とも，大きな規模，高い密度，高い教育程度と年齢の同質性，親族への多くの紐帯，高校の教育以下の個人に対する多くの紐帯によって促進された。しかし，これらのネットワーク構造とそれらを構成する紐帯が中核のネットワークメンバーからの非公式のサポ

ートの移動を促進するという事実にかかわらず、それらは、公式のサポート、そして、中核のネットワークの外部の個人からの非公式のサポートへの接近を妨げるのである。従って、典型的ではない中核のネットワークに埋め込まれている個人にとって、非常に厳しい環境に対応する時に、中核のネットワークに頼ることを不可能にしたまさにその構造——弱い紐帯と範囲——が価値あることがわかった。それは、それらが情報を提供し、それらが災害の犠牲者を中核のネットワークの外部の個人と結び付けたからである (Beggs et al., 1996b；Hurlbert et al., 2000)。

　非公式と公式のサポートの異なる量と質の有益な結果を明らかにすることによって、災害状況の内部と外部におけるサポート過程を調査する研究者は、ソーシャル・キャピタルの2つ目の要素について焦点を絞った。ハリケーン・アンドリューの非常に厳しい環境におけるサポート過程に関する研究は、また、サポート結果の研究が仲間によって所有されている資源への接近を個人が主張することができるようにするネットワーク構造とそれらを構成する紐帯について考察しなければならない。ソーシャル・キャピタルの前者の要素から後者の要素へ焦点を移すことは、どんな形態のソーシャル・キャピタルが中核のネットワーク構造（例えば、非公式のサポートのための密度と非公式のサポートのための中核のネットワークの紐帯の活性化、そして、公式のサポートのための範囲と非公式のサポートのための中核ではない紐帯の活性化）に内在するするのかを必然的に問うことを伴い、今度は、その焦点の転換は、誰がこれらの形態のソーシャル・キャピタルに接近するのかという問いを生み出すのである。

　ここでは、私たちは、その問いについて取り組み、私たちの分析がハリケーン・アンドリューの非常に厳しい環境におけるサポートの受け取りにとって重要であることを明らかにしたネットワークの構成と範囲の側面に焦点を絞る。特に、私たちは、地位の特性（例えば、社会的地位）とコミュニティへの統合が、非公式のサポートに接近し、ハリケーンの状況で非公式な中核のネットワークの紐帯を活性化させるために重要であると私たちに分かっている構成的な特性、そして、ネットワークの範囲の密度、規模、さらに、多様性の次元の特性を示すネットワーク構造への接近にどのように影響を与えるのかについて問う。私たちは、また、ソーシャル・キャピタルの一形態として、ネットワークの構成が、非常に厳しい環境における非公式のサポートの受け取りとこのサポートの

ための中核のネットワークの紐帯の活性化を促進する規模,密度,そして,多様性の種類を個人のネットワーク構造が示す程度に影響を与えるかどうかについて問うのである。

データと測度——ハリケーン・アンドリュー・サンプル

データ

1992年にハリケーン・アンドリューがルイジアナ州のガルフ・コーストを襲った。私たちのサンプルは,ルイジアナ州非常時対策庁がその台風によって最も強く影響を受けたと明らかにした2つの近郊の南西ルイジアナ教区の住民を含んでいる。ほとんどの住人が台風の間においても電話サービスは維持していたので,私たちは,電話面接を行い,これらの教区の3つの町とそれらの町に隣接し郵便番号を共有する周囲の農村部の住人からデータを収集することができた。電話帳のリストから無作為に抽出された594人の回答者のうち,面接を完了した回答者は,選抜された適切な回答者の70%を代表した(サンプルに関するさらに詳細な情報は Beggs et al., 1996a を参照)。

測度

中核のネットワーク構造の測度

私たちが分析した中核のネットワークは,2つの名前想起法によって引き出された全て重複しない他者(alters)を含んでいる。第一は,回答者の日常の相談相手を調査し,1985年に総合的社会調査(General Social Survey)で用いられた名前を引き出す質問を変更した(Bailey and Marsden, 1999;Marsden, 1987)。それは,回答者にハリケーン・アンドリュー以前の過去半年間に重要なことを相談した5人までの個人の名前を挙げるように依頼した。回答者の日常の仲間を調査するために,私たちは,フィッシャー(Fischer, 1982)の調査を活用し,回答者に,台風以前の半年間に彼らが交流した5人までの個人の名前を挙げるように依頼した。

私たちが使用した名前を解釈する質問は,(回答者の報告から)他者の間の関係の特性,回答者と彼らの関係の特性,そして,名前が挙げられた他者の個人的特性についての情報を収集した。回答者のネットワークの親族,性別,教育,

そして，年齢構成を測定するために，私たちは，（親族［1］と非親族［0］を対照する変数から構成された）親族である他者の割合，（男性［1］と女性［0］を対照する変数から構成された）男性である他者の割合，（他者の教育年数の測度から構成された）他者の教育の平均値，そして，（他者の年齢［年数］に関する回答者の報告から構成された）他者の年齢の平均値を用いた。低い教育程度と若い年齢の個人を含むネットワークに埋め込まれていることが，私たちの調査において非公式のサポートへの接近を増加させたので，他者の教育の平均と年齢の平均を示す従属変数に−1を掛けて，係数の解釈を容易にした。

ネットワークの範囲に話題を移すと，ネットワークの規模は，2つの名前想起法（最大の可能な数値は10である）によって引き出された重複しない他者の総数である。密度を測定するために，私たちは2つの測度を構成した。第一は，構造的測度であり，（一対の他者が特に親密［1］，親密でも全くの他人でもない［.5］，あるいは，全くの他人［0］であるかないかに関する回答者の報告から構成した，Marsden, 1987）ネットワークに存在する他者の間の最大の強度（intensity）の紐帯の割合を測定するものである。第二は，回答者と各他者との間の平均の親密さ（closeness）であり，回答者が各他者に対して特に親密に感じている［1］，やや親密に感じている［.5］，あるいは，全く親密に感じていない［0］かどうかという測度から構成された。私たちの範囲の多様性の次元は，性別の異質性であり，回答者と異なる性別である他者の割合である。年齢と教育の同質性は，回答者と各他者との間の年齢の差の平均，そして，回答者と各他者との間の教育程度の差の平均に−1を掛けたものである。

独立変数：地位の特性

年齢は年数で測定されている。性別は男性［1］，女性［0］，人種は白人［1］，非白人［0］にコード化される。私たちは，回答者の教育を年数で，家族の収入を1,000ドル(1)の単位で測定する。婚姻の地位は，2つのダミー変数を構成し，第一は，非婚（結婚したことがない）［1］，その他の回答者を対照する変数である。第二は，別居，寡婦，そして，離婚［1］，そして，他の回答者を対照する。結婚している回答者は，準拠カテゴリーとしての役割を果たす。

第❾章 非常に厳しい環境におけるソーシャル・ネットワークとソーシャル・キャピタル

独立変数：コミュニティの統合

私たちは，その地域における在住年数を各回答者がその地域に住んだ生活の割合として測定する。ボランティア組織への参加は，回答者が所属するボランティア組織の数である。

統制変数

私たちは，回答者が慢性の病気か障害の有［1］無［0］を統制する。

結　果

表9-1は，ハリケーン・アンドリューの非常に厳しい環境における手段的なサポートの受け取りを促進するネットワークへの接近に影響を与える要因について私たちが分析した結果を示している。ネットワークの構成（表9-1）から始めると，私たちは，年長の個人が，若い個人ほど平均の教育程度が低くなく，平均の年齢が低いネットワークに埋め込まれていない傾向があることが明らかである。ネットワークの構成のこれらの側面がこの状況における非公式のサポートへの接近を増加させるので，年長の個人はこれらの形態のソーシャル・キャピタルへの接近が少ない。この非常に厳しい環境においては，男性が特定の形態のネットワーク・キャピタルへの接近が多いが，他の人々はそうではない。男性は，女性よりも有意に親族の構成が多く，多くの男性を含むネットワークに埋め込まれている傾向があるが，彼らは，平均年齢が低いネットワークに参加する可能性が低い。人種は，ネットワークの構成に対して1つの有意な効果しか見られない。白人は，非白人よりも男性が支配的なネットワークへの接近が多い。

高い教育程度は，通常，資源への多くの接近を意味する場合が多い。しかしながら，私たちの結果は，台風の状況では，非公式のサポートに関係する種類のネットワークによって，これが当てはまらないことを示唆する。教育程度の高い個人は，親族が支配的なネットワーク，教育程度の平均が低いネットワーク，そして，平均年齢が低いネットワークに参加する可能性が低い。高い収入があることは，教育程度が低い個人への接近を減少させる。中核のネットワークに内在するソーシャル・キャピタルの形態に対する現在結婚していないこと

第Ⅲ部　組織，コミュニティ，そして，制度的環境におけるソーシャル・キャピタル

表9-1　ネットワークの特性の構造的パラメーター

	構　成				範　　　　　囲				多様性	
	親族(高)	性別(男)	教育(低)	年齢(低)	規模	密度		親密性	性別(異)	年齢(同)	教育(同)
						構造					

	親族(高)	性別(男)	教育(低)	年齢(低)	規模	構造	親密性	性別(異)	年齢(同)	教育(同)
地位特性										
年齢	.001	.000	−.022*	−.383**	.002	.003*	.001	.001	−.209**	−.019**
性別(男)	.087**	.150**	.015	−1.602*	−.746**	.021	−.002	.038	.297	.100
人種(白人)	.003	.054*	−.232	.178	.142	−.015	−.003	.067*	−.455	.471**
教育	−.013*	.001	−.257**	−.378*	.009	.000	−.002	.004	.131	.227**
収入	.000	−.001	−.020*	.021*	.005	.000	−.000	.001	.017	−.010*
非婚	−.085**	−.123**	−.902**	−.393	−.226	−.007	.010	.012	−5.378**	−.208
別居, 寡婦, 離婚	−.109**	−.077*	−.532*	.951	−.268	−.009	.003	−.048	−3.260**	−.233
コミュニティの統合										
地域の在住 (%)	.001*	.000	.005	−.037*	.007*	.001*	.000	−.000	.005	.000
ボランティア組織所属	−.004	.011	−.184*	−.412	.247**	−.004	.002	−.001	.115	−.309
ネットワークの構成										
親族 (%)					−1.060**	.372**	.106***	.266**	−7.454**	−.200
男性 (%)					.210	.035	−.017	.077	−1.946	−.108
平均年齢					−.017*	−.001	−.000	−.001	.050	−.013
平均教育年数					−.020	−.004	−.001	.010	−.003	.037
統　制										
障害	.002	.046	.118	−.189	.418*	.026	.008	.047	−.127	−.489*
切片	.738	.343	−7.344	−19.391	4.754	.421	.883	−.065	−.968	−3.269
R^2	.061	.102	.272	.305	.111	.324	.130	.135	.293	.247

注：$*p<.05$，$**p<.01$

254

第9章　非常に厳しい環境におけるソーシャル・ネットワークとソーシャル・キャピタル

の有意な効果は，一様に，負である。それらの結婚している人々と比較して，非婚の個人，そして，別居している個人，寡婦，あるいは，離婚している個人は，親族が少ない構成で，男性の割合が低く，そして，教育程度の平均が高いネットワークに参加している。全体として，私たちは，ネットワークの構成，従って，ハリケーン・アンドリューの非常に厳しい環境におけるソーシャル・キャピタルのこれらの形態への接近に対する社会的地位の矛盾する効果を観察している。

　コミュニティの統合の効果もまた矛盾するものである。地域における生活に多くの割合を費やした個人は，もっと最近やってきた個人よりも親族が支配するネットワークに参加する傾向があるが，彼らは，平均年齢が低い個人と連結する可能性が低い。多くのボランティア組織に所属することは，平均の教育程度が低いネットワークへの接近を減少させる。

　ネットワークの範囲に移ると，私たちは，台風の状況において，年長の個人が若い個人よりも非公式のサポートの受け取り，そして，非公式のサポートのための中核のネットワークの紐帯の活性化，その両方を促進する密度の高いネットワークへ接近する傾向があることを明らかにしている。しかし，彼らは，年齢が高い同質性，あるいは，教育程度が高い同質性のネットワークに埋め込まれている可能性が低い。私たちは，ネットワークの範囲に対する有意な性別の効果だけを観察している。男性は，女性よりも規模の小さいネットワークに埋め込まれている。白人は，非白人よりも，非公式のサポートのための中核的なネットワークの紐帯の活性化と非公式のサポートの受け取りに関係する，性別の異質性が高く，教育程度の同質性の高いネットワークへの接近が多い。教育程度の高い個人は，教育程度の同質性が高いネットワークへの接近が多いが，収入が多い個人は，それらのネットワークへの接近が少ない。非婚の個人，そして，別居，寡婦，あるいは，離婚している個人は，現在結婚している個人ほど，年齢の同質性が高いネットワークへの接近が多くない。コミュニティの統合の両方の指標は，ネットワークの規模に対して正の効果を及ぼし，その地域における生活に多くの割合を費やすことがネットワークの密度に対して正の効果を持つ。

　ネットワークの範囲に対するネットワークの構成の効果を調べると，私たちは，親族の構成が最も広範囲な効果を持つことを発見している。親族の構成が

第Ⅲ部　組織，コミュニティ，そして，制度的環境におけるソーシャル・キャピタル

高い割合のネットワークに埋め込まれていることは，非公式のサポートを受け取ることと関係するネットワークの2つの側面，すなわち，規模と年齢の同質性への接近を減少させる。しかし，それは，高い密度（両方の測度）のネットワークと性別の異質性のネットワークへの接近を増加させる。年齢の平均が高いネットワークに埋め込まれていることは，ネットワークの規模に対して負の効果を持つ。

　自然災害の非常に厳しい環境では，ソーシャル・キャピタルが様々な形態をとる可能性がある。サポートの研究者は，サポート資源の量と質にもっぱら焦点を置くが，ハリケーン・アンドリューにおけるソーシャル・ネットワークとソーシャル・キャピタルに関する私たちの分析は，ネットワーク構造に内在するソーシャル・キャピタル，そして，そのソーシャル・キャピタルへの接近に影響を与える要因の重要性を明らかにした。本章におけるこれらの要因の分析は，地位とコミュニティの統合の変数が中核のネットワークの構成と範囲に内在するソーシャル・キャピタルの形態への接近に影響を与えること，そして，親族の構成と年齢の構成がネットワーク・ソーシャル・キャピタルの他の形態への接近に影響を与えることを示している。ソーシャル・ネットワークとそれらを構成する紐帯によって，台風の非常に厳しい環境において，どのように諸個人が彼らの仲間によって所有される資源への接近を主張できるのかについて説明するためには，ネットワークの構造に内在するソーシャル・キャピタルの両方の形態，そして，それらの規定因の複雑さを認めることが必要である。これらの結論がソーシャル・キャピタルの第二の要素，すなわち，資源の量と質にも当てはまるかどうかという問題を分析するために，私たちは，最下層におけるソーシャル・ネットワークとソーシャル・キャピタルに関する私たちの調査に話題を移すことにする。

最下層におけるソーシャル・ネットワークとソーシャル・キャピタル

ソーシャル・キャピタルと社会的孤立

　社会学者が最下層へ新たに焦点を当てるようになって，彼らは，ネットワーク構造が貧困を永続させる際にどんな役割を果たすのかについて問い始めた（Fernandez and Harris, 1992 ; Hurlbert, Beggs, and Haines, 1998 ; Tigges, Browne,

第❾章 非常に厳しい環境におけるソーシャル・ネットワークとソーシャル・キャピタル

and Green, 1998；Stanton-Salazar, 1997；Wacquant and Wilson, 1989 を参照)。この調査への刺激は，構造と社会的孤立，そして，その貧困との関係についてのウィルソンの議論 (Wilson, 1987, 1991；Wacquant and Wilson, 1989) とグラノヴェターの議論 (Granovetter, 1982) によって主にもたらされている。ウィルソン (Wilson, 1987, 1991) は，貧困な母集団が社会的に孤立している，すなわち，社会的孤立とは，主流の個人と制度とのつながりが欠如し，その結果，貧困な個人が貧困から抜け出すのを助ける職業のネットワークと資源から分離することを意味すると論じる。彼は，社会的孤立が経済的孤立と密接なつながり——貧困と福祉依存，経済資本の喪失，そして，高い失業率，高い不完全雇用率——を持つと主張する。社会的孤立は，ソーシャル・キャピタルの欠如を反映し (Wacquant and Wilson, 1989)，経済資本の欠如とつながっている。この社会的，そして，経済的な孤立の下に横たわるのは，都心部の地域を変えてきたマクロレベルの人口学的，そして，経済的な転換である。主流の規範 (Singh, 1991) に従い，中間層の黒人が都心から裕福な地域へ移動し，主要な社会的，そして，経済的な資源を都心部から剥奪した (Wilson, 1987；Wacquant and Wilson, 1989)。経済的な転換は，都心部の仕事の入手可能性を減少させた。

社会的孤立という概念は，本質的に関係的なものなので，この議論は，明らかに，最下層における社会的孤立と一方の対応物，すなわち，ソーシャル・キャピタルへの接近を理解する新しいアプローチを必要とする。そのアプローチが出現し始めている (例えば，Fernandez and Harris, 1992；Hurlbert et al., 1998；Oliver, 1988；Tigges et al., 1998；Stanton-Salazar, 1997 を参照)。しかしながら，そのアプローチの発展は，多くの研究の失敗によって制限が加えられている (例えば，Fernandez and Harris, 1992；Tigges et al., 1998 を参照)。その失敗とは，社会的孤立の概念が，ソーシャル・キャピタル (Portes, 1998) の概念のように，2つの次元，すなわち，最下層の住民の地理的な制限についてウィルソンが例示したようなネットワーク構造，そして，ウィルソンが論じるように，「主流の」個人と制度 職業のネットワーク，そして，これらのネットワークが提供できる情報と影響力に分解することができることを認識していないことである。グラノヴェター (Granovetter, 1982：116-117) の貧困に関する議論は，同じ2つの次元について指摘する。彼は，貧困を永続化させる1つの要因が，貧困な個人にみられる弱い紐帯の欠如とネットワークの範囲の欠如 (ネットワークの構造

の次元)であり,それらが欠如していなければ,構造の次元が手段的な資源(ネットワークの資源の次元)への接近を増加させること示唆する。社会的孤立とソーシャル・キャピタルに関するこれらの議論を十分に探索するために,2つのタイプの分析が必要である。第一に,研究者は,(a)個人が埋め込まれている日常のネットワークの構造(例えば,密度や範囲),そして,(b)これらのネットワークに含まれている潜在的な資源(例えば,雇用されている個人,コミュニケーション/運輸資源)について分析しなければならない。第二に,彼らは,最下層と他の母集団を比較することによって,それらのネットワークが接近を与える活性化された資源を分析しなければならない。すなわち,(a)活性化された紐帯を通じての資源の移動の普及,そして,(b)それらの紐帯と資源の性質の分析である。

　最初のタイプの分析では,フェルナンデスとハリス(Fernandez and Harris, 1992)が社会的孤立という概念をネットワークの用語によって操作化したが,彼らは,そのネットワークの構造の次元とネットワークの資源の次元を識別するのに失敗した。社会的孤立を評価する彼らの能力は,また,彼らがデータにおいて使った名前想起法(シカゴ大学都市貧困と家族構造プロジェクト)が強い紐帯を測定する傾向があるという事実によって妨げられた。グリーンと共同研究者(Green et al., 1995;Tigges et al., 1998;Green, Tigges, and Diaz, 1999)が用いた都市の不平等に関する複数都市研究(Multi-City Study of Urban Inequality:MCSUI)データは,社会的孤立の各次元の限定された範囲の測度を提供するので,その構成概念を測定する彼らの能力を制限した。両方の研究において特に問題なのは,どちらも社会的孤立のネットワークの構造の次元に関するウィルソンとグラノヴェターの議論,すなわち,最下層地域の住民が弱い紐帯への接近を欠いているという議論の主要な側面を評価できないという事実であった。

　初期の研究(Hurlbert et al., 1998)で,私たちは,名前想起法と名前の解釈法の拡大された範囲を含むデータを使って,社会的孤立の2つの次元の間の関係を分析した。これらの次元を概念的,そして,経験的に異なるものとして扱い,私たちは,私たちのサンプルにおける最下層の個人のソーシャル・ネットワークの構造が,ウィルソン(Wilson, 1987)とグラノヴェター(Granovetter, 1982)の議論が予測するような方法で,より富裕な地域の住人のそれらと異なるのかどうかという問いを設定した。そして,最下層地域の住民に焦点を当て,

第❾章　非常に厳しい環境におけるソーシャル・ネットワークとソーシャル・キャピタル

　私たちは，その母集団において，どんな種類のネットワークの構造と紐帯が社会的資源，あるいは，ソーシャル・キャピタルへの接近を生み出すのかについて調査した。そのようにして，私たちは，ウィルソン（Wilson, 1987）とグラノヴェター（Granovetter, 1982）が重要であると示唆したネットワークの構造の側面だけでなく，社会的資源の研究（例えば，Lin et al., 1981 を参照）がソーシャル・キャピタルへの接近に影響を与えることを明らかにしてきたネットワークの構造の側面も探索した。

　私たちは，社会的孤立の2つの次元を用いることによって，「中核の」最下層地域の住人を(a)その地域を囲む移行的な「環帯（ring）」の住人，そして，(b)近くの中層地域の住人と比較することを始めた。私たちは，「中核の」地域と2つの比較した地域の間のネットワークの構造の次元における差異を見つけ，それらの差異は，最下層の住人のサンプルが，彼らのネットワークに低い割合ではなく，高い割合の弱い紐帯を持っているという驚くべき結果を含んでいる。しかし，私たちの結果は，中核が社会的孤立のネットワークの構造の次元よりもネットワークの資源の次元において明確な特徴を持つことを示している。例えば，中核の住人は，2つの比較の集団のどちらよりも，教育程度の高い個人への接近が少なく，コミュニケーションと輸送の資源への接近が少なかった。

　中核の最下層地域の住人において，社会的孤立のネットワークの構造の次元がどのようにネットワークの資源の次元に影響を与えるのかについて探索するために，私たちは，ネットワークのメンバーの地理的な集中が仕事を見つけるための資源への接近を制約し，ネットワークの多様性がそれを増加させることを発見した。そして，ネットワークのメンバーとボランティア組織の所属を共有することが雇用と輸送の資源への接近を増加し，ネットワークの規模は，雇用の資源への接近を増加させた。しかしながら，紐帯の強さの効果は矛盾するものであった。弱い紐帯は，いくつかのタイプの資源への接近を増加させるようにみえるが，他のタイプの資源についてはそうではない。

　これらの知見は，最下層の日常的なネットワークの構造，そして，非常に厳しい環境において，どんな種類のネットワークが「可能性がある（potential）」，「潜在的な（latent）」ソーシャル・キャピタルへの接近を生み出すのかについての情報を提供する。それに続く分析では，私たちは，焦点を活性化された紐帯に移し，非公式の仕事を見つけるためのコンタクトと資源の使用の普及と性

質が最下層地域の住人と裕福な地域の住民の間でどのように異なるのかについての問いを設定した。

私たちの最初の問いは，最下層地域に住む雇用されている個人が富裕な（中層の）地域の住人よりも，現在保持する仕事をソーシャル・コンタクトによって見つけた可能性が低いかどうかということである。当然のこととして，もし個人がコンタクトを通じて自分の仕事を見つけたならば，そのコンタクトがソーシャル・キャピタルを提供したことになる。すなわち，私たちは，2つのタイプの地域の住人の間でこの形態のソーシャル・キャピタルの普及を比較する。そして，私たちは，その2つの集団を比較し，仕事を見つけるための資源（紐帯の強さと性別の構成）を移動させた紐帯の性質，そして，コンタクトと資源の特性（求職者が見つけた職の企業にコンタクトが勤めていたかどうか，そして，そのコンタクトが影響力を提供したかどうか）について分析する。最後に，私たちは，その2つの集団を比較し，(a)仕事を探している人とコンタクトの紐帯の特性，そして，(b)コンタクトと資源の特性，その両者の相関について分析する。

ウィルソン（Wilson, 1987, 1991）とグラノヴェター（Granovetter, 1982）の議論は，仕事を見つけるためのコンタクトからソーシャル・キャピタルを受け取ることが，最下層地域の住民では，裕福な地域の住人ほど一般ではないことを予測する。ウィルソンとグラノヴェターは，弱い紐帯への接近の欠如が社会的孤立のネットワークの構造の重要な次元であるので，彼らの議論は，最下層地域の住人が，裕福な地域の住人ほどは，仕事を見つけるために弱い紐帯を使う可能性が高くないと予測する。しかし，私たちは，私たちの以前の分析がこれらのデータにおいてこの予測が支持されないかもしれないことを示唆する。最下層の住民のネットワークが低い範囲で，高い地位の個人へ接近する可能性が低いという予測を前提とすると，私たちは，最下層の求職者とコンタクトの間の紐帯の多くの割合が性別において同質であり，求職者を女性に結びつけると期待する。最後に，ネットワークの紐帯を用いて職を見つけた最下層地域の住民は，裕福な地域の住民よりも，求職者が見つけた職の企業にコンタクトが勤めていた可能性が低く，コンタクトが求職者のために影響力を行使した可能性も低いだろう。

グリーンと共同研究者（Green et al., 1995）は，MCSUIデータのアトランタのサンプルを使って同様な問題について探索した。彼らは，サンプルの中で仕

第❾章 非常に厳しい環境におけるソーシャル・ネットワークとソーシャル・キャピタル

事を見つけるために人的つながり (personal contacts) を用いた個人のうち，貧困な人々が貧困ではない人々よりも親戚を用いる傾向が有意にあることを発見した。彼らは，また，コンタクトを通じて職を見つけた貧困な人々が，貧困ではない人々よりも，彼らが見つけた職の企業にコンタクトが勤めていた可能性が低いことを観察した。しかし，彼らを雇ったコンタクトの割合，あるいは，彼らについてコンタクトが雇用主に話をした割合において有意な差は見出されなかった。

　私たちの分析が中規模の南部の都市における比較を提供すると同時に，彼らは，グリーンと共同研究者の研究を3つの方法で進展させた。第一に，社会的孤立のネットワークの構造とネットワークの資源の次元の間の区別を活用して，私たちは，求職者とコンタクトの間の紐帯の特性，そして，コンタクトが提供したソーシャル・キャピタルの性質の間の相関を探索する。第二に，私たちは，紐帯の強さのより良い測度を提供する。求職者とコンタクトの間の役割関係を測定するよりもむしろ，私たちの測度は，彼らの間の情緒的親密性を測定する (Marsden and Campbell, 1984 を参照)。第三に，ネットワークの構造の次元を考慮する際に，私たちは，求職者とコンタクトの間の紐帯の強さだけでなく，その性別の構成と性別の同質性も測定する。[3]

データと測度——最下層のサンプル

データ

　これらの議論を検証するために私たちが用いるデータは，1995年に米国の中規模の南部の都市の研究からのものである。私たちの最下層のサンプルが抽出された地域の特性は，最下層の従来の定義に対応している。すなわち，それは，高い率の貧困，失業，そして，過小雇用である。私たちは，これらの貧困の地域の住民をこれらのコミュニティを囲む中層地域の住民と比較する。私たちは，これらの地域の住人との電話による面接によってデータを収集し，サンプルを選択するために乱数番号法を用いる（サンプルの特性に関する詳細は，Hurlbert et al., 1998 を参照）。国勢調査データが中核の最下層の研究において世帯の30％も電話を持たないことを示しているので，私たちは，これらの世帯の追加のサンプルを構成し，電話のない世帯の割合が高い街区から無作為化の技術を通じて

サンプルを選択した。サンプルに抽出された電話のない世帯の住人の面接は，現場の調査者によって提供された携帯電話によって行われた。

測　度

私たちの回答者が自分の現在の仕事を見つけるためにネットワークの構造に内在するソーシャル・キャピタルを使う程度を評価するために，私たちは，まず，雇用されている回答者に彼らが現在持っている仕事をどのようにして見つけたのか尋ねた。私たちの分類は，非公式の方法（例えば，ソーシャル・ネットワークからの紐帯）を用いた人々とそうしなかった人々（例えば，公式の方法を用いた人々［職業紹介所，新聞広告］，そして，直接応募）を対照した。そして，私たちは，非公式の方法を用いた回答者に彼らの現在の仕事に関する情報を提供したコンタクトについて一連の質問をした。求職者とコンタクトの間の紐帯の強さを測定するために，私たちは，各回答者に彼，あるいは彼女がそのコンタクトと(1)非常に親密であった，(2)やや親密であった，(3)親密ではなかったかどうか尋ねた。私たちは，私たちの分析において，この測度の２つの種類を使っている。第一では，「強い紐帯」が(1)非常に親密な紐帯と(0)やや親密であると親密ではないを比較した。第二では，「親密性（closeness）」が３つ全てのカテゴリーを使っている。仕事を見つけるためのコンタクトと回答者の性別に関する情報を用いて，性別の同質性の測度を作成し，仕事を見つけるためのコンタクトが回答者と(1)同じである，(0)同じでないかを測定した。私たちは，回答者に，求職している時に，そのコンタクトが(1)回答者が仕事を見つけた企業に雇用されていた，(0)雇用されていなかったかどうか尋ねた。最後に，私たちは，回答者に，(1)そのコンタクトが回答者のために影響力を行使した，あるいは，(0)行使しなかったかどうかを尋ねた。

分析のための事例が少ないので，私たちは，在職期間を統制できない。私たちは，探索の結果を予測していないが，在職期間の問題は，職探しが生起した時を考慮する際に重要になる。現在の仕事を５年前に見つけた回答者もいれば，15年前に見つけた回答者もいるので，彼らが非常に異なる労働市場の条件に直面していたかもしれない。最下層地域の住人の平均の在職期間は，5.26年である。中層地域の住人のそれは，6.18年である。これらの平均値の差は統計的に有意ではない。

第❾章　非常に厳しい環境におけるソーシャル・ネットワークとソーシャル・キャピタル

結　果

　私たちは，仕事を見つけるためのネットワーク・ソーシャル・キャピタルの使用における最下層地域の住人と裕福な地域の住人の間の差異について，その2つの集団の仕事を見つける方法を比較することによって探索を始める。表9－2のパネルAの最初の行は，非公式な方法を用いた個人の割合における最下層地域の住人と富裕層の地域の住人の統計的に有意な差を示している。ウィルソン（Wilson, 1987, 1991）とグラノヴェター（Granovetter, 1982）の研究からの予測とは反対に，彼らの現在の仕事を見つけるためにこの形態のソーシャル・キャピタルを使った割合は，裕福な住民よりも貧困な住民において多い。この結果は，最下層地域の住民の就業歴は，裕福な地域の住民よりも十分ではない（例えば，彼らには　長い失業期間があり，就業経験も少ない）という事実に照らして考えれば，特に驚くべきものである。そのパターンと一致して，私たちは，就業歴が十分でない個人において人的つながりの使用が有意に多いことを発見している（要請があれば結果は入手可能である）。

　職探しに非公式な方法（コンタクト）を用いた人々についての比較に移り，私たちは，(a)求職者とコンタクトの間の紐帯の特性（表9－2，パネルA），そして，(b)職探しのためのコンタクトと彼らが提供した資源（パネルA），そして，(c)(a)と(b)の間の相関（パネルBからE）について探索する。求職者とコンタクトの間の紐帯から始めると，私たちは，最下層と裕福な地域の住民の間にどちらの紐帯の測度でも弱い紐帯を用いて彼らの仕事を見つけた人々の割合において有意な差はみられない。これらの結果は，弱い紐帯の不在が最下層の社会的孤立を示す明確な特徴であると言及するウィルソンとグラノヴェターからの予測とは矛盾するものである。コンタクトの性別の同質性は，また，最下層と裕福な地域の人々を識別することに失敗している。

　私たちは，2つのタイプの地域の住人において仕事を見つけるために用いられたネットワーク・ソーシャル・キャピタルの性質を分析すると，求職者が仕事を見つけた企業にコンタクトが在職していた割合，そして，求職者のために影響力を行使したと知覚されたコンタクトの割合において有意な差はみられない。これらの結果は，最下層地域の住人が，社会的孤立の議論が予測するより

第Ⅲ部　組織，コミュニティ，そして，制度的環境におけるソーシャル・キャピタル

表9-2　ソーシャル・キャピタルと最下層：平均の差

A．1元配置比較	最下層	中　層	tテスト
人的つながりの使用	.550(129)	.446(121)	+
強い紐帯	.463(54)	.525(40)	
親密度	.639(54)	.675(40)	
性別の同質性	.763(59)	.675(40)	
コンタクトが雇用されていた	.709(55)	.568(44)	
コンタクトの影響力	.571(55)	.568(44)	
「影響力を行使したか雇用されていた」	.855(55)	.682(44)	*
B．紐帯の強さ	強　い	弱　い	tテスト
コンタクトが雇用されていた	.630(46)	.608(46)	
最下層	.680(46)	.704(27)	
中　層	.571(21)	.474(19)	
コンタクトの影響力	.587(46)	.511(47)	
最下層	.600(25)	.536(28)	
中　層	.571(21)	.474(19)	
「影響力を行使したか雇用されていた」	.804(46)	.717(46)	
最下層	.880(25)	.814(27)	
中　層	.714(21)	.579(19)	
性別の同質性	.652(46)	.813(48)	+
最下層	.720(25)	.828(29)	
中　層	.571(21)	.789(19)	
C．性別の同質性	同　質	異　質	tテスト
強い紐帯	.435(69)	.640(25)	+
女性のコンタクト	.514(72)	.148(27)	**
最下層	.533(45)	.143(14)	**
中　層	.481(27)	.154(13)	*
コンタクトが雇用されていた	.582(67)	.731(26)	
最下層	.625(40)	.923(13)	**
中　層	.519(27)	.538(13)	
コンタクトの影響力	.618(68)	.385(26)	*
最下層	.610(41)	.462(13)	
中　層	.629(27)	.308(13)	*
「影響力を行使したか雇用されていた」	.761(67)	.769(26)	
最下層	.800(40)	1.000(13)	*
中　層	.704(27)	.538(13)	
D．コンタクトの性別	男　性	女　性	tテスト
コンタクトの同質性	.603(58)	.902(41)	**
最下層	.636(33)	.923(26)	**
中　層	.560(25)	.867(15)	*
E．回答者の性別	男　性	女　性	tテスト
コンタクトの同質性	.897(39)	.617(60)	**
最下層	.913(23)	.667(36)	**
中　層	.875(16)	.542(24)	*
コンタクトの影響力	.692(39)	.492(61)	*
最下層	.609(23)	.545(33)	
中　層	.812(16)	.429(28)	*

注：$^+ p<0.$　$^* p<.05$　$^{**} p<.01$
　　各集団の実数はカッコ内に示してある。

も，仕事を見つけるためのネットワーク・ソーシャル・キャピタルへの良い接近をしていることを示唆するものである。その示唆は，最下層地域の住人であり，雇用されて，人的つながりを通じて仕事を見つけた人々のうち，ほぼ71%は，自分が雇用された企業にコンタクトが雇用されていた，そして，57%以上は，コンタクトが影響力を行使したと知覚されていたという事実によって支持された。

これらの分析を拡大するために，私たちは，求職者が仕事を見つけた企業にコンタクトが雇用されていたか，あるいは，コンタクトが求職者のために影響力を行使したかという，これら2つの測度を組み合わせて，ただ情報をコンタクトが求職者に提供した場合と比較した。私たちは，求職者が仕事を見つけた企業にコンタクトが雇用されていたか，あるいは，コンタクトが求職者のために影響力を行使した最下層地域の住人の割合が，裕福な地域の住人のそれよりも，有意に多いことを発見した。これらの知見は，社会的孤立の研究領域の予測とグリーンと共同研究者（Green et al., 1995）の知見と異なるものである。

最後に，私たちは，各タイプの地域の住民において，求職者とコンタクトの間の紐帯の性質とコンタクトと資源の特性の間に相関が存在するかどうかを問う。私たちの事例数が少ないので，私たちは，これらの比較を注意して解釈する。各タイプの地域の住民において，弱い紐帯が，強い紐帯と比較して，求職者が仕事を見つけた企業に雇用されていたコンタクトへの接近，あるいは，求職者のために影響力を行使したコンタクトへの接近と相関する程度において有意な差がみられなかった（表9-2，パネルB）。各地域における仕事を非公式に見つけ，雇用されている住民では，性別において同質的な紐帯は，性別において異質な紐帯よりも，求職者を女性のコンタクトにつなげる傾向がみられた（パネルC）。有意な正の相関が紐帯の性別の同質性と提供されたソーシャル・キャピタルの性質との間に存在する。最下層地域の住人において，性別の異質なコンタクトは，求職者が仕事を見つけた企業に雇用されていた傾向が有意にみられる。私たちは，また，最下層地域の住人において，仕事を見つけるためのコンタクトの性別の異質性と求職者が仕事を見つけた企業にコンタクトが雇用されていたか，あるいは，コンタクトが求職者のために影響力を行使したかを測定する変数との間に有意な正の相関を発見した。反対に，裕福な地域の住人では，性別の同質的なコンタクトが求職者のために影響力を行使した可能性

が有意に高かった。従って，性別の異質性が最下層地域の住人にとってのソーシャル・キャピタルとして役立ったようにみえるが，性別の同質性が裕福な地域の住人にとって有益であった。

表9-2の最後の2つのパネルは，求職者とコンタクトの間の紐帯の性別構造についてさらに探索する。これらのパネルは，3つのことを示唆している。第一に，女性のコンタクトは，両方の地域の住民において，ほとんど女性の求職者だけによって用いられている。反対に，男性のコンタクトは，男性と女性の両方の求職者によって使われている（パネルD）。第二は，両方の地域の住民において，男性の求職者は，女性の求職者よりも，性別の同質のコンタクトを通じて仕事を見つける傾向がある（パネルE）。第三に，裕福な地域の住人では，男性の求職者が女性の求職者よりもコンタクトから影響力を受け取った可能性が有意に高い。しかしながら，そのパターンは，最下層地域の住人には該当しない。そこでは，男性の求職者がこの形態のソーシャル・キャピタルを有意に受け取ったようにみえない。

表9-2のパネルDとパネルEの結果は，パネルCにおける効果の解釈を与えることができる。例えば，最下層地域の住人では，異質な紐帯と同質な紐帯の間にみられる，求職者が仕事を見つけた企業に雇用されていたコンタクトの割合における有意な差（パネルC）は，ほとんど全ての性別の異質な紐帯が女性の求職者を男性のコンタクトにつないだ（パネルCとパネルE）という事実から解釈される必要がある。中層地域の住民では，影響力を行使するコンタクトに求職者をつなげることにおいて，異質な紐帯と同質の紐帯の間にみられた有意な差は，中層地域の男性の住人が同じ地域の女性の住人よりも影響力を提供したコンタクトを使っていた可能性が有意に高いという事実から解釈される必要がある。

従って，私たちは，最下層地域の雇用されている住人では，社会的孤立の研究領域が予測するよりも，ネットワークの紐帯から仕事を見つけるためのソーシャル・キャピタルを広範囲に受け取っていることを発見している。私たちは，2つのタイプの地域の住人の間では，1つの例外を除いて，紐帯，コンタクト，あるいは，資源の特性における有意な差がみられない。最下層地域の住人の有意に高い割合は，彼らの現在の仕事を，求職者が仕事を見つけた企業に雇用されていたコンタクト，あるいは，コンタクトが求職者のために影響力を行使し

第**9**章　非常に厳しい環境におけるソーシャル・ネットワークとソーシャル・キャピタル

たコンタクトを通じて見つけたのである。この知見は，主に，求職者が仕事を見つけた企業にコンタクトがつながっていることの関数である。これらの結果は，社会的孤立の研究から導かれる予測とは矛盾する。私たちは，2つの地域の住人の間で，求職者とコンタクトの間の紐帯の性質とそれらが提供した資源におけるいくつかの差異を見出している。これらの中で重要なものは，最下層地域の住人にとって，性別の異質な紐帯が性別の同質な紐帯よりもソーシャル・キャピタルを提供した可能性が高いが，裕福な地域の住人にとってその逆が真実である。

結　　論

　自然災害と最下層の母集団の非常に厳しい環境におけるソーシャル・ネットワークとソーシャル・キャピタルに関する私たちの分析は，ソーシャル・キャピタルのソーシャル・ネットワークと社会資源の要素，そして，それらの間の関係の重要性を明確に示している。総合すると，それらは，両方の要素のために，特定の環境において価値あるソーシャル・キャピタルの形態が別の環境では役に立たないか，有害ですらあることを示している。例えば，教育程度の高い個人は，典型的には，ソーシャル・キャピタルにより多く接近できるが，台風の状況において非公式なサポートを受け取ることを促進する種類のネットワークの構造には接近できないかもしれない。最下層地域の住人におけるソーシャル・キャピタルに関する私たちの分析は，性別の異質な紐帯が最下層地域の住人に資源を提供し，性別の同質な紐帯が裕福な地域の住人に利益をもたらすことを示唆する。役に立つソーシャル・キャピタルの形態が労働市場に特異的であるだろうというエリクソン（本書第6章）が論じるように，それらは，また，広範な社会的状況に特異的であり得る。私たちは，性別の異質な紐帯が主に女性によって伺われることを指摘する。中間層地域の住人において，性別の同質的な紐帯が利益をもたらすのは，大部分の個人が性別で分離した職業に就いているからであるという可能性がある。反対に，最下層地域の住人は，性別で分離していない職業に就いているので，性別で異質の紐帯によって示される範囲がより利益をもたらすだろう。

　ソーシャル・ネットワークとそれらを構成する紐帯が非常に厳しい環境でソ

ーシャル・キャピタルを提供する方法に関する私たちの分析は，また，ソーシャル・キャピタルの潜在的，そして，活性化された形態の間の関係について考察する必要性を明らかにする（本書第6章を参照）。本章で私たちが示した分析は，活性化されたソーシャル・キャピタルの普及と性質を探索するものである。しかし，私たちは，雇用されている個人のみに焦点を当てている。最下層における潜在的な資源に関する以前の私たちの分析（Hurlbert et al., 1998）が示唆するように，社会的孤立の議論は，最下層の母集団の雇用されていない部分に入手可能な潜在的資源をより正確に描写するかもしれない。社会的孤立の議論を十分に探索することは，両方のタイプの分析を必要とするだろう。それは，また，最下層の母集団において潜在的な資源が実際の資源になる過程の探索も必要とするだろう。そうするための1つの戦略は，ハリケーン・アンドリューの研究において私たちが発展させたアプローチを使って，最下層の母集団においてどんな種類の中核のネットワークが活性化され（中核のネットワークと活性化された紐帯の間のつながり），どんな結果（活性化された紐帯と結果の間のつながり）をもたらすのか尋ねることである。

　これらの種類の研究は，最下層の母集団において行うのが難しい。一般の母集団と異なり，これらの地域の住民は，非常に厳しい環境の下でも日常的に生きている。従って，多数の住人が，どんな時でも，特定の資源のためにネットワークの紐帯を活性化させる状況を明らかにするのは難しくなる。現在の米国の福祉制度改革を囲むような出来事は，そのような分析に機会を提供するかもしれない。福祉サービスを受けられなかった個人が職業訓練プログラムに入り，労働市場への移行を試みるので，活性化の過程を探索することは，どのように彼らのネットワークがソーシャル・キャピタルへの接近を制約し，促進するのかを私たちによく理解させる助けになるだろう。

注
(1) 私たちは，回答者に7つのカテゴリーの1つに彼らの収入を記すように依頼した。私たちは，最初の6つのカテゴリーの中間点の金額を記録し，7つ目のカテゴリーは，8万5,000ドルを記録した。私たちは，報告することができなかった59人の回答者のために，家族収入を見積もるための予測等式を開発した。詳細は，請求があれば第一著者から入手できる。
(2) 従って，これらの方法，あるいは，コンタクト／紐帯／紐帯の特性の効用につい

第 ⑨ 章　非常に厳しい環境におけるソーシャル・ネットワークとソーシャル・キャピタル

て考察していない。私たちは，また，ここではただ1つの比較，すなわち，最下層地域の住人と中層地域の住民の間の比較を行うことを明記する。
(3) ティグズと共同研究者（Tigges et al., 1998）は，社会的資源の効用を分析する際に，コンタクトの性別の測度を使ったが，貧困な個人と裕福な個人の間で，性別の同質なコンタクトの普及については比較しなかった。

参考文献

Bailey, Stefanie, and Peter V. Marsden. 1999. "Interpretation and Interview Context: Examining the General Social Survey Name Generator Using Cognitive Methods." *Social Networks* 21: 287-309.

Beggs, John J., Valerie A. Haines, and Jeanne S. Hurlbert. 1996a. "Situational Contingencies Surrounding the Receipt of Social Support." *Social Forces* 75: 201-222.

Beggs, John J., Valerie A. Haines, and Jeanne S. Hurlbert. 1996b. "The Effects of Personal Network and Local Community Contexts on the Receipt of Formal Aid During Disaster Recovery." *International Journal of Mass Emergencies and Disasters* 14: 57-78.

Bourdieu, Pierre. 1986. "The Forms of Capital." Pp. 241-258 in *Handbook of Theory and Research for the Sociology of Education*, edited by John G. Richardson. New York: Greenwood Press.

Campbell, Karen E., Peter V. Marsden, and Jeanne S. Hurlbert. 1986. "Social Resources and Socioeconomic Status." *Social Networks* 8: 87-117.

Coleman, James S. 1990. *Foundations of Social Theory*. Cambridge: Harvard.（2004年～2006年，ジェームズ・S・コールマン著，久慈利武監訳，『社会理論の基礎』青木書店）

Erickson, Bonnie. 2001. "Good Networks and Good Jobs: the Value of Social Capital to Employers and Employees." In *Social Capital: Theory and Research*, edited by Nan Lin, Karen Cook, and Ronald S. Burt. New York: Aldine de Gruyter.

Fernandez, Roberto M., and David Harris. 1992. "Social Isolation and the Underclass." Pp. 257-293 in *Drugs, Crime, and Social Isolation*, edited by Adel Harrell and George Peterson. Washington, DC: The Urban Institute.

Fischer, Claude S. 1982. *To Dwell Among Friends: Personal Networks in Town and City*. Chicago: University of Chicago Press.（2002年，クロード・S・フィッシャー著，松本康・前田尚子訳，『友人のあいだで暮らす——北カリフォルニアのパーソナル・ネットワーク』未來社）

Granovetter, Mark S. 1982. "The Strength of Weak Ties: A Network Theory Revisited." Pp. 105-130 in *Social Structure and Network Analysis*, edited by Peter

V. Marsden and Nan Lin. Beverly Hills: Sage.

Green, Gary P., Leann M. Tigges, and Irene Browne. 1995. "Social Resources, Job Search, and Poverty in Atlanta." *Research in Community Sociology* 5: 161-182.

Green, Gary Paul, Leann M. Tigges, and Daniel Diaz. 1999. "Racial and Ethnic Differences in Job Search Strategies in Atlanta, Boston and Los Angeles." *Social Science Quarterly* 80: 263-278.

Haines, Valerie and Jianne S. Hurlbert. 1992. "Network and Health." *Journal of Health and Social Behavior* 33: 254-266.

Haines, Valerie A., John J. Beggs, and Jeanne S. Hurlbert. Forthcoming. "Exploring the Structural Contexts of the Support Process: Social Networks, Social Statuses, Social Support, and Psychological Distress." *Advances in Medical Sociology.*

Hammer, Muriel. 1983. "'Core' and 'Extrended' Social Networks in Relation to Health and Illness." *Social Science and Medicine* 17: 405-411.

Hurlbert, Jeanne S., Valerie A. Haines, and John J. Beggs. 2000. "Core Networks and the Activation of Ties: What Kinds of Routine Social Networks Allocate Resources in Nonroutine Situations ?" *American Sociological Review* 65: 598-618.

Hurlbert, Jeanne S., John J. Beggs, and Valerie A. Haines. 1998. "Exploring the Relationship Between the Network Structure and Network Resources Dimensions of Social Isolation: What Kinds of Networks Allocate Resources in the Underclass ?" Presented at the International Conference on Social Networks and Social Capital, Duke University, November 1998.

Lin, Nan, and Mary Dumin. 1986. "Access to Occupations Through Social Ties." *Social Networks* 8: 393-405.

Lin, Nan, and Walter M. Ensel, and John C. Vaughn. 1981. "Social Resources and Strength of Ties: Structural Factors in Occupational Status Attainment." *American Sociological Review* 46: 393-405.

Lin, Nan, Maryn W. Woelfel, and Stephen C. Light. 1985. "The Buffering Effect of Social Support Subsequent to an Important Life Event." *Journal of Health and social Behavior* 26: 247-263.

Marsden, Peter V. 1987. "Core Discussion Networks of Americans." *American Sociological Review* 52: 122-131.

Marsden, Peter V., and Karen E. Campbell. 1984. "Measuring Tie Strength." *Social Network Forces* 63: 482-501.

Oliver, Melvin L. 1988. "The Urban Black Community as Network: Toward a Social Network Perspective." *The Sociological Quarterly* 29: 623-645.

Pescosolido, Bernice A. 1991. "Illness Careers and Network Ties: A Conceptual

第 ⑨ 章 非常に厳しい環境におけるソーシャル・ネットワークとソーシャル・キャピタル

Model of Utilization and Compliance." Pp. 161-184 *Advances in Medical Sociology*, edited by Gary Albrecht and Judith Levy. Greenwich, CT: JAI.

Podolny, Joel M., and James N. Baron. 1997. "Resources and Relationships: Social Networks and Mobility in the Workplace." *American Sociological Review* 62: 673-693.

Portes, Alejandro. 1998. "Social Capital: Its Origins and Applications in Modern Sociology." *Annual Review of Sociology* 24: 1-24.

Singh, Vijai P. 1991. "The Underclass in the United States: Some Correlates of Economic Change." *Sociological Inquiry* 61: 505-521.

Stanton-Salazar, Ricardo D. 1997. "A Social Capital Framework for Understanding the Socialization of Racial Minority Children and Youths." *Harvard Educational Review* 67: 1-39.

Tigges, Leann M., Irene Browne, and Gary P. Green. 1998. "Social Isolation of the Urban Poor: Race, Class, and Neighborhood Effects on Social Resources." *Sociological Quarterly* 39: 53-77.

Wacquant, Loïc J. D., and William Julius Wilson. 1989. "The Cost of Racial and Class Exclusion in the Inner City." *Annals of the American Academy of Political and Social Science* 501: 8-25.

Wellman, Barry, Renita Yuklin Wong, David Tindall, and Nancy Nazer. 1997. "A Decade of Network Change: Turnover, Persistence, and Stability in Personal Communities." *Social Networks* 19: 27-50.

Wellman, Barry, and Kenneth Frank. Forthcoming. "Network Capital in a Multi-Level World: Getting Support from Personal Communities." In *Social Capital: Theory and Research*, edited by Nan Lin, Karen Cook, and Ronald S. Burt. New York: Aldine de Gruyter.

Wilson, William Julius. 1987. *The Truly Disadvantaged: The Inner City, the Underclass, and Public Policy*. Chicago: University of Chicago. (1999年，ウィリアム・J・ウィルソン著，平川茂・牛草英春訳，『アメリカのアンダークラス――本当に不利な立場に置かれた人々』明石書店)

Wilson, William Julius. 1991. "Public Policy Research and the Truly Disadvantaged." Pp. 460-481 in *The Urban Underclass*, edited by Christopher Jencks and Paul E. Teterson. Washington, DC: Brookings Institution.

Young, Alford A., Jr. 1999. "The (Non) Accumulation of Capital: Explicating the Relationship of Structure and Agency in the Lives of Poor Black Men." *Sociological Theory* 17: 201-227.

第10章
複数レベルの世界におけるネットワーク・キャピタル
——パーソナル・コミュニティから支援を得る——

バリー・ウェルマン／ケネス・フランク

紐帯とネットワーク

　人々が助けを必要とする時，彼らは，それを買うか，それと交換するか，それを盗むか，政府や慈善団体から手に入れる，あるいは，彼らの「パーソナル・コミュニティ・ネットワーク」——友人，親戚，隣人，そして，仕事仲間——を通じて獲得することができる。そのような紐帯は，対人的な紐帯を通じて資源を入手可能なものにする「ネットワーク・キャピタル」[1]，すなわち，「ソーシャル・キャピタル」の形態を提供する。それは，広く入手可能であり，通常は専門化され，人々，紐帯，そして，ネットワークの間で不均等に分布している。ネットワークのメンバーは，情緒的な援助，物質的な援助，情報，親交，そして，所属感を提供する。彼らの「ソーシャル・サポート」は，家族が日常生活に対処し，機会を捉え，そして，不確実性を低減させるための資源を獲得する主要な方法の1つである。

　これらは，人々，あるいは，社会にとって取るに足りない追求ではない。人々にとっては，パーソナル・コミュニティ・ネットワークは，柔軟で，効率的で，入手可能な特別注文であり，金銭的コストが低い，ソーシャル・キャピタルの源泉である。それらは，必要な資源を提供すると同時に絆を強化するだろう（Fischer, 1982；Wellman, 1999；Schweizer et al., 1998）。社会にとっては，ネットワーク・キャピタルが資源を移動させ，アイデンティティを支持し，行動に影響を与え，個人，家族，そして，集団の間の統合的なつながりを強化するのである（Durkheim, 1893；Espinoza, 1999；Ferrand, Mounier, and Degenne, 1999）。ネットワーク・キャピタルの性質は，資源の質，量，目新しさ，そして，入手可能性に影響を与える（Popielarz, 2000）。現代社会の緩く連結され，ネットワ

ーク化された性質は，ソーシャル・キャピタルが1つの連帯した集団から安定的にではなく，むしろ，個人，紐帯，そして，ネットワークから随伴的に生じることを意味する（Wellman, 1999, 2001）。

サポートの基盤

ネットワーク・キャピタルはどこから来るのか。誰が誰に何を与えるのかに対する説明は，与える人と受け取る人，関係の性質，あるいは，人々と紐帯が埋め込まれているネットワークの構成と構造に存在するだろう。人々が助けを必要とする時，彼らは，多くの場合，どの関係が彼らを助けてくれそうか知りたい。彼らはあれこれ考える。

- 私の兄弟，あるいは，私の母のどちらが私の夢である家を買うためのお金を貸してくれるだろうか。
- 私の親友，あるいは，私の姉妹のどちらが私の結婚の問題をよく分かってくれるだろうか。
- 明日の夜ベビーシッターを頼むのに最良の人は誰だろうか。

そのような質問が，ネットワーク・キャピタルに関する私たちの調査のための基礎を提供する。

- 裕福な男性が貧乏な女性にお金や情報を与える時のように，それは，関与する人々の社会的特性なのか（Lin and Dumin, 1986)[2]。
- 親密な友人が知り合いよりも支援する時のように，それは，紐帯の性質なのか（Wellman and Wortley, 1990）。
- それは，ネットワークの構成のようなネットワーク現象であるのか。例えば，親密な友人たちで満たされたネットワークは，彼らの各人を特別に支援するように駆り立てるか。
- 多分，それは，ネットワークの構造であり，密接に編みこまれたネットワークがニーズを伝達し，支援の規範を履行し，そして，支援の引渡しを調整する（Burt, 1992；Cook and Whitmeyer, 1992；Lin, 2001）。

人々がこれらの種類の質問についてじっくり考える時，彼らは，異なる種類のネットワークのメンバーとの彼らの関係を分析しているのである。パーソナル・コミュニティは，結束（solidarities）として作用することがまれなので，人々は，必要とされる援助を素早く提供する人として，ネットワークの全ての人々を当てにすることはできない。また，全ての援助を積極的に求めるわけにもいかない（Wellman, 1982；Pescosolido, 1992）。従って，ネットワーク・キャピタルの提供は，ネットワークの各メンバー（あるいは，他者：alter）の社会的特性，そして，ネットワークのメンバーとの各紐帯の関係的な特性に依存する。ネットワークのメンバーの社会的特性に関して，サポートは，サポートを受け取る自己（egos）の特性，あるいは，サポートを提供する他者の特性の関数であろう。例えば，女性は，サポートを受け取る傾向があり，親と成人した子供は，サポートを提供する傾向がある。

サポートを提供する人々は，同質的な砂粒でもなく，彼らの紐帯は，構造のない状態の山積みの積み木でもない。社会的特性の分析が，集められた山積みの個人が「所有する」ものの属性だけを見るならば，サポートを提供する他者の種類の多様性を無視するのである。一方，サポートの提供者と受け取り手の紐帯レベルにおける分析は，各紐帯を別々の二者として扱い，支援する紐帯のネットワークの脈絡を無視する。それらは，ネットワークの構成と構造における多様性が紐帯を通じてソーシャル・サポートの提供にどのように影響を与えるのかについて考慮しない（レビューについては，Gottlieb and Selby, 1990；House, Landis, and Umberson, 1988；Wellman, 1992a）。

ネットワーク内部の紐帯に関する社会学的な情報にもとづく分析は，（紐帯の強さや接触頻度のような）紐帯の属性がこれらの紐帯を通じて獲得されたサポートや情報につながるのかどうかを調査してきた。マーク・グラノヴェター（Granovetter, 1982）は，社会的に異質な他者との弱い紐帯が多様な情報を提供すると論じてきたが，私たちの集団の調査は，強く，親密な紐帯が情緒的なサポートと親交を提供することを示し（Wellman, 1979；Wellman and Wortley, 1990），そして，ヘイソンスウェイトとウェルマン（Haythornthwaite and Wellman, 1998）は，友人である仕事仲間がメールの交換をすることを明らかにした。しかし，そのような分析は，関与する人々の種類，そして，彼らが相互作用しているネットワークの種類における多様性の支援的な（supportive）効果を説明

せずに，紐帯レベルの効果を考察したものである。

紐帯とネットワークから生じるサポート

対人的生活にはただの個人と紐帯以上のものがある。人々は，多くの場合，親交，情緒的サポート，あるいは，他者の世話で満たされた環境に埋没し，それらの力は個人の他者や紐帯レベルの範囲を超えるのである。ネットワークの構成的，そして，構造的な特性が考慮されねばならない（Hogan and Eggbeen, 1995 ; Wellman and Gulia, 1999b）。人々は，あれこれ考える。

私はどこから援助が得られるのか。私のネットワークが十分に大きく，十分に調整され，ベビーシッターができる人，私にお金を貸してくれる人，結婚の問題を理解してくれる人，あるいは，私が病気の時に助けてくれる誰か，あるいは，数人の人を私に紹介してくれる適切な種類の人々を含んでいるのか。

ネットワーク・キャピタルは，二者のキャピタルとは異なって作用する。それは，ネットワークにおいては，サポートを提供するための集団圧力が存在するからである。ケインとアベルの聖書の話は，集団のメンバーに反した行動をする人々に課される制裁について記述している。非連結な人々，「兄弟に対して責任を負う者」ではない人々は，「逃亡者と放浪者」となるであろう（創世記4：12）。神は，二者間の罪を罰することができるジンメルの第三者として役割を果たす（Simmel, 1922/1955）。

従って，ネットワークレベルの分析では，研究者は，ネットワークの構成（例えば，ネットワークの規模，ネットワークの異質性，接触頻度の平均，コンタクトが友人である割合），そして，ネットワークの構造（例えば，他者の間のリンク[links]の密度）に注目する。そのような分析は，ネットワークの属性がそれらの内部において（それらに対して）何が起こり，どのように影響するのかを理解しようとする。ネットワークのどの属性が一緒に生起する傾向があるのか。例えば，密接に編みこまれたネットワークは，支援的なのか，統制的なのか，あるいは，その両方か。ネットワーク（その「範囲」）の規模と異質性は，そのメンバーによる資源への接近に影響を与え（Haines and Hurlbert, 1992 ; Burt, 1983,

1992), 社会経済的資源が多いネットワークは, 支援的なネットワーク・キャピタルをうまく動員する (Lin, 2001)。

ネットワーク・キャピタルのいくつかの理論は, サポートの提供を個人, あるいは, 紐帯が埋め込まれている社会構造に直接つなげる。H. G. ウェルズ (Wells, 1913) は, 「盲人の国」(しかし, それ以外のどこも) では, 片目の人が王ではないかと思った。ポルテスとセンセンブレナーは, 「強制できる信頼 (enforceable trust)」をネットワークにおいて生じると記述し, それは,「行為者の行動が, 特定の他者にではなく, ソーシャル・ネットワークの網に志向されている」(Portes and Sensenbrenner, 1993：1325) 時である (また, 「特殊主義的な義務」に関する Weber, 1922/1947 を参照)。私たちの聖書の例では, 神を含むネットワークへの相互の義務によってアベルがケインの信頼を強制するべきであった。私たちは, 破られた信頼に課された制裁という点からの道徳を持っている。対照的に, 特定の交換 (specific exchange), 一般化された互酬性 (generalized reciprocity) (Sahlins, 1965), そして, 利他的価値の取り入れ (altruistic value introjection) のような他の形態のネットワーク・キャピタルは, それらが密接に編みこまれたネットワークに埋め込まれていなければ, 紐帯の特定の状況に依存するだろう。

それは, ネットワーク, あるいは, 紐帯, あるいは, 他者の特性がネットワーク・キャピタルの入手可能性に独立して影響を与えるかどうかだけの問題ではない。ケインとアベルの物語は, 紐帯の効果がその紐帯が位置しているネットワークのタイプにどのように随伴するだろうかということを例示する。聖書の時代におけるように, 紐帯がネットワークに編みこまれている時に, 親族がサポートをするように求められるだろうし, 成人の娘が対応できなければ, 成人の息子が年老いた両親を助ける傾向がある (Stone, Rosenthal, and Connidis, 1998)。人々は, 多数のネットワークへの部分的な関与を通じて, 機敏に進んでいく。これらのネットワークのメンバーとして, 彼らは, ネットワークによる拘束と機会の影響の下にある。紐帯が助けになることは, 資源が豊富なネットワークにいることによって促進される (Lai, Lin, and Leung, 1998)。

他者と紐帯が支援を与える傾向は, それらが埋め込まれているネットワークの種類によってどのように影響されるのか。この相互作用レベルの分析では, 私たちは, 類似した他者によって構成されるネットワークにいることが支援的

である大きな傾向を促進するのだろうかと思う。例えば，その紐帯が親族で満たされたネットワークに埋め込まれている時，親族はサポートしてくれる傾向があるだろうか。これは，増強する交互作用効果であろう。しかし，また，抑制する交互作用も存在する可能性がある。「量は質と等しくない」という民間のことわざについて考えてみよう。それは，親友は大きなネットワークにおいて支援する可能性が低いと論じている。

従って，ネットワーク・キャピタルは，資源を入手可能にさせる対人生活の多くの側面を通じて作用するのである。[3]

1. 自己の社会的特性：個人がすでに所有するニーズと資源であり，ソーシャル・サポートを引き付ける彼の／彼女の能力を含む。
2. ネットワークの規模：個人（「自己」）が彼の／彼女のパーソナル・ネットワークにおいて持つ紐帯の数。
3. 資源の所与：これらのネットワークのメンバー（「他者」）が所有する資源。
4. 自己—他者の類似性：自己の社会的特性と他者の社会的特性の類似性。
5. 資源の入手可能性：他者が自己にこれらの資源を提供する意欲。
6. 資源の引渡し：他者が自己にこれらの資源を引き渡す能力。
7. サポートの歴史：他者が自己にすでに与えた，短期，長期のサポート。
8. 互酬性：自己が他者に与えたサポートの歴史。
9. ネットワークの構成：ネットワークにおける全ての他者の両方の特性：
    a. 類似性：類似する他者が資源の相互の引渡しを促進する傾向。
    b. 非類似性：ネットワークにおける他者の多様性。
10. ネットワークの構造：対人関係の構造：
    a. 情報の流れ：自己のニーズと資源に関する知識を広める。
    b. 社会的統制：資源の提供を促進する，あるいは，制限する。
11. 間接的な紐帯：付加的な資源への接近を提供する，ネットワークの外部の人々との紐帯。

複数レベルのアプローチの有用性

最近まで，ネットワーク・キャピタルの研究は，複数の分析レベルを包括的

な分析に統合することが方法論的にできないことによって制約されてきた。方法論的な弱点は制約された分析をもたらしてきた。技術的に両立できないこと（そして，専門分野の先入観；Milardo and Wellman, 1992 を参照）は，個人，紐帯，ネットワーク，そして，相互作用の分析に導き，今まで別々に発達してきた。量的な分析者は，個人の特性，あるいは，彼らが埋め込まれている自己を中心とする（ego-centered），パーソナル・コミュニティ・ネットワークのどちらかを別々に分析した。交互作用効果についての量的分析はほとんど行われてこなかった。

　多くの統計的な技術は分析単位の間の独立性を想定するので，それらは，異なる分析単位に同時に焦点を置くことができない。しかしながら，ネットワーク・キャピタルの入手可能性は，個人の「エージェンシー（agency）」（自分自身のための自立した行為），対人的なペアを踊らせる紐帯，そして，異なる種類の構造と構成を持つネットワーク[4]によって提供される制約と機会によって影響されるだろう。人々は，どんな種類の人々（個人レベルの分析）と関係（紐帯レベルの分析）が異なる種類のサポートを提供する傾向があるのかを知る必要があり——そして，知りたいだけでなく，彼らは，また，彼らのソーシャル・ネットワークが全体としてどの程度彼らをサポートできるのか（ネットワークレベルの分析）を知る必要があり，知りたいのである。

　学者は，個人と紐帯が彼らを囲むネットワークによって影響されることを「知っている」し，特定の対人的紐帯における個人の行為者の行動を通じて，ネットワークの効果が生起することを「知っている」が，この知識を比喩的に述べることと，個人，紐帯，そして，ネットワークの特性の随伴的効果が実際にどのように展開されているのかを特定するのは，全く別のことである。具象化の危険性が存在する。1つだけの分析レベル（個人，紐帯，あるいは，ネットワーク）における結果をみて，複数レベルの包括的な相互作用（interplay）を考慮するよりも，むしろ，唯一の真実とみなす危険性がある[5]。

第10章 複数レベルの世界におけるネットワーク・キャピタル

自己を中心とするネットワークにおいて入れ子になった紐帯のための複数レベルのモデル

研究アプローチ

本章は,どちらか／あるいはという分析を超えて,複数レベル（multilevel）の分析に向かう（Bryk and Raudenbush, 1992；DiPrete and Forristal, 1994；Longford, 1995；Snijders and Bosker, 1999；Snijders, Spreen, and Zwaagstra, 1995）。複数レベルの分析は,ちょうど使われ始めたばかりで,社会学では,「入れ子になった（nested）データ」を単一の統計モデルに統合するために用いられ,例えば,近所の住人,学校の子供たち,ワールドシステムにおける国家,あるいは,本章のようなパーソナル・ネットワークにおける個人と紐帯に関する研究において使われている（例えば,Sampson, Morenoff, and Earls, 1999；Thomése and van Tilburg, 1998, 2000；van Duijn, van Busschbach, and Snijders, 1999）。ヴァン・デュイン,ヴァン・バスクバック,そして,スナイデルス（van Duijn, van Busschbach, and Snijders, 1999）は,以下のように述べている。

> 複数レベル,あるいは,階層的な線形モデルは,紐帯の間……そして,また,自己の間の説明されない変数を取り入れることによって,入れ子になったデータと関係する依存構造を明示的に考慮するものである（188頁）。データの入れ子になった構造を無視することは,2つの種類の分析に導く可能性がある。第一は,以前の紐帯レベルの分析が行ったように,データを独立した観察として扱うことによって,入れ子を完全に無視する。第二は,（各パーソナル・ネットワークにおける紐帯のデータを）平均することによって,依存性を取り除く。最初の方法は,……偏った標準誤差,標準誤差の過小評価,そして,おそらく……誤った結論を［生み出す］。第二の方法は,統計的には正しいが,情報の損失［そして,分析力の減少］を抱える（205頁）。

ヴァン・デュイン,ヴァン・バスクバック,そして,スナイデルスと一緒に,私たちは,ここで,紐帯におけるサポートの提供が,どのように人々,紐帯,ネットワークの特性の結合産物（joint product）であるのかを明らかにするた

めに，個人，紐帯，そして，ネットワークレベルの分析を単一の統計モデルにおいて統合することを先駆けて行う。各紐帯とその紐帯の端の個人（あるいは，「他者」）は，各パーソナル・ネットワーク，そして，そのネットワークの一員である個人（あるいは，「自己」）に入れ子になっている。自己を中心とするネットワークは，個人レベルの分析を2つの方法で考慮する。第一に，各々の自己は，パーソナル・コミュニティ・ネットワークを持っているので，経験的分析の目的のため，自己とそのようなネットワークの間には1：1のマッピング（訳者注：対応付けること）が存在する。自己の性別のような個人レベルの社会的特性は，このネットワークの密度や規模と同じようにネットワークの特性である，あるいは，そう言ってよければ，ネットワークの密度は，自己の特性である。これは，ネットワークと自己の特性が同じネットワークの分析レベルで分析できることを意味する。第二に，自己とのこれらの紐帯のもう一方の端には，紐帯の特性（例えば，紐帯の強さ，ソーシャル・サポートの提供）と他者の特性（例えば，性別，婚姻の地位）の間に類似するマッピングが存在する。例えば，他者の性別は，紐帯の強さと同じように紐帯の特性である。これは，紐帯と他者の特性は同じ紐帯の分析レベルで分析できることを意味する。

　私たちは，個人，紐帯，あるいは，ネットワークの特性が行動に与える効果への単一の焦点を超えるので，創発的特性という基本的な科学的問題に遭遇する。私たちは，サポートの提供が個人の特性や紐帯の特性だけに関係するのか，あるいは，それは，それらが埋め込まれているパーソナル・ネットワークの特性にも関係するのかどうかと問う。また，ネットワークの全てのメンバーの特性――女性で満たされたネットワークにおいて女性はより支援的であるか――，そして，彼らの紐帯が埋め込まれている社会構造の特性――密接に編みこまれたネットワークにおいて人々はより支援的であるか――を考慮しなければならない。私たちは，全てのレベルの分析が随伴的に重要であろうと思う。もしそうならば，複数レベルの分析は，方法と内容だけでなく理論にも貢献することができる。

　特に，私たちは，ソーシャル・サポートの提供が以下の効果と相関する程度について探ることにする。

1．サポートを受け取る自己の社会的特性（例えば，個人の性別）

第10章 複数レベルの世界におけるネットワーク・キャピタル

2．自己のパーソナル・ネットワーク（例えば，ネットワークの規模，自己が他者へ接近する一般的レベル）
3．これらのネットワークにおける他者の社会的特性（例えば，他者の性別）
4．自己と他者を連結する紐帯の特性（例えば，共通の組織への参加）
5．紐帯を特徴づける自己と他者の特性の組み合わせ（例えば，他者への接近）
6．自己／ネットワークの特性と他者／紐帯の特性の交互作用

　この複数レベルのアプローチは，2つの利点がある。第一に，それは，他のレベルの効果を統制しながら，個人，紐帯，ネットワークレベルにおける変数の効果の推定を提供する。紐帯の効果をネットワークの効果と誤って示す（あるいは，その逆も）ことが容易であったが，複数レベルのアプローチによって，私たちは，ソーシャル・サポートの提供に対する個人，紐帯，そして，ネットワークの効果の相対的強さを明らかにすることができる。
　第二に，それは，ネットワークの構成と構造がどのように個人と紐帯のサポートに影響を与えるのかを分析することによって，ネットワーク・キャピタルの捉えにくい交互作用効果を明らかにする。創発的特性に関するこの検証は，紐帯レベルの効果（紐帯の特性）とネットワークレベルの効果（ネットワークの構成と構造の効果）をクロスさせることによって行うことができる。さらに，複数レベルの統計モデルは，紐帯レベルとネットワークレベルの効果をクロスさせるように並べることによって，より注意深く特定することが可能である。例えば，親族におけるネットワーク・キャピタルの効果は，親／子供の効果を自己のネットワークが一般的に親族を含む程度とクロスさせることによって観察できるのである。
　私たちのアプローチの分析力を評価するために，私たちの結果を，個人，紐帯，そして，ネットワークの特性を別々に分析した以前の基準となる分析と比較した。効果1と2は，自己／ネットワークレベルにおける効果であり，効果3，4，5は，他者／紐帯レベル，そして，効果6は，自己／ネットワークと他者／紐帯レベルのクロスである。
　私たちは，ウェルマン（Wellman, 1979）によって推定されたモデルと比較可能な二者間の紐帯レベルにおいて特定された基本的モデルを定義し，ウェルマ

281

ンのそのデータを用いる。例えば，日常のサポートを，もし個人 j が日常のサポートを彼女の i 番目の紐帯から受け取ると 1 という値をとる，そして，もし個人 j がサポートを彼女の i 番目の紐帯から受け取らなければ 0 という値をとると定義する。ウェルマンとウォートリー (Wellman and Wortley, 1990) におけるように，私たちは，二分法の結果が 1 か 0 という値をとる確率の対数変換を用いた。これは，ロジットモデルを定義する。この例では，私たちのモデルは，j 番目の他者の特性（例えば，他者の性別 ij）の効果，そして，紐帯の 2 つの特性（例えば，紐帯の接近——接近 ij——，そして，紐帯が親／成人の子供関係——親／子供 ij）を含んでいる：

$$\log\left[\frac{P(日常のサポート_{ij}=1)}{1-P(日常のサポート_{ij}=1)}\right]=\beta_0+\beta_1 他者の性別_{ij}+\beta_2 接近_{ij}+\beta_3 親／子供_{ij} \quad (1)$$

モデル 1 は，個人の自己のユニークな効果を説明していない。すなわち，サポートを特に生み出す傾向がある人々が存在するだろう。そのような人々は，また，女性，親，そして，子供との紐帯，あるいは，非常に接近可能な紐帯を持つ傾向があるなら，私たちは，個人の効果を紐帯のタイプの効果と区別することができないだろう。

従って，私たちは，モデル 1 を拡大し，各自己のユニークな効果を組み込んで下付きの j を β_0 に割り当てる。

$$\log\left[\frac{P(日常のサポート_{ij}=1)}{1-P(日常のサポート_{ij}=1)}\right]=\beta_{0j}+\beta_1 他者の性別_{ij}+\beta_2 接近_{ij}+\beta_3 親／子供_{ij} \quad (2)$$

ここでは，下付きの j は，サポートを受け取る可能性に対する各自己 j の効果を説明する一人の β_0 が存在することを示している。私たちは，固定効果 (fixed-effects) モデルを（例えば，ダミー変数，あるいは，ANOVA のような枠組みを用いることを通じて）用いて，j の各自己の推定を得ることができるが，これは，モデルの焦点をそらし，私たちの自由度に負担をかけるだろう。さらに，複数の自己は，多数の一連の人々からのサンプルにすぎない。従って，私たちは，β_{0j} を正規分布し，分散が σ^2 である無変量効果 (random effects) として扱

う。故に，私たちは，1つの追加のパラメーター，σ^2だけを推定すればいいだけであり，それは，サポートを引き付ける自己の傾向における分散を表している。

さらに，私たちは，特定の個人がサポートされる程度が年齢や性別のような自己のいくつかの特性の機能であると仮定することができるだろう。日常的なサポートに対する自己の性別の効果を推定するために，私たちは，β_{0j}項をモデル化し，それに，自己jがサポートを受け取る程度の基準を表している。これは，β_{0j}が「レベル2」のモデルにおける結果として使われるので，複数レベルのモデルにとって非常に重要である（Burnstein, 1980）。

$$\beta_{0j} = \gamma_{00} + \gamma_{01} \text{自己の性別}_j + u_{0j} \tag{3}$$

このモデルは，典型的な回帰モデルとして再解釈できる。特定の自己が特定の紐帯（β_{0j}）からサポートを受け取る程度，切片（γ_{00}），自己の性別（γ_{01}），そして，誤差項（u_{0j}）を表す結果が存在する。[6]

2と3によって定義される複数レベルのモデルがなければ，私たちは，各自己が関与する複数の紐帯に対する各自己とネットワークの効果を説明できない。すなわち，各自己の内部に入れ子になった複数の紐帯の観察の間に依存性が存在する。もし無視されれば，これらの依存性は，統計的な推定と仮説検証にとってマイナスの要素を持つ（Bryk and Raudenbush, 1992）。対照的に，複数レベルのモデルは，データのサンプリング・デザイン，すなわち，自己の内部の紐帯の入れ子を捉える。従って，私たちは，他者と紐帯の第一のレベルの効果——接近のような効果——において観察し，そして，自己やネットワークの第二のレベルの効果——自己の性別のような効果——において観察するのである。

複数レベルのモデルは，また，紐帯レベルの効果を自己／ネットワークレベルの集合的特性にもとづく対応する効果から区別することを促進する。例えば，私たちは，人々が接近可能な紐帯からサポートを受け取る可能性が高いと仮定するが，構成の効果もまた存在するだろう。一般に接近可能な紐帯を持つ自己は，サポートを多く受け取るだろう。紐帯と自己／ネットワークの2つの効果を区別するために，私たちは，まず，自己の紐帯の接近可能性の平均レベルの周りに紐帯レベル（レベル1）の予測変数，接近$_{ij}$を「中心に置く」（これは，新しい予測変数である接近$^*_{ij}$ = 接近$_{ij}$ - 接近$_j$）を作ることによって達成される）。

第Ⅲ部 組織,コミュニティ,そして,制度的環境におけるソーシャル・キャピタル

この新しい項は,自己の紐帯の接近可能性の一般的なレベルと比較した紐帯の接近可能性を捉える。次に,私たちは,自己のレベル（レベル 2）のモデルにおける自己の紐帯の接近可能性の一般レベルを含む。

$$\beta_{0j} = \gamma_{00} + \gamma_{01} \overline{接近}_j + u_{0j} \tag{4}$$

従って,γ_{01} は,自己の紐帯への接近の構成的な効果を示している。

　複数レベルのモデルは,また,各レベルの特性をクロスさせることによって生み出された効果の特定を促進させる。特に,ネットワーク・キャピタルの理論は,同質的なネットワーク（類似する特性を持つ紐帯と他者を含んでいるネットワーク）に埋め込まれている紐帯がそうでない紐帯よりも支援的である可能性が高いことを示唆する（Lazarsfeld and Merton, 1954 ; Marsden, 1988 ; Wellman and Gulia, 1999b）。私たちの場合では,紐帯レベルにおける接近の効果 β_2 に対する自己の平均の接近の効果を評価することによって,これを検証することができる。私たちは,自己が一般的に紐帯へ多く接近できるならば,自己へ多く接近できる紐帯が支援的である可能性が高い。それは,そのような場合には,接近可能な他者が自己だけでなく,自己と他者の両者が埋め込まれている紐帯のネットワークにも強く関与する（committed）からである。この効果は,自己 j の紐帯の一般的なレベルの接近可能性の関数としての,自己 j へのサポートの可能性に対する紐帯の接近可能性の効果 β_{2j} のモデリングによって検証することができる。

$$\beta_{2j} = \gamma_{20} + \gamma_{21} \overline{接近}_j + u_{2j} \tag{5}$$

ここでは,γ_{21} が,自己の紐帯が一般的に接近可能である傾向が存在する時,特定の紐帯への接近の効果が強められる（あるいは,弱められる）程度を表している。技術的に,γ_{21} に伴う効果は,レベル 1（接近 ij）とレベル 2（接近 j）の予測変数の交互作用効果である[7]。

　γ_{01},γ_{20},そして,γ_{21} に伴う効果における差は,図10-1 に示されている 2 つの仮定にもとづいたネットワークによって表現される。自己と他者の間の距離は,接近可能性を示し,もしその紐帯が支援的ならば,その二者の間を線が連結する。紐帯レベルの効果は,次のように示されている。各自己にとって,（自己の他の紐帯に比べて）紐帯が近ければ,その紐帯がサポート（γ_{20} に伴う効果）

第 10 章　複数レベルの世界におけるネットワーク・キャピタル

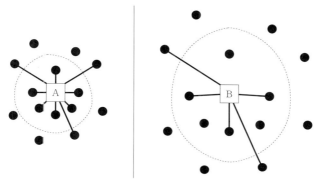

図 10 - 1　複数レベルの枠組みにおけるサポートに対する接近可能性の効果
　四角の中は自己，他者は円の中に表現されている。自己と他者の間の距離は，
接近可能性を示している。実線は他者が自己をサポートすることを示す。

を提供する可能性が高い。また，ネットワークレベルの効果は次のように示されている。近い紐帯を多く持つ自己 A は，一般に自己 B よりも多くのサポートを受け取る。（この効果は，γ_{01} に伴っている。）しかし，紐帯の接近可能性の効果は，自己 B にこってよりも自己 A にとって大きいことに留意してほしい。自己 A にとっての接近可能な他者は，接近可能でない他者よりも，200％の可能性でサポートを提供する（接近可能な他者の全て 6 人がサポートを提供するが，接近可能でない他者では，サポートを提供するのは 3 人だけである）。対照的に，自己 B にとって接近可能な他者は，接近可能でない他者よりも，50％の可能性でサポートを提供する（3 対 2）。交互作用効果は，γ_{21} に伴っている。

　私たちは，親や成人の子供との紐帯に関して類似の効果を探索することができる。親／子供の主効果は，そのような紐帯は紐帯レベルにおいて支援的であるということである。ネットワークレベルでは，親と成人の子供に多くの紐帯を持つ自己の付加的な効果が存在する。しかしながら，交互作用効果を検証しなければ，そのような自己にとって追加のサポートが実際に親と子供から入手できるかどうか私たちは分からない。親／子供の効果についての γ_{21} に類似するパラメーターを推定することによって，私たちは，自己が複数の親／子供の他者を持つネットワークに埋め込まれている時に，親／子供の紐帯の効果が高められるかどうかについて学ぶことができる。それが事実ならば，それは，家族関係に埋め込まれている時，親／子供の紐帯のかかわり（commitment）が強

められるだろうということを示唆する。これは，個人へのかかわりと家族のかかわりの程度が同じであるという議論と一致するものであろう。

ネットワークを源泉とするサポートの研究

データ収集

私たちのデータは，1968年イーストヨークの行政区に在住の18歳以上のトロント住民845人の無作為サンプル・サーベイ調査からのものであり，10年後にその回答者の小さな下位サンプルへの長時間の面接が追加された。イーストヨークは，人口が約10万人で，メトロポリタン・トロントの輸送とコミュニケーション・ネットワークの中心部分である（人口は300万人以上である）。それは，トロントの中心のビジネス地区から約6マイル東に位置し，地下鉄，あるいは，車で30分の距離である。サーベイと面接は，小さな個人宅とアパートに居住する定住の英国系カナダ人の労働者階級から中産階級の人々に行われた（Gillies and Wellman, 1968；Wellman, 1982）。イーストヨークは，活動的なソーシャルサービス機関とボランティア組織の長い伝統を持っている。

対面式の制限回答型のサーベイ調査は，回答者／自己に彼らの世帯の外部における彼らの社会的に親密な紐帯を最大6つの紐帯の各々についての情報を提供するように依頼した。[8] 彼らは，総計約3,930の親密な紐帯（平均＝4.7）について報告した。大部分のネットワークは，友人と親戚の低い密度の混合（平均の密度＝0.33）であり，大部分の紐帯は，近隣を越えて，メトロポリタン・トロントの他の場所まで伸びていた。4分の1は，メトロポリタンの境界を越えていた。そのデータは，各親密な人，各ネットワークの構成と構造に関する体系的な情報を提供した。従って，私たちの研究は，多くのサポートを提供する強い紐帯に関する情報を提供し，情報と社会システムの統合を獲得し，知り合い関係のために重要な多くの弱い紐帯を無視している。そのデータが古くて価値のあるものであるが，その知見は，現代の諸研究と一致するものであった（Wellman, 1999）。

独立変数

信頼性と比較可能性のために，私たちの変数の定義は，これらのデータの以

前の紐帯レベルとネットワークレベルの分析にもとづいている。私たちは、比較的新しい構成体のために、本節においてさらに根拠を提供する。

紐帯の強さ：強い紐帯が支援的である可能性が高いか

自己／回答者が親密と感じる3人から6人の他者との紐帯の強さについての自己／回答者の序列付け。そのような「親密な」紐帯は、通常、ネットワークにおいて多くのサポートを提供する（Erickson, Radkewycz, and Nosanchuk, 1988）。

仕事と組織の紐帯：社会的に親密な仕事仲間と組織メンバーの仲間は支援的である可能性が高いか

「近代化」論は、親族と近隣にもとづく紐帯から共に働く、あるいは、ボランティア組織に参加することにもとづく紐帯への転換を示唆する（例えば、Parsons, 1943；Inkeles and Smith, 1974；Wireman, 1984）。私たちは、紐帯レベルの二値変数（dichotomous variables）を用い、自己と他者が仕事、あるいは、ボランティア組織において社会的に親密であるかどうかを示す。

相互の紐帯：推移的三者のメンバーは支援的である可能性が高いか

私たちのジンメル（Simmel, 1922/1955）風な議論は、自己の他の他者たちの多くと紐帯を持つ他者たちが支援的である可能性が高いことを示唆する。従って、私たちは、自己と他者によって共有されている相互の紐帯の数を測定する。

接近可能性：接近可能なネットワークにおける接近可能な紐帯は、支援的である可能性が高いか

接近可能性に関する私たちの測度は、3つの均等に重み付けされた、相関し、対数変換され、そして、標準化された変数から導かれ、それらは、対面的な接触頻度、電話による接触頻度、そして、住居の距離である。これらの3つの変数は、メトロポリタン・トロントに住む他者の割合と組み合わされて、単一の接近可能性の測度を構成している。

親族：直接の親族は支援的である可能性が高いか

多くの学者は、親族、特に、親、成人の子供、そして、きょうだいが支援的

である可能性が高いことを明らかにしたが、拡大家族の親族――いとこ、叔母、叔父、そして、祖父母――は、他のネットワークの紐帯ほど支援的でないことを発見した学者もいた。[13] 私たちは、3つの二値変数を用いて、3つのタイプの親族、親／成人の子供、きょうだい、そして、拡大親族を探索する。きょうだいや拡大親族の有意な効果が存在しなかったので、私たちは、親／成人の子供の効果だけについて報告する。

互酬性：自分を助けてくれた自己に対して、他者がサポートを提供する可能性が高いか

サポートは、お返しをし合う互酬性の相互作用の一部として与えられるだろう（Portes and Sensenbrenner, 1993）。自己は、彼らが緊急時のサポートを各他者に提供したかどうかについて二分法で報告した（悲しいことに、日常のサポートに関する同様の質問が尋ねられていなかった）。

ネットワークの規模：規模の大きいネットワークの他者は支援的である可能性が高いか

ネットワークの規模は、資源へのネットワークのメンバーの接近に影響を与えるであろう（Haines and Hurlbert, 1992；Burt, 1983, 1992）。規模は、ネットワークにおける他者の数として測定された。[14]

自己と他者の性別：女性は、サポートを与え、受け取る可能性が高いか

私たちのデータと他の研究の以前の分析は、女性が他の人々にサポートを提供する傾向があることを示した。[15] 女性は、多くの場合、家事、賃金労働、そして、支援的な「ネットワーク」という「3つの荷（triple-load)」を担う。彼らの「ネットワークを維持すること（network-keeping)」は、西欧社会の親族の維持者（kin keeper）としての歴史的な役割の拡大である（Rosenthal, 1985）。女性は、また、男性よりもサポートを多く受け取るだろう。それは、女性の日常の仕事は、私事化され、家事を中心とするネットワークだからである。私たちは、女性の自己と他者を1、男性の自己と他者を0としてコード化する。

第10章　複数レベルの世界におけるネットワーク・キャピタル

紐帯の集合／他者レベルの測度：ネットワークの構成は提供されるサポートの程度に影響を与えるか

各紐帯／他者レベルの特性について，私たちは，各自己にとっての全ての他者の特性の平均を計算した。これは，紐帯の平均の測度，他者への接近の平均の測度，そして，各ネットワークの女性の割合のような各二値変数の割合を提供する。

紐帯とネットワークの特性の交互作用：類似する特性を持つ紐帯のネットワークに埋め込まれている紐帯は，支援的である可能性が高いか

親／子供と接近可能な関係の紐帯レベルの効果は，自己がそのような紐帯が支配するネットワークに埋め込まれているならば，強められるか。紐帯が類似する紐帯のネットワークに埋め込まれている時，紐帯から得られるサポートが強い可能性が高い。それは，紐帯のネットワークへの関与と特定の自己への関与によるからである。同様な議論を探索し，私たちは，また，緊急時の互酬性，そして，各自己が緊急時に他者をサポートする一般的なレベルとの交互作用を検証する。私たちは，紐帯レベルの互酬性がサポートの密度の高いネットワークにおいて重要ではないかどうかについて知りたい。これらの交差レベルの交互作用効果は，複数レベルの分析において，紐帯／他者レベル（モデル5を参照）の特性の効果についてモデル化するために，自己／ネットワークレベルの特性を用いることによって示されている。

ソーシャル・サポートを測定する

この調査は，ソーシャル・サポートにについて問う最も以前の調査（Wellman, 1979, 1982）であったので，ソーシャル・サポートに関する識別された性質がその当時は認められていなかった。回答者／自己には，2つの広範囲な質問だけが尋ねられ，彼らが社会的に親密に感じている各人がソーシャル・サポートを提供したかどうかが問われた。これらの質問に対する「はい／いいえ」は，私たちの従属変数であり，そして，それらの二分法の性質が紐帯レベルの分析においてロジスティック回帰分析を要請する。

- あなたは，日常の物事において，これらのうちどれについて支援を頼りま

すか。回答者／自己は，彼らの社会的に親密な紐帯の23％がそのような日常のサポートを提供すると報告している。
- あなたは，緊急な状況において，これらのうちどれについて支援を頼りますか。回答者／自己は，彼らの社会的に親密な紐帯の30％がそのような緊急なサポートを提供すると報告している。

サポートのこれらの２つの形態は，緊急時に資源の多くの即時の貢献を必要とする効果を日常のサポートの小さく，頻繁で，即時ではない行為から区別させる。従って，異なる形態のサポートは，異なるレベルの関与と過程を測定する。各形態のサポートの割合は少ないが，60％の自己は日常のサポートには少なくとも１つの親密な紐帯を当てにすることができ，そして，80％の自己が緊急時のサポートを少なくとも１つの親密な紐帯を当てにすることができることを示している。大部分の自己の視点からは，彼らのネットワークが通常はサポートを提供している。

全ての人々が同じ量のサポートが必要というわけではないし，様々な人に全ての形態のサポートが等しく変化できる（variable）というわけでもない。複数レベルのアプローチによって，私たちは，自己が特定の他者からサポートを受け取る確率における変動（variation）を説明することができる。（この変動の推定値は，$\hat{\sigma}^2$として言及され，レベル１とレベル２のモデルにおける切片だけを含むレベル２のモデルのv_{0j}の変動によって定義される。）自己は，彼らが緊急時のサポートを他者（$\hat{\sigma}^2 = .74$）から受け取る程度よりも，彼らが日常のサポートを他者（$\hat{\sigma}^2 = 1.69$）から受け取る程度においてより多く変動する。緊急時のサポートの提供における変動の相対的欠如は，床効果と天井効果の両方を反映している。

床（Floor）：必要な時には，緊急時のサポートを提供する，対人的で人道的な義務の多くが存在する。

天井（Ceiling）：緊急時のサポートは，滅多に必要ではなく，提供するのに多大な努力を要する。

紐帯とネットワークのどの特性がサポートに影響を与えるのか

他者／紐帯が集まってパーソナル・ネットワークになることを考慮すること

によって，複数レベルは，モデルが紐帯とネットワークの特性の両方がどのようにソーシャル・サポートの提供に影響を与えるのかに関する分析を統合する。実際には，この統計的に適切なアプローチは，一般的に，紐帯／他者とネットワーク／自己の特性を別々に見ていた以前の単一レベルの分析の頑健性（robustness）を確認する。私たちは，トロントのデータを分析した30年以上が無駄にされなかったことに満足している。

　私たちの複数レベルの結果は，以前の知見を超えるものである。単一の統計的な複数レベルのモデルへの統合は以下のとおりである。

1. 何が本当に，紐帯の特性，ネットワークの特性，あるいは，両方の効果であるのかを解き明かす。例えば，規模の大きなネットワークが支援的であるならば，これは，それらが多数の支援的な紐帯の集合であるからなのか，あるいは，規模の大きいネットワーク，それ独自（*sui generis*）の何かがあるからなのだろうか。
2. 紐帯，ネットワーク，そして，交互作用の効果の比較的な重み付けを可能にする。例えば，サポートの提供には，親族関係，あるいは，大部分が親族から構成されているネットワークにおいて何らかの関係を持つことの，どちらが重要なのか。
3. 紐帯とネットワークの特性の相互作用を示す。レベルをクロスする統計量を計算することによって，私たちは，個人，紐帯，そして，ネットワークの特性の間の交互作用を明らかにする。例えば，接触頻度の高い他者が支援的である傾向がみられるが，彼らは，大部分の人々の接触頻度が高いネットワークにおいて特に支援的であるだろうか。[16]

　私たちは，詳細な面接において収集された情報によって補完され，表10-1に報告された統計にもとづき，私たちの知見をここに示す。列1aは日常のサポートについての紐帯とネットワークの特性の主効果，そして，列2aは緊急時のサポートについての主効果を示す。列1bと2bは，紐帯とネットワークレベルからの変数をクロスすることによって生み出された効果を含んでいる。私たちは，バークとローデンブッシュ（Bryk and Raudenbush, 1992）による複数レベルのモデルを示す方法に従う。表の一番上には，私たちは，自己レベル

表 10-1 日常と緊急時のサポートに対する複数レベルの効果

変 数[a]	日常の サポート (1a)	日常とのクロスレベル効果 (1b)	緊急時のサポート (2a)	緊急時とのクロスレベル効果 (2b)
切 片	−1.458*** (0.372)	−1.463*** (.382)	−.341 (.250)	−.358 (.252)
ネットワークにおける親／子供（％）	−.260 (.403)	−3.50 (.410)	−.034 (.241)	−.041 (.244)
他者への接近の平均	1.077*** (.180)	1.257*** (.185)	.379*** (.117)	.419*** (.118)
他者が女性（％）	1.272*** (.341)	1.278*** (.348)	.944*** (.229)	.955*** (.231)
自己が女性	.450*** (.212)	.380* (.216)	.282*** (.143)	.286** (.144)
ネットワークの規模	−.193*** (.071)	−.199*** (.072)	−.224*** (.046)	−.227*** (.046)
自己が緊急時のサポートを提供した他者(％)			2.536*** (.154)	2.589*** (.157)
他者が親／子供	.713*** (.145)	.315 (.232)	.654*** (.134)	.204 (.220)
ネットワークにおける親／子供（％）		2.460** (1.102)		2.826** (1.099)
他者への接近の程度	1.372*** (.096)	1.411*** (.099)	.791*** (.084)	.794*** (.085)
他者への接近の平均		1.083*** (.220)		.592*** (.194)
他者が女性（％）	.196 (121)	.165 (.123)	.905*** (.111)	.885*** (.111)
紐帯の強さ	.462*** (.037)	.396*** (.052)	.333*** (.031)	.338*** (.031)
自己が女性		−.148*** (.065)		
自己と他者の間の相互の紐帯の数	.139 (.050)	.147*** (.050)	.071* (.037)	.077* (.038)
他者が職場の仲間	1.300*** (.196)	1.302*** (.199)		
自己が他者に緊急時のサポートを提供した			1.642*** (.101)	1.603*** (.104)
自己が緊急時のサポートを提供した他者(％)				−1.578** (.618)

注：*p≦10．**p≦.05．***p≦.01．
[a] ネットワーク／自己の予測変数は通常のフォント；**紐帯／他者**の予測変数は太字；*クロスレベルの予測変数はイタリック*。

(複数レベル分析用語では「レベル2」)の切片に対する効果を示す。下の太字の用語は，他者レベル（レベル1）の傾きを示している。イタリックの用語は，クロスレベルの効果を示す。日常と緊急時のサポートのついての最後の複数レベルのモデルは，本章の最後に専門的付記において示されている。

紐帯の効果（それのみの効果）
紐帯の強さ

私たちは，ここでは，社会的に親密な，強い紐帯だけを調べるが，いくつかの紐帯は他の紐帯よりも親密である。データは，紐帯が強ければ，ネットワークのメンバーが日常と緊急時のサポートを提供する可能性が高いことを示している。（その逆もまた真である。支援的な紐帯は，時間とともに，強くなる傾向がある。[Wellman et al., 1997]）。これは，紐帯の強さが広範で多様なサポートを提供することと相関するという第一と第二の研究の結果を繰り返すものである。紐帯の強さは，自己の他の他者に関連して測定されるので，それは，紐帯レベルの現象としてだけで定義される。複数レベルの分析は，ネットワークの特性が紐帯の強さとサポートの関係に影響を与えないことを示す。現代のパーソナル・コミュニティの緩やかに連結している世界では，強い紐帯が，それらが埋め込まれているネットワークとは幾分独立して機能している。

職場の仲間（workmate）の紐帯

純粋に紐帯の特性である唯一の他の支援的な現象は，職場の同僚との関係である。私たちが研究したイーストヨーカーは，同僚との社会的に親密な関係はめったに持たないが，そのような関係を持つ時は，「職場の仲間」が，特に（緊急時のサポートではなく）日常のサポートを提供する傾向がある。彼らは，ほとんど毎日直接会い，ニーズについて知り，援助を提供するのに有利な立場にある。複数レベルの分析は，以前の単一レベルの分析がやらなかった方法で，仕事仲間の日常の支援力（supportiveness）が他の接近できる紐帯のそれよりも超えることを示している。面接は，仕事仲間が仕事の問題に共同して対処するだけでなく，彼らの近接性や協同が少額の金銭を貸したり，問題を検討したりするような仕事外における日常の方法で，お互いを助け合うための機会を提供することを明らかにしている。

仕事仲間の日常の支援力は，同じ作業組織への共通する関与することの機能よりも，彼らの社会的に親密な対人関係の結果である。私たちは，この理由について，同じボランティア組織の社会的に親密なメンバーが特に支援的であるからではないと推論する。（友人でもなく，親族でもなく，仕事仲間でもない）同じボランティア組織のメンバーとの親密ないくつかの紐帯が比較的弱い傾向があり，家庭内やコミュニティの関心事まで及ばない狭い焦点を持つ傾向がある（Wireman, 1984 も参照）。ソーシャル・キャピタル理論は，組織のメンバーシップと活発な（active）紐帯の間の関係（Putnam, 2000）を示唆するが，これは，パーソナル・ネットワークにおいてよりもマクロレベルにおいて該当するものであろう。

ネットワークの効果（それのみの効果）
相互の紐帯

先駆的なネットワーク分析者であるバーンズは，「BとCに関係するAがBとCの関係にどのように影響されるかを発見することは，……ネットワーク概念の使用が必要となること」を観察した（Barnes, 1972：3）。従って，私たちは，相互の紐帯を紐帯レベルで定義するが，私たちは，それらをネットワークレベルの現象として解釈する。バーンズの観察は，紐帯のサポート力が自己—他者の紐帯だけの特性以上のものに依存することを示すネットワーク効果の存在によって生み出されている。データは，自己のネットワークの他のメンバーと多くの紐帯を持つ他者がこの自己に対して日常のサポートを提供する可能性がかなり高く，緊急時のサポートを提供する可能性が若干高いことを示している。ジンメル風（Simmel, 1908/1971）の議論が当てはまる。すなわち，共通の他者たちに連結する人々は，自己に対して絆を感じ，従って，支援的である可能性が高い。これは，局所的な現象——紐帯の密接に結合した（densely knit）クラスターに埋め込まれた自己と他者の紐帯——であり，全体のネットワークが密接に結合しているかどうかの結果ではない。

ネットワークの規模

パーソナル・ネットワークの規模が増加すると，サポートを提供するかもしれない他者の数も増加する。実際のサポートの提供者の割合がネットワークの

規模とともに変化しなければ，規模の大きい，あるいは，小さいネットワークにおける紐帯を総計する効果だけが存在するだろう。サポートを提供する人の割合がネットワークの異なる規模とともに変化するならば，その条件の時だけ，独立したネットワークの規模の効果が生起するだろう。

　データは，以前のネットワーク分析と一致するネットワークの効果を示している。少数の親密な人を持つ自己は，日常と緊急時，両方のサポートを親密な人それぞれから受け取る可能性が高い。これは，自己のネットワークの中心における2人から6人の親密な人において，質が量を補うのである。親密な人が少ないネットワークを持つ人々は，他者それぞれに関心を向けることに時間をかけて，彼らのそれぞれからサポートを引き出すことができるのだろう。

　私たちは，ここで，これらの知見が親密な人だけに言及することを強調する。親密な人からのサポートの力学は，親密ではない人のそれとは異なるだろう。第二の面接にもとづく研究は，親密な人，そして，やや弱く「活発な」紐帯の両方を分析したので，活発な他者が他の多くの活発な他者たちを含むネットワークに存在する時に，活発な他者は支援的である可能性が高いということを発見した。社会的スキルを持つ自己が，親密ではない人々からなる規模が大きく，支援的なネットワークを維持することができることは可能である（Moore, 1990；Parks and Eggert, 1991；Riggio and Zimmerman, 1991も参照）。

紐帯の効果，ネットワークの効果，そして，クロスレベルの交互作用効果
親　族

　全ての親密な人のちょうど半分が親族との関係であるが，親族がもはや特に支援的な制度であるわけではない。1つの重要な例外を除けば，親族間の紐帯は，親族関係がない人々の紐帯と同じ程度に支援的でない可能性がある。

　その例外とは，親と成人の子供の間の紐帯（義理の関係も含む）が日常と非常時のサポートを提供する可能性が特に高いことである。私たちは，親─子供の全ての紐帯の15％において親族の制度的性質の名残を見ている。ネットワークにおいて1人以上の親，あるいは，子供の存在は，親と成人の子供の間の各紐帯が支援的である可能性を高める（表10-1のクロスレベルの列1bと2bを参照）。結果は劇的なものである。それぞれの親，あるいは，それぞれの子供が日常のサポートを提供する確率は，もしそのネットワークに別の親や子供が存在すれ

ば，約60％増加する。親と成人の子供の約34％が日常のサポートを提供するが，そのネットワークに付加的な親や子供が存在すれば，親や子供のそれぞれからのサポートの確率が54％まで増加する。親か成人の子供のそれぞれが，1人以上の親か成人の子供を含むネットワークにおいて支援的である可能性が高いので，そのようなネットワークにおいては，少なくとも1人の親か成人の子供からサポートを得る高い確率が存在する。サポートは，親―子供の紐帯の産物，そして，これらの紐帯が埋め込まれているネットワークの構成の産物，それら両方の産物である。

接近可能性

サポートに対する接近可能性のインパクトは，紐帯，そして，ネットワークの両方の現象である。（接触頻度が高い，あるいは，近くに住む）接近可能な他者は，日常と緊急時のサポートを提供する。例えば，全ての紐帯の23％が日常のサポートを提供するが，中程度に接近可能な紐帯の37％が日常のサポートを提供する。（私たちは，「中程度に接近可能な」を平均よりも1標準偏差だけ多い値であると定義する。）この紐帯レベルの知見は，接触が多ければ，その関係がより支援的であるという分析者の主張を支持するものである。頻繁なコンタクトは，共有された価値を育み，ニーズと資源について相互の認識を増加し，孤独感を軽減し，互酬的交換を奨励し，援助の提供を促進する。

面接は，接近可能性の効果が専門化していることを示唆する。表10‐1の係数は，接近可能性が日常のサポートにとってより重要であることを示している。緊急時のサポートの大きい要求は，接近可能な他者からの援助のすぐ手が届く入手可能性を部分的に無効にする（override）。頻繁な接触――あるいは，接触のために単に物理的に入手可能であることでさえ――は，子守や家庭用品を貸すことのような物品とサービスの提供には極めて重要である（Marsden and Campbell, 1984；Espinoza, 1999 も参照）。接近可能性は，また，人々の関係が強くない時に，人々がサービスを提供することを容易にさせるだろう。面接は，親密ではない近隣の人々でさえもサービスを交換することを示している。

接近可能なネットワークは，接近可能な紐帯を多数含み，日常と緊急時のサポートを提供する可能性が高い。一般的に接近可能なネットワークにおけるそれぞれの紐帯は，支援的である可能性が高く，それら自体が接近可能でない紐

帯でもそうである．この接近可能性のネットワークの効果は，紐帯レベルの効果ほどは強くないが，接近可能なネットワークにおける高度なレベルの接触と支援力が，明らかに，これらのネットワークにおける接近可能ではない紐帯でさえも支援力を増加させるのである．

接近可能な紐帯が支援的である可能性は，それが接近可能なネットワークに存在する時に高くなる．これは，増強させる，クロスレベルの効果であり，親と大人の子供の間の紐帯について上記で記述した効果と類似するものである．パラメーターの推定値の点から，全ての他者の23％だけしか日常のサポートを提供していないが，中程度に接近可能な他者のかなり高い割合が日常のサポートを提供する．（私たちは，「中程度に接近可能な」を平均よりも1標準偏差だけ多い値であると定義する．）しかしながら，そのネットワーク（他者も同様に）が平均よりも中程度に接近可能であるならば，中程度の接近可能なネットワークにおける中程度に接近可能な他者から日常のサポートを受け取る確率は，54％まで上昇し，23％の基準値となる確率の2倍以上になる．もちろん，少なくとも1人の他者が，そのような接近可能な他者で満たされた接近可能なネットワークにおいてサポートを提供する確率は高い．[20]

他者と自己のジェンダー

自己と他者の両方にとって，ジェンダーは，私たちが研究したサポートの提供に関係する唯一の個人的特性である．[21]女性は，ソーシャル・サポートの交換に関与している．女性の他者は，緊急時のサポートを提供する可能性が高く，女性の自己は，彼らのネットワークから日常と緊急時のサポートを受け取る可能性が高い．複数レベルの分析は，女性の割合が多いネットワークが日常と緊急時のサポートを提供する可能性が高い．ネットワークにおいて女性の割合が多いことは，ネットワーク全体に支援的であることを促進するように思われる．あるいは，おそらく，そのようなネットワークの中心にいる自己が意識的に彼らのネットワークを組織化し，サポートを提供するようにしたのだろう．

第二のイーストヨーク研究は，女性が特に提供する傾向があるのは情緒的サポートであることを示唆している（Wellman and Wortley, 1990；Wellman, 1992a）．また，クロスレベルの効果も存在する．強い紐帯は，自己が男性の場合に，日常のサポートを提供する可能性がさらに高い．言いかえれば，女性が日常のサ

ポートを親密な人から得るだけでなく，このサポートは，親密な人の紐帯の強さに関係なく，受け取る可能性が高い。対照的に，男性は，彼らの最も親密な人から不釣り合いなほど受け取る[22]。私たちの知見は，基本的に，「女性は表現し，男性は抑制する」，すなわち，女性は情緒的サポートを交換することによって「対面的に」相互作用し，男性はものやサービスを交換することによって「並んで（side by side）」相互作用するという仮説兼（cum）経験的一般化と整合的である（Perlman and Fehr, 1987：21；また，Moore, 1990；Wright, 1989を参照）。

互酬性

自己は，彼らが緊急時のサポートを提供した他者から緊急時のサポートを受け取る可能性が高い。これは，マタイ効果（Matthew effect）（マタイによる福音書25：29）が紐帯レベルで現れたものである。すなわち，「与えた者は与えられる」ということである。最初の調査から10年後に私たちが面接した時，私たちは，サポートを提供した他者が活発なネットワーク・メンバーとして継続する可能性が高かったことを発見した（Wellman et al., 1997）。

互酬性は，紐帯の過程よりもさらにネットワークの過程として作用している。多くの他者に緊急時のサポートを提供した自己は，他者から緊急時のサポートを受け取る可能性が高い。これは，自己と他者が一般的な集団に貢献する効果を示し，個人からの代わりに，集団から互酬性が生じているのである。実際に，緊急時のサポートを提供する自己の一般的なレベルのクロスレベルの交互作用効果は，互酬性の効果をかなり弱める。これは，ネットワークにおける紐帯と強制力のある信頼の間の互酬性の相互作用は，同時に用いる必要がないネットワークの相互に関係するネットワーク・キャピタルの形態であることを示唆する（Portes and Sensenbrenner, 1993；Frank and Yasumoto, 1998）。規模の大きいネットワークへの関与が存在するところでは，行為者は，彼らのネットワーク・キャピタルを，主に，紐帯レベルの互酬性の相互作用の形態において引き出す必要はない。ネットワークがサポートを返す義務を自己に負っている時，自己は，互酬性を返す義務のある特定の他者との紐帯に依存する必要はない。

第10章　複数レベルの世界におけるネットワーク・キャピタル

ネットワーク・キャピタルの複数レベルの理論に向けて

複数レベルと単一レベルの知見を比較する

ソーシャル・サポートの性質が多様化しているように，それを供給する過程も同様である。

- 弱められた原初的規範：親族，しかし，親と成人の子供の間の関係のみである。
- 社会生物学的力：女性
- 扱いやすさ（handiness）：直接の接触と電話の接触を通じての接近可能性
- 構造的要件（structural imperatives）：相互の紐帯
- 自己の利益に関与する丁寧さ（self-interested politeness）：互酬性／ソーシャル・キャピタル

熟練の調査者にとって，30余年の単一レベルの分析が十分に長く維持され，複数レベルのモデルにおいて持ちこたえることができることは満足を与えるものである（表10-2）。前のように，私たちは，強い紐帯と中心的な紐帯が大部分の形態のサポートを提供する可能性が高いことを明らかにしている。親と子供は，情緒的なサポートを除いて，全ての形態のサポートを提供する可能性が高い。そして，接近可能な紐帯は，小さなサービスの卓越した提供者である。私たちの知見は，また，規模が大きく，接近可能なネットワーク，そして，女性の割合が多いネットワークが多くのサポートを提供するという以前のネットワークレベルの分析と一致するものである。

しかし，複数レベルのアプローチは，私たちがすでに知っていることを確証するしゃれた方法以上のものである。それは，いくつかの注目すべき強みを提供し，それによって，私たちが前の分析を超えることが可能である。

1．私たちは，紐帯とネットワークレベルにおける変数の効果について明確に自信を持って推定することができる。それは，複数レベルのアプローチが他のレベルの効果を統制し，各レベルの正確な標準誤差を得られるからである。こ

表10-2 複数レベルと単一レベルの推定値の比較

変数[a]	日常のサポート[b] 紐帯レベル	日常のサポート[b] 複数レベル	緊急時のサポート[b] 紐帯レベル	緊急時のサポート[b] 複数レベル
ネットワークにおける親／子供（％）	NC	0	NC	0
他者への接近の平均	NC	+	NC	+
他者が女性（％）	NC	+	NC	+
自己が女性	NC	+	NC	+
ネットワークの規模	NC	−	NC	−
自己が緊急時のサポートを提供した他者(％)	0	0	NC	+
他者が親／子供	間接的効果	+	+	+
ネットワークにおける親／子供（％）	NC	+	NC	+
他者への接近の程度	+	+	+	+
他者への接近の平均	NC	+	NC	+
他者が女性	0	+	0	+
他者との紐帯の強さ	+	+	+	+
自己が女性	NC	−	0	0
自己と他者の間の相互の紐帯の数	NC	+	NC	+△
他者が職場の仲間	間接的効果	−	0	0
自己が他者に緊急時のサポートを提供した	0	0	0	+
自己が緊急時のサポートを提供した他者(％)	0	0	NC	−

注：[a]紐帯あるいは他者の予測変数は太字；ネットワーク／自己の予測変数は通常のフォント；クロスレベルの予測変数はイタリック。
[b]＋は正の効果を示す；−は負の効果を示す；0は0と有意な差がない効果を示す。
△は，$p \leq 10$で有意である効果を示す。
NC＝紐帯レベルのモデルだけが用いられた時，考慮されない。そのような効果は，単一レベルの枠組みにおいては特定できたであろうが，複数レベルのモデルを考慮する時に，それらが出現する可能性が高い。
出所：ウェルマン（Wellman, 1979）からのレベルデータ。

れによって，私たちは，紐帯の非無作為なクラスタリングが分析を歪めたかもしれないという払拭できない疑念を持つことなしに紐帯レベルの効果を検討することができる。それは，紐帯の強さの効果と仕事仲間の関係の効果が，その紐帯が位置しているネットワークの構成と構造の起こりうるいかなる効果から独立して，生起することについて私たちに自信を持たせてくれる。

2．それは，また，私たちに，ネットワークレベルの効果が各ネットワークにおける紐帯レベルの集合の擬似的な結果にすぎないという払拭できない疑問を持つことなしに，ネットワークレベルの効果について検討することを可能にさせる。高度に接近可能なネットワークは，ネットワークにおける接近可能な各他者が支援的である傾向以上にサポートを提供する可能性が高い。多くの女性を含むネットワークは，そのネットワークにおける各個人の女性が支援的であ

る可能性よりもサポートを提供する可能性が高い。規模の小さなネットワークは，日常のサポートを提供する傾向がある多くの紐帯を持つ。

3．私たちは，既存の理論を示し，拡大する広範なモデルを特定することができる。これによって，私たちは，以前には紐帯レベルにおいて概念化された効果を紐帯の効果と紐帯の特性の集合の効果に分解することができる。例えば，接近可能性の効果は，日常と緊急時の両方のサポートの形態にとって，ネットワークレベルよりも紐帯レベルにおいて強い。これは，接近可能性の支援力が主に対人的な自己と他者の過程であり，接近可能な紐帯が他の接近可能な紐帯を持つネットワークに存在する時，その支援力が高められる。

4．私たちは，紐帯／他者とネットワーク／自己の間の交互作用効果を分析することができる。以前の分析では，多くの集合的効果，そして，全てのクロスレベルの効果が考慮されなかったが，それらは，理論においてほのめかされていた。例えば，私たちが紐帯／他者とネットワーク／自己をクロスさせる時に，私たちは，接近可能な他者が特に接近可能なネットワークのメンバーである場合には，彼らが支援的であるというすでに高い可能性が大いに増加するのであることを明らかにしている。同様に，親と子供の紐帯は，ネットワークの中に1つ以上の親と子の紐帯が存在する時，支援的である可能性が高い。

ネットワークに資本を投下すること

複数レベルの分析によって，私たちは，個人の行為，二者間の相互作用，そして，ネットワークの促進の間の相互関係を明らかにすることができる。自己，紐帯，そして，他者の特性は，明らかにサポートの程度に影響を与える。しかし，同様に，ネットワークの構成，ネットワークの構造，そして，構成と紐帯／他者の特性もサポートの程度に影響を与える。これらは，より深い意味でのネットワーク・キャピタルである。それは，潜在的に支援的な紐帯に投資を投下すること（capitalizing）を促進するネットワークの性質である。

相互の紐帯の効果について考えてみよう。他者と自己が共通の他の人々に関係する時，その他者は，他の他者よりもサポートを提供する能性が高い。専門的には，これは，二者の効果であるが，それは，高い密度で編みこまれ，親族が支配的なネットワークのより良い規範，コミュニケーション，そして，調整が彼らを支援的にすることを示唆する標準的な社会学の解釈と一致する

301

第Ⅲ部　組織，コミュニティ，そして，制度的環境におけるソーシャル・キャピタル

(Durkheim, 1897；Bott, 1957；Kadushin, 1983；Fischer, 1982；Thoits, 1982；Marsden and Hurlbert, 1988；Pescosolido and Georgiana, 1989)。

　紐帯の特定のタイプがそのような紐帯から構成されているネットワークにおいて作用する時に，ネットワーク・キャピタルの第二の形態が生じる。これは，親／子供の紐帯と接近可能な紐帯の効果，すなわち，伝統的な親族と近隣の連帯の痕跡的な残存物の効果において明らかである。親と成人の子供（義理の関係も含む）は，比較的多数の親と子供から構成されるネットワークにおいてサポートを提供する可能性が特に高く，接近可能な紐帯は，それらが接近可能な紐帯で満たされたネットワークに存在する時に，サポートを提供する可能性が特に高い。これらの効果は，他者と自己の間の相互の紐帯の数に起因するものではない。それは，私たちがこの変数を統制したからである。私たちは，それらがネットワーク・キャピタルの強化する能力の効果であり，特定の紐帯が，類似する紐帯のネットワークに埋め込まれている時，活性化される可能性が高いことを示した。そのような同類の状況では，自己と他者の間の紐帯レベルのかかわりが，ネットワークにおける他の多くの他者のかかわりによって増大させられる。これがそのようである理由はいくつかある。例えば，サポートへのニーズが非常に高い人々は，特に，直近の親族で満たされたネットワークを持つだろう。これらの直近の親族は，家族内部の支援力の規範を強調するだろう。接近可能性についてのこの場合では，接近可能な紐帯を開拓し，サポートを開拓する共有されたスキルが存在するだろう。あるいは，サポートが必要な人々は，彼らの近くに住むサポートの提供者を引き付ける，あるいは，サポートを提供する可能性がある人々の近くに引っ越すだろう。[23]

　第三の形態のネットワーク・キャピタルは，互酬性に関連する。自己は，この自己が以前にサポートした他者から互酬的にサポートを受け取る可能性が高い。このサポートは，強い紐帯や親と子供の絆を持つネットワークにおいて起こる義務を通じて得られるだろうが，それは，また，紐帯の強さや直近の親族から独立して作用する互酬性の義務とともに得られるだろう。自己は，自己が以前の緊急時を通じてサポートした親密な人から今年の財政的危機のためのサポートを頼むだろう。しかし，自己が多数の他者に対して広範な緊急時のサポートで貢献した時は，互酬性の紐帯レベルの効果は削減される。これらの状況では，紐帯レベルの力学は，明らかに，ネットワークレベルの力学に取って変

わられる。自己は，ネットワークに頼ることができるので，昨年自己がサポートした特定の他者に頼る必要はない。自己は，特定の他者，そして，ネットワークからのネットワーク・キャピタルを利用するだろう。

二者間のデュニットと創発的な構造特性

ケインがアベルと神の両者と折り合いをつけた時以来，ソーシャル・ネットワークがその紐帯の総計以上のものであるということが事実であったし，それは，少なくとも30年間のソーシャル・ネットワーク分析の中心的な主張であった。しかしながら，創発的な構造的特性に関する議論は，ソーシャル・ネットワーク分析を超えるものである。それは，ジョージ・ホーマンズ（George Homans, 1961）——社会現象は二者の間の紐帯の合計であると論じる——，そして，ゲオルグ・ジンメル（Georg Simmel, 1908/1971）——第三者の存在が本質的には二者間の紐帯の作用に影響を与えると論じる——との間の重量級の試合として私たちが擬人化する長年にわたる中核的な社会学の論争であった。

ホーマンズとジンメルの闘争は，私たちの分析におけるコイン投げである。ホーマンズに賛成すれば，紐帯の力学が支配する。特定のタイプの紐帯——強い紐帯，親と子供の紐帯——は，彼らがどんなネットワークに存在するかにかかわらず，支援的である可能性が高い。紐帯レベルを最重要と主張する別の議論は，紐帯を取り囲む社会システムから導き出される紐帯の相対的な非支援力と比較して，自己と他者の間の直接的な相互作用から導き出される紐帯の相対的な支援力である。これらは，仕事仲間，ボラティア組織の仲間メンバー，拡大親族（叔父，姪，祖父母など）との紐帯を含んでいる。拡大親族の場合は特に教訓的である。もし親族が強い制度であると，全てのタイプの親族が支援的であるべきである。実際には，直近の親族だけが特に支援的であり，二者，あるいは，非常に小さな社会システムのメンバーとして作用している。

しかしながら，データは，また，二者間の関係の単なる合計に還元できないネットワークの重要性に関するジンメル風の主張を支持するのである。「ネットワークの密度」に標準的に適用された構造的効果が，他者と自己の相互の紐帯による紐帯レベルの効果という形態で現れる。創発的特性は，ネットワーク・キャピタルを獲得するために必要であるが，創発的特性は，ネットワークの構造ではなく，ネットワークの構成から出現する。すなわち，それは，ネッ

トワークにおける親と子供の割合，他者への接近の平均，互酬的な紐帯，そして，女性の他者である。クロスレベルの効果は，サポートを紐帯，あるいは，ネットワークだけに帰するという単純化されすぎた虚偽を示している。互酬性の場合をみてみよう。直近の他者によって提供された小さな行為は，すぐに返礼される可能性が高い。互酬性が失敗した場合には，損失は最小限である。しかし，大きな形態のサポートは，直接に，あるいは，すぐには，返礼されないだろう。それらは，ネットワークやその構成要素へのかかわりが存在する状況で生起し，ありそうな最終的な利益は，自己と他者の間の特定の互酬的行為を通してよりは，むしろネットワークを通じて導き出される。従って，直近の家族メンバーは，自己へのかかわりを超える家族へのかかわりを通じて複数の形態のサポートを提供する。

ネットワーク化された世界においてネットワーク化された生活をすること

1950年代以来，親族や近隣の連帯をコミュニティとみなすことから，それをパーソナル・コミュニティ・ネットワークとしてみなすことへ実際的で分析的な変換が存在してきた（Wellman, 1999）。連帯性からネットワークの見解への視点におけるその転換は，社会構造における転換をおそらく遅らせてきた。ほとんど全ての人々が社交やサポートのコミュニティの紐帯を持っているが，これらの紐帯の多くは弱く連結しているだけである。それらは，二者と小さなクラスターとして機能し，密接に編みこまれた集団としては機能していない。ネットワークではなく，紐帯がネットワーク・キャピタルの最も重要な決定因であろう。ネットワークは紐帯が多数を占めるので，何もしないで，ソーシャル・サポートを受動的に集団から入手するよりも，むしろ，個人の役割がネットワーク・キャピタル・ゲームにおけるさらに重要なプレイヤーになるのである（Burt, 1992；Wellman, 2001）。人が広範囲のサポートが提供されると期待できるのは自分の家庭だけであり（Wellman and Wellman, 1992），そして，家庭——そして，結婚のカップル——がネットワーク・キャピタル・ゲームの行われる場所であり，そこで，紐帯ごとにサポートを得るのである。

単一の連帯するコミュニティに全体的に関与する代わりに，産業と情報の時代の特徴である個人的移動と連結は，連帯性をネットワーク化された個人主義（networked individualism）に置き換えた（Wellman, 2001）。人々は，複数のセッ

トのネットワーク・メンバーとの部分的で専門化された関与を通じて，移動する。ネットワーク・メンバーとの相互作用は，主に，二者間である，二人のカップル，そして，友人と親族の非公式な親しい人たちにおけるものである。これらは，単純で同質的な構造ではなく，複雑な構成であり，密度が低い構造である。大部分の相互作用は，公共の場ではなく，個人宅，あるいは，電気通信によって隠されている。関係は永続的なものではない。社会的に親密な紐帯は，多くの場合，10年以内に交代される。各ネットワーク・メンバーが広範な領域のサポートを提供するよりもむしろ，人々は，多様な紐帯から専門化されたサポートを手に入れるのである。(24)

　これは，ネットワークの内部において，個人の行為力（agency）と自立して活動する紐帯（autonomously acting ties）のための多くの可能性が存在することを意味する（White, 1992；Emirbayer and Goodwin, 1994）。人々と紐帯は，それらのネットワークによって影響されるが，ただ部分的に影響されるのである。人々は，関係を形成し，それらからサポートを見つけようと巧みに操作し，紐帯は，多くの場合，それらを取り囲むネットワークからの制約をあまり受けずに作用し，そして，ネットワーク内部の紐帯のクラスターは，公共の場において集合的に作用するよりはむしろ，家庭内の空間において私的に作用するのである（Oldenburg, 1989；Lofland, 1995）。夫と妻は夜を一緒に過ごす。カップルは，彼らのパーソナル・ネットワークを共に作用させ，妻はネットワーク・メンバーに関することを決め，予定を組むことに活動的である（Wellman, 1992a）。個人，紐帯，そして，ネットワークの特性が全て支援的な資源の供給に影響を与える。

　たとえ人々が連帯性の高い集団にもはや存在しなくても，彼らは，独りだけで機能するわけではない。パーソナル・ネットワークが断片的で緩やかに連結されているとしても，サポートは，自己だけでなく，ネットワーク内部のクラスターにも与えられる。紐帯は，別個に切り離されて作用しない。それらは，ネットワークに貢献する。ネットワークは紐帯を促し強化する。支援的な関係は，別の意味で社会的である。サポートは，多くの場合，個人の特定の利益のためよりはむしろ，世帯やネットワークの一般的な利益のために与えられる（Wellman and Wellman, 1992）。

　ちょうど投資がゼロサムだけでなく，資本の資金を築くように，一人がもう

一人をサポートすることは，また，両者がメンバーであるネットワークに貢献することだろう。支援的な資源をネットワークが供給することは，個人に利益を与えるだけでなく，コミュニティにおいて循環するネットワーク・キャピタルの資金に付加することである。ソーシャル・サポートは，めったにゼロサムゲームではない。親交は，通常，相互の利益であるが，他の人々を助けることは，コミュニティにおける自分自身の地位を増加させる。それは，与え手に自分自身を価値ある貢献者としてみなす満足感（naches）を与え，全体のサポート力のレベルを増加させる（Schweizer and White, 1998）。例えば，他の人々に情緒的なサポートを提供することは，多くの場合，幸福を増加し，ストレスレベルを低減させる（Pennebaker, 1990）。「子供を育てるのには村が必要である」（Clinton, 1996）だけでなく，提供されたサポートが村全体のソーシャル・キャピタルと市民の信頼のレベルを増加させるのである。

そのようなパーソナル・コミュニティでは，ネットワーク・キャピタルが本質的に複数レベルである。それは，個人と紐帯が連結しているネットワークの組織的，そして，規範的効果によってだけでなく，個人の行為力と紐帯によっても影響される。人々が彼ら自身の曲に合わせて踊り，彼らの他者とともに歩調を合わせるが，彼らの動きは，ネットワークの合奏曲の内部で起こるのである。ネットワークの構造は，背景の要因として重要である。というのは，まばらな相互連結によって人々が多くの世界に参加することができるからである。共有された価値のこれらのコミュニティにおいて，ネットワークは，同様な人々が同様に行為し，お互いが同様に行為するのを観察するための背景（contexts）を提供する。重要なのは，ネットワークの構成であり，多くの場合，同様なライフイベントを経験し，同様な関心を持つ同様な他者を連結するのである（また，Suitor, Pillemer, and Bohanon, 1993 を参照）。同様なネットワーク・メンバーの「文化的コンボイ（cultural convoys）」は，いかなる1つの紐帯でも提供できるサポート力を強化する。

現在を過去のレンズでみようとすることを止める時である。ネットワークを発生期の集団としてみようとするのは止める時である。紐帯がいたる所に広がっていること，そして，そのような紐帯が異なる社会圏をつなぐ能力は，豊富なネットワーク・キャピタルを提供する（Laumann, 1973；Granovetter, 1982, 1995；Ferrand, Mounier, and Degenne, 1999）。紐帯，ネットワーク，そして，個

第10章 複数レベルの世界におけるネットワーク・キャピタル

人の特性の相互作用は,そのようなネットワーク・キャピタルがどこに流れるのかに強い影響を及ぼす。大きな規模では,国家と世界の社会が「ネットワーク社会(Wellman, 1988, 1997 ; Castells, 1996)」に転換することは,ソーシャル・キャピタルを,公式に制度化された集団の産物だけでなく,パーソナル・コミュニティ・ネットワークの産物として考えることの有用性を示唆している。

　私たちは,調査デザイン100の教えを置き換えた。私たちは,方法から内容(substance)を経由して理論に向かった。ヴァン・デュインと共同研究者(van Duijn et al., 1999)が指摘するように,複数レベルモデルは,紐帯とネットワーク(あるいは,入れ子になった現象)を研究する強力な新しい方法を提供する。私たちは,また,複数レベルモデルが,現象が本質的に複数レベルである現代のネットワーク世界を表現する認識論的に正確な方法であるという事実を利用する。私たちの知見は,緩やかに連結した「解放された」コミュニティ(そして,おそらく類似する特性を持つ組織)の性質に適合する。そのようなコミュニティは,包み込み,縛るような連帯性ではない。人々は,複数のネットワークのメンバーであり,そして,特定の紐帯とネットワークを1時間,1日,1月,そして,1年を基準として実行するのである。彼らは,彼らの個人的,そして,世帯の状況における機会,困難,変化に対応して,紐帯とネットワークを変化させることができ,そして,実際にそうするのである(Wellman et al., 1997)。このような状況の下で,ネットワークの現象は,促すだけであり,部分的に制約するのであり,めったに支配的であったり,あるいは,統制的であることはない。ネットワーク・キャピタルの場所を十分に理解するためには,私たちは,人々が彼らのネットワークについてどのように考え,どのようにネットワークを動かすのかについて知る必要がある。

1. 私たちは,回帰係数を超えて,ネットワークによる紐帯の複数レベルの強化が実際にどのように作用しているのか理解できるか。
2. 私たちが研究してきた少数の強い他者/紐帯は,典型的には,1,000人の他者を含むネットワークの領域における中核の集まりにすぎない。多くの他の弱い紐帯は,私たちがここで発見したのと同じ傾向を示すだろうか。弱い紐帯は,これらの領域において自己との相互の紐帯によって高くない密度で連結しているので,これは,自己と他者のそれぞれの行動において

307

個人―行為力と独立した紐帯の力学に至るだろう。しかし，紐帯におけるこの弱点は，自己と他者の日常的な行動を本当に支援的な交換に変えるために，密度が高く編みこまれた紐帯のクラスターの構造化し強化する能力を必要とするだろう。

3. 構成的な効果は，ネットワーク過程としてどのように作用するのか。多くのネットワーク・メンバーがお互いに知らないとすれば，支援力における類似性は，地位の類似性の結果なのか，あるいは，同類が友人になることの結果なのか（Smith and Stevens, 1999）。特定のセットの他者を集めた同じ自己の「仲間になる（belonging）」ことは，状況の力によってなのか，あるいは，計画を通じてなのか。

4. どんな状況の下で，人々は，関係，ネットワーク，あるいは，集団の点から考え，行為するのか（Freeman, 1992；White, 1992）。もし人々が，周囲を囲むネットワークにおける入れ子であることよりも，むしろ，個人的な行為力と踊る二者のデュエットに深く関与するならば，集合的なアイデンティティと個人的な所属感が存在する可能性があるだろうか。

5. ネットワーク・キャピタルは，どの程度，規範的な準拠集団過程の結果であるのか，あるいは，情報の流れと構造的な調整の結果であるのか。

6. 親と子供，そして，接近可能な関係において明らかである支援的紐帯のネットワークによる強化は，部分的に，彼らのニーズに適合するために人々が意識的に彼らのネットワークを構築した結果であるのか。何が「ネットワーキング」の経験的な現実であるのか。人々は，ハロルド・ガーフィンケル（Garfinkel, 1967）の意味における「文化中毒者（cultural dopes）」であるのか。すなわち，受動的に，紐帯，ネットワーク，そして，サポートが彼らに起こるようにしているのか。あるいは，ロナルド・バートの意味におけるずる賢さ（craft）（Burt, 1992）を持つ冷酷な目つきの実践者であるのか。すなわち，彼らの紐帯を形成し（そして，棄てて），そして，彼らのネットワークを（再）形成することによって，積極的にネットワーク・キャピタルをかき集めるのか。

第10章 複数レベルの世界におけるネットワーク・キャピタル

専門的付記

　他者，あるいは，自己への日常のサポートのための最終的な複数レベルモデルは，

レベル1　［紐帯／他者レベル］：

$$\log\left[\frac{P(\text{日常のサポート}_{ij}=1)}{1-P(\text{日常のサポート}_{ij}=1)}\right]=\beta_{0j}+\beta_{1j}\text{他者が親か子供}_{ij}$$

$$+\beta_{2j}\text{他者への接近の程度}_{ij}$$

$$+\beta_{3j}\text{他者が女性}_{ij}$$

$$+\beta_{4j}\text{紐帯の強さ}_{ij}$$

$$+\beta_{5j}\,i\text{と}j\text{の間の相互の紐帯の数}$$

$$+\beta_{6j}\text{他者が職場の仲間}_{ij}$$

レベル2　［自己／ネットワークレベル］：

［全体のサポートの切片］

$$\beta_{0j}=\gamma_{00}+\gamma_{01}\text{ネットワーク}_j\text{における親／子供の\%}$$

$$+\gamma_{02}\text{他者}_j\text{への接近の平均}$$

$$+\gamma_{03}\text{他者が女性}_j\text{である\%}$$

$$+\gamma_{04}\text{自己が女性}_j$$

$$+\gamma_{05}\text{ネットワーク規模}_j+u_{0j}$$

［親／子供の傾き］

$$\beta_{1j}=\gamma_{10}+\gamma_{11}\text{ネットワーク}_{j'}\text{における親／子供の\%}$$

［接近の程度の傾き］

$$\beta_{2j}=\gamma_{20}+\gamma_{21}\text{他者}_{j'}\text{への接近の平均}$$

［他者が女性の傾き］

$$\beta_{3j}=\gamma_{30'}$$

[紐帯の強さの傾き]

$$\beta_{4j} = \gamma_{40} + \gamma_{41} \text{自己が女性}_{j}$$

[相互の紐帯の数の傾き]

$$\beta_{5j} = \gamma_{50'} \text{ そして}$$

[他者が職場の仲間の傾き]

$$\beta_{6j} = \gamma_{60'}$$

レベル1 [紐帯／他者レベル]：

$$\log\left[\frac{P(\text{日常のサポート}_{ij}=1)}{1-P(\text{日常のサポート}_{ij}=1)}\right] = \beta_{0j} + \beta_{1j}\text{他者が親か子供}_{ij}$$
$$+ \beta_{2j}\text{他者への接近の程度}_{ij}$$
$$+ \beta_{3j}\text{他者が女性}_{ij}$$
$$+ \beta_{4}\text{紐帯の強さ}_{ij}$$
$$+ \beta_{5j}\,i\text{と}j\text{の間の相互の紐帯の数}$$
$$+ \beta_{6j}\text{自己が他者に緊急時のサポート}$$
$$\text{を提供した}_{ij}$$

レベル2 [自己／ネットワークレベル]：

[全体のサポートの切片]

$$\beta_{0j} = \gamma_{00} + \gamma_{01}\text{ネットワーク}_{j}\text{における親／子供の％}$$
$$+ \gamma_{02}\text{他者}_{j}\text{への接近の平均}$$
$$+ \gamma_{03}\text{他者が女性}_{j}$$
$$+ \gamma_{04}\text{自己が女性}_{j}$$
$$+ \gamma_{05}\text{ネットワーク規模}_{j}$$
$$+ \gamma_{06}\text{自己が緊急時のサポートを提供した他者の％}_{j} + u_{0j}$$

[親／子供の傾き]

$$\beta_{1j} = \gamma_{10} + \gamma_{11}\text{ネットワーク}_{j'}\text{における親／子供の％}$$

［接近の程度の傾き］

$\beta_{2j} = \gamma_{20} + \gamma_{21}$ 他者$_{j'}$への接近の平均

［他者が女性の傾き］

$\beta_{3j} = \gamma_{30'}$

［紐帯の強さの傾き］

$\beta_{4j} = \gamma_{40'}$

［相互の紐帯の数の傾き］

$\beta_{5j} = \gamma_{50'}$ そして

［自己がサポートを提供した場合の傾き］

$\beta_{6j} = \gamma_{60} + \gamma_{61}$ 自己が緊急時のサポート$_{j'}$を提供した他者の％

　全ての紐帯／他者のレベル1の予測変数は，相互の紐帯の数を除くそれらのグループ平均を中心に展開している。従って，もしこれが線形モデルならば，β_{0j}は，自己が相互の紐帯を0の値を持つ他者の平均のための予測値を表すだろう。解釈は，レベル1におけるロジスティック回帰のような非線形モデルほど正確ではない。

　全ての自己／ネットワークのレベル2の予測変数は，自己が女性である，そして，ネットワークの規模を除くそれらの総平均を中心に展開している。切片のみがランダム項と関係することに留意してほしい。全ての他のレベル1の傾きの残差分散は，私たちのモデルの焦点ではないので，0という値に設定されている。

　注

　　私たちは，本研究のために構築された基礎のために，イーストヨークのパーソナル・コミュニティ調査における以前の協力に感謝する。ロックフェラー財団には，ウェルマンにベラジオ（イタリア）センターにおける研究と学会においてこの研究を完了させるための二ヶ月の滞在を提供してくれたこと，そして，トロント大学都市とコミュニティ研究センターには，30年の間，極めて支援的な研究拠点であってくれたことに感謝する。Milena Gulia, Catherine Kaukinen, Stephanie Potter, そして，Scot

第Ⅲ部 組織，コミュニティ，そして，制度的環境におけるソーシャル・キャピタル

Wortley の貢献が私たちのここでの研究にとって特に重要であった。同様に，Dean Behrens, Bonnie Erickson, Vincente Espinoza, Nan Lin, Uwe Matzat, Pamela Popielarz, Ray Reagans, Fleu Thomese, Charles Tilly, Beverly Wellman, そして，「Socnet」電子メールの討論リストのメンバーのコメントも特に重要であった。本章の以前のバージョンは，デューク大学ソーシャル・ネットワーク，そして，ソーシャル・キャピタル会議（1998），アメリカ社会学会（1999, 2000），そして，国際サンベルト・ソーシャル・ネットワーク会議（1999, 2000）において報告された。私たちの調査は，カナダ大学のベル研究所，そして，カナダ社会科学・人文科学研究委員会からのバリー・ウェルマンへの助成金によって支援された。本章は，イーストヨーク近隣情報センターの熱烈な支持者であり，組織がソーシャル・キャピタルを提供することが可能であり，支援的なネットワークを発展させることができることを30年間実証してきた Natelie Sherban と Joan Harvey に捧げられる。

(1) ネットワーク・キャピタルは，「ソーシャル・キャピタル」の一形態である。ソーシャル・キャピタルは，広大な用語であり，個人が彼らのパーソナル・ネットワークを通じて獲得できる利点を強調する個人主義的枠組みから，コミュニティへのボランティア活動の利点を強調する集合的な視点まで及ぶ（Coleman, 1988；Paxton, 1999；Putnam, 2000；Lin, 2001）。ソーシャル・サポートに関するさらなる検討は，Erickson, Radkewycz, and Nosanchuk, 1988；Gottlieb and Selby, 1990；Kadushin, 1981；Lin, Dean, and Ensel, 1986；Wellman, 1999 を参照。産業化された国においてそれほど見られない資源の他の2つの獲得手段は，自己提供（self-provisioning）（Pahl, 1984）と（強盗，窃盗，そして，強奪のような）強制的私有（coercive appropriation）（Dickens, 1838；Pileggi, 1985；Turnbull, 1972）である。

(2) 私たちは，ここでは，知能，健康，そして，魅力のような個人の特性は無視する。

(3) 私たちは，ネットワーク・キャピタルの側面の全てを含んだリストを生み出そうとしたが，私たちの分析は，それらの全てについて平等に論じていない。

(4) 取り囲む社会の影響も存在するが，それは，ここでの分析範囲を超えるものである。

(5) 鶏と卵のように，紐帯とネットワークのどちらが先に来たのかは明らかではない。確かに，紐帯がネットワークを構成するので，その理由で紐帯を先行させることができるかもしれない。しかし，ジンメル（Simmel, 1908）が指摘したように，ネットワーク内部の紐帯が現れたり消えたりしても，ネットワークは持ちこたえることができる。従って，ネットワークは，現在そこにあるいかなる紐帯よりも優先されるかもしれない。

(6) いまやそれが3において，正規分布（分散 σ^2）することが想定されている v_{0j} における誤差項であることに留意してほしい。分散 σ^2 を推定する時に，複数レベルのソフトウェアは，サンプルサイズが小さいことやサンプルサイズが異なることに

よる各β_{0j}の推定における非信頼性を説明する。特に，推定値は，経験的なベイズ・アプローチを用いて，（レベル2においてモデル化された自己の特性にもとづく）条件付き平均（conditional mean）に「縮められる（shrunk）」。これらの手続きは，10年以上の間入手可能であったが（Raudenbush and Bryk, 1986），それらが最近になって初めて二変数の結果を持つモデルに拡大された（Raudenbush, 1995）。そのようなモデルは，最尤法による推定値を得るために特別の困難を課する。私たちは，ここでは，非常に正確な近似値にもとづく推定値を得るための罰則付き準最尤法をヤング（Yang, 1998）が尤度に拡大したものを用いる。

(7) 私たちがネットワークレベルや紐帯レベルの主効果を報告する時，私たちは，これらの交互作用項を含まないモデルにもとづいてそうする。従って，私たちは，交互作用項を含む時は，その項を含む別個のモデルを推定する。

(8) その質問は，「私は，あなたの家の外部であなたが最も親密に感じる人々についていくつかの質問をしたいと思っています。これらの人々は，友人，近隣の人，あるいは，親族です」。

(9) 個人の特性は，Wellman, 1985, 1992b；Wellman and Wellman, 1992，紐帯の特性は，Wellman, 1979, 1996；Wellman and Carrington, and Hall, 1988；Wellman and Wortley, 1989, 1990，そして，ネット枠の特性は，Wellman and Carrington, and Hall, 1988；Wellman and Gulila, 1999b；Wellman and Potter, 1999において分析されている。

(10) 序列＝6が最も序列の高い（最も強い）紐帯，そして，序列＝1が最も序列が低い紐帯である。

(11) 他者の間の紐帯に関するデータは，自己からの報告にもとづいていた。ネットワーク分析者とグラフ理論家は，多くの場合，相互の紐帯の数を「中心性の程度（degree centrality）」と言及し（Wasserman and Faust, 1994），この独立変数は，最近のP*モデルにおけるセットの一部分であろう（Wasserman and Pattison, 1996）。

(12) 私たちは，接触頻度と距離データをlog10で対数変換した。それは，例えば，高い値における接触頻度が1日増加（例えば，364日から365日に増加）することは，低い値における増加（例えば，1日から2日に増加）ほど社会的に意味があるわけではないからである。私たちは，メトロポリタン・トロントの同じ近隣に住んでいる割合よりも，むしろメトロポリタン・トロントに住んでいる割合を用いた。それは，前の調査が，メトロポリタン・トロントの近隣の外部であるが他の地域に住む他者は，地方に住む他者とほとんど同じくらいの接触頻度を持ち，同じくらい支援的であることを明らかにしたからである。

(13) 例えば，Allan, 1979；Cicirell, 1995；Farber, 1981；Goetting, 1986；Schneider, 1984；Willmott, 1986；Beverly Wellman, 2001。拡大親族に関する情報は，Stokowski and Lee, 1991；Degenne, Lebeaux, and Lemel, 1998；Wellman and Wortley, 1989。

⒁　予備分析がサポートとネットワークの密度，異質性，そして，範囲との間の相関を見出さなかったので，それらは，最終のモデルから取り除かれた。ネットワークレベルだけに注目した前の研究では，ネットワークの密度が有意であることが分かったが（Wellman and Gulia, 1999b)，ここで用いられた複数レベルのアプローチは，混乱させる可能性がある紐帯レベルの現象の影響をここでの私たちの分析から取り除いている。例えば，それによって，私たちは，高いレベルの親と子供のサポートが彼らの絆にもとづくのか，あるいは，そのような支援的な親と子供の紐帯が存在する密接に編みこまれたネットワークの種類にもとづくのかという問いに答えることができる。その答えは，私たちがこれから見ていくように，サポートの提供を促進するのは，親と子供の紐帯であり，密接に編みこまれたネットワークではない。

⒂　例えば，Vaux, 1985；Cancian, 1987；Perlman and Fehr, 1987；Sherrod, 1989；Wright, 1989；Wellman and Wortley, 1990；Bly, 1990；Wellman, 1992a；Canary and Emmers-Sommer, 1997.

⒃　一般には，レベル間の分散の分割は，複数レベルのモデルの重要な側面である。しかし，この場合には，私たちのレベル1モデル（紐帯／他者レベル）がロジスティック回帰にもとづいている。そのようなものとして，私たちは，レベル1の分散を推定する，あるいは，レベル1の説明される分散について検討する，あるいは，レベル1とレベル2の間の分散を分割することはしない。

⒄　相互の紐帯の統計的分析は，紐帯レベルで行われているが，実質的な効果は，ネットワークレベルにおいてである。互酬性の効果は，また，相互の紐帯の数によって引き起こされ，相互の紐帯が多ければ，自己が他者に対して支援的である可能性が高くなるのである。従って，相互の紐帯の効果を評価する前に互酬性を統制するのは理にかなっていない。互酬性を統制する前の相互の紐帯の効果は，もっと強く，$p \leq .05$水準で有意である。

⒅　サポートを提供する親と子供の紐帯の全体の確率は，0.34であり，.51のオッズ比と相関する。これは，親，あるいは，成人の子供が支援的である確率が，親，あるいは，成人の子供が支援的でない確率の約半分であることを意味する。親，あるいは，子供が日常のサポートを提供する確率は，ネットワークが，親，あるいは，成人の子供が0（0％）含むネットワークから全ての親，あるいは，子供を含むネットワークに増加すると，$e^{2.46 \times \%親／子供 \times 他者が親か子供}$だけ増加する，あるいは，約11％だけ増加する。これは，自己のネットワークにそれぞれ親，あるいは，子供を加えると，約2/3のオッズ（あるいは，サポート対非サポートの確率）の増加につながる。平均的な親／子供に対して.51のサポートのオッズから始めると，自己のネットワークに1人の親，あるいは，1人の子供を加えると，オッズが2/3だけ増加して.85になり，サポートの確率を.45と等しくさせる。その効果は，緊急時のサポ

⎝⎠ートでは少し強くなる。

(19) Homans, 1950, 1961;Clark and Gordon, 1979;Galaskiewicz, 1985;Connidis, 1989;Bumpass, 1990;Wellman, 1999 を参照。

(20) 日常のサポートを提供する他者の23%は，0.30のオッズと関係している。もし他者が中程度に接近可能（平均値より0.49多い）であれば，オッズが倍（$e^{1.4 \times .49} = 2$）になって.6になり，0.37の確率と相関する。また，加えて，ネットワークが平均（1標準偏差，あるいは，.73だけ平均より多い）よりも中程度接近可能であれば，オッズが再び倍（$e^{1.083 \times .73} = 2.2$）になって1.2になり，0.54の確率と相関する。オッズ比への効果は，緊急時のサポートに対しては半減する。

(21) 予備的な分析は，自己と他者の社会経済的地位，年齢，家族の地位が紐帯レベルでもネットワークレベルでもサポートの提供と相関しないことを明らかにした。

(22) 表10-1の係数を読むことは，ここでは，若干用心しなければならない。サポートを受け取る自己とサポートを提供する他者への基本的な性別の効果は，列の1aと2aにおいて示されている。クロスレベルの効果は，列の1bに示されているが，性別の効果を記述するために列1bと2bの推定値を用いてはならない。それは，これらのモデルは，性別に関するクロスレベルの交互作用項を含んでいるからである。

(23) 対照的に，高齢者に関するオランダの研究は，反対の結果を示している。近くの紐帯の入手可能性が大きいと，いかなる所与の紐帯から受け取られる手段的サポートは減少する（Thomése and van Tilburg, 1998, 2000）。援助が非常に必要な人々へのサポートの提供に対して異なる力学が作用しているかもしれない。実際に，接近の平均の効果は，私たちの年長の回答者には弱められるが，その傾向は，統計的に有意ではない。

(24) 参考文献とその拡大には，Castells, 1996;Craven and Wellman, 1973;Fischer, 1982, 1984;Hampton and Wellman, 1999;Putnam, 2000;Simmel, 1922/1955;Suitor, Wellman, and Morgan, 1997;Wellman, 1990, 1992a, 1992b, 1999, 2001;Wellman and Gulia, 1999a;Wellman and Leighton, 1979;Wellman and Potter, 1999;Wellman and Tindall, 1993;Wellman et al., 1997 を参照。

参考文献

Allan, Graham. 1979. *A Sociology of Friendship and Kinship*. London: Allen & Unwin.

Barnes, J. A. 1972. *Social Networks*. Reading, MA: Addison-Wesley.

Bly, Robert. 1990 *Iron John: A Book about Men*. Reading, MA: Addison-Wesley.

Bott, Elizabeth. 1957. *Family and Social Network*. London: Tavistock.

Bryk, Anthony, and Stephen Raudenbush. 1992. *Hierarchical Liner Models: Appli-*

cations and Data Analysis Methods. Newbury Park, CA: Sage.

Bumpass, Larry. 1990. "A Comparative Analysis of Coresidence and Contact with Parents in Japan and the United States." Working Paper. Center for Demography and Ecology, University of Wisconsin.

Burnstein, Leigh. 1980. "The Analysis of Multilevel Data in Educational Research and Evaluation." *Review of Research in Education* 8: 158-233.

Burt, Ronald. 1983. "Range." Pp. 176-194 in *Applied Network Analysis*, edited by Ronald Burt and Michael Minor. Beverly Hills, CA: Sage.

Burt, Ronald. 1992. *Structural Holes.* Chicago: University of Chicago Press. (2006年, ロナルド・S・バート著, 安田雪訳, 『競争の社会的構造——構造的空隙の理論』新曜社)

Canary, Daniel J., and Tara M. Emmers-Sommer. 1997. *Sex and Gender Differences in Personal Relationships.* New York: Guilford Press.

Cancian, Francesca. 1987. *Love in America: Gender and Self-Development.* Cambridge: Cambridge University Press.

Castells, Manuel. 1996. *The Rise of the Network Society.* Malden, MA: Blackwell.

Cicirelli, Victor G. 1995. *Sibling Relationships Across the Life Span.* New York: Plenum Press.

Clark, William, and Michael Gordon. 1979. "Distance, Closeness and Recency of Kin Contact in Urban Ireland." *Journal of Comparative Family Studies* 10: 271-275.

Clinton, Hilary Rodham. 1996. *It Takes a Village: And Other Lessons Children Teach Us.* New York: Simon and Schuster.

Coleman, James. 1988. "Social Capital in the Creation of Human Capital." *American Journal of Sociology* 94: S95-S120.

Connidis, Ingrid. 1989. *Family Ties and Aging.* Toronto: Butterworth.

Cook, Karen, and J. M. Whitmeyer. 1992. "Two Approaches to Social Structure: Exchange Theory and Network Analysis." *Annual Review of Sociology* 18: 109-127.

Craven, Paul, and Barry Wellman. 1973. "The Network City." *Sociological Inquiry* 43(1): 57-88.

Degenne, Alain, Marie-Odile Lebeaux, and Yannick Lemel. 1998. "Social Capital in Everyday Life." Working Paper No. 9827. Malakoff, France: Centre de Recherche en Économie et Statistique, Institut National de la Statistique et de Études Économiques.

Dickens, Charles. 1838 [1998]. *Oliver Twist.* Oxford: Oxford University Press. (2020年, チャールズ・ディケンズ著, 唐戸信嘉訳, 『オリバー・ツイスト』光文

社)

DiPrete, Thomas, and Jerry Forristal. 1994. "Multilevel Models: Methods and Substance." *Annual Review of Sociology* 20: 331-357.

Durkheim, Émile. 1893. *The Division of Labor in Society*. New York: Macmillan. (1989年,　E・デュルケム著,　井伊玄太郎訳,　『社会分業論』講談社)

Durkheim, Émile. 1897. *Suicide*. Glencoe, IL: Free Press. (1985年,　E・デュルケム著,　宮島喬訳,　"自殺論』有斐閣)

Emirbayer, Mustafa, and Jeff Goodwin. 1994. "Network Analysis, Culture, and the Problem of Agency." *American Journal of Sociology* 99(6): 1411-1454.

Erickson, Bonnie, Alexandra Radkewycz, and Terence Nosanchuk. 1988. "Helping Hands." Centre for Urban and Community Studies, University of Toronto.

Espinoza, Vicente. 1999. "Social Networks among the Urban Poor: Inequality and Integration in a Latin American City." Pp. 147-184 in *Networks in the Global Village*, edited by Barry Wellman. Boulder, CO: Westview Press.

Farber, Bernard. 1981. *Conceptions of Kinship*. New York: Elsevier North Holland.

Ferrand, Alexis, Lise Mounier, and Alain Degenne. 1999. "The Diversity of Personal Networks in France: Social Stratification and Relational Structures." Pp. 185-224 in *Networks in Global Village*, edited by Barry Wellman. Boulder, CO: Westview Press.

Fischer, Claude. 1982. *To Dwell Among Friends*. Berkeley, CA: University of California Press. (2002年,　クロード・S・フィッシャー著,　松本康・前田尚子訳,　『友人のあいだで暮らす——北カリフォルニアのパーソナル・ネットワーク』未來社)

Fischer, Claude. 1984. *The Urban Experience*. 2nd ed. Orlando, FL: Harcourt Brace Jovanovich. (1996年,　クロード・S・フィッシャー著,　松本康・前田尚子訳,　『都市的体験——都市生活の社会心理学』未來社)

Frank, Kenneth A., and JeffreyYasumoto. 1998. "Linking Action to Social Structure Within a System: Social Capital Within and Between Subgroups." *American Journal of Sociology* 104 (3): 642-686.

Freeman, Linton. 1992. "Sociological Concept of Group: An Empirical Test of Two Models." *American Journal of Sociology* 98: 152-166.

Galaskiewicz, Joseph. 1985. "Professional Networks and the Institutionalization of a Single Mind Set." *American Sociological Review* 50: 639-658.

Garfinkel, Harold. 1967. *Studies in Ethnomethodology*. Englewood Cliffs, NJ: Prentice-Hall.

Gillies, Marion, and Barry Wellman.1968. "East York: A Profile." Report to Community Studies Section, Clarke Institute of Psychiatry.

Goetting, Ann. 1986. "The Developmental Tasks of Siblingship over the Life Cycle." *Journal of Marriage and the Family* 48 (November): 703-714.

Gottlieb, Benjamin, and Peter Selby. 1990. *Social Support and Mental Health: A Review of the Literature*. Department of Psychology, University of Guelph, Canada.

Granovetter, Mark. 1982. "The Strength of Weak Ties: A Network Theory Revisited." Pp. 105-130 in *Social Structure and Network Analysis*, edited by Peter Marsden and Nan Lin, Beverly Hills, CA: Sage.

Granovetter, Mark. 1995. *Getting a Job: A Study of Contacts and Careers*. 2nd ed. Chicago: University of Chicago Press.（1998年，マーク・グラノヴェター著，渡辺深訳，『転職──ネットワークとキャリアの研究』第二版，ミネルヴァ書房）

Haines, Valerie, and Jeanne Hurlbert. 1992. "Network Range and Health." *Journal of Health and Social Behavior* 33: 254-266.

Hampton, Keith N., and Barry Wellman. 1999. "Netvill On-Line and Off-Line." *American Behaviorist Scientist* 43(3): 478-495.

Haythornthwaite, Caroline, and Barry Wellman. 1998. "Work, Friendship and Media Use for Information Exchange in a Networked Organization." *Journal of the American Society for Information Science* 49(12): 1101-1114.

Hogan, Dennis P., and David Eggbeen. 1995. "Sources of Emergency Help and Routine Assistance in Old Age." *Social Forces* 73(3): 917-936.

Homans, George. 1950. *The Human Group*. New York: Harcourt, Brace and World.（2018年，ジョージ・C・ホーマンズ著，橋本茂訳，『ヒューマン・グループ──人間集団についての考察』ミネルヴァ書房）

Homans, George. 1961. *Social Behavior: Its Elementary Forms*. New York: Harcourt Brace Jovanovich.（1978年，ジョージ・C・ホーマンズ著，橋本茂訳，『社会行動──その基本形態』誠信書房）

House, James, Karl Landis, and Debra Umberson. 1988. "Social Relationships and Health." *Science* 241: 540-545.

Inkeles, Alex, and David Smith. 1974. *Becoming Modern: Individual Change in Six Develop-ing Countries*. Cambridge, MA: Harvard University Press.

Kadushin, Charles. 1981. "Note on Expectations of Reward in N-person Networks." Pp. 235-254 in *Continuities in Structural Inquiry*, edited by Perter Blau and Robert Merton. Beverly Hills, CA: Sage.

Kadushin, Charles. 1983. "Mental Health and the Interpersonal Environment." *American Sociological Review* 48(2): 199-210.

Lai, Gina, Nan Lin, and Shu-Yin Leung. 1998. "Network Resources, Contact Re-

sources, and Status Attainment." *Social Networks* 20: 159-178.
Laumann, Edward O. 1973. *Bonds of Pluralism: The Forms and Substance of Urban Social Networks*. New York: Wiley.
Lazarsfeld, Paul, and Robert Merton. 1954. "Friendship as Social Process." Pp. 18-66 in *Freedom and Control in Modern Society*, edited by Morroe Berger, Theodore Abel, and Charles Page. New York: Octagon.
Lin, Nan. 2001. *Social Capital: A Theory of Social Structure and Action*. Cambridge University Press. (2008年, ナン・リン著, 筒井淳也ほか訳, 『ソーシャル・キャピタル——社会構造と行為の理論』ミネルヴァ書房)
Lin, Nan, Alfred Dean, and Walter Ensel. 1986. *Social Support, Life Events and Depression*. Orland FL: Academic Press.
Lin, Nan, and Mary Dumin. 1986. "Access to Occupation through Social Ties." *Social Networks* 8: 365-383.
Lofland, Lyn H. 1995. *Public Realm: Exploring the City's Quintessential Social Territory*. Hawthorn, NY: Aldine de Gruyter.
Longford, Nicholas. 1995. *Random Coefficient Models*. Oxford: Clarendon Press.
Marsden, Peter 1988. "Homogeneity in Confiding Relations." *Social Networks* 10: 57-76.
Marsden, Peter and Karen Campbell. 1984. "Measuring Tie Strength." *Social Forces* 63: 482-501.
Marsden, Peter, and Jeanne Hurlbert. 1988. "Social Resources and Mobility Outcomes." *Social Forces* 66: 1038-1059.
Milardo, Robert, and Barry Wellman. 1992. "The Personal is Social." *Journal of Social and Personal Relationships* 9(3): 339-342.
Moore, Gwen. 1990. "Structural Determinants of Men's and Women's Personal Networks." *American Sociological Review* 55 (October): 726-735.
Oldenburg, Ray. 1989. *The Great Good Place: Cafes, Coffee Shops, Community Centers, Beauty Parlors, General Stores, Bars, Hangouts, and How They Get You Through the Day*. New York: Paragon House.
Pahl, Ray E. 1984. *Division of Labour*. Oxgford: Basil Blackwell.
Parks, Malcom, and Leona Eggert. 1991. "The Role of Social Context in the Dynamics of Personal Relationships." *Advances in Personal Relationships* 2: 1-34.
Parsons, Talcott. 1943. "The Kinship System of the Contemporary United States." *American Anthropologist* 22-28.
Paxton, Pamela. 1999. "Is Social Capital Declining in the United States? Multiple Indicator Assessment." *American Journal of Sociology* 105(1): 88-127.

Pennebaker, James W. 1990. *Opening Up: The Healing Power of Expressing Emotions*. New York: Guilford Press.

Perlman, Daniel, and Beverly Fehr. 1987. "The Development of Intimate Relationships." Pp. 13-42 in *Intimate Relationships,* edited by Daniel Perlman and Steve Duck. Newbury Park, CA: Sage.

Pescosolido, Bernice. 1992. "Beyond Rational Choice: The Social Dynamics of How People Seek Help." *American Journal of Sociology* 97: 1096-1138.

Pescosolido, Bernice, and Sharon Georgianna. 1989. "Durkheim, Suicide, and Religion: Toward a Network Theory of Suicide." *American Sociological Review* 54: 33-48.

Pileggi, Nicholas. 1985. *Wiseguy*. New York: Simon and Schuster.

Popielarz, Pamela. 2000. "Connecting Structure and Content: Shaping Social Capital Early Life." Presented to the American Sociological Association, Washington, August.

Portes, Alejandro, and Julia Sensenbrenner. 1993. "Embeddedness and Immigration: Notes on the Social Determinants of Economic Action." *American Journal of Sociology* 98(6): 1320-1350.

Putnam, Robert. 2000. *Bowling Alone*. New York: Simon and Schuter.

Raudenbush, Stephen. 1995. "Posterior Model Estimation for Hierarchical Generalized Linea Model with Application to Dichotomous and Count Data." Unpublished manuscript, Michigan State University, College of Education.

Raudenbush, Stephen, and Anthony Bryk. 1986. "Hierarchical Model for Studying School Effects." *Sociology of Education* 59: 1-17.

Riggio, Ronald, and Judy Zimmerman. 1991. "Social Skills and Interpersonal Relationships: Infulences on Social Support and Support Seeking." *Advances in Personal Relationships* 2: 133-155.

Rosenthal, Carolyn. 1985. "Kinkeeping in the Familial Division of Labor." *Journal of Marriage and the Family* 47: 965-974.

Sahlins, Marshall. 1965. "On the Sociology of Primitive Exchange." Pp. 139-236 in *The Relevance of Models for Social Anthropology,* edited by Michael Banton. London: Tavistock.

Sampson, Robert, Jeffrey Morenoff, and Felton Earls. 1999. "Beyond Social Capital: Spatial Dynamics of Collective Efficacy for Children." *American Sociological Review* 64 (Oct): 633-660.

Schneider, David. 1984. *A Critique of the Study of Kinship*. Ann Arbor: University of Michigan Press.

Schweizer, Thomas, Michael Schnegg, and Susanne Berzborn. 1998. "Personal Networks and Social Support in Multiethnic Community of Southern California." *Social Networks* 20: 1-21.

Schweizer, Thomas, and Douglas R. White, eds. 1998. *Kinship, Networks, and Exchange*. Cambridge: Cambridge University Press.

Sherrod, Drury. 1989. "The Influence of Gender on Same-Sex Friendships." Pp. 164-186 in *Close Relationships*, edited by Clyde Hedrick. Newbury Park, CA: Sage.

Simmel, Georg. [1908] 1971. "Group Expansion and the Development of Individuality." Pp. 251-293 in *George Simmel: On Individuality and Social Forms*, edited by Donald Levine. Chicago: University of Chicago Press.

Simmel, Georg. [1922] 1955. "The Web of Group Affiliations." Pp. 125-195 in *Conflict and the Web of Group Affiliations*, edited by Kurt Wolff. Glencoe, IL: Free Press. (1966年, ゲオルグ・ジンメル著, 堀喜望・居安正共訳, 『闘争の社会学』法律文化社)

Smith, Thomas, and Gregory Stevens. 1999. "The Architecture of Small Networks: Strong Interaction and Dynamic Organization in Small Social Systems." *American Sociological Review* 64 (June): 403-420.

Snijders, Tom, and Roel J. Bosker. 1999. *Introduction to Multilevel Analysis*. London: Sage.

Snijders, Tom, Marinus Spreen, and Ronald Zwaagstra. 1995. "The Use of Multilevel Modeling for Analysis of Personal Networks: Networks of Cocaine Users in Urban Area." *Journal of Quantitative Anthropology* 5: 85-105.

Stokowski, Patricia, and Robert Lee. 1991. "The Influence of Social Network Tie on Recreation and Leisure." *Journal of Leisure Research* 23(2): 95-113.

Stone, Leroy O., Carolyn J. Rosenthal, and Ingrid Arnet Connidis. 1998. *Parent-Child Exchanges of Support and Intergenerational Equity*. Ottawa: Statistics Canada.

Suitor, J. Jill, Karl Pillemer, and Shirley Keeton Bohanon. 1993. "Sources of Support and Inter-personal Stress of Women's Midlife Transition: The Case of Returning Students and Family Caregivers." Presented at Sunbelt Social Network Conference, Tampa, February.

Suitor, J. Jill, Barry Wellman, and David Morgan, eds. 1997. "It's About Time: Introduction to a Special Issue on How, Why, and When Networks Change." *Social Networks* 19(1): 1-8.

Thoits, Peggy. 1982. "Life Stress, Social Support, and Psychological Vulnerability." *Journal of Community Psychology* 10: 341-362.

Thomése, Fleur, and Theo van Tilburg. 1998. "The Importance of Being Together: Contextual Effects of Neighbouring Networks on the Exchange of Intrumental Support Between Older Adults and Their Proximate Network Members in the Netherlands." Working Paper. Department of Sociology, Free University of Amsterdam, April.

Thomése, Fleur, and Theo van Tilburg. 2000. "Neighbouring Networks and Environmental Dependency: Differential Effects of Neighbourhood Characteristics on the Relative Size and Composition of Neighbouring Netowrks of Older Adults in the Netherlands." *Ageing and Society* 20(1): 55-74.

Turnbull, Colin. 1972. *The Mountain People.* New York: Simon and Schuster.

Van Duijn, Marijtje, Jooske van Busschbach, and Tom Snijders. 1999. "Multilevel Analysis of Personal Networks as Dependent Variables." *Social Networks* 21(2): 187-209.

Vaux, Alan. 1985. "Variations in Social Support Associated with Gender, Ethnicity and Age." *Social Issues* 41(1): 89-110.

Wasserman, Stanley, and Katherine Faust. 1994. *Social Networks: Methods and Applications.* Cambridge: Cambridge University Press.

Wasserman, Stanley, and Phillpa Pattison. 1996. "Logit Models and Logistic Regressions for Univariate and Bivariate Social Networks: I. An Introduction to Markov Graphs." *Psycho-metrika* 61(3): 401-426.

Weber, Max. [1922] 1947. *The Theory of Social and Economic Organization.* New York: Free Press.

Wellman, Barry. 1979. "Community Question." *American Journal of Sociology* 84: 1201-1231.

Wellman, Barry. 1982. "Studying Personal Communities." Pp. 61-80 in *Social Structure and Network Analysis,* edited by Peter Marsden and Nan Lin. Beverly Hills, CA: Sage.

Wellman, Barry. 1985. "Domestic Work, Paid Work, and Net Work." Pp. 159-191 in Understanding Personal Relationships, edited by Steve Duck and Daniel Perlman. London: Sage.

Wellman, Barry. 1988. "Structural Analysis: From Method and Metaphor to Theory and Substance." Pp. 19-61 in *Social Structure: A Network Approach,* edited by Barry Wellman and S. D. Berkowitz. Cambridge: Cambridge University Press.

Wellman, Barry. 1990. "The Place of Kinfork in Community Networks." *Marriage and Family Review* 15: 195-228.

Wellman, Barry. 1992a. "Men in Networks." Pp. 74-114 in *Men's Friendships,* edited by Peter Nardi. Newbury Park, CA: Sage.

Wellman, Barry. 1992b. *"Which Types of Ties and Networks Give What Kinds of Social Support ?"* Advances in Group Processes 9: 207-235.

Wellman, Barry. 1996. "Are Personal Communities Local ? Dumptarian Reconsideration." *Social Networks* 18: 347-354.

Wellman, Barry. 1997. "An Electronic Group is Virtually a Social Network." Pp. 179-205 in *Culture of the Internet,* edited by Sara Kiesler. Mahwah, NJ: Lawrence Erlbaum.

Wellman, Barry. 1999. "The Network Community." Pp. 1-48 in *Networks in the Global Village,* edited by Barry Wellman. Boulder, CO: Westview.

Wellman, Barry. 2001. "Physical Place and Cyber Place: The Rise of Networked Individual-ism." *International Journal of Urban and Regional Relationships* 25: forthcoming.

Wellman, Barry, Peter Carrington, and Alan Hall. 1988. "Networks as Personal Communities." Pp. 130-184 in *Social Structure: A Network Approach,* edited by Barry Wellman and S. D. Berkowitz. Cambridge: Cambridge University Press.

Wellman, Barry and Milena Gulia. 1999a. "Net Surfers Don't Ride Alone." Pp. 331-366 in in *Networks in the Global Village,* edited by Barry Wellman. Boulder, CO: Westview.

Wellman, Barry and Milena Gulia. 1999b. "Network Basis of Social Support: A Network is More Than the Sum of its Ties." Pp. 83-118 in *Networks in the Global Village,* edited by Barry Wellman. Boulder, CO: Westview.

Wellman, Barry and Barry Leighton. 1979. "Networks, Neighborhoods and Communities." *Urban Affairs Quarterly* 14: 363-390.

Wellman, Barry, and Stephanie Potter. 1999. "The Elements of Personal Communities." Pp. 49-82 in *Networks in the Global Village,* edited by Barry Wellman. Boulder, CO: Westview.

Wellman, Barry, and David Tindall. 1993. "Reach out and Touch Some Bodies: How Telephone Networks Connect Social Networks." *Progress in Communication Science* 12: 63-94.

Wellman, Barry, Reina Wong, David Tindall, and Nancy Nazer. 1997. "A Decade of Network Change: Turnover, Mobility and Stability." *Social Networks* 19(1): 27-51.

Wellman, Barry, and Scott Wortley. 1989. "Brothers' Keepers: Situating Kinship Relations in Broader Networks of Social Support." *Sociological Perspectives* 32:

273-306.

Wellman, Barry, and Scott Wortley. 1990. "Different Strokes From Different Folks: Community Ties and Social Support." *American Journal of Sociology* 96: 558-588.

Wellman, Beverly. 2001. "Partners in Illness: Who Helps When You Are Sick?" Pp. 143-161 in *Complementarity and Alternative Medicine: Challenge and Change*, edited by Merrijoy Kelner, Beverly Wellman, Mike Saks, and Bernice Pescosolido. Reading, UK: Gordon and Breach.

Wellman, Beverly, and Barry Wellman. 1992. "Domestic Affairs and Network Relations." *Journal of Social and Personal Relationships* 9: 385-409.

Wells, H. G. 1913. "The Country of the Blind." In *Short Stories of H. G. Wells*, edited by H. G. Wells. London: Thomas Nelson.

White, Harrison. 1992. *Identity and Control*. Princeton, NJ: Princeton University Press.

Willmott, Peter. 1986. *Social Networks, Informal Care and Public Policy*. London: Policy Studies Institute.

Wireman, Peggy. 1984. *Urban Neighborhoods, Networks, and Families*. Lexington, MA: Lexington Books.

Wright, Paul. 1989. "Gender Differences in Adults' Same-and Cross-Gender Friendships." Pp. 197-221 in *Older Adult Friendship*, edited by Rebecca Adams and Rosemary Blieszner. Newbury Park, CA: Sage.

Yang, Megli. 1998. "Increasing the Efficiency in Estimating Multilevel Bernoulli Models." Doctoral dissertation, Michigan State University.

第11章
中国都市におけるグアンシ (*Guanxi*)・キャピタルと社交上の食事
――理論的モデルと経験的分析――

ヤンジェ・ビアン

中国社会では,利益の交換を促進するグアンシ (*guanxi*),あるいは,対人的コネクションが,会食 (social eating),すなわち,他の人々と食事をすることを通じて,発達し,維持されている。例えば,「飲んだり食べたりする仲間 (*jiu rou peng you*)」というよく知られている語句は,中国人の間の友人が相互に繰り返し食事を提供することを意味する。私は,グアンシの性質に関する3つの理論的なモデルを検討し,各モデルが持つ,グアンシの関係的基盤,グアンシ・キャピタルの源泉と形態,そして,グアンシ・キャピタルを蓄積する戦略,あるいは,他者とのネットワークの紐帯を通じての社会的資源を動員する能力についての異なる含意についてレビューする。そして,私は,1998年の中国の都市における都市消費プロジェクトからのデータを用いて,会食のこれらのモデルのいくつかの経験的含意を分析する。

グアンシ・キャピタルの3つのモデル

拡大された家族の義務の網としてのグアンシ

この学派は,中国社会では,家族が社会構造の中核であり,社会関係の最初の源泉であると論じる。その結果として,グアンシは,拡大された家族の紐帯の網 (web) と家族の義務として理解される。この観念の主唱者は,中国語の文献では,リョウ (Liang, 1986 [1949]),フェイ (Fey, 1992 [1949]),アンブローズ・キング (Ambrose King, 1985, 1988),そして,英語では,モートン・H・フライド (Mortor H. Freid, 1969 [1953]) と C・K・ヤング (Yang, 1965 [1959]) のような影響力のある学者を含んでいる。

リョウは,各人が生まれた時から親と他の家族メンバーとの複雑な関係の中にいることを認識することから始めた。彼は,中国では,これらの関係が感情

325

（*qing*）と義務（*yi*）を組み合わせた本来は倫理的なものであると論じる。家族メンバー間の相互作用において，感情と義務は相互に補完し強化し，家族内部の対立に耐え，協力を奨励する調和的な構造を作り出す。個人の利害にもとづく集団生活は中国における社会組織の様式に決してならなかったので，家族の感情と義務の倫理的関係が家族から社会へ拡大され，中国文化の特徴となったとリョウは論じた。リョウは，従って，中国の文化と社会を倫理中心（*lun li ben wei*）と名づけた。フェイは，家族の感情と義務の倫理的関係が自己中心的であり，従って，家族から離れれば離れるほど，他者との紐帯の範囲が広くなり，他者に対する自己の感情と義務の程度が低くなると強調した。フェイは，この傾向を分化の構造（*cha xu ge ju*）と呼んだ。キングは，リョウとフェイの理論が1940年代に発達したが，第二次世界大戦後の香港，台湾，そして，毛沢東の中国における中国の人々の行動パターンを説明することができると論じる。彼は，政治体制を通じて中国人の間の社会生活を形成する際のグアンシの持続を指摘している。

　リョウとフェイの理論において，グアンシの関係的基盤は，家族，親族，そして，家族と親族から拡大されたコミュニティである。1949年以前の安徽省の首都に関するフライドの研究は，家族と親族の網が実際に拡大され，1949年の共産主義革命以前の首都の経済的，政治的，そして，社会組織の「素材（fabric）」になったことを確認している。そして，革命後の広東省における中国人の家族に関するC・K・ヤングの調査は，農業集団化がこの構造を大きく変えることはなかったことを示している。その理由は，家族と親族の義務の私的で非公式なネットワークがソーシャル・サポートの仕組みを提供し，それを通じて，農民の家族が移行と苦難の経済を生き残ったからである。家族の義務と感情が家族と親族から拡大されたコミュニティを形成するので，リン（Lin, 1989, 1998a）は，これらのコミュニティを「擬似家族（pseudofamilies）」として概念化した。

　リンによれば，擬似家族の紐帯は，親密な友情関係を意味している。しかしながら，これらの紐帯は，伝統的な社会と近代的な社会において異なるやり方で生じるだろう。ヤングの村とフライドの省の首都では，親密な社会的，そして，経済的関係は，規範的に家族に制限され，そして，擬似家族の紐帯は境界を広げるための「社会的創作（social fiction）」であった。より広範でより複雑

第11章 中国都市におけるグアンシ (Guanxi)・キャピタルと社交上の食事

な都市社会において，そのような紐帯は，多様な社会関係，例えば，学友，同室の友人，軍隊の仲間，隣人，仕事仲間，ビジネス・パートナー，そして，擁護者と被擁護者 (patron-client) の関係から発達する。頻繁な相互作用と相互の交換は，これらの社会関係が非常に親密な紐帯に変わる客観的な条件であるが，擬似家族の紐帯にとって重要なのは，そのような紐帯についての親密な友人の主観的な認識である。1つの一般的なしるしは，擬似家族の紐帯が，通常はお互いを兄弟や姉妹と呼び，子供が自分の親の友人を叔父や叔母と呼ぶ人々をつなげることである。

リョウとフェイからフライドとヤングまで，「グアンシ・キャピタル」という用語を使った研究者は誰もいなかった。しかしながら，彼らの全ては，グアンシ・ネットワークから社会的資源を動員する能力が，自分の家族と擬似家族への道徳的で倫理的な義務を果たすという自己の評判にあることを意味していた。大衆雑誌や学者の論文において，この種類の評判は「面子 (face: *mian zi*) (King, 1985, 1988)」と称されてきた。例えば，ヤングの村やフライドの省の首都では，これらの義務を果たした男性は，村人や隣人から敬意を獲得し，村人や隣人はこれらの男性に敬意を払った。男性が公的な領域で彼らの義務を実行するために大衆の支持に頼らなければならない時に，村人や隣人が顔を立てること (face giving) が重要である。この種類の顔を立てることは，また，自分たちの家族や擬似家族のために，男性が有形の資源（例えば，臨時の労働の雇用，資金融資，寄付など）を村人や隣人から動員しようとする時に重要である。1980年代の中国都市では，こういう種類の「面子を保つこと (face work)」がビジネスの世界において作用することがわかった (Cheng and Rosett, 1989)。この意味で，面子を保つことは，グアンシ・キャピタルを持つこと，あるいは，グアンシ・ネットワークから社会的資源を動員する能力を意味する。そして，面子を失うこと，あるいは，グアンシ・キャピタルを欠いていること，あるいは，グアンシ・ネットワークから資源を動員する能力を持たないことを意味する。従って，中国の文脈では，面子を保つことはグアンシ・キャピタルの蓄積に関することである。

面子は，関係的なものであり，それは，自分のグアンシ・ネットワークのメンバーから自己がどのように評価されているかによるからである。フェイは，彼の構造的分化の理論において，面子が面子を与える人と面子を受け取る人と

の間の感情と親密性にもとづくと述べている。彼によれば，面子は，自己の家族と親密な社会圏から多く確保されるが，遠く離れた社会圏からはそれほど確保できない。従って，皆が行わなければならない面子を保つことは，家族の感情と義務の標準によって，遠く離れた広範な社会圏における社会関係を維持することである。リョウは，拡大された家族の感情と義務の網が中国の階級のない社会構造の性質を反映していると信じている。この構造では，合理的な人々は，家族の感情と義務の紐帯を自分の周りのできるだけ多くの人々に拡大しなければならない。

　要するに，グアンシが拡大された家族の義務の網であるという定義が前提となり，この見解の主唱者は，グアンシの関係の基礎が家族と擬似家族であるという合意を共有した。さらに，グアンシ・キャピタルの源泉は，家族と擬似家族に対する道徳的義務を果たすという自己の評判にある。第三に，グアンシ・キャピタルは，面子という点から理解され，そして，自己と他者の間の強い感情と親密性によって，自己が他者から敬意を獲得するのである。最後に，グアンシ・キャピタルを蓄積する戦略は，家族の感情と義務の紐帯を全ての社会関係に拡大することである。

特定の手段的紐帯の交換ネットワークとしてのグアンシ

　グアンシに関する初期の作家とは異なり，現代の中国都市社会の研究者は，グアンシとは特定の手段的な紐帯の交換ネットワークである論じる（Jacobs, 1979; Chiao, 1982; Hwang, 1987; Yang, 1994）。この見解は，グアンシが拡大された家族の義務の網であるという考えを自動的に拒否するものではない。ここでは，その代わりに，グアンシを明確に表している特徴は，利益の交換を促進する特定の紐帯（家族の紐帯も含まれる）の手段性である。特定の紐帯への強調における転換は，グアンシの関係的な基盤，グアンシ・キャピタルの源泉と基盤，そして，中国社会におけるグアンシ・キャピタルの蓄積のための戦略への異なるセットの含意を指摘している。

　グアンシが特定の手段的紐帯として定義される時，グアンシの関係的な基盤は，家族と擬似家族にもはや限定されず，広範な社会的，そして，仕事に関係するコネクションもまた含まれる。ワルダー（Walder, 1986）は，毛沢東の中国においては，労働生活を形成した3つの種類の特定の手段的紐帯を明らかに

した。第一のタイプは，政府の計画者と工場長の間の紐帯である。緩やかな予算上の制約の下で（Kornai, 1986），全ての工場長は，経済的資源を政府の計画者に要求したが，政府の計画者と特定の紐帯を確立した人々は，政府の資源を引き出すことができた。第二のタイプの紐帯は，職場における党の幹部と政治活動家の間のものである。政党の政治的恩顧主義（party clientelism）の政治文化において，出世する最善の戦略は，キャリアの移動機会を提供する党書記長に個人的な忠誠を示すことであった。第三のタイプは，作業現場の監督と一般労働者の間の紐帯である。この関係において，前者は日常の生産を忠実な労働者のネットワークを通じて行い，労働者は，有利な作業割り当て，業績評価，そして，ボーナスや賞を彼らの監督から受け取った。これらの様々な特定の紐帯の明確な特徴は，手段的であるとワルダーは論じ，それは，利益の交換が彼らの動機であり，予想される結果であったからである。

　特定の手段的紐帯の交換ネットワークでは，グアンシ・キャピタルの重要な源泉は，自分のグアンシ・ネットワークのメンバーに利益を提供し，好意に報いる約束を守るという自分の評判にある。言いかえれば，ゲームのルールは互酬性である。ヤング（Yang, 1994）は，毛沢東後の中国では，恩義とそれにお返しをすることが社会関係の結合力であることを観察した。ファン（Hwang, 1987）は，全ての中国社会では互酬性が面子の基礎であり，それは，面子が利益の交換に関与している当事者間の紐帯の感情にもとづくというよりは，相互の信頼と忠誠にもとづくものであると論じた。この点は，中国（Bian, 1997, 1999），そして，シンガポール（Bian and Ang, 1997）における職探しにおいて強い紐帯の効用を調べるために用いられた。従って，ネットワーキング（関係を構築すること）の目標は，家族の感情と義務の紐帯を拡大することから相互の利益の交換のために多様な資源の紐帯を育てることに転換してきた。

非対称の取引の社会的交換ネットワークとしてのグアンシ

　最近では，ナン・リン（Lin, 1998a）がグアンシ研究の重要なレビュー，そして，グアンシ・ネットワークの性質と作用の仕組みに関する新しい概念モデル，それらの両方を提供した。中国の以前の研究者によるグアンシの感情の基盤と手段的使用への異なる強調を認識して，彼は，グアンシが非対称の取引の社会的交換ネットワークの広い文脈で定義される時，これらの両方がグアンシを特

徴づけると論じる。
　リンは，対称的な取引の経済交換と非対称の取引の社会的交換を区別する。経済的交換の根拠は，価値ある資源の短期的な取引と関与する当事者の間で取引される資源における損失に対する相対的利益に焦点を絞ることである。対照的に，社会的交換の根拠は，資源が埋め込まれている関係を維持することに長期に関与することに焦点を転換するのである。社会的交換では，資源の取引は，資源が利益を与える人から利益を受け取る人へ流れるという点で非対称であり，これは，また，ソーシャル・ネットワークにおける資源の流れが他の紐帯への接近である（この場合には，利益を与える人がネットワークのブリッジ［橋渡し］としての役割を果たす）時にも当てはまる。しかし，利益を与える人は利益を得る。それは，資源が豊富であると認識されることによって利益を得るのである。ソーシャル・ネットワークにおける認識の広がりは，利益を与える人の評判を高め，従って，彼／彼女が彼／彼女のネットワークの中心性を維持し，強化することを助ける。
　リンは，グアンシを社会的交換の1つのタイプとして分類し，手段的使用と利益を追求する目的がグアンシ・ネットワークを特徴づけることを可能にした。彼は，しかしながら，「価値付けられ，維持されねばならないのは，関係であり，取引されている利益の価値それ自体ではない」と論じる。従って，「手段的な行為は，手段となり，グアンシ（構築）が目的となる」(22頁)。この意味において，リンは，また，グアンシの感情の基盤を強調する。
　リンの概念化において，グアンシの関係的基盤は，非常に広範なものとなり，全ての種類の親族と非親族の関係を含んでいる。グアンシ・キャピタルの重要な源泉は，家族と擬似家族に対して，道徳的な義務を果たすという評判でもなく，利益の交換において約束を守るという評判でもない。結局，社会的交換における資源取引は，非対称である。その代わりに，グアンシ・キャピタルは，惜しみない利益を与える人と資源の豊富な紐帯へのネットワーク・ブリッジ（橋渡し）としての評判にある。この文脈では，面子──中国版のソーシャル・キャピタル──は再解釈できるものである。面子を与えること（face giving）は，コネクションへの接近を貸すことを意味し，面子を受け取ること（face receiving）は，コネクションへの接近を得ることを意味する。予想どおりに，利益（コネクションへの接近）を与えることは，自分のネットワークを維持し，グ

第 11 章　中国都市におけるグアンシ（*Guanxi*）・キャピタルと社交上の食事

表11-1　グアンシのモデルと社会的会食への含意

	モデルⅠ	モデルⅡ	モデルⅢ
グアンシの定義	拡大家族の義務の網	特定の手段的な紐帯の交換ネットワーク	非対称の取引の社会的交換ネットワーク
関係的基盤	家族，親族，コミュニティ	家族，親族，コミュニティ，仕事	全ての種類の親族，そして，非親族の関係
グアンシ・キャピタルの源泉	家族と擬似家族への道徳的義務を果たすという評判	利益を提供し，返礼する約束を守るという評判	豊富な資源の紐帯へのネットワーク・ブリッジであるという評判
グアンシ・キャピタルの基盤	感情と親密性にもとづく体面	相互の信頼と忠誠にもとづく体面	繰り返される非対称な取引にもとづく体面
グアンシ・キャピタルの蓄積の戦略	家族の感情と義務の紐帯を拡大すること	利益の交換のために多様な資源の紐帯を育てること	より多くのネットワーク紐帯のためのネットワークの中心性を増加させること
誰を招待するか	家族と擬似家族のコネクション	資源の多様性を持つグアンシ・コネクション	ネットワークの多様性を持つグアンシ・コネクション
目　的	主に表出的	主に手段的	平等に，表出的，そして，手段的
支払い	食事をするパートナーが支払う	手段的：利益を求める人が支払う 表出的：食事をするパートナーが共に支払う	通常は，利益を求める人が支払う 利益を与える人が支払うこともあるだろう

アンシ・キャピタルを蓄積する自分の能力を高めるための最善の戦略である。表11-1は，上記の3つのモデルの重要な点を示している。

会食の経験的含意

　宴会（banquets）は，人気があり，中国の人々が関係を形成する重要な社交場である（Yang, 1994）ことはよく知られている。米国では，「晩餐会（banquet）」が一般的にかなり大きな公式の集まり，あるいは，公式の機会（結婚，退職など）の上品で洗練されたパーティとなっている。中国社会にとって，そして，ヤングに倣って，私は，その用語を会食に関与する親戚，友人，そして，知り合いの広範囲の集まりを含むために使用する。グアンシ社会では，人が自分のグアンシによって主催された宴会に招かれた時に，招かれた人は面子を保

つ（having face）とみなされている。もしその人が招待を断ると，主催者が面子を失う（lose his/her face）。もし招待された人が招待を受け入れ，宴会に出席すれば，これは，主催者に面子を与える（giving face）と解釈される（Yan, 1996）。そのような面子を保つ活動は，宴会をすることがネットワークの戦略に関与する意図的な社会過程であることを意味する。中国における多くの宴会は，それほど意図的でなく，より非公式で自発的なものに見えるだろう。しかしながら，これらの機会の多くは，誰を招待するのか，誰が支払うのか，そして，食事の間何について話すのかに関するかなりの計算を含んでいる。私たちは，グアンシの3つの理論モデルからネットワーキング過程に関するどんな手がかりを学ぶことができるだろうか。

モデルIの期待

モデルIによれば，グアンシは，拡大された家族の義務の網である。人が時間とエネルギーを投資して家族の感情と義務の紐帯を拡大する時，グアンシ・キャピタルが蓄積される。このモデルは，食事をするパートナーのネットワークおいて，家族と擬似家族のコネクションが他の種類のコネクションよりも非常に多いことを意味する。さらに，家族と親族のコネクションの内部において，親戚に対して主催者の家族の感情と情緒的愛着を表現するために宴会が始められ，親戚は，宴会に出席する時に同じ表出的な目的を念頭に置くことが期待される。それほど公式的でなく，より自発的な機会には，食事のコストは共有されず，自ら主催者となった人によって支払われる。食事のコストが会食にかかわった親戚の間で分けられると，家族の感情を傷つけるだろう。もしグアンシ・コネクションが家族と擬似家族のコネクションと定義されれば，会食が手段的目的よりも表出的目的のために意図され，食事のコストは，全ての食事をするパートナーによって共有されるよりも，むしろ主催者によって支払われることが期待されている。

モデルIIの期待

モデルIIは，会食のパターンについての異なる期待を意味する。このモデルによれば，グアンシは，特定の手段的紐帯の交換ネットワークである。この観念のグアンシは，互酬性がグアンシ・ネットワーキングの指針となる原則であ

第11章　中国都市におけるグアンシ（Guanxi）・キャピタルと社交上の食事

ることを明確にしている。会食を通じてグアンシ・キャピタルを蓄積したければ，多くの資源を自由にできる人々にかかわる傾向があることを意味する。このような状況の下では，会食の機会は，一連の利益の交換を示唆し，開始し，あるいは，完了するために使われる。集合的レベルでは，このモデルは，食事をするパートナーのネットワークの関係的基盤については何の想定もしないが，会食が，交換する少数の資源を持つ人々よりも，交換する多くの異なる種類の資源を持つ人々の間で頻繁に設定されるという傾向を指摘する。第二に，会食は，表出的目的よりも，手段的目的のために意図されている。最後に，利益を求める人が代金を支払うことが期待されている。しかしながら，会食が実際に（手段的目的のためよりはむしろ）表出的目的のために意図されている時，そのコストは，食事のパートナーの間で共有されることが理解されている。

モデルⅢの期待

　モデルⅢは，グアンシを非対称な取引の社会的交換ネットワークの1つのタイプとして提示する。そのモデルは，グアンシの構築が中国社会では日常の現象であること，利益を求めることと利益を与えることがグアンシの構築の特徴を示していること，そして，利益を求める人と利益を与える人が両者とも，異なるやり方ではあるが，各取引から利益を得ていることを想定している。このモデルは，会食について，次のような含意を持っている。第一に，自由に選ばれた食事をするパートナーは，全ての種類のコネクション，特に高いネットワークの多様性を持つ人々によってもたらされ，それは，そのような多様性が高いと，ネットワーク・ブリッジング（橋渡しすること）の可能性が高いからである。第二に，グアンシの構築は，利益の追求と利益の受け取りを通じて社会関係の維持を目的とするので，会食のいかなる機会も手段的，そして，表出的目的の混合を持っている。従って，モデルⅢは，どちらかの種類の目的が会食を支配するという期待はしない。最後に，このモデルによれば，グアンシ・ネットワーキングは，本来，非対称である。これは，利益を求める人が会食のコストを支払うべきであることを意味する。しかしながら，モデルⅢによって前提とされている根拠は，利益を与える人が支払うかもしれないことを示している。組み合わされたその2つの可能性は，会食が利益を求める人か利益を与える人によって主催された状況であることを示している。

第Ⅲ部　組織，コミュニティ，そして，制度的環境におけるソーシャル・キャピタル

分　　析

　私のデータは，1998年と1999年のいくつかの中国都市において実施された都市の消費者プロジェクトからのものである。1年以上にわたり，データは4回収集された。本章では，私は，最初の2回のデータの一部を分析した。第1回目では，401世帯がプロジェクトに参加し，データ収集は，2月の春節（旧暦の正月）の期間のソーシャル・ネットワーキングに焦点が置かれた。第2回目は，5月に会食に焦点が置かれ，351世帯がプロジェクトに残り，5つの新しい世帯が加えられた。各回では，データが対面的な面接によって収集され，構造化された質問表が用いられた。加えて，日記の形態の冊子が残され，参加している各世帯において，1週間の消費とネットワーキングの活動を世帯主と配偶者，そして，4人までの他の世帯メンバーがその冊子に記録した。ここでの私の分析は，質問票によるサーベイにおいて回答者である世帯主に限定されるだろう。表現の利便性のために，私は，回答者を「自己」，そして，彼／彼女の食事のパートナーを，各機会に一人，あるいは，それ以上であろうと，「他者」と称する。

宴会についての知覚
　私は，宴会（banquets: *qing ke chi fan*）がどのように回答者によって知覚されているのかについて記述することから始める。表11-2の最初のセクションで明らかであるように，宴会は食事をするためだけでなく，他の人々との会話のための良い環境を提供することも意図されているという言明に回答者の75％が賛成した。宴会は社会関係を維持するために必要である（70％），しかし，宴会は援助者に利益を返す手段として意図されていない（68％）ことに大多数が賛成した。少数の回答者が各言明に賛成しなかったが，回答における変動（variation）は，階層変数（階級，雇用の地位，雇用主のタイプ，家の所有，そして，収入）のいずれとも関係しない。表11-2の二番目のセクションにおいて見られるように，いずれの帰無仮説も棄却されない。これらの結果は，宴会について中国の都市に住んでいる人々の間に共有された価値システムが存在することを示している。すなわち，宴会は，社会関係を維持するための手段である。中

第11章　中国都市におけるグアンシ (*Guanxi*)・キャピタルと社交上の食事

表11-2　宴会についての社会的価値

価値項目	実数	賛成(%)	不賛成(%)	どちらとも言えない(%)
1．宴会は，食事を食べるためだけではなく，会話のための良い環境を提供することを意図されている	326	75	11	14
2．宴会は，社会関係を維持するために必要である	326	70	14	17
3．宴会は，援助者に利益を返すための手段として意図されていない	313	68	13	19

回答者の属性	ANOVAのFテスト：p値と自由度			
	価値項目1	価値項目2	価値項目3	自由度
職業階層（10カテゴリー）	.947	.200	.697	9
雇用の地位（11カテゴリー）	.370	.908	.942	10
雇用主のタイプ（9カテゴリー）	.524	.809	.255	8
家の所有（3カテゴリー）	.294	.785	.201	2
収入の序列（16カテゴリー）	.613	.340	.771	15

国の脈絡では，これは，グアンシ・ネットワークを維持することを意味する。それでは，自己のネットワークから誰が宴会に招かれるのだろうか。

中核のグアンシ・ネットワークと食事のパートナーのネットワーク

会食は，家族と擬似家族の紐帯の間で行われる可能性が高いか（モデルⅠ）。あるいは，会食は，頻繁に，家族と擬似家族のネットワークを越えて，特定の手段的紐帯の間で行われるのか（モデルⅡ）。あるいは，それは，家族と擬似家族の紐帯だけよりも多様なネットワーク・コネクションがある人々の間で頻繁に行われるのか（モデルⅢ）。これらの問いを分析するために，個人の中核のグアンシ・ネットワークについての準拠点が必要とされる。そのようなネットワークは，食事のパートナーのネットワークが出現する・・・・・・・・ネットワーク構造である。

人々のソーシャル・ネットワークが中国，そして，非中国の両方の国々において多次元であること（Ruan et al., 1997），そして，グアンシ・ネットワークは，力動的で，進化し，そして，おそらく境界がないことはよく知られている（Liang, 1949/1986　King, 1985, 1988）。これは，個人の中核のグアンシ・ネットワークを名前想起法と地位想起法の標準的な技術（Lin, 1999）を通じて正確に

測定することを困難にする。私は，中核のグアンシ・ネットワークを2つの理由で春節の週の間において「挨拶者（greeters）」に限定されるものとして測定する。第一に，グアンシ・コネクションは，その期間は，伝統的に，家庭訪問，そして，だんだんと電話をすることを通じて，お互いに挨拶をする。第二に，これは，私たちのプロジェクトにおいて使われている世帯への挨拶者の数と関係のタイプを正確に読む機会を私たちに与える。この課題は，1998年の都市の消費者プロジェクトの一回目の期間に完了した。

記録は，休日期間である新年の前日，新年の最初の5日間に限定された。いくつかの世帯（N=23）は，全体の6日間自宅から離れていた。残りの世帯（N=378）が総数7,436人の自宅への挨拶者を報告し，1つの世帯に平均20人の挨拶者があった。私の分析のために，これらの挨拶者が私の回答者の中核のグアンシ・ネットワークを形成する。食事のパートナーのネットワークに関するデータは，第二回の5月の1週間の間に別に記録されたものから収集された。朝食は記録されたが，私の分析は，会食が集中する昼食，夕食，そして，夜食に限定されている。表11-3は，回答者の中核のグアンシ・ネットワークと食事のパートナーのネットワークの関係的構成，階層構成，そして，ネットワーク多様性についての集合データを報告している。

モデルIによれば，個人の親族の紐帯と擬似家族の紐帯が，他の紐帯よりも会食に関与する可能性が高い。この期待は，データによって部分的に支持されている。中核のグアンシ・ネットワークの39％の紐帯が擬似家族の紐帯であるが，これらの紐帯は，食事のパートナーのネットワークの45％を占めている。しかしながら，中核のグアンシ・ネットワークよりも，食事のパートナー・ネットワークにおいて，親族の紐帯は低い割合を占め，他の紐帯は高い割合を占めている。この結果は，モデルIの期待とは反対のものである。

モデルIIは，食事のパートナーのネットワークは，利益の交換のための資源動員をするために使われることを予測している。このモデルは，食事のパートナーのネットワークにおける紐帯が中核のグアンシ・ネットワークの紐帯よりも資源が豊富であることを意味する。都市中国における最近の階層研究は，権力，威信，収入，そして，再分配の利益のような資源において，職業階層が，かなりの程度，そして，ますます変化することを明らかにした（Lin and Bian, 1991；Walder, 1992, 1995；Bian, 1994；Bian and Logan, 1996；Zhou et al., 1996,

第11章　中国都市におけるグアンシ (*Guanxi*)・キャピタルと社交上の食事

表11-3　中核のグアンシ・ネットワークと食事のパートナーのネットワークの構成

変　　数	中核のグアンシ・ネットワーク[a](1)	食事のパートナーのネットワーク(2)	(2)－(1)	(2)－(1) モデルによって導き出された仮説
関係的構成（％）				モデルⅠ
親族の紐帯	36	19	－17*	(2)>(1)
擬似家族の紐帯[b]	39	45	6*	(2)>(1)
他の紐帯[c]	25	36	11*	(2)<(1)
階層構成[d]（％）				モデルⅡ
自己と同じ	52	60	8*	(2)<(1)
自己と異なる	48	40	－8*	(2)>(1)
ネットワークの多様性[e]				モデルⅢ
紐帯のタイプの平均数[f]	4.89	5.86	0.97*	(2)>(1)
職位の平均数[g]	4.86	5.17	0.31	(2)>(1)
雇用主のタイプの平均数[h]	3.26	3.68	0.42*	(2)>(1)

注：＊両側検定 t テスト5％水準で有意である。
[a] 1998年2月の春節の休日の期間の挨拶者として定義されている。378世帯によって7,436の挨拶者が報告された。
[b] これらは，家族の客，村人，学友，軍隊の仲間，先生，学生，あるいは，徒弟，隣人，友人を含む。
[c] これらは，職場の上司，部下，同じ職位の同僚，他の仕事関連のコンタクト，ビジネス・パートナーとコンタクト。
[d] 3つの階層の図式がここでは使われ，管理職クラス，専門・技術クラス，労働者クラスを含む。
[e] ここで報告されている平均は，春節の期間の挨拶活動と別に記録された食事の取り決めについて等しい出現の想定（equal occurrence asumption）の下で調整されている。
[f] 最大値14の異なる紐帯のタイプからの平均数。
[g] 最大値20の異なる職位からの平均数。
[h] 最大値12の異なる雇用主のタイプの最大値からの平均数。

1997）。私は，自己が彼／彼女の食事のパートナーのネットワークから異なる種類の資源を動員することができる確率を測定するために，階層構成（管理職，専門職，労働者）を用いる。もし食事のパートナーが自己と同じ階層を共有するならば確率が低く，そうでなければ，確率が高い。データは，中核のグアンシ・ネットワークにおける48％の紐帯が，回答者の階層カテゴリーとは異なる階層カテゴリーの出身であることを示しているが，食事のパートナーのネットワークにおける紐帯の割合が低い（40％）。この結果は，モデルⅡの予測とは矛盾するものである。

　表11-3からモデルⅢの予測を支持する証拠が存在する。それは，中核のグアンシ・ネットワークからの紐帯よりも食事のパートナーのネットワークにおける紐帯にネットワークの多様性が大きいという結果である。表11-3は，（最大値14からの）紐帯のタイプの平均数が，中核のグアンシ・ネットワークより

表11-4 1998年5月1週間の会食の特徴

変　数	%	導き出された仮説の方向		
		モデルⅠ	モデルⅡ	モデルⅢ
食事の総数（N=5,054）				
独りで食べる	19			
家族と食べる	60			
他の人々と食べる	21			
他の人々と食べる（N=1,086）				
誰が支払うか				
自己か他者が支払う	53	支配的	支配的	支配的
自己と他者が共同で支払う	20			
他の取り決め	27			
何のために				
ただ会話のために	63	支配的		
ビジネスについて話す	28		支配的	
他の目的のために	9			
ただ会話のために（N=608）				
自己か他者が支払う	45		非常に少ない	非常に多い
自己と他者が共同で支払う	19		非常に多い	非常に少ない
他の取り決め	37			
ビジネスについて話す（N=274）				
自己か他者が支払う	85		非常に多い	非常に多い
自己と他者が共同で支払う	9		非常に少ない	非常に少ない
他の取り決め	6			

も食事のパートナーのネットワークにおいて有意に大きいことを示している。第二に，（最大値12からの）雇用主のタイプの平均数も中核のグアンシ・ネットワークよりも食事のパートナーのネットワークにおいて有意に大きい。最後に，同様な傾向が，食事のパートナーのネットワークと中核のグアンシ・ネットワークの間の仕事のタイプの多様性において明らかにされているが，差が小さく，統計的に有意ではない。

誰が支払い，そして，どんな目的で行うのか

表11-4は，会食の支払いの取り決めと意図に関する3つのモデルの含意を検証する。1998年5月のデータ収集の週の間，356人の回答者が総計5,054の昼食，夕食，そして，夜食をとった。これらのうち，19％は回答者が独りで食事し，60％が家族，そして，21％が「他の人々」と一緒に食事した。この最後のカテゴリーが会食の要件を満たすので，表11-4において，それがさらに分析

第11章　中国都市におけるグアンシ（*Guanxi*）・キャピタルと社交上の食事

されている。

　3つのモデル全てが，異なる理由ではあるが，共同の支払いの取り決めは，自己か他者が支払う取り決めより可能性が有意に低いだろうと期待する。この期待はデータによって支持されている。53％の食事が自己か他者によって支払われ，20％の食事が自己と他者が共同で支払った。他の27％の食事は，「他の取り決め」によって支払われた。語法（「他の取り決め」）が選ばれたのは，より自然ではあるが，「雇用主によって支払われた」，あるいは，「公的資金によって支払われた」のおそらく配慮のない回答カテゴリーを回避するためである。それは，これらの回答カテゴリーが回答者に汚職の印象を与え，従って，彼らの回答の信頼性を歪める可能性があるからである。私の理論的関心は，最初の2つの回答の間の選択にある。

　モデルⅠとⅡは，会食の目的を予測する時に反対の方向を示している。モデルⅠは，会食が表出的目的のために支配的に使われ，そして，手段的目的で用いられる可能性が有意に低いと予測する。モデルⅡは，その反対を予測する。データは，モデルⅠの予測を支持する明らかな傾向を示している。1,086の食事の63％は「ただ会話のために（*sui bian liao liao*）」であり，28％が「ビジネスについて話す（*you shi yao tan*）」ためであった。

　食事の目的が考察されたあと，モデルⅡとⅢは，支払いの取り決めについて異なる予測をしている。食事が表出的目的のためである時，モデルⅡ——互酬性がグアンシ・ネットワーキングを支配するという想定の下で——は，食事の支払いが自己と他者のどちらかによってなされるよりも，自己と他者によって共有される可能性が高いことを予測する。データは，この予測を支持しない。食事の45％は自己か他者によって支払われ，19％だけが自己と他者の共同で支払われた。この知見は，モデルⅢの期待を支持し，グアンシ社会の会食では，支払いが共有される取り決めよりも，むしろ，主催された会食が典型的であることを意味している。手段的な目的で準備された会食のうち，85％が自己か他者によって支払われたが，これは，モデルⅡとⅢの両方によって期待されている。

宴会の客，宴会の主催者，そして，宴会の出席者
　これまで表示された集合データの分析は，私たちに会食における中国のネッ

339

トワーク・パターンに関するマクロな描写を明らかにする。今度は，私は，宴会への個人の関与に影響を与えるネットワークの効果の問いについて分析する。宴会への関与は，どの程度自分の政治的影響と経済的能力が原因であるのか，そして，それは，どの程度自分のネットワークの有利性や不利性に起因するのか。表11-5は，これらの問いへの答えを示唆している。

回答者の宴会への関与は，5月のデータが記録された1週間の間の(1)宴会の客，(2)宴会の主催者，(3)宴会の出席者である頻度によって測定される。最後のカテゴリーは，招待者の「同伴者（escorts）」（一般的に，この役割は「同伴して食べる人（escort eater：*pei chi*）」と呼ばれる）として，最初の2つと宴会への自己の出席を組み合わせたものである。これらの3つの従属変数の回帰分析は，表11-5に報告されている。結果は，個人の経済的強さ（収入によって測定されるように）が宴会の客，宴会の主催者，宴会の出席者に自分がなる頻度を増加させることを示している。さらに，回答者が共産党のメンバー（政治的影響力の測度）であれば，彼，あるいは，彼女が頻繁な宴会の客と出席者であり，頻繁な宴会の主催者ではない。他の個人的属性（例えば，性別，年齢，教育，そして，管理職や専門職階層）の効果の可能性を考察しても，これらの変数のどれも最初の分析（表示されていない）の有意性検定を生き残らないので，それらは，表11-5において報告されているモデルから削除されている。宴会への関与に対する収入と党のメンバーシップの効果に限定すれば，回帰分析の結果は，宴会を行うことは中国都市において経済的で政治的な過程であることを示唆する。

しかしながら，宴会を行うことは，また，ソーシャル・ネットワーキングの過程でもある。私は，4つのネットワークの変数を宴会への関与の予測変数として考察する。これらのうち，ネットワークの規模（春節の間の挨拶者の総数によって測定された）は，自分が宴会の客，主催者，あるいは，出席者であることを予測する際に，最低限の値を持つが，回帰式に他の予測変数を含むと，統計的検定に生き残れない。ネットワークの規模は，3つの従属変数のそれぞれにおいて，1％の変動しか削減しないことに留意してほしい（各回帰式のR^2を参照）。

回答者のネットワークの関係的構成は，意義ある予測変数であり，3つの全ての等式で正のベータ係数を生み出した。この予測変数は，3つの測度の因子である。それらは，(1)親族の紐帯，(2)擬似家族の紐帯，(3)他の人々の紐帯との

第11章　中国都市におけるグアンシ（Guanxi）・キャピタルと社交上の食事

表11-5　宴会への関与の頻度に対するネットワークの効果の因子分析と回帰分析

因子分析		回帰分析：標準化係数[a]			
測　度	医子負荷	予測変数	宴会の客である頻度	宴会の主催者である頻度	宴会の出席者である頻度
		(1)			
		ネットワークの規模	−.011	.020	−.006
親　族	.736	(2)			
擬似家族	.871	関係的構成	.262***	.189***	.267***
他の人々	.613				
紐帯の多様性	.902	ネットワークの多様性	.129***	.120+	.140**
職業の多様性	.946				
雇用主の多様性	.927				
管理職	.818	階層構成	.103+	−.078	−.023
専門職	.852				
労働者	.762				
		(3)			
説明された分散（%）		回答者	.111**	.074	.114**
		党メンバー			
関係的構成					
(58%)		収　入	.355***	.300***	.384***
ネットワークの多様性		定　数	1.534***	2.925***	4.472***
(86%)		$R^2_{(1)}$	.012	.010	.011
		$R^2_{(1+2)}$	.240	.109	.202
階層構成		$R^2_{(1+2+3)}$	.266	.196	.348
(66%)		実　数	332	335	331

注：[a]両側検定有意性テスト：$^+p<.10$　$^{**}p<.01$　$^{***}p<.001$

相互作用の頻度である。これらの測度の全てが，表11-3において報告されているように，挨拶者の中核のグアンシ・ネットワークに限定されている。3つの測度の間の相互相関が非常に高いので，それらを同時にどの回帰式にも投入することができないが，生み出された因子が従属変数の変動を削減する際に同様なことができる（結果は表示されていない）。有意なベータ係数は，異なる3つの種類の紐帯との相互作用が頻繁になればなるほど，宴会の客，主催者，そして，出席者になる頻度が多い可能性が高くなることを示している。因子負荷は，宴会へのかかわりの機会を増加するために，擬似家族の紐帯（.871）が最も重要であり，そして，親族の紐帯（.736）が他の人々の紐帯（.613）よりも重要であることを示唆する。これらの知見は，宴会は家族と擬似家族のコネクションの間で頻繁に行われることを予測するモデルIを部分的に支持する。

さらに，ネットワークの多様性は，また，宴会の客，主催者，あるいは，出席者である頻度を有意に増加させる。関係的構成のように，ネットワークの多様性は，また，因子であり，それは，紐帯の多様性，職業の多様性，そして，雇用主の多様性の3つの測度から生じ，その測定は，表11-3において記述されている。これらは，挨拶者の中核のグアンシ・ネットワークに限定されている。正のベータ係数は，ネットワークの多様性が大きくなれば，宴会の客，主催者，あるいは，出席者である可能性が高くなる。3つの多様性の測度に対する因子負荷が大きく，類似する程度であることは，紐帯の多様性，職業の多様性，そして，雇用主の多様性が宴会への関与を増加させるためにほとんど等しく重要であることを示している。これらの結果は，モデルⅢの予測を支持する。すなわち，ネットワークの多様性の高い人は，ネットワークの多様性の低い人よりも，利益を与え，受け取る可能性が高く，従って，頻繁に宴会に関与する可能性が高い。

　最後のネットワークの測度は，階層構成である。これは，1998年5月の週に回答者が会食をした人の階層的背景を考慮する要因であり，会食に関するデータは，食事ごとに記録された。3つの階層（管理職，専門職，そして，労働者）が確認され，各階層がダミー変数（1=はい，0=いいえ）として用いられた。3つの変数全ての高い因子負荷は，相互の相関が高い（従って，管理職と食事をした人は，専門職や労働者と食事をしない可能性が高い）ことを示す。結果として生じた要因は，回帰分析において，宴会の客である頻度に中程度の効果があるが，宴会の主催者や出席者であることには効果がないことを示している。時折の観察によれば，1990年代には管理職と高い地位の専門職が公的資金によって支払われる宴会に頻繁に出席したことが分かっている。これは，おそらく，管理職と高い地位の専門職が私的に主催された宴会に出席する可能性を減少させるだろう。しかし，管理職と高い地位の専門職に対して個人的に主催された宴会が少なく報告されることが非常にありそうである。それは，権力を持つ者や豊富な資源を持つ者との「関係を利用すること（pooling a relation）（*la guanxi*）」という含意のためである。

第11章　中国都市におけるグアンシ（*Guanxi*）・キャピタルと社交上の食事

要約と検討

　1998年から1999年の都市の消費者プロジェクトは，中国の都市住民が宴会を行うことについて幅広い合意を有することを示している。回答者の大多数が宴会について社会関係を維持する方法として知覚している。この知覚は，回答者の階層，雇用の地位，職業，雇用主のタイプ，家の所有，そして，収入によって測定された社会的，そして，経済的な境界を越えるものである。これらの知見は，中国の都市の宴会，あるいは，会食という文脈におけるグアンシ・ネットワーキングのパターンと過程を分析するための経験的妥当性を提供する。

　学者の見解は，彼らのグアンシの定義において異なる。伝統的な見解は，グアンシを拡大された家族の義務と感情の網として定義する。より最近の見解は，利益交換を促進する際のグアンシの手段性を強調する。そして，最近の発展は，グアンシを関係的合理性によって動かされるものとして総合する。これらの見解は，グアンシの関係的基盤，グアンシ・キャピタルの源泉と形態，そして，グアンシ・キャピタルを蓄積するために使われる戦略に関する異なるモデルについて情報を与える。データ分析が会食についてこれらのモデルの含意を検証したが，いくつかの結果は，提供されたよりも，さらなる解釈の余地が残されている。ここでは，私は，これらの知見のいくつかについて再検討し，ソーシャル・キャピタルの広範な文脈においてそれらの検討を試みる。

グアンシ・ネットワークからグアンシ・キャピタルへ

　ポルテス（Portes, 1995：12）は，ソーシャル・キャピタルを「ネットワーク，あるいは，広範な社会構造におけるメンバーシップによって希少な手段を用いる諸個人の能力」と定義する。これは，自分のネットワークからの資源動員の過程について言及している。リンにとって，これは，2つの段階の過程である。第一に，個人が彼らのネットワークに埋め込まれている社会的資源に接近する。第二に，彼らは，接近された社会的資源を動員し，目標達成のためにソーシャル・キャピタルに変換する。もし最初の段階がネットワークの拘束が多ければ，第二の段階は，合理的選択を反映する。個人は，彼らのネットワークの内部，そして，それを越える他の人々よりも頻繁に特定の人々と合理的にネットワー

343

キングする（関係を築く）のである。私の知見は，グアンシ社会において，ネットワーキングのこれらの2つの段階がどのように相互に関係しているのかについて手がかりを提供している。

中国では，グアンシ・ネットワークが多次元で，進化するものであるが，グアンシによって連結されている人々は，春節の重要な休日には通常お互いに挨拶することがよく理解されている。従って，私は，中国人の中核のグアンシ・ネットワークを春節の挨拶者によって測定する。これらの挨拶者の関係的構成と階層構成，そして，ネットワークの多様性が測定され，中核のグアンシ・ネットワークにおいて個人によって接近された資源の指標として解釈することが可能である。一方，会食は，中国人に選択の筋書きを与える。それは，人々が他のコネクションよりも頻繁に特定のコネクションと食事することを選択できるからである。食事のパートナーのネットワークの関係的構成と階層構成，そして，ネットワークの多様性は，自分のグアンシ・ネットワークから動員された資源の指標とみなすことが可能である。

表11-3は，親族の紐帯が中核のネットワークに多く存在している（36%）ことを示す。しかしながら，親族の紐帯は，食事のパートナーのネットワークには少ししか存在しない（19%）ので，拡大された家族の義務と感情の伝統的なモデルの期待とは矛盾するものである。擬似家族の紐帯は，中核のグアンシ・ネットワークにおいてよりも，食事のパートナーのネットワークにおいて多く存在している（39%対45%）ので，これは，他のタイプの紐帯にも該当する（25%対36%）。これらの2つのタイプの紐帯が中核のグアンシ・ネットワークから食事のパートナーのネットワークへの増加することは，手段的な特定の紐帯のモデルによって示唆される仮説のように，大きな階層差がある食事のパートナーを探すことによって決定されているようにはみえない。その代わりに，非対称の取引の社会的交換ネットワークのモデルから導き出され，確認されている仮説のように，大きなネットワーク多様性によって動機づけられている。私は，食事のパートナーが，春節の挨拶者よりも，二者の紐帯のタイプと雇用主の紐帯のタイプによって多様化されていることを明らかにしている。職業の多様性もまた，その差が統計的には有意ではないが，前者よりも後者において大きい。

これらの知見は，中国におけるグアンシ・キャピタルの動員について重要な

含意を持つ。第一に，グアンシ資源は，親族の紐帯，あるいは，いかなる他のタイプの紐帯よりも，擬似家族の紐帯に多く埋め込まれている。仕事仲間とビジネス・パートナーは，「他のタイプの紐帯」のカテゴリーに含まれている。これらの紐帯は，家族外部の毎日の相互作用においてほとんど入手可能であるが，それらは，中核のグアンシ・ネットワークにおいては少なく（25％），食事のパートナーのネットワークにおいて，擬似家族の紐帯ほど多く存在しない（各々36％と45％）。第二に，食事のパートナーは，管理職，専門職，労働者の社会階層の境界の内部において相互に付き合う傾向がある。広範な階層のカテゴリーが人工的に階層内のコネクションを主要なタイプのネットワークにすると論じることができるが，しかしながら，階層間のコネクションは，中核のグアンシ・ネットワークから食事のパートナーのネットワークへ大幅に減少している。これは，中国では，グアンシの資源が階層内部よりも階層の境界を越えて動員される可能性が低いことを意味する。第三に，食事のパートナーのネットワークは，中核のグアンシ・ネットワークよりも多様化し，有形の資源の移動よりも，むしろ，ネットワークのブリッジング（橋渡し）と関係的移動（relational transfer）が，グアンシ・キャピタルを蓄積する主要なメカニズムであることを示唆する。1990年代の中国におけるグアンシ・キャピタルの動員に関するこの結論は，関係的合理性と非対称の取引のリンのモデルを支持するものである。

ソーシャル・キャピタルとしての面子

2つの結果は，一見したところ混乱させるものである。一方，会食は，表出的な目的のために高度に動機づけされている（他の人々との食事の63％が「ただ会話のために」行われ，「ビジネス」について話すために行われるのは28％である）。他方，それは，主催された宴会である可能性が非常に高い（食事の53％は自己か他者によって支払われ，自己と他者によって共同して支払われるのは20％である）。表出的な目的のためだけに企画された食事でさえ，自己か他者による支払いが両者の共同の支払いよりも一般的である（45％と19％）。これらの知見は，面子，すなわち，ソーシャル・キャピタルの中国の形態に準拠して理解することができる。

宴会の文脈では，もし人がグアンシ・コネクションから宴会に期待されてい

る招待を受け取ると，彼／彼女は面子を受け取ったと考えられる。これは，招待される人の社会的認知とグアンシ資源を動員する可能性を示している。一方，期待されている招待が実現しなければ，人が面子を失うとみられる。この失敗は，個人がグアンシを維持し，グアンシ資源を動員することができないことを示す。もし紹介された人が招待を受け入れ，宴会に出席すれば，これは2つの能力を指摘する。すなわち，それらは，宴会の主催者がグアンシを維持し，招待された人から後でグアンシ資源を用いる能力，そして，招待された人がグアンシ・ネットワークを維持し，拡大する能力（宴会を通じて潜在的なグアンシ・コネクションを発達させる機会を得る）である。従って，宴会の客，主催者，あるいは，出席者である頻度は，中国の文脈では，ソーシャル・キャピタルの妥当な測度である。

　表11-5に示された個人レベルの分析は，裕福で政治的に強力な人々が貧困で政治的に弱い人々よりも多くのソーシャル・キャピタルを持つことを示唆する。これらは，階層とネットワークの研究者の両方によって期待されているが，それだけではない。本章において特別に興味深いのは，中国人のソーシャル・キャピタルがまた，彼／彼女のネットワークの位置によって強く影響されることである。第一に，自分のソーシャル・キャピタルを増加させるためには，親族の紐帯，擬似家族の紐帯，そして，他のタイプの紐帯を含む混合された関係的構成を持たなければならない。第二に，ネットワークの多様性が非常に重要である。特に，中国では，人が多様化された関係的タイプを持たねばならないだけでなく，重要なことであるが，この人は，異なるタイプの雇用主と仕事を共にし，異なる種類の仕事をしているコンタクトも持たねばならない。もし大きなネットワークがこれらの種類の関係的，そして，位置の多様性を提供する紐帯を含まなければ，しかし，必ずしも異なる社会階層に位置する必要はないが，ネットワークの規模は，自動的にソーシャル・キャピタルを増加させないのである。これら全ての知見は，関係的合理性の社会的交換ネットワークのリンのモデルの期待を支持している。

　注

　　私は，Deborah Davisd, Jeff Broadbent, Joe Galaskiewicz, Nan Lin, Jeylan Mortimer, そして，Jiping Zuo に対して，初期の論文に関する彼らの貴重なコメントに感謝す

第 11 章 中国都市におけるグアンシ（*Guanxi*）・キャピタルと社交上の食事

る。それは，1998年10月30日から11月1日にわたって開催されたデューク大学における「ソーシャル・キャピタルとソーシャル・ネットワーク」会議，そして，1999年9月18日と12月2日にミネソタ大学で開催された「中国におけるソーシャル・キャピタル」と「南アジアの文化」のワークショップで発表された。

参考文献

Bian, Yanjie. 1994. *Work and Inequality in Urban China*. Albany, NY: State University of New York Press.

Bian, Yanjie. 1997. "Bringing Strong Ties Back In: Indirect Connection, Bridges, and Job Search in China." *American Sociological Review* 62: 266-285.

Bian, Yanjie and Ang, S. 1997. "Guanxi Networks and Job Mobility in China and Singapore." *Social Forces* 75: 981-1005.

Bian, Yanjie, and John R. Logan. 1996. "Market Transition and the Persistence of Power: The Changing Stratification System in Urban China." *American Sociological Review* 61: 739-758.

Cheng, Lucie, and Arthur Rosett. 1989. "Contract with a Chinese Face: Socially Embedded Factors in the Transformation from Hierarchy to Market, 1978-1989." *Journal of Chinese Law* 5 (No. 2): 143-244.

Chiao, Chien. 1982. "*Guanxi*: A Preliminary Conceptualization." Pp. 345-360 in The Sinicization of Social and Behavioral Science Research in China, edited by Kuo-shu Yang and Chong-yi Wen. Taipei, Taiwan: Academic Sinica.

Fey, Xiaotong. [1949] 1992. *From the Soil, the Foundations of Chinese Society*. Berkeley, CA: University of California Press.

Fried, Morton H. [1953] 1969. *Fabric of Chinese Society: A Study of the Social Life in Chinese County Seat*. New York: Octagon Books.

Hwang, Kwang-kuo. 1987. "Face and Favor: The Chinese Power Game." *American Journal of Sociology* 92(4): 944-974.

Jacobs, J. Bruce. 1979. "A Preliminary Model of Particularistic Ties in Chinese Political Alliance: Kan-Ch'ing and Kuan-Hsi in a Rural Tiwanese Township." *China Quarterly* 78: 237-273.

King, Ambrose Y. C. 1985. "The Individual and Group in Confucianism: A Relational Perspective." Pp. 57-70 in *Individualism and Holism: Studies in Confucian and Taoist Values*, edited by Donald J. Munro. Ann Arbor: Center for Chinese Studies, University of Michigan.

King, Ambrose Y. C. 1988. "Analysis of *Renqing* in Interpersonal Relations (Renqi *Guanxi* Zhong Renqing Zhi Fensi)." Pp. 319-345 in *Psychology of the Chinese*

(*Zhongguoren de Xinli*), edited by Kuo-shu Yang. Taipei, Taiwan: Guiguan Press.

Kornai, Janos. 1986. *Contradictions and Dilemmas: Studies on the Socialist Economy and Society.* Cambridge, MA: MIT Press.

Liang, Shuming. [1949] 1986. *The Essential Meaning of Chinese Culture.* Hong Kong: Zheng Zhong Press.

Lin, Nan. 1989. "Chinese Family Structure and Chinese Society." *Bulletin of the Institute of Ethnology* 65: 383-399.

Lin, Nan. 1998a. "Guanxi: A Conceptual Analysis." Chapter for *The Chinese Triangle of Mainland, Taiwan, and Hong Kong: Comparative Institutional Analysis,* edited by Alvin So, Nan Lin, and Dudly Poston. Westport, CT: Greenwood (in press).

Lin, Nan. 1998b. "Social Exchange: Its Relational Basis." Paper read at the Sunbelt XVIII International Social Network Conference, May 28-31, Sitges, Spain.

Lin, Nan. 1999. "Social Network and Status Attainment." *Annual Review of Sociology* 25: 467-487.

Lin, Nan, and Yanjie Bian. 1991. "Getting Ahead in Urban China." *American Journal of Sociology* 97: 657-688.

Portes, Alejandro. 1995 "Economic Sociology and the Sociology of Immigratio: Conceptual Overview." Pp. 1-41 in *The Economic Sociology of Immigration: Essays on Networks, Ethnicity, and Entrepreneurship,* edited by Alejandro Portes. New York: Russell Sage Foundation.

Ruan, Danching, Linton C. Freeman, Xinyuan Dai, Yunkang Pan, and Wenhong Zhang. 1997. "On the Changing Structure of Social Networks in Urban China." *Social Networks* 19: 75-89.

Walder, Andrew G. 1986. *Communist Neo-Traditionalism: Work and Authority in Chinese Industry.* Berkeley, CA: University of California Press.

Walder, Andrew G. 1992. "Property Rights and Stratification in Socialist Redistributive Economies." *American Sociological Review* 57: 524-539.

Walder, Andrew G. 1995. "Career Mobility and the Communist Political Order." *American Sociological Review* 60: 309-328.

Yan, Yunxiang. 1996. *The Flow of Gifts Reciprocity and Social Networks in a Chinese Village.* Stanford: Stanford University Press.

Yang, C. K. [1959] 1965. *Chinese Communist Society: the Family and the Village.* Cambridge, MA: MIT Press.

Yang, Mayfair Mei-hui. 1994. *Gifts, Favors, and Banquets: The Art of Social Rela-*

tionships in China. Ithaca, NY: Cornell University Press.

Zhou, Xueguang, Nancy Brandon Tuma, and Phyllis Moen. 1996. "Stratification Dynamics under State Socialism." *Social Forces* 28: 440-468.

Zhou, Xueguang. 1997. "Institutional Change and Job-Shift Patterns in Urban China." *American Sociological Review* 62: 339-365.

第12章
社会的ネットワーク資源の変化と安定性
――転換期ハンガリーの事例――

ロベルト・アンジェラス／ロベルト・タルドス

以前のアプローチ，そして，関連する研究

ハンガリーの状況

　最近，ソーシャル・ネットワークの資源についての関心がハンガリーの社会調査において増加してきた。この高まった関心は，科学的な動機であるだけでなく，歴史的，そして，政治的な動機も有している。前者については，私たちは，主に，末期のカーダールの社会において非公式性，あるいは，物事の個人的な扱いのための特別な役割を生み出したハンガリーの発達の特徴について言及するだろう。明らかに，不足経済と闇取引の財とサービスの互酬的なネットワークという一般的な特徴によって位置づけられる世界において，関係（nexus），あるいは，重層的なコンタクトの重要性が顕著に浮上した。1970年代から公式と非公式が絡み合う関係の隠されたネットワークにもとづく二重のモデルが社会調査の中心になってきたのである。

　システムの変化，そして，市場経済に対象を定めた移行は，これらの現象に新しい光を与えた。市場関係の重要性と不足経済の事実上の終わりが非公式の行動パターンと個人的関係の役割を減少させたかどうかという問いが生まれた。この問いに焦点を置いた研究者である，シク（Sík, 1994）とチャコ（Czakó, 1994）は，経路依存の特徴を強調する。前者は，特に，システムの変化に続く移行期間の後では，経済における非市場のメカニズムの生存と並んで，ネットワークとソーシャル・キャピタルの役割が増加すると予測した時に顕著なコメントを寄せた。拡大する関係のシステムに加えて，シクは，また，経済的苦難，急速に変化する出来事，増加する失業，そして，インフレーションの期間において，防衛的な（主に，家族や親族の）コンタクトにますます重要性を与えるの

第12章 社会的ネットワーク資源の変化と安定性

である。

　これらの特徴に加えて，シクとウェルマン（Sik and Wellman, 1998）は，古いシステムの国家の介入に対する闘いにおいて人々の社会的絆の保護的な役割を強調し，不確実性の高い新しい条件のもとでさえも，特性が若干変化した非公式な紐帯が生き延びていることを指摘した。

　社会階層や再階層化，そして，システムの変化を導くエリートの出現に関する研究の最近の新しい波は，また，ネットワークの構築（networking）の役割を強調し，それを模範となる地位まであげさえしたのである。ボロチェとサウスワース（Böröcz and Southworth, 1995），そして，セレニイとセレニイ（Szelényi and Szelényi, 1995），そして，ロナタス（Róna-Tas, 1994）は，収入とキャリアに関係する地位達成という点からネットワーク資源の相対的役割を調べ，レンジェル（Lergyel, 1998）は，企業の発達と成功に対するソーシャル・キャピタルの効果に焦点を置いた。

　この話題のもう1つの重要な側面は，経済の組織的構造を再形成する変化，すなわち，伝統的な国家の所有権（property）のネットワークによって動かされる承継と再構造化である。スターク（Stark, 1996）は，その地域において長期的には普及する可能性がある特徴的な形態，すなわち，所有権の組み換えられた（recombined）タイプの発達の概要を述べた。ここでは，公的所有権と私的所有権という伝統的な境界がはっきりしない。これは，非公式のネットワークが一般的になり，組織の要素が外部と内部の両方の高度な多様性を獲得する時に，組織の境界に「多くの穴がある（porous）」状態になるようなものである。ネットワークの関係，そして，ビジネス・セクター内部の組織のコンタクトのシステムについて増加する関心は，また，重複し，統合された管理職の地位に関するハンガリーの研究（例えば，Vedres, 1997を参照）によって反映されている。

概念的問題

　過去10年間において，概念的な転換が研究の領域において起こり，それは，国際的な研究における新しい傾向によって反映されるものである。1970年代から増加した「ソーシャル・ネットワーク」アプローチの人気，そして，過去20年間にわたる社会学的な資本理論の普及が「ソーシャル・キャピタル」概念の

広範な適用をもたらした。それは，ある程度は疑いもなく流行であり，多くの場合，隠喩的，そして，修辞的な考案物を科学的な考案物と区別するのは難しい。しかし，科学的なアプローチの内部でさえも，分析レベルや焦点の範囲という点から解釈におけるいくつかの異なる方向に気づくだろう（これらのレビューについては，Tardos, 1996 を参照；仮の図式として表12-1 を参照）。明確な専門用語が依然として開発されるという事実は，明らかに，この概念の人気を減ずることはなかったし，その多層性がさらに多くの関心を引きつけるだろう[1]。

私たちは，この問題についてある程度用心して取り組むことが適切であると思う。一般的に，様々な種類のコンタクトについて検討する時，私たちは，ややより中立であり，理論的に偏っていない「ソーシャル・ネットワーク資源」という用語を使う。ソーシャル・キャピタルという概念については，私たちは，その適用を（投資，収益，交換，そして，蓄積という関係する概念とともに）経済的な意味においてキャピタルの最初の定義に近づけるだろう。このアプローチを通じて，私たちは，手段的なタイプのネットワーク資源に接近し，何らかの方法で自分の社会的地位の評価に貢献することができるだろう。明らかに，この方向に沿う適切な操作化は，困難な課題であり，私たちは，本当にそうする試みを行う用意がないが，私たちの調査の知見のいくつかは，この解釈の方向を示している。その全体の特性については，私たちの手段的な焦点は，その概念の範囲をはっきりと描いているバートやリンのような著者に同意するように思われる（例えば，Burt, 1992；Lin, 1995 を参照）。しかしながら，私たちは，コールマン（Coleman, 1988）やパットナム（Putnam, 1995），あるいは，もう1つの特徴ある方向を述べるなら，他のタイプの資本との対照であるブルデュー（Bourdieu, 1983）によって示唆されるような，この用語の他の系統の解釈の豊富な発見を促す可能性と決して競うわけではない。

ハンガリー研究の中心テーマを調べると，それは，最も重要な問いとして，システムの変化が様々な資本のタイプの相対的な役割にどのように影響したのか，特に，社会的，あるいは，対人的なネットワーク・キャピタルの相対的な意義がどのように変更されたのかであるように思われる。理論的には，私たちは，また，異なるタイプのネットワーク資源の社会的分布が過去10年の間にどのように変化したのか，様々な構造化要因の重要性と基本的（文化的，経済的，そして，政治的）要因が影響されたかどうか，そして，どのように影響された

第 12 章　社会的ネットワーク資源の変化と安定性

表 12-1　ソーシャル・キャピタル（SC）概念の3つの系統の解釈（I）に関する仮の図式

	SCI1	SCI2	SCI3
関係するアプローチの短い表記 主な話題	象徴的アプローチ 集団所属，「良い名前」，威信，「上流社会」への埋込み	ネットワークアプローチ 良いコネクション，結び付きによる援助；範囲，多様性，紐帯の強さ，ブローカーの位置，構造的空隙	規範的アプローチ 社会的統合，相互の義務，信頼，市民的積極参加
分析レベル	1．集団 2．個人	個人	集団レベル
資源の特性	象徴的	手段的	規範的―表出的
SC の入手可能性の源泉	1．獲得的 （集団のメンバーシップ，家族の家柄，メディアの特徴など） 2．達成的	達成的	他のタイプの活動の「副産物」
SC に関係する特定の利益資源の源泉	評判，名誉 自分の地位集団	援助，助言，追加情報 自分の知り合いの紐帯，友人，関係	自信，相互支援 コミュニティ全体（集団，家族など）
資本の蓄積の論点	再転換戦略，正当化 象徴的位置のまわりの闘争	地位達成，コスト／利益のためのコンタクトにおける投資	公共財の側面，フリーライダー問題
主要な関心	SC への分化的接近	地位達成におけるソーシャル・キャピタル対人的資本の役割	協同の維持
研究の典型的な場所	欧州（仏）の領域	欧米の領域	異文化と文化内（縦断的）視点
特徴的な目標母集団	エリート研究	一般的な母集団	コミュニティ
SC 概念の操作化の程度	低い（非常に隠喩的）	高い（ソーシャル・ネットワークの方法を通じて）	中程度
SC の特性としてネットワークの側面	ネットワークの特性への強調が低い	コンタクトの範囲，多様性，異質性，橋渡しの紐帯，低い構造的拘束	高い密度の紐帯，閉鎖，集団の凝集せ
焦点が置かれている（潜在的）方法論，変数	直接の背景となる変数；（高い地位の位置に関係する地位想起法のデータ）	名前想起法と地位想起法	名前想起法による密度の指標；メンバーシップの統計

のかについて知りたいと思う。仮説を越え，経験的な証拠によって支持される結論を出すことは，比較の直接の基礎として役立つためのシステムの変化の前後に関する調査結果がまだほとんどないという事実によって強く制限されている。

比較の基礎

最も包括的な調査結果のいくつかは，1980年代後半から入手可能であり，その一部は，異文化間の比較を実行する機会を提供する。1986年に実施されたISSP「ソーシャル・ネットワーク調査」の結論（Utasi, 1991）によれば，家族と親族の紐帯がより決定的に重要であり，サポート・ネットワーク内部の選択にもとづくコンタクトは，ハンガリーにおいては，プロジェクトに参加した西洋諸国ほど一般的に重要な役割を果たさなかった。1980年代後半にハンガリーの文化階層におけるソーシャル・ネットワーク資源に関して私たち自身がちょうど実施した調査は，この点に関して同様の結果に至った。[2] フィッシャー――マカリスター複数状況の名前想起法にもとづく ZUMA（マンハイム：Mannheim）の改訂版が私たちの調査の基本的なネットワーク要素として選択され，それによって，私たちは少し前に実施されたドイツにおける調査と比較することができた。この場合，私たちは，また，ハンガリーの状況の下で，家族と親族の大きな部分を記録できる立場にあった。他の関係においては，私たちは，多くの割合の仕事関係，そして，少ない割合の制度以外の友人／知り合いのタイプのコンタクトを観察した（Angelusz and Tardos, 1988）。これらの側面は，ハンガリーの社会の構造における伝統的な要素が行き渡っていることから導き出せるが，移動の兆候と地位促進のための関係を探索することの現れについては，教育と職業において高い地位の他者に向けて上方に方向づけられたコンタクトの相対的に高い頻度において認識することができた。（実際には，マンハイム調査の対応するデータよりもこのタイプについて多くの選択が可能である。）同様に，私たちは，コンタクトの特徴，そして，知識のスタイルにおけるそのようなコンタクトに志向したスキル（1980年代後半における私たちの階層研究の他の重要な点）の優位性を意図的に形成する傾向を見つけた。1970年代と80年代にキャリアを始めた若い専門職という高い地位の部分については，自己表示とネットワーク構築のスキルが，年長の年齢集団において支配的な役割をしていた認知的―手段的，

そして，権威的―代表的なスキルよりも，明らかに優位性を得ていた（Angelusz and Tardos, 1988）。

まだ少数の縦断的調査のデータは，システムの変化に続く全ての期間にわたるものであるが，ソーシャル・ネットワークの変化する特性を示唆している。1993年に繰り返された1986年調査（Utasi, 1996）の結果によれば，ネットワーク資源の役割が情報と財への接近の様々な領域において一般的に増加したが，親密で情緒的な紐帯を含む友情のコンタクトの役割は減少した。1986年の国際比較は，すでに，若い年齢集団を除いて，このタイプの親密なコンタクトがハンガリーにおいて西洋諸国ほど頻繁ではなかったことを示し，それが比較の基礎として役立った。1993年までにこの傾向が強くなり，若い年齢集団におけるこれらのより精神的な友情関係のコンタクトの割合が概して年長の年齢集団の以前の低い値まで落ち込んだ。最近の年度，特に，1993年と1997年のハンガリーの世帯のパネル研究（Albert, 1998）内部の友情関係のコンタクトに関する回答からのデータはこの点に関して興味深い。この調査票において報告されている友人の数が7.1から4.5に減少し，友人がいないと答えた回答者の割合がこれらの4年の期間において20％から30％に増加した。この結果が上述の傾向――すなわち，人的つながりにおける一般的な剝奪，そして，ネットワークに関する特定の階層の窮乏化の特徴であると想定される，コンタクトの手段化と情緒的紐帯の弱化――と一致するかどうか，あるいは，私たちがさらなる一連の可能な説明を拡大すべきかどうかを決めるためには，さらなる研究が必要とされる。

文脈の多様性――実質的，そして，方法論上の問題

上記の知見，そして，より一般的な関心にもとづき，グラノヴェターによって紹介された強い―弱い図式は，ソーシャル・ネットワーク研究において枠組みとなる重要性を獲得し，役に立つ準拠枠を提供する。「弱い紐帯の強さ」命題の妥当性は，主に，多元的社会に適用できる。それは，多元的社会には，厳格な境界によって分離されず，知り合いの関係が，階層の境界を越えて，従って，同類よりも異質の特性を示し，相対的に遠く離れた地域間の接触を確立できるからである。市場取引と情報交換にもとづく接触は，そのような関係が特権を与えられた領域である。いくつかの理論的考察は，市場関係への推移が弱

く，緩やかな，知り合いタイプのコンタクトの意義を増加させるという見解を支持している。グラノヴェターの最初の調査（Granovetter, 1974）は，労働市場の関係と雇用を見つけるメカニズムに向けられていた。この側面は，また，雇用の構造が急激に変化し，そして，広範な集団にとって，良い仕事だけでなく，どんな仕事でも手に入れて維持することが挑戦となった移行の状況の下では関連するものである。私たちは，関連する領域をリストし続けることができる。ほんの数例をあげれば，企業を創造し，維持し，民営化の機会を「嗅ぎつけ」，そして，有利な証券取引を獲得することは，全て，広い範囲の情報への接近，そして，潜在的に最も広範囲な社会的コンタクトの利用を必要とする。コンタクトを作り，維持するために入手可能な資源が希少であれば，強い紐帯から弱い紐帯へという強調の転換（そして，上記で紹介した考えを継続するなら，非資本的なネットワーク資源から資本的な性質のネットワーク資源への転換）がこの時期に起こるだろう。

　また，この重要な枠組みの一般的な理論的考察を研究し，強い紐帯と弱い紐帯を区別する時には注意が必要である。これは，経験的な研究に関する重要な操作化の問題のさらなる事例である。特定のタイプのコンタクトを両極端の位置の一方に割り当てるのは間違いであろう。一方では，強い紐帯と弱い紐帯が別の次元によって表されている場合には，厳格な二分法よりもむしろ連続体に沿って考えるべきだろう。他方，様々なタイプの疑問が様々なタイプの操作化を必要とする。例えば，遠く離れた親族や近くの知り合いのつながりは，一方では，特定の事例において，他方では，他の事例において説明できるだろう。1980年代末に行われた私たちの調査の結果は，すでに私たちに早まった結論を下さないように警告をした（Angelusz and Tardos, 1988）。この調査では，私たちは，強い紐帯と弱い紐帯のコンタクトが，通常，コンタクトの豊富さと希少さを示す相関する対において生起することを発見した。さらに，特定の理論的考察は，また，私たちに抽象性に走ることを避けるように警告する。フェルド（Feld, 1981）の影響力のある論文は，社会集団と制度におけるコンタクトの場所や根源から常に目を離すべきでないし，また，私たちがこれらの源泉を私たちの特定の調査の出発点にすることが賢明であると強調した。すでに論じたように，もし私たちが国際比較においてコンタクトの強調された場所である家族という制度を最初に見れば，私たちは，矛盾する発達を見る可能性が高い。関

係する統計から　部分的には，教育程度の増加，そして，家族を確立しようとする人々に直面する経済的な困難によって，初婚の通常の年齢がかなり高くなり，再婚は頻繁ではなくなった。10年という期間内でさえも，伝統的な結婚という設定において生活する夫婦の数は，注目に値する10％も減少し，現在のデータによって示されるように，この数字を55％から60％にした。しかしながら，特定の傾向が家族のネットワーク資源の利用の増加を指摘する。他の資源が不在で，経済的困窮の時代に，好ましくない外部状況に対する最善の防衛を提供するのは一般的に家族である。国際的な経験によって，家族の資源の利用は，また，小さな企業の創造と成功，そして，家庭外部のコンタクトの手段化のために重要であり，そして，それ自体が家族によって提供される情緒的で類似する強い紐帯の意義を増加することが示されている。

　もし経済的，そして，政治的な過程が家族のネットワークの役割の発達に対して矛盾する影響を与えるならば，私たちは，仕事に関係し，そして，同僚のコンタクトに関して明確な傾向を発見できる。過去10年間で経済の再構造化においてかなりの変化を遂げたのは職業構造だけではなく，職業の数もまたほとんど3分の1に減少した。以前には，成人人口の60％が職を持っていたが，近年までにこの割合は40％から45％に減少した。[3]この結果は，部分的に1990年代における学生数の増加によるものであるが，そのほとんどが失業者，傷害補償で生活する人々，そして，専業主婦（後者の2つは，多くの場合，隠れた形態の失業である）の割合の増加によるものである。数人の人だけを雇用する小規模の自営業と家族の企業の増加の結果，仕事に関係するコンタクトに頼る積極的な稼ぎ手の割合も減少した。これらのコンタクトは，たとえ家父長的な特徴によって伴われるとしても，セーフティネットと大きな社会集団のための統合の源泉を提供した。職場自体がより機能的になった移行の期間にこれらの保護的なネットワークの重要性が減少した。

　ハンガリーでは，組合，クラブ，そして，ボランティア組織は，より進歩した市民社会の地域におけるネットワークの発達のための重要な場所であり，過去10年の間に人口の限られた部分だけにネットワーク資源を提供した。私たちは，システムの変化に先行する時期においてこれらの制度の復活を見たが，新しい政治システムと政党における幹部に対する需要は，これらの組織のまだわずかな資源のほとんどを吸い取っただけである。実際には，ネットワーク構造

における変化へのどのような重大な影響も、これらの地区からは期待されない。

制度と公式的な状況に関係しないソーシャル・ネットワークのそれらの要素については、友情関係と親密な知り合いのコンタクトが手段化への上述の傾向によって影響を受けずにいることは多分なかっただろう。コンタクトを維持する物質的条件（例えば，社会的イベント，会合，パーティ，あるいは，公共の場での集会の増加するコスト）のような経済的，社会的側面は，直接の影響を及ぼすことが可能であり，それとともに，経済的な二極化の状況下で，社会的コンタクトの基準間の物質的価格標準（material parity）に焦点が次第に置かれるようになった。「勝ち組」と「負け組」に分割された個人と家族の間の以前の接触が有効である可能性は低い。システムの変化の政治的側面それ自体がまた特定の含意を持ちうる。いくつかの事例では，政治的類似性，あるいは，類似する政党所属が重要な選択基準のリストに入り，以前の友情関係のコンタクト間の強さを弱め，あるいは，インテリの間の多くの場合ではそれらを永久に終わらせた。しかしながら，政治的忠誠にもとづくこれらの新しいコンタクトが親密な友情関係のコンタクトの源泉になったという証拠はほとんどない（明らかに，そのような関係の典型的に手段的な性格がこのようにさせる可能性は低い）。

これらの推測の全ては，1980年代に実施された調査によって扱われていない詳細を必然的に伴うので，経験的に立証することは難しいだろう。さらに，これらの過程の性質を正確に記述するためには，システムの変化の初期の調査結果が必要だろう。いくつかの詳細と十分な期間を扱う比較の包括的な基礎はほとんど入手可能ではないが，既存の部分的なデータセットを概説の解釈枠の内部に含むことが可能である。上記の調査に加えて，私たちは，私たち自身の調査，特に，1997年後半からの調査に言及することができる。ソーシャル・ネットワーク資源を説明するために，私たちは，全国を代表するサンプルとハンガリー科学アカデミーとエトヴェシュ・ローランド大学の後援の下で行われたコミュニケーション研究の調査グループの一部で行われた「包括的な（omnibus）」調査からの一連の質問を適用することができる。

第12章　社会的ネットワーク資源の変化と安定性

分析的問題

測　定

　紙幅（1つの調査票のまとまりが自由にできる量）の制限によって，私たちは，1987年／1988年調査の全体のソーシャル・ネットワーク・モジュールを繰り返すことができなかった。特に，私たちは，同一の形式において最も時間集約的なフィッシャーの技術を反復できなかった。しかし，私たちは，様々なアプローチと方法を維持していると主張した。経験は，通常使用されている技術のどれもネットワーク資源全体を描くために適用できないことを示しているので，同時に異なる方法と技術に頼ることが非常に重要である。[4]1987年／1988年の調査の間，強い，そして，中くらいの強さの紐帯を持つ家族と友情／知り合いの関係について私たちが把握できるフィッシャー——マカリスターの技術に加えて，私たちは，リン—デューミンの地位想起法の修正版を含んで，緩やかな広範囲な関係に接近できるようにした。職業のかなり広範なリスト（20項目，第2回目は23項目が私たちの調査に含まれている）[5]にもとづいて，私たちは，以前の技術の使用によって，各個人，そして，威信の高低による職業によって表される既存のコンタクトによって示される知り合いの範囲によって接近できる社会領域の程度を測定することを試みた。（階層関係とネットワークの多様性に関するこの方法を拡大する可能性は，Erickson, 1996 を参照。そして，様々な種類の地位想起法にもとづく社会カテゴリーへの新しく，一般化された接近のヒントは Lin, 1998a, 1998b を参照。）さらに，補足的な方法として，広範なコンタクト圏を特徴づけるために，私たちは，また，クリスマスと新年のカードを送る習慣，そして，これらのカードの通常の数，また，組合と団体のメンバーシップの数を調べた。

　1997年後半の調査の間，より制限された枠組みにおいて，私たちは，基礎として，同様なアプローチを用い，同一ではないが，多少とも等価な指標を用いることを目指した。フィッシャーのタイプの名前想起法について最も大きな変更がなされた。私たちは，状況の数を8から3に減らし，それらの内容を多少変更したが，コンタクトの必須の特性は依然として反映されている。一般的には，個人的なコンタクトの最も重要な側面は，重要な事柄に関する親密な相談，例えば，援助を頼む，家族の問題について解決する，社交の余暇活動とプログ

ラムを通じて連絡を取るなどを含む。最初に述べた状況では，1985年米国総合的社会調査（General Social Survey：GSS）の基本的質問が同じ文章で採用され（Burt, 1984；Marsden, 1987 を参照），また，それによって，私たちは，特定の比較を行うことができる。これらの3つの状況を名前想起法として採用することがGSSとフィッシャーの技術の特定の組み合わせを意味し，従って，多少新しい方法，すなわち，広範なリン—デューミンの技術を同一ではないが，類似する形態の反復の導入を意味し，いくつかの比較の直接の機会を生み出した。（この技術のために，また，次の変更が私たちの最近の調査の間になされた。適用されたリストは，職業構造の変化に対して調整され，そして，起業家と財政セクターから特に新しく出現した職業が調査票に含まれた。また，関係の意義を測定するために，知り合いの単純なカテゴリー化は，特定のコンタクトがまた物事を順調に進め，頼みごとをするために用いることができたかどうかという質問によって取って代わられた[6]。）

クリスマスと新年のカードを送ることに関する質問は，比較の最も直接的な可能性を提供した。組合と団体に関する以前の自由回答型の質問は，利害集団だけでなく，広範囲の団体とクラブタイプも含むことによって，制限回答型の質問に変更された。

上記に加えて，コンタクトを特徴づけるために適用されたアプローチの範囲は，結婚式の証人，代父母のような役割を通じての親族の後援者に関係する質問項目で補完された。これらの関係は，ソーシャル・ネットワークの研究においてほとんど検討されていないが，より伝統的な社会や社会状況においてさらなる重要性を増すので，従って，そのような状況でこれらの地位に就くことは重要なネットワーク資源である。

尺度の開発

最後に，私たちは，1987年と1997年の様々なネットワーク資源についての多少とも対応する4つの指標を持っている。私たちは，強い紐帯に関して，1987年の名前想起法と1997年の組み合わせたフィッシャーとGSSの技術を通じて，そして，弱い紐帯の資源に関して，職業の名簿，挨拶カード，そして，組合員の数にもとづくアプローチを通じてうまく扱うことができる。理論的には，1997年の調査からの親族の後援者の役割の指標は，これら2つの指標の間に置くことができる。個々の指標の間の対応は，狭いか広い限界以内を動くが，一

第12章　社会的ネットワーク資源の変化と安定性

般的に包括的なソーシャル・ネットワーク資源の発達を特徴づける私たちのプロジェクトによって扱われる各時点で構成され組み合わされた指標は，より完全な適合を示している。これらの包括的な指標は，それらの構成要素の間の比較的高い相関にもとづいている。両方の年に，私たちは，主成分分析（principal component analysis）の最初の成分，そして，この成分にもとづく因子得点を持っている。（それらの強い相関と高い適合性によって，1987年と1997年の両方において，諸成分が単一の成分に調整された。）[7]

指標を作成する時は，2つの理論的な問題が考慮されねばならなかった。これらのジレンマの1つは，指標に含まれる成分がウェイト付けされるべきかどうか，そして，様々なコンタクト・タイプの「比例的な」表示，あるいは，いくつかの主要な指標の内容に関係した重要性のどちらが参考にされるべきかという問題のまわりを回転するのである。このことは，正確な基準にもとづいて成分に予備的なウェイト付けを割り当てることが難しかったという事実によって（実際には，基本的な指標のどれも，どれかのコンタクト・タイプに排他的に割り当てることができなかった），そして，両方の場合に，諸成分が包括的な指標の基礎を提供する主成分にうまく適合したという事実によって，部分的に解決された。

後半の調査の他の問題は，基礎を提供する成分を含むか否かによって引き起こされ，その成分は，新しい側面であり，親族の後援者が以前の因子に加えられるかどうかであった。私たちの分析は，他の因子ほど密接ではないが，この因子が適合し，この因子を加えて構成した主成分と基本的にうまく適合すること，そして，特定のコンタクト・タイプを示す内容の側面がまたその因子を包括的な指標に含むことを支持したことを示している。しかしながら，包括的な指標が時間とともに比較可能であるべきであるという懸念がこの因子の省略を支持した。最後に，1997年の調査には，指標が両方のバージョンで作成され，特定の分析がこれらの選択肢を使って行われた。それらの結果の間の差があまり大きくなかったので，親族の後援者の役割を含む包括的な指標がさらなる分析で用いられた。

分析枠──基本的データのレビュー

ここでの私たちの目的は，時間とともに比較を行うことによって，社会経済

361

的な転換に関係する最近の傾向を確認しながら，できるだけ多くの側面からソーシャル・ネットワーク資源の分化に影響を与える要因に光を当てることである。包括的な相関に加えて，コンタクト・タイプの結果も検討される。私たちの調査の性質と現在の段階の処理により，私たちは，他の現象に対するネットワーク資源の効果を独立変数として考察しない。私たちの現在の段階における関心の焦点は，まず，接近に関するものであり，動員に関する側面は，後の段階で扱われるだろう。[8]

まず，1987年から1997年の資源のタイプの分析が示される。1987年の4つの成分と1997年の5つの成分を分析する。後述の包括的な資源の指標が5番目と6番目の因子としてそれぞれ導入される。潜在的な因子を明らかにする回帰分析の結果を示す前に，基本的な変数とデータ自体のそれぞれを簡単に紹介することが役立つだろう。

最初に私たちが導入した成分の中に，1987年のフィッシャー法と1997年のGSS―フィッシャー法の組み合わせたものにもとづく，全ての状況において報告された全てのコンタクトの範囲がある。それは，報告されたソーシャル・ネットワーク・メンバーの数よりも複雑な指標である。その理由は，それがまた，様々な個人から成るコンタクトにおける多様性（multiplicity）の程度——それ自体が資源と考えられるもの——を含んでいるからである。（実際には，両者の間の相関が際立って高いので，どちらの指標を適用しても，ほとんど差がない。）この場合には，直接の時間的比較は除外されるが，比較文化の一対のデータはそれ自体観察可能である。「過去半年間に重要なことを相談した人」という1997年において用いられた技術の最初の状況は，1985年の米国データと比較可能である（Marsden, 1987を参照）。報告されたコンタクトに関するデータは，ここで入手可能である。私たちのハンガリーの調査よりもおよそ10年前に実施された米国の調査において，この質問に対して平均3人が報告されたが，ハンガリーの調査ではこの数は2人（2.23）をやっと越える程度であった。それは，重要な差異を示し，また，特定の伝統的なパターンの持続を示唆している。そのパターンは，米国の人口において親族と非親族のコンタクトが基本的に等しい分布であるのと比較すると，ハンガリーの回答者は，非親族のコンタクトのほぼ3倍の数の親族のコンタクトを報告した。

私たちの分析がすべて3つの状況からの結果にもとづく時，2つの付加的な

第12章　社会的ネットワーク資源の変化と安定性

状況（援助を得る，そして，余暇活動を共有すること）を含むことは，多少とも上記の描写を変更する。非親族のコンタクトの割合が少々高い（25％から30％）。一般的には，これらの質問について平均3.5人が報告された（10年前には8つの状況が6.1人という結果になったことを思い出してほしい）。

　基本的データのいくつかが10年前に収集されたデータと比較できる職業リストにもとづく地位想起法の場合には，直接の比較の可能性が多い。報告された全ての事例数はほとんど変化していないので，私たちは，特定の典型的な変化を見つけることができる。特定の伝統的なブルーカラー職の知り合い（例えば，工場や鉄道労働者）がかなり減少し，伝統的にホワイトカラー職とサービス職の知り合いは多少同じであり，10年前に使われたリストに現れた起業家の領域に入る集団の知り合いが非常に増加した。

　往復書簡（例えば，挨拶カード）を通じての接触に関する質問は，両方の調査において同じ形態を持っていたので，比較のための最も直接の基礎を提供する。観察された変化に，少なくとも，剥奪された社会階層において，特定のコンタクトの関係が緩やかになり，頻度が低下することに関する他のデータと一致する。クリスマスと新年のカードの平均数は，1987年の9.0から1997年の5.8に減少し，そのようなカードを送らなかった人々の数が15％から30％に増加した。明らかに，この結果は，また，郵便費用のかなりの増加のような物質的状況に帰することができるが，これが特定の要因であると考えることはできない。それは，後で分かるように，物質的要因が全てのコンタクトに大きな影響を及ぼしたからである。(9)

　組合と組織のメンバーシップについては，面接された人々の3分の1が1997年にメンバーであることを報告し，全体の平均頻度は.044であった。それは，1人の回答者につき平均1.5メンバーシップであった1990年代の米国で測定された値（Putnam, 1995）よりもずっと低い。前の自由回答型と現在の制限回答型は，経時的な比較を制限するが，結果は，この領域においては目立った変化は起こらず，すなわち，交際する意欲は過去10年であまり大きく増加しなかった。(10)

表12-2 1987年ハンガリーにおけるパーソナル・ネットワーク資源の予測因子(最小二乗法による回帰分析,ベータ係数)

	1 紐帯の範囲 (フィシャー法)	2 「役立つコンタクト」の範囲 (リン-デューミンの職業的地位想起法)	3 郵便によるネットワーキング (クリスマスと新年カードを送ること)(数)	4 任意団体のメンバーシップ (数)	5 1~4を組み合わせた指標によるネットワーク資源 (PCA得点)
富(世帯資産)	.14	.11	.11	.11	.18
政治的関与	.21	.16	.11	.09	.24
教 育	.05	.05	.10	.12	.13
就業活動	.05	.09			
年 齢	−.25		.15		−.04
性別(女性:+)	.04	−.04	.07	−.12	
婚姻の地位(結婚:+)	−.05	.09	.10		.06
土地柄(地方:+)		.16		.04	
親の土地所有					
地域(西ハンガリー:+)		.06	.10	.05	.10
自営業,起業家					
管理職,監督			.08	.10	.09
HSWP[a]の前のメンバー		.05		.10	.06
R^2	.22	.12	.09	.14	.28
相対的分散	.64	.63	.92		

注:[a] 1989年より前のハンガリー社会労働者党。
出所:ブタペストのTARKIによって実施された,1987年の文化―相互作用の階層化に関するAngelusz-Tardosプロジェクト(成人人口を代表するサンプル,実数=2,982)。

主要な結果

接近の決定因子

上記のように,現在の段階の研究における私たちの分析の焦点は,実施された回帰分析の結果にもとづいて,調査によって扱われた2つの年度(あるいは,それらの少なくとも1つの年度)において,ソーシャル・ネットワーク資源への接近における差異に対してかなりの効果を及ぼす要因に関係している。表12-2,表12-3,そして,表12-4は,予備的な分析にもとづき,ネットワーク資源の社会的分布に大きな影響を持つことが分かっている 独立変数のみを含んでいる。表12-2と表12-3は1978年と1997年の調査結果を要約し,表12-4によって,両年について最も一般的な相関を反映する包括的な指標の予測因子における変化の間の直接の比較が可能である。上記のように,私たちは,1997年の新しい要因である親族の後援者という役割を含むことが比較可能性に大きな

第12章 社会的ネットワーク資源の変化と安定性

表12-3 1997年ハンガリーにおけるパーソナル・ネットワーク資源の予測因子（最小二乗法による回帰分析，ベータ係数）

	1 紐帯の範囲（フィシャー法）	2 「役立つコンタクト」の範囲（リン-デューミンの職業的地位想起法）	3 郵便によるネットワーキング（クリスマスと新年カードを送ること）（数）	4 任意団体のメンバーシップ（数）	5 親族の後援者の役割（結婚式の証人，代父母）（数）	6 1～4を組み合わせた指標によるネットワーク資源（PCA 得点）
富（世帯資産）	.27	.19	.16	.10	.09	.26
政治的関与	.24	.22	.13	.12		.27
教 育		.11	.12	.14		.14
就業活動	.09	.11		.13		.14
年 齢	-.07		.13	.08	.29	.09
性別（女性：+）	.12			-.10	-.11	
婚姻の地位（結婚：+）		.07			.17	.09
土地柄（地方：+）		.14				
土地所有	.07	.12		.09	.08	.09
地域（西ハンガリー：+）		.07	.12			.07
自営業，起業家		.07				
管理職，監督			.11			.06
HSWP[a]の前のメンバー		.07			.10	
R^2	.21	.25	.11	.15	.18	.36
相対的分散	.60	.78	1.18			

注：[a] 1989年より前のハンガリー社会労働者党。
出所：ブダペスト，1997年の11月-12月，コミュニケーション研究の調査集団の包括的な調査（成人人口を代表するサンプル，実数＝995）

影響を与えたかどうかを問うべきであるので，3番目の表が1997年の両方のバージョン（この要因を含んだものと含まないもの）に対する回帰分析の結果を示している。

　独立変数の中で，2つの変数，経済的，そして，政治的資源（富と政治的関与）の測定は，特に注目に値する。富の要因は，両年における世帯の耐久消費財の一覧表（約12の世帯および娯楽の電化製品）によって測定された。私たちが最初の調査のための指標を開発した時，資源の豊富な種類が入手可能であった時，2つの種類の指標は多少とも等価であると考えられる。それは，また，政治的関与の指標にもいえる。政治的関与の基礎は，両年における特定の調査の変数から選択された単純な項目であった。私たちは，1987年の政治討論の頻度，そして，1997年の政治問題への関心について5点法によって回答者が自己をカテゴリー化し，それぞれを政治的関心の指標として用いた。その2つの指標は，基本的に類似する内容を扱い，それは，また，以下の結果に反映されている。

第Ⅲ部 組織，コミュニティ，そして，制度的環境におけるソーシャル・キャピタル

表12-4 1987年と1997年のハンガリーにおける全体のパーソナル・ネットワーク資源の予測要因の比較（最小二乗法による回帰分析，ベータ係数，従属変数は成分1-4と1-5からの回転なしの主成分）

	1987	1997	
	1-4	成分にもとづく	
		1-4	1-5
富（世帯資産）	.18	.27	.26
政治的関与	.24	.27	.27
教育	.13	.17	.14
就業活動		.12	.14
年齢	-.04		.09
性別（女性：+）	.06	.06	.09
婚姻の地位（結婚：+）		.10	
土地柄（地方：+）		.08	.09
（親の）土地所有		.08	.07
地域（西ハンガリー：+）	.10		
自営業，起業家	.04		
管理職，監督	.06		
HSWP[a]の前のメンバー	.06		.06
R^2	.28	.36	.36

注：[a] 1989年より前のハンガリー社会労働者党。

　3つの指標については，相対的分布がまた提示され，母集団内部の特定の特性の分布を示している（低い頻度によって，私たちは，組合とクラブのメンバーシップの相対的分布を決定することができなかった）。上記のように，表12-2～12-4，そして，図12-1と図12-2に示されている全ての相関は有意である（そして，空白のセルは無視できるほどの値を示している）。

　結果（図12-1と図12-2）は，パーソナル・ネットワーク資源の社会的分化における同時に起こる安定と変化を示している。私たちは，様々な要因の全体の説明が本質的に類似するパターンの概要を示し，政治的関与と富が両方の年において主要な予測因子と考えられる限りにおいて安定について語ることができる。他の要因，教育，管理職の地位，婚姻の地位，そして，地域に関しては，それらは，差異の説明において重要な役割を持ち続けた。

安定と変化の現れ

　これらの結果は，決して自明なものではない。最初に，（個々の指標，そして，

第12章　社会的ネットワーク資源の変化と安定性

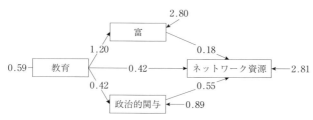

図12-1　1987年ハンガリーにおけるパーソナル・ネットワーク資源の予測のパスモデル

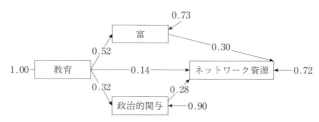

図12-2　1997年ハンガリーにおけるパーソナル・ネットワーク資源の予測のパスモデル

組み合わされた指標によれば）1987年にパーソナル・ネットワーク資源の主要な予測因子であることが判明した政治的関与の役割をみてみよう。ここで，相関自体の想定される方向は再考されるべきである。それは，多元的な政治の状況，そして，様々な社会的領域間における特定のレベルの分化において，ネットワーク資源を全体として保有することは，政治への関与に先行するものとしてだけでなく，その結果としてでもある可能性がある。私たちは，1987年のハンガリーでは，政治的資源が他の資源と高度に統合され，これらの一群の関連するものを生み出す際に主要な役割を演じたので，この変数のモデルの想定は正当化されると考えている。このような解釈は，また，以前の政党のメンバーシップがその当時のネットワーク資源にかなりの影響を与えたという事実によっても支持される。1997年のモデルにおいてみられる政治的関与に，最初の調査における役割と類似する役割がなぜ与えられたのかを見つけ出すのは，さらなる調査の問題である。この問いは注目に値する。それは，政治的関与と他の種類

の資本との密接な統合が，私たちがそれを先行するものか，結果なのかと考えるにかかわらず，民主的な状況の逆説的な特徴と考えられるからである。

　変化の要因を検討する時，まず，私たちは，いくつかの成分ための主に職業上の関係だけでなく，包括的な指標についても，社会的分化のための説明が増加したことを指摘すべきである。私たちの最近の調査に含まれている社会人口学的な要因にもとづく前者の問題に関して細部にわたって調べるためには，回答者が弁護士，高校の先生，あるいは，非熟練労働者と知り合いであるかどうかは，10年前よりも今日のほうが予測可能である。結果は，今日では，全ての階層が以前よりもそれら自体の境界の内部で移動し，相互作用する傾向があることを示し，そのような内部のネットワーキングは，階層独特の分離を示している。相対的な分散値の増加は，また，主に弱い紐帯に関する分化の増加を示すものである。家族と親族の関係に近い領域において差異が中程度であるが，ネットワーク資源は，広範な社会関係の資源に関して二極化している。

　ネットワーク資源の社会的分化において経済的資源と富の増加する役割は，同様の方向を示している。その影響は，ほとんど全ての側面において強くなり，そして，それは，主要な予測因子の1つとなり，その重み付けは政治的関与のそれと基本的に同一のものになった。富の役割は，コンタクトとの緩やか関係を確立し，家族と親族のコンタクトの調整において増加した。さらに詳細な分析は，親族関係の範囲の観点から見れば，パーソナル・ネットワーク内部の富という資源の影響が1987年と1997年の間に非常に増加した（各ベータ係数は，0.04と0.20である）。それは，おそらく，これらのコンタクトでさえ維持し保持することには増加された資源が必要であるという事実だけでなく，親族の互酬性が全ての関係者に特定のレベルの物質的条件を要求することに起因するのである。若い年齢集団においては，それは，自分自身の家族を確立することが，以前に蓄積し，増大するかなりの富を要求するという事実に起因するのである。

　教育は，両方の場合において，一連の中程度に強い変数において現れる。しかしながら，これは，それが最も影響力がある要因の1つではないということを意味しない。その間接的な役割は，その直接の役割に接近するが，それは，主に，それと富との相関，そして，また，部分的に政治的関与との相関を通じて行われる。しかしながら，データによれば，パーソナル・ネットワークの位置を強化する際の文化的資源の実現は，調査された期間において，かなりの程

度の物資的，そして，政治的な仲介を前提としたが，その逆の方向にはそれほど仲介が必要ではない（例えば，富それ自体が適切な関係の発達を提供する）。

より詳しくさらに分析される1997年調査の重要な発見は，パーソナル・ネットワークが教育と職業に関して同質的で一般的に閉鎖的になったことである。複数状況の名前想起法の結果にもとづき，私たちは，高い地位を持つ少ない人々が選ばれ，そして，回答者と彼らのコンタクトの教育と職業の地位が一般的に類似し，社会関係の「類は友を呼ぶ」パターンへの転換を示した。データの詳細な分析は，下から（主に中学校を修了した回答者から）開始された接触は，主に，卒業証書の保持者に向けて閉鎖的になった。

富，文化，そして，政治的関与の役割

上記の3つの主要な資源の相対的な予測の強度における変化は，表12-2～12-4と比較して，これらの3つの基本的要因だけを含んだ回帰分析の結果によって，より明確に反映されている。そして，それらの予測は関連しない要因によって影響されなかった。それらは，システムの変化の前は，政治的関与の際立った役割に加え，富と教育の直接の役割が相互に一致していたことを示している。1990年の後半までに，富の影響が非常に増加し，教育の直接の効果が比較された要因の序列において第3位まで落ちた（表12-5）。

一見すると，これらの結果を，市場に直接関係する資源と比べて，教育の役割の重要性が減少したことの兆候として解釈するかもしれない。しかし，パーソナル・ネットワーク資源の範囲を条件づける文化的要因について全く無視するのは間違いであろう。物質的な地位と政治的領域への接近の両方の背後にある背景要因として教育を考える包括的な見解から始めると，より複雑な結論に至ることができる。[12]1987年と1997年についてこの前提にもとづくパスモデル，4つの変数のLISRELは，文化的背景のこの二重の役割を明示する結果を生み出している。

教育の役割の直接効果，そして，富と政治的関与を通じての間接効果を全体として捉えると，教育の役割は，パーソナル・ネットワーク資源の分散の説明において含まれている他の2つの変数の効果と収斂する傾向がある。1987年と1997年の間に直接効果がやや減少したが，間接効果は，物質的要因を通じて仲介され，説明の強力さにおいて増大した。

表12-5 1987年と1997年のハンガリーにおける全体のパーソナル・ネットワーク資源の予測要因の比較簡略モデル（最小二乗法による回帰分析，ベータ係数）

	1987	1997
富（世帯資産）	.17	.31
政治的関与	.28	.28
教 育	.18	.12
R^2	.23	.29

全体として，同時に，相互関係の連鎖における驚くほどの安定性という実態を観察することができる。係数の大きさは，いくつかの場合を除けば，係数の符号は言うまでもなく，ほとんど変わらないままであった。全体の永続性のこのパターンを考えると，ネットワーク資源への接近におけるシステムの変化があった時点での富の役割の増加は，さらに驚くべきことである。[13]

いくつかの特定の効果——地域的，そして，コーホートの特性

表12-2～12-4のモデルに含まれている一連の広範囲の要因に戻ると，土地所有の役割に関係する結果が過去10年間の転換に明らかに関係する興味深い発展を指摘している。それがまたソーシャル・ネットワーク資源の一連の重要な予測因子において現れるという事実は，富に関係する要因の役割の増加を明確に示すのである。しかし，その結果はまたそれ自体で興味深いものである。というのは，それが，土地所有は地方の地域の威信序列においてその伝統的な役割を取り返すことを示すからである。

同様に，活動，あるいは，就業上の地位の役割の増加は，経済的な移行の結果と関係する。それは，また，年金受給者の存在と共に生起する社会的窮乏化を反映し，職業を持つことが新しい状況の下では若年と中年の世代の内部において重要な境界になった。重要なネットワーク資源を失うことによって脇に追いやられた人々は，また，潜在的なパートナーとして低く評価された（明らかに，失業者には，一般的に，文化的，そして，物質的資源が入手できないということだけではなく，この効果は，上記の要因が説明されると，就業活動だけに起因する可能性があるからである）。ネットワーク資源の最低値を示すデータは，この集団のメンバーが自分たち自身の圏内からコンタクトの欠乏を相互の支援を通じて補うことがほとんどできないことを示唆する。観察された相関は，長期の失業に沿って大幅下落を指摘し，それは，その再生産に貢献する。

ソーシャル・ネットワーク資源の安定した背景変数の中で，管理職と監督職，

そして，（既婚者の社会的資源を指摘する）婚姻の地位に加えて，また，長期の効果を持つ地域要因が注目に値する。居住による差異は曖昧であるが——たとえ私たちが何らかの傾向を見つけても，それは，村か小さな町に住む人々が社会的に異質であるか，地域に埋め込まれている社会的背景を持つことを示す——，西ハンガリーに居住することは，豊富な人々のネットワークを示している。これらの値は，国の北西の地域において最も高く，その地域は，多くの点で最も発達し，両年とも南西の地域がそれに続いた。また，それがこれらの地域に居住する人々の高学歴と富の地位の集合効果であるとは考えられない。私たちは，これらの地域の都市伝統，地域社会の円滑な発達，そして，頻繁に観光客が訪れる場所であるので，それらが特定の地域に限定されない，外部のコンタクトへの広範囲の接近を提供するという事実に関係する文脈的な効果を見つけることができる。

　地域の差異は　また，別の観点から注目に値する。もし西と東の地域（あるいは，最初は，首都と地方）の間の分離が実際に大きいものであれば，私たちは，ネットワーク資源の異なるパターンの社会的分化を想定することができるし，また，付加的な経時的視点から，特定の発達傾向について把握することができる。簡略モデルの基本的な側面に焦点を置いて，私たちは，様々な地域において2つの調査時点での包括的な指標によって測定されたネットワーク資源の予測因子を比較した。（全体を概観するために，地域は3つの部分だけに分けられた。それらは，首都，西ハンガリー，そして，東ハンガリーである。）

　実際には，時間に特異的な変化は，政治に対する関係の影響において見つからなかったが，上記で検討したような時代の特異的な特徴に加えて，文化的，そして，物質的な資源の相対的役割における明白な地域の差異が観察された。西ハンガリーの物質的資源は，他の地域よりも，社会関係を分化させる際に大きな役割を果たしたが，最初の調査の間の東ハンガリーにおいて文化的資源が支配的な影響を持つ傾向があった。システムの変化の後，西ハンガリーでは，経済的側面が依然としてさらに顕著になり，文化的側面は明らかに低下した。首都では，富の要因の影響における増加がまた顕在化した。これらの知見は，上記で検討した階層の境界に沿ったネットワーク資源の再構築が主に首都と西ハンガリーの中心に近い地域で起こり，東ハンガリーにおいて，政治的，そして，文化的側面の支配に関係する伝統的な地位序列の社会組織の特徴は変化に

抵抗した。

　私たちの分析の付加的な方向として，(フィルタリングを通じて)[14]全体の変化の時代効果と傾向について，人口の様々な年齢集団／コーホートを対照することによって，もう1つの角度から接近した。入手可能なデータによって適切なコーホート分析を行うことができないが，私たちは，2時点からのデータを持ったことに留意する必要がある。この文脈において，非常に関心があるのは，コーホート効果というよりは時代効果であるという限りにおいて，この問題は緩和される。この目的のために3つの集団を識別すれば十分であるように思われた。すなわち，35歳未満(1997年調査の時点でシステムの変化の頃に彼らのキャリアを開始した人々)，中年(35歳～54歳)と年長(55歳以上)の年齢集団である。含まれている変数については，私たちは，簡略モデルを再び用いた。

　年長の(55歳以上であり，ハンガリーの経済領域においてほとんど活動していない)人々の間では，決定因のパターンはほとんど変化しないままであり，彼らが自分たちの人生の早期の段階(過去10年の変革以前の期間)で社会的絆の主要な特徴を形成したという事実と関係する可能性が高かったが，キャリアをまだ形成しつつある若い年齢集団のメンバーは，変化する状況にうまく適応しているように思われる。ネットワーク資源への接近を形成する際に，物質的な資源の増大する影響が顕著に現れるのはこれらの文脈においてであり，ハンガリーの進行する市場の力の結果として，新しいパターンの資本の転換を指し示すものである。[15]

結　　論

　システムの変化と市場経済に対象を定めた移行は，市場関係の優先性と不足の消失が非公式の行動パターンと個人的関係の役割の減少を引き起こしたかどうかという問いを生み出した。あるいは，他の理由で，そして，いくらか変えられた形態で，経済における非市場的なメカニズムが政治における非公式な手段と結び付いて，生き残り，社会的な基礎構造の伝統的な特徴を強化したかどうかという問いを生み出した。

　移行がまだ進行中であり，私たちは，広範な時間的視点を必要としている。また，そこから始まるのは，経験的調査にもとづくこれらの問題に関する証拠

第12章 社会的ネットワーク資源の変化と安定性

の不足である。しかしながら，ソーシャル・ネットワーク資源の発達に関する1987年と1997年の調査データのような既存のデータ・セットは，特定の文脈において含むことが可能である。知見は，ネットワーク資源の社会的分布のパターンにおける安定と変化の両方の存在を示唆している。2つの最も強い説明変数は，過去と同じままであった。すなわち，政治的関与と富である。明らかに，特性の転換があるが，政治的関与はネットワーク資源を形成する際の主導的な役割を維持してきた。結果は，現在の状況の下でさえ政治的キャピタルとソーシャル・キャピタルの強い相互依存を指摘し，変革過程の問題のある特性を明らかにしている。

一方，社会的尺度の成分の影響における再配列が観察できる。最も顕著な変化は，物質的次元と関係している。さらに早期ではあるが，重要な要因として，富の重要性が研究の下でのほとんど全ての点において増加した。他方，教育の役割は，より間接的になり，上記の要因によって，仲介された。この新しいパターンは，若い年齢集団，そして，欧州の中央部に近い国の西側の地域において明確に現れた。

いくつかの新しい要因が重要な予測要因として浮上し，経済要因の役割の増加を強調した。就業活動（稼得の地位や雇用保障）は，ほとんどの側面，そして，全体の資源でも非常に影響力を持つようになった。民営化の過程に続いて，土地所有がそれ自体で新しい成分になった。付加的な要因，それは明らかに移行の結果であるが，起業家や自営業主に入手可能なネットワーク資源の範囲が管理職と専門職のそれに仲間入りした。

ビジネス生活や他においても後援や希少な情報を獲得する際に手段的な弱い紐帯の価値は，ほとんど確実に増加したが，これらのタイプのネットワーク資源への接近における増大する不平等を観察することができる。同時に，（言うまでもなく，拡大した活動していない人々の）いくつかの伝統的な職業の代表者とのコンタクトの交換価値は減少した。非家族，非親族の資源は，社会の低い階層の大きな部分において希少なものになった。

注
　本章は，1998年に開催されたデューク大学における「ソーシャル・キャピタルとソーシャル・ネットワーク」会議のための著者の論文を改訂したものである。プロジェ

373

第Ⅲ部　組織，コミュニティ，そして，制度的環境におけるソーシャル・キャピタル

クトは，市民参加，社会的統合，そして，社会文化的脈絡に関する調査に対する2つの連続するOTKA助成金（国の研究助成金）によって支援された。

(1)　「ソーシャル・キャピタル」概念の使用に関するヴァン・ミーター（Van Meter, 1998）の論文は，1995年以前のこの包括的な用語に適用された様々なアプローチの断片的な特徴について豊富に文書化されたレビューである。扱われた期間以来，その概念の理論的な精緻化の特定の兆しが観察できるし，ダラムにおける会議が重要な段階であることを示している。その概念に関するナン・リン（Lin, 1998b）の構造と行為志向，マクロ，メゾ，そして，マイクロ・レベルの解釈の（それぞれその埋め込み，接近，そして，動員の側面に対応する）区別は，明確化の方向における重要な一歩である。ハーディン（Hardin, 1998）の論説は，功利主義的な見解から，（社会環境のおかげで消費価値が増大するという）ベッカーのSC用語の特異な用法の脇で，対人的と制度的キャピタルの興味深い区別を生み出している。また，バート（Burt, 1998）によるソーシャル・キャピタルの3つ（起業家的，クリーク，そして，階層的）のネットワーク形態の間の分化は，問題の概念の1つの下位分野に関する繊細な見解を提供する。

(2)　私たちの階層のアプローチは，文化的，そして，相互作用の側面を強調した。それは，2つの概念的柱にもとづくものであった。すなわち，（さらに詳細に下記において概説されるように）ソーシャル・ネットワーク資源，そして，3つのタイプの技術の区別にもとづく知識のタイプ（認知的—手段的，コンタクト志向的，自己呈示的，そして，象徴的表現であり，すべてが経験的な指標の様々なセットによって接近されたもの）である。

(3)　この点に関して私たちが準拠するのは，統計的なサーベイ調査データである。前者から始めると，1980年代において，現役の雇用されている成人人口は，480万人から500万人ぐらいであった。1997年までに15歳から74歳の人口における対応する数字は300万6,000人に減少した（ハンガリー1987，1998年度統計年鑑）。後者に関しては，本研究によって扱われたサーベイ，そして，最後の期間である1997年〜1998年に実施された6,000人の全国サンプルにもとづくションダ・イプソス研究所の選挙前のサーベイ（これらすべては，18歳以上の成人人口を扱った）の両方に私たちは言及できる。（TARKIによって実施された）私たちの1987年のサーベイによれば，回答者の62％は現役の雇用された稼得者であることが分かったが，この割合は，（ブタペストのコミュニケーション研究の調査グループによって実施された）私たちの1997年のサーベイにもとづくデータでは44％に減少した。対応する割合は同様に等しく，大規模なサンプルの1997年〜1998年に実施されたションダ・イプソス研究所の選挙前のサーベイによれば43％であった。いくつかの人口学的なカテゴリーにおけるいくつかの顕著な差異を指摘するために，1987年の現役の稼得者の割合が41歳から50歳の男性の94％，51歳から60歳の男性の73％に達した。1997年から

1998年の調査までに，これらの数字は，同様な男性の年齢集団において，各々70％と50％に減少した（1990年代末から早ければ60歳，そして，62歳のハンガリーにおける通常の退職の閾値をはるかに下回る値である）。

(4) 地位想起法は，マクロレベルの構造的埋め込み（そして，部分的には，接近）の研究により近いものであり，名前想起法はソーシャル・キャピタルのミクロレベルの動員の側面に適切であるように私たちには思われる。

(5) 職業の選択はいくつかの基準によって導かれた。一方では，私たちは，最初の源泉との一致の程度を保証し（Lin and Dumin, 1986 を参照），高い地位と低い地位を示す様々な職業タイプを含みたかった。他方では，私たちの特異的な目的は，私たちの文化と相互作用の階層化の調査課題，すなわち，スキルの明確なタイプと関係することであった。選択された職業は，多少とも，認知的―手段的，自己呈示とコンタクトの創造，そして，象徴的表現という3つの種類の知識を区別する私たちの最初のタイポロジーに調整された。

(6) 1998年の10月初旬に実施されたコミュニケーション研究の調査グループの最近の包括的な調査の間，さらに800人の回答者が私たちの1997年からのソーシャル・ネットワークデータセットに加えられた。地位想起法の1つの下位質問だけが変更された。特定の職業の内部で何人の人（1人～2人，あるいは，それ以上）を知っているかについての質問の代わりに，各人を非公式に，あるいは，公式に呼ぶかどうか（ハンガリーにおける言語上，そして，社会文化的な特定の状況の特定の特徴）を問う新しい質問が含まれた。

(7) 基礎として役立つ主成分の内部において，2つの年度における様々な因子の負荷は次のようなものである。1987年には，報告されたコンタクトの総数（フィッシャー）が0.63，仕事関係が0.60，組合のメンバーが0.61，送付した挨拶カード数が0.55；1997年には，仕事関係が0.73，報告されたコンタクトの総数（GSSとフィッシャーが組み合わせられたもの）が0.69，組合のメンバーが0.58，親族の後援者の役割（因子得点）が0.37であった。（私たちが最後の因子を省くと，負荷が中程度に変化し，因子は，それぞれ0.75，0.72，0.59，そして，0.53である。）一般的に，因子構造は，指標が若干変化したが，両方の調査時点の間で比較的に安定していると考えられる。最も注目に値する変化は，私たちのアプローチの中心的要素であると考えられる2つの成分，すなわち，GSSとフィッシャー，そして，リンとドゥーミンの指標が2回目の調査の時点で若干多かったということである。

(8) 私たちの現在の課題の中心的なテーマは，個人的な地位達成の側面よりも，むしろ政治的，そして，市民の参加，そして，社会的統合と関係していたことをこの時点で言及する価値が有る。

(9) 一方，調査時点（そして，多少とも今でさえも），インターネットのコンタクトが人口の小さな部分には入手可能であったことに留意すべきである。

⑽ 回答者の20%が1987年にそのようなメンバーシップを報告し、0.27の平均値を生み出した。労働組合のメンバーシップは、当時多少ともまだ強制的なものであったが、1987年には無視されたが、後者の調査の間では、それが考慮されたことは留意すべきである。もし私たちがこれらの2つの要因を現在のデータにおいて考慮するなら、私たちは、この人々の23%だけがある種のメンバーシップを示し、そして、平均値が0.33に減ったことが分かった。もし私たちが、また、制限回答型の多少威圧的な性格を統制するならば、1987年と1997年の間にたいした変化は報告されない。

⑾ シッチェスのサンベルト会議において私たちの調査結果に関するエリクソン教授によって強調された問題。

⑿ 私たちは、ここで、教育の直接と間接の効果の問題、そして、この点に関してさらなる分析の必要性をダラム会議において指摘してくれたことに対して、バート教授とリン教授に感謝したい。

⒀ 両方の場合において、私たちが自分たちのモデルを同じ因果の連鎖にもとづかせることが正しいかどうかは、確かに議論の余地がある。教育を富と政治的関与の両方に関する背景の要因として位置づけることは、多少とも共有されているだろうが、モデルにおいて、政治的資源とネットワーク資源の間の相互関係の変化しない因果関係を想定することについて多くの意見の不一致、すなわち、上記のようにすでにもたらされた疑問が存在するだろう。用いられた統計法はこの意志決定を行う際にほとんど役に立たないが、従属変数と独立（あるいは、内生）変数の最初のパターンを維持する時に言及されるのが、全体の要因に関する著者たちの観念である。

⒁ これらの分析によって、ソーシャル・ネットワークとソーシャル・キャピタル会議における私たちの論文に関してもたらされたフェルナンデス教授の提案によって、私たちは非常に鼓舞された。

⒂ 特に、これらの若い年齢集団において、富に関係する回帰係数が2倍以上になり、3つの独立変数の中で1位に跳ね上がった。

参考文献

Albert, E. 1998. "Friendships and the Transition in Hungary." Paper presented at the INSNA Sunbelt Conference paper, Sitges, Spain.

Angelusz, R., and R. Tardos. 1988. "A Magyarországi Kapcsolathálozatok Néhán-y Sajátossága."（Some Characteristics of Social Networks in Hungary）. *Szociológiai Szemle*（2）: 185-204.

Angelusz, R. 1990. "Basic Data of the Social Distribution of Knowledge Styles in Hungary in the Eighties." Pp. 230-249 in *Social Report* 1990, edited by R. Andorka, T. Kolosi, and Gy. Vukovich. Budapest: TÁRKI.

Angelusz, R. 1991. "A Gyenge Kotések Ereje és Gyengesége."（The Strength and

Weakness of "Weak Ties"). Pp. 40-59 in *Társas Kapcsolatok* (Social Relations), edited by Á. Utasi. Budapest: Gondolat.

Bourdieu, P. 1983. Ökonomisches Kapital, Kulturelles Kapital, Soziales Kapital. Pp. 183-198 in *Soziale Ungleichheiten*, edited by R. Kreckel. Soziale Welt Sonderband. Gottingen: Otto Shwartz.

Böröcz, J. and C. Southworth. 1995. "Kapcsolatok es Jövedelem. Magyarország 1986-87" (Contacts and Income. Hungary, 1986-87). *Szpcilogicai Szemle* (2): 25-48.

Burt, R. S. 1984. "Network Items and the General Social Survey." *Social Networks*: 293-339.

Burt, R. S. 1992. *Structural Holes*. Cambridge, MA: Harvard University Press. (2006年, ロナルド・S・バート著, 安田雪訳, 『競争の社会的構造――構造的空隙の理論』新曜社)

Burt, R. S. 1998. "The Network Structure of Social Capital." Paper for the "Social Networks and Social Capital" Conference at Duke University, Durham, NC.

Coleman, J. 1988. "Social Capital in the Creation of Human Capital." *American Journal of Sociology* 94: 95-120. (2006年, ジェームズ・S・コールマン著, 金光淳訳,「人的資本の形成における社会関係資本」, 野沢慎司編・監訳『リーディングス・ネットワーク論』勁草書房)

Czakó, Á. 1994. "Kapcsolathálózatok Szerepe a Magyar Gazdaságban" (The Role of Social Networks in Hungarian Economy). Manuscript. Budapest.

Erickson, B. 1996. "Culture, Class, Connections." *American Journal of Sociology* 102: 217-251.

Feld, Scott L. 1981. "The Focused Organization of Social Ties." *American Journal of Sociology* 86: 1015-1035.

Fischer, C. and L. McAllister. 1978. "Procedure for Surveying Personal Networks." *Sociological Methods and Research* 7: 131-148.

Granovetter, M. S. 1974. *Getting a Job*. Cambridge, MA: Harvard University Press. (1998年, マーク・グラノヴェター著, 渡辺深訳, 『転職――ネットワークとキャリアの研究』第二版, ミネルヴァ書房)

Hardin, R. 1998. "Social Capital." Paper for the "Social Networks and Social Capital." Conference at Duke University, Durham, NC.

Lengyel, Gy. 1998. "Megszûnés, Bõvülés, Kapcsolat: A Kisvállalkozások Helyzete 1993-1996" (Abolition, Extension, and Relations: The Situation of Small Enterprises between 1993 and 1996). Manuscript.

Lin, N. 1995. "Les Resource Social: Une Theorie de Capital Social." *Revue Francaise de Sociologie* 36: 685-704.

Lin, N. 1998a. "Social Networks and Status Attainment." *Annual Review of Sociology* 25.

Lin, N. 1998b. "Position Generator: A Measurement for Social Capital." Paper for the "Social Networks and Social Capital" Conference at Duke University, Durham, NC.

Lin, N., and M. Dumin. 1986. "Access to Occupations through Social Ties." *Social Networks* 8: 365-386.

Marsden, P. V. 1987. "Core Discussion Networks of Americans." *American Sociological Review* 52: 122-131.

Putnam, R. 1995. "Turnig In, Turning Out: The Strange Disappearance of Social Capital in America." *Political Science and Politics* 28: 664-683.

Róna-Tas, Á. 1994. "The First Shall Be the Last?" *American Journal of Sociology* 100: 40-69.

Sík, E. 1994. "Network Capital in Capitalist, Communist and Post-Communist Societies." *International Contributions to Labor Studies* 4: 73-93.

Sík, E., and B. Wellman. 1998. "Network Capital in Capitalist, Communist and Post-Communist Countries." In *Networks in the Global Village,* edited by B. Wellman. Boulder, CO: Westview Press.

Stark, D. 1996. "Recombinant Property in East European Capitalism." *American Journal of Sociology* 101: 993-1027.

Statistical Year Book of Hungary, 1987. Bp.KSH 1988.

Statistical Year Book of Hungary, 1998. Bp.KSH 1999.

Szelényi, I., and Sz. Szelényi. 1995. "Circulation or Reproduction of Elites During Post-Communist Transformation in Eastern Europe." *Theory and Society* (Oct.).

Tardos, R. 1996. "Some Remarks on the Interpretation and Possible Use of the Social Capital Concept with Special Regard to the Hungarian Case." *Bulletin de Methodologie Sociologique* 53: 52-62.

Utasi, Á. 1991. "Az interperszonalis kapcsolatok Néhány nemzeti sajatossaga" (Some National Characteristics of Interpersonal Relaions). Pp. 169-193 in *Társas Kapcsolatok* (Social Relations), edited by Á. Utasi. Budapest: Gondolat.

Utasi, Á. 1996. "Hungarian Peculiarities in the Choice of Friends." Paper for the Conference of International Network on Personal Relationships, Seattle, WA.

Van Meter, K. 1998. "Social Capital Research Literature." Paper for the XVIII Sunbelt Conference. Sitges, Spain.

Vedres, B. 1997. "Bank es Hatalom" (Banks and Power). *Szociológiai Szemle* (2): 101-124.

訳者あとがき

本書は，Nan Lin, Karen Cook, Ronald S. Burt（eds.）2001. *Social Capital: Theory and Research,* Walter de Gruyter, Inc. New York の全訳である。序文でも説明されているように，本書は，1998年に米国デューク大学において開催されたソーシャル・キャピタルに関する国際会議に参加した著名な研究者たちの論文集である。編集したのは，ナン・リン，カレン・クック，ロナルド・バートという米国を代表する社会学者たちである。研究が行われたのは，米国，カナダ，オランダ，ハンガリー，中国，そして台湾であり，調査では多様な方法が用いられた。共通するのは，ソーシャル・ネットワークの視点からソーシャル・キャピタルを分析している点である。

かつて社会学者ロバート・ニスベットは，社会学を「社会的つながり（social bond）」を研究する学問と定義した（Nisbet, 1977）。「人間は社会的存在である」という言葉があるが，人間は「一人で生きている」わけではなく，「他の人々との関係」の中で生かされている。はからずも新型コロナ・パンデミックの到来によって，「社会的つながり」が人類にとっていかに大切であるのかを私たちは痛感させられた。ネットワーク分析は，社会的つながりの性質と構造について明らかにするので，ソーシャル・キャピタルの考察には最適な視点である。

ナン・リンは　本書と同時期の2001年に *Social Capital: A Theory of Social Structure and Action* を出版し，ネットワークの視点からソーシャル・キャピタルの理論的基礎を提示した。また，2011年には，全4巻からなる Social capital（Vol. 1 Foundations: concepts, theories, and measurement, Vol. 2 Socio-economic and education attainment and inequality, Vol. 3 Economy and health, and Vol. 4 Civic engagement, development and current issues）論文集を編集し発表した。

また，ロナルド・バートは，1992年に *Structural Holes: The Social Structure of Competition* を出版し，「構造的空隙」という概念によってソーシャル・キャピタルの構造を明らかにした（Burt, 2005を参照）。カレン・クックは，

ソーシャル・キャピタルの構成要素である規範と信頼に関する研究を行ってきた（Cook and Hardin, 2001）。

さらに，日本の研究者によるソーシャル・キャピタルの著作のシリーズがミネルヴァ書房から出版されている（『叢書ソーシャル・キャピタル』全7巻）。関心のある読者に一読をお勧めしたい。

ソーシャル・キャピタルという概念が使われるようになる前は，社会関係（ネットワーク）を社会的資源（social resources）とみなした数多くの研究が各国で行われた。米国の転職におけるネットワークの役割についてジョブ・マッチング過程の先駆的な研究を行ったのは，マーク・グラノヴェターであった（Granovetter, 1973, 1995）。私は，グラノヴェターの仮説を日本で検証してきた（渡辺，2014）。本書の「第Ⅱ部　労働市場におけるソーシャル・キャピタル」には，ジョブ・マッチング過程に関する諸研究の結果が掲載されている。グラノヴェターは，その後，経済社会学において「ネットワークの埋め込み」に関する詳細な議論（Granovetter, 2017）を展開し，その議論はソーシャル・キャピタルの研究にも役立っている。

このように，本書には，様々な領域のネットワークの研究者が「ソーシャル・キャピタル」という概念の下に集結し交流した成果が紹介されている。

万全を期して努力したつもりであるが，思わぬ誤訳もあろうかと思う。読者諸氏のご叱正をお願いしたい。

本翻訳に関し，まず，早稲田大学社会科学総合学術院社会科学部教授，上沼正明先生にお礼を申し上げる。先生の授業で「ソーシャル・キャピタル」の講義を担当させていただき，その経験が本書の訳業のきっかけとなった。心より感謝する。なお，この訳書出版のために大変お世話いただいたミネルヴァ書房の冨士一馬氏と堀川健太郎氏に心より感謝する。

最後に，ソーシャル・キャピタルの理解が不可欠である現代社会において，本書が多くの人に読まれ，活用されることを，訳者は，原著者とともに，心から願っている。

2024年4月12日

埼玉県東浦和市にて　　　渡辺　深

参考文献

Burt, Ronald S. 1992. *Structural Holes: The Social Structure of Competition.* Cambridge, MA: Harvard University Press. (2006年, ロナルド・S・バート著, 安田雪訳, 『競争の社会的構造――構造的空隙の理論』新曜社)

Burt, Ronald S. 2005. *Brokerage and Closure: An Introduction to Social Capital.* New York: Oxford University Press.

Cook, Karen, and Russel Hardin. 2001. "Norms of Cooperativeness and Networks of Trust." Pp. 327-347 in *Social Norms,* edited by M. Hechter and K.-D. Opp. New York: Russell Sage Foundation.

Granovetter, Mark. 1973. "The Strength of Weak Ties." *American Journal of Sociology* 78: 1360-1380. (2006年, M・グラノヴェター著, 大岡栄美訳, 「弱い紐帯の強さ」, 野沢慎司編・監訳『リーディングス, ネットワーク論』勁草書房)

Granovetter, Mark. 1995. *Getting a Job: Study of Contacts and Careers.* 2nd edition. Chicago: University of Chicago Press. (1998年, M・グラノヴェター著, 渡辺深訳, 『転職――ネットワークとキャリアの研究』ミネルヴァ書房)

Granovetter, Mark. 2017. *Society and Economy: Framework and Principles,* The Belknap Press of Harvard University Press, Cambridge, Massachusetts, and London, England. (2019年, M・グラノヴェター著, 渡辺深訳, 『社会と経済――枠組みと原則』ミネルヴァ書房)

Lin, Nan, 2001. *Social Capital: A Theory of Social Structure and Action* (Structural analysis in the social sciences; 19) Cambridge: Cambridge University Press. (2008年, 筒井淳也・石田光規・桜井政成・三輪哲・土岐智賀子訳, 『ソーシャル・キャピタル――社会構造と行為の理論』ミネルヴァ書房)

Lin, Nan (ed.) 2011. *Social Capital.* Milton Park, Abingdon; New York.

Nisbet, Robert A. *The Social Bond: An Introduction to the Study of Society,* (Alfred A. Knopf, 1970, 2nd ed., 1977). (1977年, 南博訳, 『ロバート・ニスベット, 現代社会学入門 (1-4)』講談社［講談社学術文庫］)

渡辺深. 2014. 『転職の社会学――人と仕事のソーシャル・ネットワーク』ミネルヴァ書房。

人名索引

あ 行

アンジェラス, R. 7
アンセル, C. K. 46
ヴァン・デュイン, M. 221, 279, 307
ヴァン・バスクバック, J. 279
ヴァン・ミーター, K. 374
ウィルソン, W. J. 257-260, 263
ヴィレメズ, W. 158
ウェーバー, M. 121, 276
ウェルマン, B. 6, 78, 87, 96, 272, 274, 281, 282, 297, 304, 307, 351
ウォートリー, S. 282
ヴォーン, J. C. 188, 248
ウルテー, W. C. 195, 198
エックルズ, R. G. 57, 129
エマーソン, R. M. 44
エリクソン, B. H. 5, 27, 81, 149, 182, 267, 359
エンゼル, W. M. 188, 248

か 行

ガーフィンケル, H. 308
カスティラ, E. J. 4, 102
カッツ, E. 226
カリヤ, T. 191
カレバーグ, A. L. 125, 133, 142
キャンベル, G. 159
キャンベル, K. E. 78, 96, 139, 193, 246, 261, 296
キング, A. Y. C. 325, 326
クック, K. S. 44, 273
グラノヴェター, M. S. 21, 24, 25, 32, 44, 49, 86, 125, 152, 153, 156, 188, 230, 257-260, 263, 274, 355
グリーフ, A. 64
グリーン, G. P. 245, 257, 258, 260, 261, 265
グリエコ, M. 189, 208
クレイン, D. B. 57, 129
ゲレトカニツ, M. A. 153, 183

コーエン, Y. 126, 132
ゴーマン, E. H. 125, 193
コールマン, J. S. 14, 15, 18, 19, 32, 34, 42, 48, 49, 58, 59, 75, 226, 248, 352
ゴフマン, E. 224, 237

さ 行

サーリンズ, M. 276
サウスワース, C. 351
ザッカー, L. G. 132
ザッカマン, E. W. 63
サットン, R. I. 214, 217, 219
シク, E. 350, 351
シクスマ, H. 195, 198
ジャコビー, S. 132
ジンメル, G. 45, 47, 275, 287, 294, 303, 312
スウェッドバーグ, R. 215, 235
スターク, D. 351
スティンチコム, A. L. 215
スナイデルス, T. A. B. 221, 279
スペンス, A. M. 191
スン, R.-M. 72, 86
セレニイ, I. 351
セレニイ, Sz. 351
センセンブレナー, J. 276, 298
ソレンセン, A. B. 59, 66

た・な 行

タルドス, R. 7, 350, 352, 354, 356
チャコ, Á. 350
ティグズ, L. M. 245, 256
ディブリーテ, T. A. 132
デグラーフ, N. D. 188, 197
デューミン, M. 80, 157, 164, 195, 198, 248, 359, 360, 375
デュルケーム, E. 35, 236
ドビン, F. R. 132
トルバート, P. S. 132
ネルソン, R. 223

382

人名索引

は行

ハーガドン，A. 214, 217, 219
バーク，A. 291
ハーディン，R. 374
バート，R. S. 3, 14, 20, 24, 25, 31, 32, 41, 44, 45, 47, 53-56, 62, 63, 75, 78, 140, 155, 171, 182, 183, 188, 198, 215, 276, 304, 308, 352, 360, 374
バーバー，A. E. 126, 143
バーンズ，J. A. 294
パジェット，J. F. 45
パットナム，R. D. 15, 31, 34, 42, 75, 352, 363
パティソン，P. E. 6, 214, 217, 227-229, 238
ハリス，D. 258
ハルバート，J. S. 6, 78, 190, 244, 246, 247, 256, 275
バロン，J. N. 208, 248
ハンブリック，D. C. 153, 183
ビアン，Y. 7, 86, 325, 329
ビルズ，D. B. 152, 174
ファン，K. 329
フィッシャー，C. S. 78, 96, 196, 198, 251, 359, 360, 362
フェイ，X. 325, 326
フェファー，J. 126, 128, 132
フェルド，S. 356
フェルナンデス，R. M. 4, 31, 102, 103, 118, 125, 130, 208, 258
ブライガー，R. L. 167
フライド，M. H. 325-327
ブラウン，I. 245, 255
フラップ，H. D. 5, 14, 20, 187, 188, 190, 197
フランク，K. A. 6, 272
フリーマン，L. C. 42, 46
ブリッジズ，W. 158
ブルデュー，P. 12, 14, 15, 20, 33, 42, 77, 244, 352
ヘイソンスウェイト，C. 274
ヘインズ，V. A. 6, 244, 247, 256, 275
ベーカー，W. E. 48
ベッカー，G. S. 374
ベッグズ，J. J. 6, 244, 256
ヘッドストロム，P. 215, 235
ホーマンズ，G. 303

ボックスマン，E. A. W. 5, 187
ポドルニー，J. M. 208, 248
ポルテス，A. 14, 16, 20, 32, 76, 155, 244, 276, 298, 343
ボロチェ，J. 351

ま・や行

マースデン，P. V. 5, 14, 78, 125, 153, 190, 193, 246, 247, 251, 261, 296, 360
マートン，R. K. 45, 47, 237
マカリスター，L. 359
マルクス，K. 10, 34, 35
メイヤー，J. W. 132
メンゼル，H. 226
モーガン，S. L. 59, 66
ヤング，C. K. 325-327, 329

ら行

ライ，G. 157, 165
ライト，E. O. 81, 165
ラインハルト，B. 159
ラゼガ，E. 6, 214, 216, 220, 221
ランドルト，P. 155
リース，A. J. 126, 187
リャン，S. 325, 326, 328
リン，N. 3, 10, 13, 14, 20, 21, 23, 25, 27, 28, 30-32, 72, 79, 80, 125, 153, 157, 164, 165, 188, 195, 198, 246, 248, 276, 326, 329, 330, 343, 346, 352, 359, 360, 374, 375
レーガンズ，R. 63
レング，S-Y. 157, 165
レンジェル，G. 351
ローゼンタール，E. A. 53, 54, 64
ローゼンバウム，J. E. 191
ローデンブッシュ，S. 291
ローマン，E. O. 78, 141
ローワン，B. 132
ロナタス，Á. 351

わ行

ワインバーグ，N. 208
ワサーマン，S. 217, 227-229, 238
ワルダー，A. G. 328, 329

事項索引

あ　行

挨拶者　336
アイデンティティ　13
イーストヨーク　286, 297, 311
異質性　23, 25, 26, 79, 248, 275
異質的な紐帯　246
威信得点　83
入れ子になったデータ　279
因果関係　19
埋め込まれた資源　13, 20-23, 32, 73, 74, 76
埋め込み　188
営利目的のセクター　138
エスニック・コミュニティ　76
宴会　7, 331, 334, 343
多すぎる料理人　220, 222
オピニオン・リーダー　46
オランダの職業威信尺度／得点　195, 198

か　行

外延性　26
外延的情報　187
外延的探索　126
会食　325, 333, 343, 345
階層研究　189
階層構成　342, 344
階層構造　52
外部の関係　154
外部の拘束　60
開放型ネットワーク　3, 16, 18, 28
顔を立てる　327
家族企業　92, 94
関係的構成　344
管理職　50, 63
官僚制　47
起業家　47, 74, 91, 155
企業特異な人的資本／スキル　192, 203
疑似家族　326, 344, 345
機能的関係　18

規範　16, 49
規模　52, 250
求職者　202
給与　55
教育　151
強化　14
凝集性　45, 65
強制できる信頼　276
競争的優位性　43, 45
強度　252
局所の複紐帯　216
漁夫の利　47
グアンシ　7, 325, 328
 ——・キャピタル　325, 328, 329, 333, 343, 345
 ——・ネットワーキング　343
 ——・ネットワーク　327, 330, 335
空隙論　52
空席　127, 193
口添え　201, 207
クロスレベル　295, 297, 304
訓練　105, 118
軽減のメカニズム　222, 226
経済交換　28
経路依存　350
行為力　305
交換ネットワーク　328, 329, 332, 344
交換の多重性　6
公式化された人員採用方法　132
公式セクター　138
公式の職務記述　138
構成　25
構造的埋め込み　20, 49
構造的空隙　3, 20, 24, 31, 32, 41, 44, 45, 47, 52, 62, 64, 66, 75, 79, 171
構造的拘束　20, 24, 31
構造的自律性　45, 62, 198, 202
構造的同値　45, 60
拘束　52

交替制信用組合　48
公平性　132
合理性　121
合理的な方法　132
互酬性　288, 298, 302, 329
　　一般化された——　276
個人財　16
個人レベル　278
コスト　116
コックス回帰モデル　122
古典的資本理論　11
誤認　34
コミュニケーション・ネットワーク　63
コミュニティの統合　245, 253, 255, 256
雇用主　4, 5, 125, 126, 129, 140, 141, 155, 168, 175, 188, 191, 200, 204, 205
コンタクト　201, 202, 208, 263, 265-267
　　——（接触相手）　21
　　——の広がり　86
　　——の広さ　93
　　——資源　21, 23

さ 行

最下層　245, 256, 258 259, 268
最小自乗法回帰分析　204
採用　105, 118, 144, 191
　　——過程　150, 152
　　——基準　126
　　——コスト　130
　　——要件　152, 163, 166
採用者　107
産業の利益率　62
自営業　91
ジェンダー　297
事業所　133
シグナリング　181
　　——理論　191
シグナル　129
資源の多様性　23
資源の保存，あるいは，維持　17
仕事の空席　197
仕事のコンタクト　223
自然災害　246
社会関係の強化　104, 118

事項索引

社会的交換　28
　　——ネットワーク　333
社会的孤立　245, 257-259, 263, 268
社会的資源　247
　　——理論　20, 31
社会的信用証明　13
社会的紐帯　134
社会的統合　16, 247
社会的メカニズム　214, 215, 225, 235
社内公募　127
従業員　141
　　——の紹介　4, 102, 126, 134, 140, 141
　　——の人的資本　165
　　——のネットワーク　155
就業経験　151, 158
集合財　16, 17, 31, 34
集団成果　62
集約的情報　187
集約的探索　126
主成分分析　361
手段的行為　14, 18, 27-29, 32
手段的紐帯　328, 332
紹介行動　103, 108, 113
紹介者　106, 107
紹介特別手当　102, 119
紹介プログラム　106
昇進　31, 54
情緒的サポート　297
情緒的親密性　261
承認　13
情報　13, 45, 127, 187
　　——の重複　45, 46, 60
　　——への接近　48
情報利益　47
賞与　56, 57
剰余価値　10, 11
職業威信　89, 96, 157, 202, 207
　　——得点　80
職業キャリア　187
職業的ネットワーク　201
職探し　126, 202, 329
　　——理論　188, 189
食事のパートナー　336-338
職場の仲間　293

385

職務資格　151
職務特性　199, 203, 205, 207
職務要件　168, 190
助言　218, 223, 227
　　──の紐帯　233, 236
助言者　228
ジョブマッチング過程　125
所有権の組み換えられたタイプ　351
自立して活動する紐帯　305
自律性　161
人員採用　128, 136
　　──方法　125
人事　193
人事部　193
新資本理論　12, 77
身体的健康　28
人的資本　77, 93, 151, 177, 184, 208
　　──論　11
人的つながり　150, 261
新聞広告　127
親密さ　252
親密性　262
信頼　16, 50
随伴的価値　63
ストレス　28
生活満足　28, 33
　　──度　94
成果評価　53
制裁　48, 49
政治的キャピタル　373
精神的健康　28, 33
制度的議論　132
接近可能性　20, 73, 74, 76, 83, 287, 296
接触頻度　274
善意　222
全国組織研究　126, 133
選択　126, 144
選抜（行動）　105, 118, 126, 127, 129, 144, 181, 189, 191, 200, 205
選抜コスト　105, 130
総合的社会調査　133, 251, 360
相互作用レベル　276
相互評価　219
創発的特性　303

ソーシャル・キャピタル　12, 42, 52, 72, 76, 120, 121, 140, 151, 155, 157, 175, 177, 182, 184, 188, 207, 208, 267, 272, 294, 312, 343, 346, 373, 374
　　──の価値　64, 110
　　──の機能　18, 42
　　──の欠如　257
　　──の使用　30
　　──の定義　12, 19, 27, 34, 42, 73, 149, 189, 244
　　──の動員　30
　　──の投資　103, 115
　　──の不平等　30, 73
　　──への接近　30, 88, 89, 91, 92, 257, 259
　　──への接近における不平等　85
　　──への投資　106
　　隠喩としての──　42, 43
　　企業の──　235
　　個人レベルの──　14
　　従業員の──　164
　　集合財としての──　214, 215
　　集団レベルの──　14
ソーシャル・サポート　6, 246, 272, 289, 299, 306
ソーシャル・ネットワーク　2, 13, 121, 125, 128, 131, 139, 141, 149, 156, 188, 189, 215, 244, 267
　　──の構造　258
ソーシャル・ネットワーク資源　352, 354, 370, 373
測定方法　72
ソシオグラム　43, 61, 62
ソシオメトリックデータ　228
備え　126, 127

た　行

第三者　47
対称的な取引　330
対人スキル　129
対人的紐帯　125, 130
対人的な人員採用方法　125, 126, 137, 139
台湾ソーシャル・ネットワーク研究　81
多変数ランダムグラフモデル　227
多変量マルコフ仮定　229

事項索引

多様性　156, 250
探索コスト　187
地位オークション　214, 217, 219
地位競争　220, 221, 226, 235
地位想起法　3, 7, 26, 72, 77, 79, 81, 82, 84, 93, 95, 153, 195, 197, 198, 363, 375
地位達成研究　189
仲介　59
　　──機会　44
仲介者　46
中心性　313
紐帯の活性化　246
紐帯の強さ　21, 93, 198, 202, 261, 274, 293
紐帯レベル　278, 282, 296
重複しないコンタクト　60, 65
重複するコンタクト　61
重複する情報　45, 46
直接結合　60
強い紐帯　6, 25, 45, 87, 329, 356, 360
適合性　189, 194, 205
電話顧客サービス担当者　109
電話センター　106
動員　20, 73, 74
投資　102, 118, 120
投資銀行　129
同質性　247
同質的な紐帯　246
投資利益率　105
統制　45
統制利益　47
到達可能度　25, 26, 79, 83, 84
同値性　45
同僚
　　──の助言　222
　　──の善意　222
　　──の紐帯　227, 234, 236
　　──の友情　222
同類原理　123
同類性　131
特殊主義　209
特定の交換　276
飛び込みの問い合わせ（訪問）　134, 135, 139
トロント警備産業　158
トロントの民間警備　152

な　行

内部採用　131, 134
内部昇進　190
内部労働市場　192, 205
名前想起法　7, 24, 25, 77, 79, 96, 196, 197, 354, 359, 375
二重の採用過程　151
日常のサポート　282, 315
ネットワーク　303
　　──の異質性　275
　　──の規模　252, 255, 259, 275, 288, 294
　　──の効果　283, 294
　　──の交差　214, 235
　　──の構成　247, 250, 253, 275, 303
　　──の多様性　149, 151, 153, 165, 175, 178, 259, 342, 344
　　──の範囲　252, 255, 257
　　──に埋め込まれた資源　7
　　──に埋め込まれている個人　247
　　──に埋め込まれている紐帯　284
　　──における位置　20-22, 24, 31, 32, 94
　　──への埋め込み　246, 248, 249
ネットワーク化された個人主義　304
ネットワーク・キャピタル　140, 272, 273, 275, 277, 281, 298, 299, 302, 306, 312
　　──への接近　253
ネットワーク構造　229, 246, 249-251, 275, 303
ネットワーク拘束　46, 50, 52, 54, 55, 63
ネットワーク資源　21, 23
　　──への接近　364
ネットワーク社会　307
ネットワーク媒介性　46
ネットワーク・ブリッジ　46
ネットワーク・ブリッジング　333, 345
ネットワーク閉鎖　41, 48, 61, 64, 66
ネットワークレベル　275, 278, 281

は　行

パーソナル・コミュニティ　272, 278, 293, 304, 311
パーソナル・ネットワーク　305, 369
パーソナル・ネットワーク資源　366, 367
ハイアラキー　149

387

――の位置　32
媒介中心性　44
ハビトゥス　34
ハリケーン・アンドリュー　245, 246, 249, 253, 268
範囲　26, 79, 83, 84, 247, 248, 250, 275
ハンガリー　350
被雇用者　4
非常に厳しい環境　6, 244, 249, 253
非対称の取引／交換　7, 329, 330, 333, 344
表出的行為　14, 17, 27-29, 33
評判　28, 49, 330
広がり　83, 84, 93
貧困　257
フォーマルな方法　128, 131, 134
複数レベル　215, 272, 277-279, 281, 291, 299, 301, 306, 307, 314
複紐帯　214, 216, 226, 233
普遍主義　209
ブリッジ　17, 21, 22, 24, 29, 31, 32, 78, 79, 87, 330
文化資本　77
文化的コンボイ　306
閉鎖型ネットワーク　3, 16-18
閉鎖性　190, 199
閉鎖論　41, 48, 49, 50, 58
報奨金　130
豊富な備え　103, 104, 118
飽和サンプリング技術　24
本物のキャピタル　102

ま　行

マッチング過程　149, 207
マルクス主義　150
密度　22, 52, 247, 250, 275
――の高いネットワーク　18, 29
――の低いネットワーク　18
密度表　43

民間セクター　138, 140
面子　327-329, 345, 346
――を与える　330, 332
――を受け取る　330
――を失う　332
――を保つ　327, 331

や　行

役割距離　224, 237
――の紐帯　236
誘因構造　192
友情　218, 224, 226, 227
――の紐帯　233
よくマッチさせる　103, 104, 118
弱い紐帯　6, 20, 25, 45, 79, 89, 93, 208, 248, 250, 257, 263, 356, 360
――の仮説　86
――の強さ　44, 355

ら・わ　行

利益　102, 115, 116, 118, 120
利得　107
ルーティン化　161, 162, 177
連帯　16
労働市場　4, 188
――の結果　125
労働者のコネクション　118
ロジスティック回帰　177, 289, 311, 314, 137
ロジット回帰　53, 57
ロジットモデル　282
ワイブルイベントヒストリーモデル　111

欧　文

COMBINE　167
P^* クラス　227, 228
P^* モデル　6, 217, 228-230
STRUCTURE　198
TQM チーム　53

《編著者紹介》

ナン・リン（Nan Lin）
- 1938年　中国重慶市生まれ
- 1960年　東海大学（台湾）で学士号
- 1963年　シラキュース大学で修士号
- 1966年　ミシガン州立大学で博士号
- 現　在　デューク大学トリニティ・カレッジ名誉教授
    （ネットワークとソーシャル・キャピタルの領域で指導的な社会学者）

カレン・クック（Karen Cook）
- 1946年　テキサス州オースティン生まれ
- 1968年　スタンフォード大学で学士号
- 1970年　スタンフォード大学で修士号
- 1973年　スタンフォード大学で博士号
- 現　在　スタンフォード大学教授
    （ネットワーク，社会的交換，信頼の領域で指導的な社会学者）

ロナルド・S・バート（Ronald S. Burt）
- 1949年　生まれ
- 1971年　ジョンズ・ホプキンズ大学で学士号
- 1973年　ニューヨーク州立大学オールバニで修士号
- 1977年　シカゴ大学で博士号
- 現　在　シカゴ大学ブース・スクール・オブ・ビジネス教授
    （ネットワーク，経営戦略論，ソーシャル・キャピタルの領域で指導的な社会学者）

《執筆者紹介》（執筆順，所属）

ナン・リン（Nan Lin）
　編著者紹介欄参照

カレン・クック（Karen Cook）
　編著者紹介欄参照

ロナルド・S・バート（Ronald S. Burt）
　編著者紹介欄参照

ヤン-チ・フ（Yang-Chih Fu）
　中央研究院社会学部研究員，台湾

レイ-メイ・スン（Ray-May Hsung）
　国立政治大学社会学部教授，台湾

ロベルト・M・フェルナンデス（Robert M. Fernandez）
　マサチューセッツ工科大学スローン経営大学院教授，米国

エミリオ・J・カスティラ（Emilio J. Castilla）
　マサチューセッツ工科大学スローン経営大学院教授，米国

ピーター・V・マースデン（Peter V. Marsden）
　ハーバード大学社会学部教授，米国

ボニー・H・エリクソン（Bonnie H. Erickson）
　トロント大学社会学部教授，カナダ

ヘンク・フラップ（Henk Flap）
　ユトレヒト大学社会科学部教授，オランダ

エド・ボックスマン（Ed Boxman）
　ユトレヒト大学社会科学部教授，オランダ

エマニュエル・ラゼガ（Emmanuel Lazega）
　パリ政治学院社会学部教授，フランス

フィリパ・E・パティソン（Phillipa E. Pattison）
　シドニー大学社会学部教授，オーストラリア

ジーン・S・ハルバート（Jeanne S. Hurlbert）
　ルイジアナ州立大学社会学部教授，米国

ジョン・J・ベッグズ（John J. Beggs）
　ルイジアナ州立大学社会学部教授，米国

ヴァレリー・A・ヘインズ（Valerie A. Haines）
　カルガリー大学社会学部教授，カナダ

バリー・ウェルマン（Barry Wellman）
　トロント大学社会学部教授，カナダ

ケネス・フランク（Kenneth Frank）
　ミシガン州立大学社会学部教授，米国

ヤンジェ・ビアン（Yanjie Bian）
　ミネソタ大学社会学部教授，米国

ロベルト・アンジェラス（Robert Angelusz）
　エトヴェシュ・ローランド大学社会学部教授，ハンガリー

ロベルト・タルドス（Robert Tardos）
　エトヴェシュ・ローランド大学社会学部教授，ハンガリー

《訳者紹介》
渡辺　深（わたなべ・しん）
1949年　東京生まれ。
1975年　上智大学文学部卒業。
1977年　コロンビア大学大学院社会学専攻修士課程修了。
1987年　カリフォルニア大学ロスアンジェルス校大学院社会学専攻博士課程修了，社会学博士。
現　在　上智大学名誉教授。
主　著　『転職の社会学』ミネルヴァ書房，2014年。
　　　　『組織社会学』ミネルヴァ書房，2007年。
　　　　『経済社会学のすすめ』八千代出版，2002年。
　　　　『「転職」のすすめ』講談社，1999年。
　　　　『科学論理の社会学』（ウォルター・ワラス著・訳著）ミネルヴァ書房，2018年。
　　　　『転職』（マーク・グラノヴェター著・訳著）ミネルヴァ書房，1998年。
　　　　『社会と経済』（マーク・グラノヴェター著・訳著）ミネルヴァ書房，2019年。
　　　　『入門 社会学』（李侖姫との共著）ミネルヴァ書房，2022年。

　　　　ネットワークとしてのソーシャル・キャピタル
　　　　　　　——理論と調査——

2024年11月30日　初版第1刷発行　　　　　　〈検印省略〉
　　　　　　　　　　　　　　　　　　　　定価はカバーに
　　　　　　　　　　　　　　　　　　　　表示しています

　　　　　　　　訳　　者　　渡　辺　　　深
　　　　　　　　発行者　　杉　田　啓　三
　　　　　　　　印刷者　　江　戸　孝　典

　　　　　　発行所　株式会社　ミネルヴァ書房
　　　　　　607-8494 京都市山科区日ノ岡堤谷町1
　　　　　　電話代表　（075）581-5191
　　　　　　振替口座　01020-0-8076

©渡辺深，2024　　　　　　　共同印刷工業・新生製本

ISBN978-4-623-09775-3
Printed in Japan

渡辺 深 著
転職の社会学
——人と仕事のソーシャル・ネットワーク

A 5 判・336頁
本体 5,500円

李 侖姬・渡辺 深 著
入門 社会学

A 5 判・372頁
本体 3,500円

マーク・グラノヴェター 著／渡辺 深 訳
社会と経済
——枠組みと原則

A 5 判・328頁
本体 3,500円

ウォルター・ワラス 著／渡辺 深 訳
科学論理の社会学
——「ワラスの輪」というモデル

四六判・252頁
本体 3,500円

S・ワッサーマン，K・ファウスト 著／平松 闊・宮垣 元 訳
社会ネットワーク分析
——「つながり」を研究する方法と応用

A 5 判・472頁
本体 4,500円

———— ミネルヴァ書房 ————

https://www.minervashobo.co.jp/